나의 문화유산답사기
6

나의 문화유산답사기

6

인생도처유상수

유홍준 지음

창비

책을 펴내며

인생도처유상수

다시 답사기로 돌아왔다. 첫번째 답사기인 '남도답사 일번지'가 출간된 1993년부터 치면 18년, 금강(金剛)을 예찬한 다섯번째 책이 나온 지 10년 만이다. 그간 답사기의 집필을 중단한 것은 두가지 이유에서였다. 하나는 전공인 한국미술사 연구와 저술에 많은 시간을 보내야 했고 또 공직에 복무하여 여기에 마음 쓸 시간적 여유가 없었기 때문이다. 또 하나의 이유는 답사처를 바꾸어가며 관성에 젖어 서술한다는 것은 연속극이 인기가 있다고 방영 횟수를 늘리는 것과 다를 바 없을 것 같아 일단 중단했던 것이다.

그렇다고 답사기 저술을 포기한 것은 아니었다. 무엇보다도 기존의 답사기에는 충청북도, 경기도, 서울, 제주도와 다도해, 경상남도의 대부분을 언급조차 못했기 때문에 언젠가는 집필해야만 한다는 부담을 지녀왔다. 이제 그 숙제를 풀기 위해 '나의 문화유산답사기'라는 이름으로 다시 글을 쓰게 된 것이다. 드라마에 비유하면 '씨즌 2'를 시작한 셈이다.

그러나 막상 새로운 씨즌을 시작하면서 나는 적지 않은 부담을 느꼈다. 돌이켜보건대 내가 처음 답사기에서 추구한 것은 무관심 속에 방치된 문화유산의 객관적 가치에 대한 관심을 불러일으키는 것이었다. "아는 만큼 보인다" "사랑하면 알게 된다"는 말을 써가며 독자들에게 문화유산에 대한 사랑을 호소하였다. 그래서 앞에 쓴 글일수록 어떻게 하면 독자들을 매혹시킬 수 있는가를 염두에 두었다. 그러나 다음 권부터는 문화유산의 내재적 가치를 드러내려고 노력했다. 둘째 권에서 석굴암을 얘기하면서 자연과학자들의 논문까지 인용하고, 셋째 권에서 안동 어느 집안의 불천위(不遷位)제사를 생중계하듯 소개한 것은 이런 마음에서였다. 최소한 나는 첫째 권과 다른 둘째 권, 둘째 권과 다른 셋째 권, 그리고 남한답사기와 다른 북한답사기를 쓰려고 노력했다.

그러면 이제 10년 만에 다시 시작하면서 나는 또 어떤 시각에서 이야기할 것인가. 고민에 고민을 거듭한 끝에 내가 도달한 것은 초심(初心)으로 돌아가는 것이었다. 애당초 나는 답사기를 쓰는 것을 염두에 두고 답사를 다니지 않았다. 미술사를 공부하는 현장이기 때문에 그곳을 찾아갔고, 나 혼자 좋아하기 아까워 학생들과 답사객을 안내하면서 그것을 글로 옮겼을 뿐이다. 답사기란 문화유산의 객관적 가치와 내재된 의미를 확인시키는 일에 다름 아닐 것이니 지금의 내 시각에서 그것을 진솔하게 말하는 것이다.

답사에 연륜이 생기면서 나도 모르게 문득 떠오른 경구는 '인생도처유상수(人生到處有上手)'였다. 하나의 명작이 탄생하는 과정에는 미처 내가 생각하지 못했던 무수한 상수(上手)들의 노력이 있었고, 그것의 가치를 밝혀낸 이들도 내가 따라가기 힘든 상수들이었으며, 세상이 알아주든 말든 묵묵히 그것을 지키며 살아가는 필부 또한 인생의 상수들이었다. 내가 인생도처유상수라고 느낀 문화유산의 과거와 현재를 액면 그대로 전하면서 답사기를 엮어가면, 굳이 조미료를 치며 요리하거나 멋지게 디자인하지 않아도 현명한 독자들은 알아서 헤아리게 된다는 생각이 든 것이다.

이렇게 답사기 '씨즌 2'를 시작하고 보니 전과 달리 얘기가 길어지고 에피소드도 많이 들어가게 되었다. 이번 책은 14꼭지로 앞의 책들과 큰 차이가 없지만 경복궁과 부여지방에 4회씩 할애하는 바람에 여전히 충북, 제주도, 경기도는 언급하지 못했다. 도동서원과 거창·합천은 내 마음의 빚이 있어 먼저 쓴 것이고, 선암사는 해마다 내 집처럼 찾아가도록 만든 고마움을 표한 것이며, 경복궁에는 문화재청장의 경험이 담겼고, 부여는 내 개인적 삶의 변화를 이야기한 것이다. 그러니까 이번 책은 문화유산 중 나 개인과 인연이 깊은 곳을 골라 쓴 셈이다.

글이란 시간의 덧셈으로 양이 채워지지 않는다. 이제까지 출간한 다섯 권의 답사기 모두가 월간지와 신문에 연재한 것을 다시 다듬어 펴낸 것이었다. 월간지 연재는 미리 대중적 검증을 받을 수도 있어 여러가지로 유리하다.

나는 내 인생의 친정집 같은 『월간중앙』을 찾아가 답사기 '씨즌 2'를 쓰고 싶다고 했다. 그곳은 반갑게 나를 맞아주었고 창비에서 전집으로 내는 것도 양해해주었다. 그리하여 2009년 10월호부터 연재를 시작했고 지금도 계속하고 있다. 이에 한 권 분량을 개고하여 『나의 문화유산답사기』 제6권을 펴내게 되니 감사하는 마음 이를 데 없다.

아울러 내가 직접 찍은 사진 외에도 많은 사진들을 실었는데, 아름다운 사진을 제공해주신 김성철, 김종오, 서헌강 작가 등 여러 분들께도 고맙다는 말씀을 드린다.

다시 시작한 나의 답사기가 언제까지 계속될지는 나도 기약할 수 없다. 마음 같아선 국내 답사는 한두 권 더 펴낼 생각이다. 그리고 정말 가보고 싶은 함흥, 북청, 삼수, 갑산까지 갈 기회가 있다면 이미 다녀온 개성, 백두산과 함께 북한답사기를 마무리지을 수 있을 것 같다. 또 여러차례 답사해둔 중국, 일본에 있는 우리 문화유산 답사기에 대한 욕심도 있다. 기왕에 다시 시작한 것, 오랫동안 독자들과 함께하고 싶은 마음이다. 많은 격려를 부탁드린다.

2011. 4. 20.
유홍준

나의 문화유산답사기 6

차례

책을 펴내며
인생도처유상수   4

경복궁 1
경복과 근정의 참뜻을 새기면서   11
경복궁과 자금성 / 자리앉음새 / 창건과정 / 경복궁의 뜻 / 근정전 /
근정전의 뜻 / 월대의 석견 / 박석 / 강화도 박석광산

경복궁 2
아미산 꽃동산엔 십장생 굴뚝을 세우고   41
영제교의 천록 / 사정전·강녕전·교태전 / 양의문 굴뚝 / 아미산 화계 /
자경전 꽃담장 / 궁궐의 우리 나무 / 태원전과 빈전

경복궁 3
경복궁 건축의 꽃, 경회루와 건청궁   79
경회루의 물길 / 박자청 / 경회루의 참뜻 / 국제연회장으로서 경회루 /
건청궁 / 향원정 / 집옥재 / 건청궁의 근대건축 / 춘양목

경복궁 4
광화문에 새겨진 영욕의 이력서   117
광화문광장 / 아! 광화문이여 / 야나기 무네요시 / 콘크리트 복원 /
광화문 현판 / 설치미술로서 가림막 / 이방인이 기록한 광화문 복원

순천 선암사 1
산사의 미학—깊은 산, 깊은 절   147
산사의 전형 / 제1회 광주비엔날레 / 정직한 관객 / 한국의 들과 산 /
선암사 진입로 / 승선교와 강선루 / 삼인당 / 깊은 산, 깊은 절

순천 선암사 2
365일 꽃이 지지 않는 옛 가람   175
선암사의 사계절 / 승탑밭 / 태고종과 조계종 / 장승과 석주 /
선암사 경내 / 무우전 / 선암사 매화 / 뒷간 / 선암사 시

달성 도동서원
도(道)가 마침내 동쪽으로 오기까지   205
시각장애인 답사 / 김굉필 / 도동서원 석축 / 김굉필나무와 수월루 /
석단의 조각들 / 사당 안 벽화 / 점필재와 한훤당

거창·합천 1
정자 고을 거창의 코스모스 길   233
거창의 이미지 / 가조휴게소 / 건계정 / 외래 귀화인의 성씨 /
코스모스 / 거창의 정자들 / 황산마을의 거창 신씨 / 수승대

거창·합천 2
종가의 자랑과 맏며느리의 숙명   263
동계고택 / 종갓집 맏며느리 간담회 / 모리재 / 거창의 인문정신 /
신원면 가는 길 / 거창양민학살 / 명예회복과 추모공원

거창·합천 3
쌍사자석등은 황매산을 떠받들고   291
영암사터 가는 길 / 단계마을 돌담길 / 황매산 / 화강암 예찬 /
쌍사자석등 / 무지개다리와 석축 / 두 마리 돌거북 / 합천 촌부의 회상

부여·논산·보령 1
내 고향 부여 이야기   325
5도2촌 / 외산면 소재지 / 휴휴당 / 반교리 청년회원 / 반교리 돌담길 /
무량사 사하촌 / 만수산 산나물 / 마늘쫑

부여·논산·보령 2
그 많던 관아는 다 어디로 갔나   353
백마강 전설 / 왕흥사 사리함 / 송국리 청동기유적 / 조선의 관아 /
홍산관아 / 홍산 문루기 / 홍산의 근대건축 / 홍산장 / 지게의 회상

부여·논산·보령 3
백제의 여운은 그렇게 남아 있고   383
충청도 기질 / 장하리 석탑 / 가림성 옛 보루 / 대조사 석불 /
복실이와 해탈이 / 산딸나무 / 관촉사 해탈문 / 은진미륵 / 관촉사 여록

부여·논산·보령 4
바람도 돌도 나무도 산수문전 같단다   413
무량사 / 오층석탑 / 청한당 / 율곡의 김시습전 / 동봉의 여섯 노래 /
성주사터 / 낭혜화상비 / 최치원의 화려체 / 강승의 편지

부록
답사 일정표와 안내지도   443

경복궁 1

경복과 근정의 참뜻을 새기면서

경복궁과 자금성 / 자리앉음새 / 창건과정 / 경복궁의 뜻 / 근정전 /
근정전의 뜻 / 월대의 석견 / 박석 / 강화도 박석광산

한국인의 이중적 문화의식

한국인의 문화의식에는 이중적인 면이 많다. 우리는 유구한 역사와 찬란한 문화유산을 갖고 있다고 입버릇처럼 말할 정도로 민족적·애국적 자부심이 강한가 하면, 한편으로는 이집트, 그리스, 중국의 거대한 문화유산을 보면 우리 문화는 독창적인 것이 적고 스케일도 작으며 초라하다고 말하곤 한다. 외국의 유명한 박물관에서 한국실이 일본의 것에 비해 형편없이 빈약한 것을 보면 마음 상해 씁쓸해하면서도 해외반출 문화재는 모두 환수해야 한다고 목청을 높인다.

1995년 제1회 광주비엔날레 때 나는 한국인 커미셔너로 참가했다. 이때 오세아니아지역 작가를 선정하기 위하여 씨드니와 오클랜드를 두 차례 다녀왔다. 당시 씨드니 주립미술관에서는 마침 '아시아미술 특별전'

이 열리고 있었다. 호주 전역에 있는 유물들을 모은 대규모 전시회로 거기에는 당연히 한국미술품도 전시되어 있었다.

그러나 이 특별전에서 한국이 차지하는 비중은 민망스러울 정도로 초라했다. 중국은 물론이고 일본, 태국은 번듯한 독립실에서 얼핏 보기에도 명품들이 밝은 조명 아래 빛나고 있었다. 이에 비해 한국 유물은 여타의 아시아국가들을 모은 방 한쪽 구석에 스무 점 남짓한 도자기들이 이마를 맞대고 있는 게 전부였다. 한국미술은 아시아미술의 '기타 잡과'로 처리된 것이었다. 거기에는 한국미술의 아름다움을 부각시키려는 어떤 큐레이터십도 없었으며 어찌 보면 인사동 어느 고미술상 진열장만도 못했다. 나는 속으로 '어느 시골동네 축구팀이 한국대표단으로 출전한 것 같다'고 고소를 금치 못하며 민망한 마음으로 유물들을 하나씩 살펴보고 있는데 그사이 등뒤로 한국인 관광단이 무려 세 팀이나 지나갔다. 그리고 죄다 한마디씩 하는 것이었다.

"야, 여기 한국이 있다."
"근데 한국 유물은 왜 이렇게 초라하냐?"
"글쎄, 일본은 저렇게 폼나게 대접받는데."
"빨리 가자."

씨드니에서 일을 마치고 이틀 뒤 뉴질랜드 오클랜드박물관에 갔을 때 나는 예의 한국인 관광단 몇팀과 다시 만나게 되었다. 이 박물관은 아시아미술이 큰 비중을 차지하고 있는데 첫 전시실부터 한국실로 꾸며졌고 제법 많은 양의 청자, 백자, 분청사기, 목가구 등이 방 세개에 걸쳐 전시되어 있었다. 전문가 입장에서 보면 질에서 약간 문제가 있었지만 일반 관객 입장에서는 그렇지 않았던 모양이다.

"야, 한국이 맨 처음이다."
"근데 왜 우리 유물이 여기에 이렇게 많니?"
"글쎄 말이다. 우리 문화재는 이렇게 죄다 약탈당했다니까."

씨드니에서는 적다고 마음 상하고, 오클랜드에서는 많다고 화를 내고 있는 것이다. 어쩌란 말인가. 정리해서 말하면 씨드니의 한국미술 컬렉션은 별 볼일 없고, 오클랜드의 그것은 제법 괜찮다고 말하면 그뿐이다. 거기에 전시된 것만으로 한국미술의 가치가 가름되는 것이 아니다.

이들 한국인 관광객의 문제점은 한국미술의 객관적 가치를 마음속에 갖고 있지 못하기 때문에 그때그때의 일시적 상황이 마치 전부인 양 생각한 데 있다. 남들이 뭐라고 해도 우리는 우리 나름의 고유한 문화와 아름다움을 갖고 있다는 확고한 문화의식이 있으면 그런 전시를 보고 마음이 흔들리고 상할 이유가 없다. 그런데 그런 마음을 갖기가 쉽지 않은 모양이다.

경복궁과 자금성

경복궁에 대해 내가 줄곧 듣는 정말로 기분 나쁘고 화나는 말은 "자금성(紫禁城)에 비하면 뒷간밖에 안된다"는 식의 자기비하다. 나는 이런 말을 한국인에게서 들을 뿐 외국인들한테선 들어본 적이 없다. 중국문화의 영향을 많이 받은 역사적 콤플렉스에다 유난히 스케일에 열등의식이 많아서 그런 말을 하는 것이겠지만 경복궁에는 자금성에서는 볼 수 없는 또다른 미학과 매력과 자랑이 있다.

사람들은 은연중 경복궁이 자금성을 모방해 축소해 지은 것으로 알고 있지만 천만의 말씀이다. 자금성이 완공된 것은 1420년이고 경복궁이 완공된 것은 1395년이니, 경복궁이 25년 먼저 지어진 것이다.

경복궁은 자금성에 비했을 때 물론 스케일이 작다. 실제로 경복궁은 14만평(46만여 제곱미터)로 자금성 24만평(79만 제곱미터)의 약 60퍼센트 규모다. 그것은 황궁(皇宮)과 왕궁(王宮)의 차이이다. 황궁은 5문3조(五門三朝)이고 왕궁은 3문3조로 한다는 것이 당시 동아시아의 국제적 관례였다. 대문에서 정전에 이르기까지 황궁은 5개, 왕궁은 3개의 문을 거치게 되어 있었던 것이다. 정전의 월대(月臺)도 5단과 3단으로 규정되어 있다. 이것을 어기는 것은 국제질서의 파괴이자 도전이니 그 뒷감당을 할 수 없는 한 3문에 3단으로 할 수밖에 없었던 것이다. 그것을 부끄럽게 여기거나 원망하는 것은 지금 우리나라가 G20에 있으면서 G2처럼 행세하기를 바라는 것이나 마찬가지다.

G2만이 자랑스러운 문화를 가진 것이 아니다. G20의 프랑스, 독일이 거기에 기죽지 않고 현대문화를 만들어가고 있듯이 조선왕조는 명나라, 청나라와는 다른 독특한 문화를 이룩하였던 것이다.

경복궁의 중요한 특징이자 자금성과 구별되는 가장 큰 차이점은 위치설정(location)에 있다. 자금성은 건축디자인의 기본취지가 위압감을 주는 장대함의 과시에 있다. 이에 반해 경복궁은 우리나라 건축의 중요한 특징인 주변환경, 즉 자연과의 어울림이라는 미덕을 지니고 있다. 조선왕조 건국자들이 이 위치를 찾아내기 위하여 얼마나 많은 검토와 고민에 고민을 거듭했는지 모른다. 건축미학 자체가 다른 것이다. 주변의 경관을 자신의 경관으로 끌어안는 차경(借景)의 미학을 경복궁처럼 훌륭히

| 경복궁과 자연 | 경복궁은 자연과의 조화로 빼어난 한국적 건축미를 자랑하고 있다. 궁궐 너머로 보이는 북한산·북악산·인왕산은 경복궁의 가시적 정원이라 할 수 있다.

이루어낸 건축은 세계에서 드물다.

각국의 왕궁은 그 나름의 특징을 갖고 있다. 모든 왕궁은 그 시대, 그 나라의 최고 기술과 최고 재료, 동원 가능한 재력의 소산이며 그 건축의 모습은 주어진 자연환경에 따라 성격을 달리한다. 광활한 평지에 세워진 중국의 자금성은 그 자체가 성곽이다. 한적한 시골에 지어진 베르싸유궁은 목가적 전원과 어울린다. 외침이 많았던 헝가리 부다왕궁은 도나우강 언덕 위 산성 속에 지어졌다. 빈궁전은 귀족의 저택으로 포위된 도심 속에서 홀로 우뚝 군림하면서 도시의 랜드마크가 되었다. 이에 비해 우리 경복궁은 어느 시점에서 보아도 북악산과 인왕산을 바라볼 수 있는 자연과의 어울림이 자랑이다. 그것은 규모의 문제가 아니라 미학의 문제다.

경복궁은 거기에 북악산과 인왕산이 있다는 것을 전제로 지어진 건축이다. 궁궐 너머로 보이는 북악산과 인왕산은 경복궁의 가시적 정원인 것이다. 2009년 가을 LA카운티 미술관(LACMA, Los Angeles County Museum of Art)이 한국미술 전시실을 지하 35평에서 지상 170평으로 확장 신설하면서 개관기념으로 한국미술의 정체성에 관해 강연해줄 것을 요청했을 때 내가 택한 주제는 '한국의 자연과 건축'이었다.

이때 나는 인왕산과 북악산을 배경으로 한 근정전(勤政殿) 사진을 비추면서 경복궁 건축을 이야기했다. 강연이 끝나고 다과회 자리에서 LACMA의 후원회원이라는 한 미국인이 나에게 다가와 확인하는 질문을 했다.

"당신이 보여준 왕궁 사진은 강연 제목(자연과 건축)에 맞추어 만든 합성사진이었습니까?"

우리는 너무도 익숙한 경관이어서 별것 아닌 줄 알고 한국의 건축이라면 당연히 그런 것으로 생각하고 있지만, 한국에 와보지 않은 그에게는 상상이 가지 않는 신비롭고도 환상적인 가상의 아름다움으로 보인 것이다.

　세계 어느 나라 왕궁에 그런 산이 있는가. 자금성 주위에도 그런 산이 없다. 그래서 그들은 연못에서 파낸 흙으로 자금성 북쪽에 우리의 북악산에 비하면 '뒷간'보다도 작은 가산(假山)을 만들었다. 그리고 자금성에 들어서면 나무 한 그루 없다. 자객이 들어올까봐 있던 나무도 다 없애버린 것이다. 그렇게 철저히 자연을 배제할 수가 없다. 경복궁의 각 권역을 이어주는 길에는 아름다운 소나무, 버드나무, 때죽나무, 마가목, 산딸나무 등 각 건물에 어울리는 나무들이 배치되어 있다. 그 종류가 100종이 넘는다. 경복궁과 자금성을 비교했을 때 가장 큰 차이는 바로 자연과의 어울림이다. 자금성은 자금성이고 경복궁은 경복궁이다.

인간적 체취가 남은 궁궐

　그리고 또 한가지, 오늘날 일반인이 관람하는 문화재로서의 경복궁과 자금성에도 큰 차이가 있다. 더이상 그 옛날의 황제와 임금을 위한 공간이 아니라 일반 시민과 관광객이 관람하는 궁궐이지만 자금성과 달리 경복궁에는 '인간적 체취가 남아 있다'는 점에서 각별한 매력이 있다. 자금성에 가본 사람은 알겠지만 입구부터 끝까지 그저 장대하다는 느낌 하나만 일어난다. 어떤 사람은 한여름 땡볕 속에 그 먼 데까지 다녀온 소감을, 위압감 외에 아무런 멋도 못 느끼면서 들어갔으니까 나가기 위해 무작정 걸어야 했다고 말한다.

　경복궁은 그렇지 않다. 광화문(光化門), 홍례문(興禮門), 근정문(勤政門)을 거쳐 근정전에 이르는 길은 나라의 위엄을 보이는 정연하고 엄숙한 공간이다. 그러나 근정전 뒤로 들어가면 사정전(思政殿)이라는 근무

공간, 강녕전(康寧殿)·교태전(交泰殿)·자경전(慈慶殿)이라는 왕과 왕비와 대비의 생활공간이 있다. 근정전 옆으로 나가면 경회루(慶會樓)라는 연회공간이 있고, 태원전(泰元殿)이라는 제사공간이 있다. 또 그 뒤로 가면 고종과 명성황후가 살던 건청궁(乾淸宮)이라는 살림집이 있으며, 집옥재(集玉齋)라는 서재가 있고 향원정(香遠亭)이라는 아름다운 정자가 있다. 장고지(醬庫址)에는 조선팔도 장독이 늘어서 있다. 각 권역에서는 왕이 왕비와 생활하고, 신하들과 집무하고, 사신들과 연회를 베풀고, 조상에게 제사지내고, 홀로 산책하던 자취가 그대로 느껴진다.

아무런 선입견 없이 찾아온 안목있는 외국인들이 경복궁을 보고 가슴 벅찬 감동을 받는 것은 인간의 살내음이 살아있는 궁궐이라는 점 때문이다. 내가 문화재청장으로 있을 때 스웨덴 국왕과 덴마크 여왕이 경복궁과 창덕궁을 방문하였다. 이분들은 자기 나라 궁궐에 살고 있기 때문인지 각 공간에 대해 관심이 많았는데, 유럽의 궁궐은 한 건물 안에서 모든 것이 이루어짐에 비해 우리 궁궐은 권역으로 나뉘어 있음을 인상깊이 보고 있었다.

한번은 경복궁에서 서양인 노부부가 아미산(峨帽山) 굴뚝과 자경전 꽃담장을 아주 기쁜 얼굴로 눈여겨보고 있다가 내가 눈인사를 건네자 여기가 무슨 공간이냐고 물어왔다. 내가 서툰 영어로 왕의 부인과 어머니가 생활하던 건물의 뒤뜰 정원이라고 알려주면서 그 소감을 물었더니 아주 곱게 늙어 교양이 넘쳐 보이는 그 서양 여인은 내게 반어법으로 되묻는 것이었다.

"당신은 파라다이스라는 단어를 아십니까(Do you know the word paradise)?"

| 아미산 꽃동산 | 교태전 뒤뜰 정원인 아미산은 아름다운 꽃과 상서로운 무늬의 굴뚝이 주변의 풍광과 어울려 가히 환상적이다.

옳거니! 왕궁이란 당시인들이 생각한 이상적인 건축이다. 그렇다면 조선시대 사람들이 건축적으로 구현한 파라다이스가 경복궁인 것이다. 실제로 경복궁에는 조선시대의 건축적 이상이 곳곳에 구현되어 있다.

경복궁의 자리앉음새

경복궁이 바로 이 자리에 세워지기까지는 참으로 많은 우여곡절이 있었다. 엄청난 상수(上手)들이 치열하게 공방하면서 심사숙고 끝에 자리잡은 것이다. 사람들은 경복궁의 자리앉음새를 말할 때면 으레 풍수적 형국에 잘 맞는 곳을 쉽게 고른 줄 안다. 그러나 같은 서울땅이라도 궁궐을 앉힐 만한 풍수적 조건을 갖춘 곳이 쉽게 어느날 눈에 들어온 것이 아니었다.

한 나라의, 그것도 새로 건국한 나라의 수도를 건설하고 왕궁을 짓는 일은 어느 산자락에서 장풍득수(藏風得水)하여 지기(地氣)를 받아 발복기원(發福祈願)하는 일반적인 민가의 풍수가 아니었다. 국가를 경영하는 중심지로서 수도가 될 만한 곳을 국토 전체에서 찾고 그중에서도 국가의 존엄을 만천하에 드러낼 수 있는 곳을 왕궁자리로 찾았던 것이다. 고려시대까지만 해도 한양은 인왕산 아래에 행궁(行宮)이 있는 남경(南京)이라는 소도시로 지금처럼 좌청룡·우백호를 명확히한 도시공간은 아니었다.

1392년 개성 수창궁(壽昌宮)에서 조선왕조를 개국한 태조 이성계는 즉위한 지 한달도 못되어 수도를 개성에서 옮길 것을 명하였다. 그러나 대신들은 겨울철을 앞두고 공사를 일으킬 수 없다며 반대하고 나섰다. 그들은 자신들의 근거지를 떠나기 싫었던 것이다. 이에 태조는 궁궐, 종묘, 사직, 관아 등을 건축한 뒤에 천도하기로 하고 일단 물러섰다.

그러나 이듬해(1393) 정월 권중화(權仲和, 1322~1408)가 풍수지리학상 계룡산이 새 도읍으로 가장 좋은 곳이라고 건의하자 태조는 직접 무학대사(無學大師, 1327~1405)와 지관(地官)을 데리고 계룡산으로 가보고는 거기를 신도(新都)로 정한 다음 각 도에서 인부를 차출하여 공사에 들어가게 했다. 태조는 성격이 급한 편이었다. 그렇게 한창 공사가 진행되고 있는데 하륜(河崙, 1347~1416)이 계룡산 신도의 부당함을 상소하고 나섰다. 하륜은 국토의 전체적 형국을 논하고 송나라 호순신(胡舜申)의 지리서까지 인용하면서 강력히 반대했다.

이에 태조는 공사를 중지시키고 권중화와 정도전(鄭道傳, 1342~98)을 불러 하륜이 제기한 문제를 검토하도록 했다. 이성계는 대신의 말을 잘 듣는 편이었다. 그래서 판단도 빠르고 수정도 빨랐다. 계룡산을 건의했던 권중화도 하륜의 이의제기를 받아들였다. 그 결과 계룡산은 신도로 적절치 못하다는 결론을 내리고 다시 원점에서 새 후보지를 물색하기에

| **무학대사와 정도전** | 무학은 이성계의 왕사로서, 정도전은 개국이념의 대표적 문신으로서 한양 천도의 두 주역이었다.

이르렀다. 이때 공사하다 만 초석들은 오늘날 삼군본부가 있는 계룡대 안 한쪽에 모여 있다.

　이후 신도 후보지로 여러 곳이 제기되었다. 하륜은 무악산(안산)을 등에 진 신촌 일대를 주장했다. 그러나 조준(趙浚, 1346~1405)과 권중화는 한사코 반대했다. 무학대사는 지금의 서울 자리를 지목했다. 이에 태조는 재위 3년(1394) 8월, 무학대사를 대동하고 내려가 지금의 누상동 자리인 옛 고려왕조의 행궁에 머물면서 무악산·북악산(백악산)의 현장을 직접 시찰한 다음 바로 지금의 경복궁 자리로 천도할 것을 명하였다. 이때 도평의사(都評議使)에서 작성한 문서에는 서울(한양)의 장점이 다음과 같이 기록되어 있다.

| 1878~88년경의 경복궁 전경 | 기와지붕이 낮게 내려앉았던 시절 경복궁은 한양 어디서도 바라볼 수 있는 우뚝한 건축이었다. 길게 뻗은 궁성 담장이 인상적이다.

안팎 산하의 형세가 빼어나고 사방의 길(道里)이 고르고 배와 수레가 통하니 이곳에 도읍을 정하고 후세에 영구토록 전승하여 천인(天人)의 뜻에 합하리라.

태조는 곧 정도전을 한양에 파견하여 도시 전체의 설계를 맡겼다. 그리고 9월에는 신도궁궐조성도감(新都宮闕造成都監, 신도읍 궁궐 조성 임시본부)을 설치하고 도감에 청성백(靑城伯) 심덕부(沈德符, 1328~1401)를 임명했다. 이리하여 정도전은 권중화 등과 협력하여 종묘, 사직, 궁궐, 도로, 시장 등 한양 전체의 도시계획을 작성하였고 그해 12월에 종묘의 터닦기를 시작으로 신도시 건설공사에 들어갔다.

경복궁의 창건

 이리하여 신도읍의 새 궁궐을 짓는 대역사가 시작되었는데 이 엄청난 공사가 불과 10개월 뒤에 완료됐다. 태조 3년(1394) 9월에 시작된 정도전의 신도읍 마스터플랜은 3개월 만에 완성됐고, 12월 4일에 개토제(開土祭)를 지낸 공사는 이듬해(1395) 9월 29일에 준공을 보았다. 인부는 경기좌도에서 4,500명, 경기우도에서 5,000명, 충청도에서 5,500명을 징발하여 농한기 1,2월과 공사 막바지인 8,9월에만 동원하였고, 그외 공사기간에 필요한 인력은 전국의 승려를 동원하여 충당하였다. 설계기간 3개월, 시공기간 10개월, 동원 인부 1만 5천명이었다.

 『태조실록』4년(1395) 9월 29일조에는 막 창건된 신궁의 각 건물 규모를 자세히 설명해놓았는데 연침(燕寢) 7칸, 정전(正殿) 5칸 등 총 390칸이라고 했다. 이것이 경복궁의 첫 모습이며 태조가 정식으로 경복궁에 이어(移御, 입주)한 것은 12월 28일이었다.

경복궁의 마스터플랜을 세울 때 무학대사는 인왕산을 등에 진 동향궁을 주장했으나, 결국은 정도전의 의지대로 남향궁으로 지어지게 되었다. 이때 무학대사가 북악산을 주산(主山)으로 한 남향궁을 지을 경우 일어날 갖가지 풍수적 예언과 경고를 남긴 것이 전설로 전해지고 있다.

무학은 예언하기를, 영천 무악재고개에는 3천 선사가 수도할 것이라고 했는데 거기엔 일제강점기에 3천명을 수용하는 서대문형무소가 생겼고, 낙산 아래에서 인재가 쏟아져나온다고 했는데 나중에 서울대학교가 자리잡았고, 서쪽은 인왕산이 너무 강하여 군부가 장악하게 된다고 했는데 5·16군사쿠데타가 일어났고, 동쪽 낙산은 너무 약함을 걱정하였는데 임진왜란, 한국전쟁 때 적군이 동대문으로 입성했고, 남쪽에서 한양을 내려다보는 관악산은 병오(丙午)가 낙맥(落脈)한 것이기 때문에 경상도 정권이 생긴다고 했다는 것이다.

왕십리의 전설을 갖고 있는 무학대사는 확실히 신승(神僧)이었나보다. 그러나 무학대사는 풍수의 논리에서도 정치적 파워게임에서도 정도전에게 패배하였다. 그러나 정도전은 결국 죽임을 당했으니 정도전과 무학 중 누가 더 상수였는지 나는 아직 판단내리지 못한다.

경복궁의 뜻과 증축

태조 이성계는 재위 4년에 입궐하면서 정도전에게 새 궁궐과 주요 전각의 이름을 지어 올리게 하였다. 이에 정도전은 10월 상순에 열린 문무백관 연회에서 경복궁의 명칭을 비롯해 근정전, 사정전, 강녕전 등 주요 건물마다 깊은 뜻을 담아 이름을 지어 바쳤다. 그 내용은 실록과 정도전의 『삼봉집(三峯集)』에 모두 실려 있는데 그 이름 하나하나가 정말로 당대 인문정신의 소산이라 칭송받을 만하다. 모든 이름의 뜻에는 고전에서 이끌어온 근거가 있었다. 궁궐의 이름을 경복(景福, 큰 복)이라 한 것은 『시경(詩經)』「대아(大雅)」의 '기취(旣醉, 이미 취하다)'에 나오는 시구(時句)에서 따온 것이다.

> 이미 술에 취하고 덕에 배부르니 군자는 만년토록 그대의 큰 복(景福)을 누리리.
> 旣醉以酒 旣飽以德 君子萬年 介爾景福

경복궁의 1차 준공은 궁궐로서 필요한 최소공간의 확보였다. 이후에도 계속 공사가 이루어졌다. 궁궐의 담장은 그로부터 3년 뒤인 태조 7년(1398)에 완공되었다. 그러나 경복궁의 역사는 순탄치 않았다. 건국 직후 왕위계승권을 둘러싼 왕자들과 공신세력 간의 갈등으로 왕자의 난이 두 차례나 일어나는 과정에서 정종은 재위 2년(1400)에 한양의 지세가 좋지 않아 그렇다며 도읍을 다시 개경으로 옮겼다.

그뒤 정종에게서 양위받은 태종은 재위 5년(1405)에 다시 한양으로 환도하면서 경복궁 동쪽에 창덕궁을 지어 이어하고 법궁(法宮)인 경복궁을 비워두었다. 1408년 태조 이성계가 운명한 곳도 창덕궁 별궁이었다. 이때부터 조선왕조의 궁궐은 이궁(離宮)체제를 갖추며, 왕들은 경복궁과 창덕궁을 그때마다의 사정과 기호에 따라 옮겨다니며 정무를 보게 되었다. 임란 전 임금들은 권위적인 경복궁보다 훨씬 인간적 편안함을 느끼게 하는 창덕궁을 선호하여 창덕궁에 기거하는 일이 많았다. 특히 태종은 왕위쟁탈을 위해 이복동생을 죽인 곳인데다 자신의 정적(政敵)인 정도전이 주도하여 건설한 경복궁을 꺼림칙하게 여겼다.

그렇다고 경복궁을 방치한 것은 아니었다. 태종은 창덕궁에 머물면서 재위 11년(1411)에는 경복궁에 명당수(明堂水)를 파서 이를 홍례문 앞 금천(禁川)으로 끌어들여 궁궐의 풍수적 형국을 보완하였으며, 재위 12년(1412)에는 외국 사신과 조정 대신들의 연회장소로 이용할 경회루를 지었다.

그리고 경복궁이 조선왕조의 법궁다운 면모를 완벽하게 갖추게 된 것은 세종대에 들어와서다. 세종 8년(1426)에는 왕명을 받은 집현전에서 경복궁의 각 문과 다리의 이름을 지어 올렸으니 광화문, 홍례문(弘禮門, 현재 홍례문), 일화문(日華門), 월화문(月華門), 건춘문(建春門), 영추문(迎秋門), 영제교(永齊橋) 등의 이름이 이때 지어졌다. 세종대왕이 재위 28년(1446)에 훈민정음을 반포한 곳도 경복궁 집현전(지금의 수정전)이었다.

근정전의 부지런하다는 뜻은

경복궁은 조선왕조의 법궁답게 근정전을 궁궐의 심장으로 삼은 다음 그 북쪽에 정사를 보는 편전(便殿)인 사정전을 두고 그 뒤로 왕과 왕비의 침전(寢殿)인 강녕전과 교태전을 두는 남북 일직선상의 정연한 배치다.

경복궁 건축의 핵심은 말할 것도 없이 근정전이다. 근정전은 임금의 즉위식과 문무백관의 조하(朝賀)를 비롯한 국가의 중요한 의식을 거행하고, 외국 사신을 접견하던 정전이자 법전(法殿)이었다. 정종, 세종, 단종, 세조, 성종, 중종, 명종 등 임란 이전의 여러 임금들이 이곳에서 즉위했다.

근정전은 우리나라에 현존하는 가장 큰 목조건축물이다. 경회루, 종묘의 정전, 근정전이 평수가 엇비슷하지만 근정전은 높직한 월대 위에 훤칠한 중층이어서 외관상으로도 가장 크게 느껴진다. 회랑으로 둘러싸여 있는 넓은 마당 중앙에서 약간 북쪽에 2단의 월대를 높직이 쌓고 그 위에

| 근정전 전경 | 북악산을 배경으로 한 근정전은 현존하는 한국 최대의 목조건축물로 왕과 나라의 권위와 품격을 드러내는 경복궁의 상징적 공간이다. 듬직한 월대 위에 한껏 날개를 편 듯한 팔작지붕이 더없이 아름답고 품위있다.

지은 정면 5칸, 측면 5칸의 중층 건물로 기둥은 다포(多包)집이고 지붕은 팔작지붕이다.

근정전 건물의 외관은 중층이지만 내부는 층의 구분 없이 전체가 통칸으로 트여 있으며, 뒷면 중앙에 어좌를 마련하고 그 뒤에는 「일월오악도(日月五岳圖)」의 병풍을 쳤다. 천장 중앙에는 절집 부처님 위의 닫집처럼 보개(寶蓋)를 마련해 구름무늬를 새기고, 발톱이 7개인 칠조룡(七爪龍) 한쌍을 달면서 권위있는 장식을 가했다. 그래서 내부공간이 외관 못지않게 장엄하다.

근정전 건물의 진짜 아름다움과 위용은 당시 신하나 외국 사신이 여기로 들어오는 동선을 그대로 따라 들어올 때 확연히 드러난다. 궁궐의 얼굴인 광화문으로 들어와 홍례문에 다다르고 여기에서 금천을 가로지르는 영제교를 건너 근정문에 이르면 홀연히 늠름하면서도 아름다운 근정전이 엄습하듯 다가온다. 근정문을 들어서 근정전으로 다가가면 배경으로 우뚝한 북악산과 인왕산이 발걸음을 이동할 때마다 모습을 달리하며 움직이는 영상처럼 따라온다.

건축에서는 하나의 건물에 다다르는 시공간적 거리가 관객의 심리에 아주 크게 작용한다. 그동안 경복궁을 좁게 느꼈던 것은 근정전으로 들어가는 동선이 광화문을 통해 나 있지 않고 홍례문을 통해 마치 옆구리로 질러들어가는 형상이었기 때문이기도 하다.

정전 앞 넓은 마당은 회랑으로 반듯하게 둘려 있고 바닥에는 조각보를 이은 듯한 박석(薄石)이 추상무늬처럼 깔려 있다. 근정문에서 근정전 월대까지 정가운데로 난 어도(御道) 좌우로는 문관·무관이 신분에 따라 자리하는 아홉쌍의 품계석(品階石)이 놓여 있다. 이것은 모두 근정전을 장식하는 부속시설로 몸치장으로 치면 액세서리 효과가 있고 소설로 치면 에피소드처럼 이 건축의 주제를 더욱 돋보이게 한다.

이 존엄한 공간의 건물을 정도전은 근정전이라 이름지었다. 『태조실록』 4년 10월 7일자에 실린 정도전의 근정전 기문(記文)을 보면 옛사람들이 인문정신을 고양하는 노력이 얼마나 높은 차원이었나를 실감하게 된다. 정도전은 근정의 뜻을 이렇게 풀이했다.

천하의 일이 부지런하면 다스려지고 부지런하지 않으면 폐(廢)하게 됨은 필연의 이치입니다.

| 근정전 어좌 | 임금은 높직한 단 위에 있는 어좌에 앉았으며 그 위는 화려한 닫집으로 장식되었다.

 이렇게 서두를 꺼낸 정도전은 이어 『서경(書經)』의 말을 이끌어 부지런함의 미덕을 강조하고, 또 그 역사적 사례들을 제시했다. 이는 자기 글의 논리와 권위를 위한 것이기도 하지만 한편으로는 왕도 거역할 수 없는 사항임을 은근히 강조한 것이다. 그렇게 확실한 근거를 정한 다음 정도전은 자신이 하고 싶은 말을 이어간다. 이것이 왕에게 하고 싶은 말의 핵심이다.

 그러나 임금으로서 오직 부지런해야 하는 것만 알고 부지런해야 하는 바를 모르면 그 부지런하다는 것이 오히려 번거롭고 까탈스러움에 흘러 보잘것없는 것이 됩니다.

 이 점은 예나 지금이나 통치자가 범하는 가장 큰 과실(過失)의 근원이

| **일월오악도** | 임금의 앉은 자리 뒤에는 왕의 권위를 상징하는 일월오악도 병풍이 펼쳐져 있었다.

다. 이는 대통령부터 회사 사장, 가정의 가장까지 새겨들을 말이다. 그러면 어떻게 하란 말인가? 정도전은 옛 현인의 자세를 이끌어 이렇게 충고했다.

> 아침엔 정무를 보고(聽政), 낮에는 사람을 만나고(訪問), 저녁에는 지시할 사항을 다듬고(修令), 밤에는 몸을 편안히하여야(安身) 하나니 이것이 임금의 부지런함입니다.

나는 이 대목에서 무릎을 쳤다. 쉴 때는 편히 쉬는 것이 부지런함에 해당한다는 것 아닌가! 그런 인생의 여백을 체득하고 있었던 것이다. 정도전은 확실히 상수 중의 상수였다. 그리고 정도전은 임금을 향해 진짜 부지런히 해야 할 사항 하나를 강조하면서 글을 끝맺는다.

> 부디 어진 이를 찾는 데 부지런하시고, 어진 이를 쓰는 것은 빨리 하십시오.

통치자가 기거하며 정사를 돌보는 곳을 청와대라고 하는 것과 근정전이라고 하는 것에는 많은 차이가 있을 것이다. 아무리 반복해 읽어보아도 근정전의 뜻은 참으로 깊다는 생각이 든다.

근정전 월대의 석견상

근정전 월대에는 사방으로 돌계단이 나 있고 그 난간 기둥머리에는 모두 세 종류의 석상이 배치되어 있다. 하나는 사방을 지키는 청룡·백호·주작·현무의 사신(四神)상이고, 또 하나는 방위와 시각을 상징하는 십이지(十二支)상이며, 나머지 하나는 서수(瑞獸)상이다. 사신상의 공간관념과 십이지상의 시간관념이 이 공간의 치세적(治世的) 의미를 강조해준다. 그리고 이 돌조각들이 있음으로 인해 기하학적 선과 면으로 구성된 차가운 월대에 자못 생기가 감돈다.

그런 중 내가 각별히 주목하는 것은 월대 남쪽 아래위 모서리의 돌출된 멍엣돌(모서리의 돌판을 받치는 쐐기돌) 네 곳에 있는 또다른 짐승 조각 한 쌍이다. 이 조각은 아주 재미있다. 암수 한쌍이 분명한데 두 마리가 몸을 밀착해 있으면서 딴청을 부리듯 서로 다른 방향을 바라보고 있고, 어미에게 바짝 매달려 있는 새끼까지 표현되어 있어 절로 웃음을 자아내게 된다. 이 석상에 대해서는 아직 정확히 고증된 바 없지만 유득공(柳得恭, 1749~1807)은 『춘성유기(春城遊記)』에서 재미있는 전설 하나를 소개하고 있다.

『춘성유기』는 유득공이 영조 46년(1770) 3월 3일 스승 연암(燕巖) 박지원(朴趾源, 1737~1805), 선배 학자 청장관(靑莊館) 이덕무(李德懋, 1741~93)와 함께 서울을 나흘간 유람하고 쓴 글인데, 셋째날 폐허로 된 경복궁터를

| **월대 모서리의 석견** | 근정전 월대 모서리 멍엣돌에는 한쌍의 짐승이 조각되어 있는데, 이를 석견이라 한다. 새끼 한 마리가 어미에게 매달린 모습으로 곁들여 있다.

돌아보다가 이 돌짐승을 보고는 '석견(石犬)'이라고 말하며 다음과 같은 이야기를 전하고 있다.

> 다리(영제교) 건너 북쪽은 곧 근정전 옛터다. 그 계단이 3단으로 되어 있는데 계단 동서 모서리에 암수 석견이 있다. 암컷은 새끼 한 마리를 안고 있다. 무학대사가 이 석견은 남쪽 왜구를 (향해) 짖는 것이며 개가 늙으면 새끼가 이어가라는 것이라고 말한 것인데 그럼에도 임진왜란의 화를 면치 못했으니 (그렇다면) 석견의 죄란 말이냐. 다만 재미있는 이야기일 뿐 모름지기 믿을 것이 못된다.

유득공이 이 석상을 석견이라고 한 것이 도상(圖像)에 특별한 의식 없이 그렇게 부른 것일 수도 있지만 무학대사의 전설을 이끌어 이야기하는 것을 보면 무슨 내력이 따로 있는 것 같다.

그런데 이 석견과 똑같은 조각상 한쌍이 창덕궁 뒤편 천연기념물로 지정된 다래나무가 있는 빈 건물터 돌계단 옆에도 있었다. 창덕궁에 있던 이 석견상에는 새끼가 어미 앞에 새겨져 있다. 암수 한쌍이 다리를 마주 교차하고 있는 자태나 수컷이 암컷의 등에 바짝 밀착된 모습은 어딘지 에로틱한 분위기마저 풍기는 명작으로,

| 석견 한쌍과 새끼 석견 | 몸을 맞댄 석견 한쌍이 서로 딴 방향을 바라보는 듯 재미있게 표현되어 있다.

근정전 월대의 그것보다 뛰어난 작품이라 생각된다.

이 석견상을 보면서 내가 느끼는 것은 왕궁의 정전 월대라는 엄숙한 공간에 이처럼 유머 넘치는 조각을 해놓은 석공과 그것을 허용한 조선왕조의 너그러움이다.

품계석에 늘어선 문무백관이 그 길고 졸리기만 한 조회를 하면서 이 석견을 보며 무슨 생각을 했을까 상상하면 절로 웃음이 나온다. 대단한 상수의 솜씨가 아닐 수 없다. 근정전 월대 모서리 멍엣돌의 석견을 조각한 석공의 유머감각은 근정전을 비롯한 모든 전각에 거룩한 이름을 지은 정도전의 뜻 못지않은 조형적 발언이라는 생각이 든다. 그것은 미술만이 가진 또다른 언어다.

근정전 앞마당의 박석

근정전에 들어서면 사람들은 보통 품계석을 따라 난 어도를 밟고 곧장 월대로 오르지만 내가 안내할 때는 항시 답사객들을 근정문 행각 오른쪽 모서리로 모이게 한다. 왜냐하면 거기가 바로 근정전이 가장 아름답게 보이는 지점이기 때문이다. 여기에 서면 북악산과 인왕산을 양옆에 끼고 듬직한 월대 위에 한껏 날개를 편 근정전 팔작지붕이 더없이 아름답고 품위있게 보인다. 마음 같아선 그 언저리에 '사진 잘 나오는 곳'이라는 포토포인트 푯말이라도 하나 세워놓고 싶은 심정이다.

그리고 바로 이 자리에 서서 보아야 근정전 앞마당인 전정(殿庭)에 깔린 박석의 미학을 제대로 이해할 수 있다. 마치 조각보를 만들듯 불규칙하게 생긴 넓적한 박석을 촘촘히 이어붙였는데 그 자연스럽게 흐트러진 선이 높직한 월대의 수직·수평선, 그리고 근정전 처마의 가녀린 곡선과 환상적으로 어울린다. 불규칙한 선, 기하학적인 직선과 수평선 그리고 처마의 곡선과 북악산·인왕산의 자연스러운 능선의 어울림은 어느 미국 미술평론가 말대로 포스트모던적인 어울림이다.

박석은 인공적인 것과 자연적인 것의 조화를 꾀했던 우리나라 건축에 걸맞은 훌륭한 바닥재이다. 그럼에도 불구하고 혹자가 근정전 앞마당과 종묘 정전 월대의 박석을 보면서 마감을 깔끔하게 하지 않는 우리 건축의 폐단이라며 불만스럽게 말하는 경우도 종종 본다. 이런 사람들은 박석 대신 화강석을 반듯하게 다듬어서 포장한 현재의 창덕궁 인정전(仁政殿)을 보면 인공적인 직선들이 얼마나 눈에 거슬리고 멋이 없는지 바로 느낄 수 있을 것이다. 창덕궁 인정전의 전정은 일제강점기에 잔디를 입혔던 것을 1970년대에 걷어내고 지금의 화강석을 깔아놓은 것이다. 당시만 해도 박석의 미학을 깊이 인식하지 못했고, 또 박석광산이 어디에 있

| **근정전 박석** | 근정전 앞마당에 깔린 자연 박석은 빛을 난반사하여 눈부심이 없는데 마치 조각보를 만들듯 자연스런 형태로 이어붙였다. 이로 인해 박석조각의 자연스런 곡선이 근정전과 월대의 인공적인 직선과 강한 대비를 이루는 멋을 보여준다.

는지 정확히 알지 못해 다듬은 화강석으로 대신했던 것이다.

조선시대에도 박석의 불규칙성을 못마땅하게 생각한 대신들이 있었던 것 같다. 문종 원년(1451)에 좌의정 황보인(皇甫仁)이 "근정전 월대의 박석을 치우고, 이번에 구운 당전(唐甎, 중국식 전돌)을 깔아서 시험하소서" 하니, 임금이 말하기를 "당전이 만약에 오래 못 가서 부서진다면 박석을 도로 깔아야 하는 폐단을 어찌하겠는가? 먼저 사정전 뜰에 시험해보는 것이 어떠한가"라 했다.

이때 황보인이 무슨 이유로 박석을 치우고 당전을 깔아보자고 했는지 알 수 없으나 특히 사신으로 중국 자금성에 다녀온 신하들은 마치 1960년대에 미국에 가서 본 것을 무조건 좋은 걸로 생각하고 말했던 것처럼 박석을 전돌로 바꾸자는 의견을 내기도 했던 것 같다. 그러나 그후에도 근정전 월대에는 여전히 박석이 깔렸으니 그때의 시험은 실패로 돌아간 모양이다.

박석은 포장돌의 기능으로 보아도 매우 훌륭한 고급재료다. 강한 화강암판이라서 잘 깨지지 않는 견고성이 있고, 표면이 적당히 우툴두툴해 미끄러짐을 방지해준다. 게다가 빛깔이 회색 또는 잿빛인데다 햇빛을 난반사하여 땡볕에도 눈부심이 없다. 요즘 경복궁 흥례문 앞에 오면 현대식 포장이 어찌나 눈부신지 한여름엔 썬글라스 없이는 걷기 힘들다. 그러나 근정전 앞마당에 오면 그 갑갑한 썬글라스를 자연히 벗어버리게 된다. 그 기능이 나무랄 데 없이 탁월하다.

인생도처유상수

2004년 9월 내가 문화재청장으로 부임할 당시 경복궁 관리소장은 정년을 앞둔 박연근씨였다. 오랫동안 답사다니면서 한가지 확실하게 알게 된 것은 문화유산을 지키며 문화유산과 삶을 같이한 분은 나 같은 책상머리 서생은 감지하지 못하는 아름다움을 체감하고 있는 경우가 많다는 사실이다. 그런 분을 만나면 나는 꼭 내가 미처 모르는 것이 있나 물어본다. 셋째 권의 '서산마애불' 편에서 소개한 성원 할아버지 이야기가 그런 예이다.

초도순시를 하자면 청장은 소장에게 근엄하게 대할 필요도 있지만 내겐 그런 근엄이라는 것이 애시당초 없었기 때문에 언제나 그랬듯이 다짜고짜 물었다. "소장님, 경복궁은 언제가 가장 아름답습니까?" 이 갑작스러운 질문에 그는 지체없이 이렇게 대답했다.

"청장님, 비오는 날 꼭 근정전으로 와 박석 마당을 보십시오. 특히 갑자기 비가 억수같이 쏟아지는 날 여기에 와보면 빗물이 박석 이음새를 따라 제 길을 찾아가는 그 동선이 얼마나 아름다운지 모릅니다. 물길은 마냥 구불구불해서 아무리 폭우가 쏟아져도 하수구로 급하게 몰리지 않습니다. 옛날 분들의 슬기를 우리는 못 당합니다."

나는 근정전 앞마당의 배수씨스템은 뒤쪽(북쪽)을 앞쪽(남쪽)보다 70센티미터 정도 높여 자연스럽게 흐르는 기울기에 의한 것으로만 알고 있었다. 그것은 근정전 동서 회랑이 3단으로 올라간 것을 보면 자연히 알 수 있는 것이었다. 근정전 박석이 눈에 잘 들어오는 것도 수평이 아니라 뒤쪽이 약간 올라간 때문이기도 하다. 그런데 박석의 이음새가 물길을 그렇게 돌리면서 속도를 줄여주는 것은 포장길 10미터를 비포장길 20미터로 돌아가게 하는 셈이니 놀랍지 않은가.

이럴 때 내가 전매특허로 사용하는 감탄사가 '인생도처유상수(人生到處有上手)'이다. 나는 옛 시인이 '인간도처유청산(人間到處有靑山)'이라고 한 것을 살짝 바꾸어 생각지도 못했던 상수를 만나거나 신기한 것만 보면 '인생도처재상수(在上手)'라고 입버릇처럼 말하곤 했다. 그런데 어느 날 지곡서당에서 바둑 두는 것을 구경하다가 신입생이 재학생을 불계(不計)로 이기는 것을 보고는 나도 모르게 '인생도처재상수'라고 말했더니 돌아가신 청명(靑溟) 임창순(任昌淳) 선생께서 빙긋이 웃으시면서 "자네는 한문공부를 좀더 해야겠어"라며 '재(在)'는 be동사고 '유(有)'는 have동사니 제대로 말하려면 '인생도처유상수'라고 하라고 하셨다. 이후 나의 감탄사는 '인생도처유상수'로 되었고 지금 이 박석 앞에서 그 감탄을 발한 것이다.

박연근 소장은 초도순시한 청장에게 애로사항으로 하는 말이 근정전에 깨진 박석이 많아 갈아끼워야 하는데 이 박석을 구할 길이 없다는 것이었다.

강화도 매음리의 박석광산

경복궁 관리소장의 간절한 바람을 깊이 새겨 나는 박석광산 찾기에 나섰다. 신문에 칼럼을 기고해서 수소문해보기도 하고 문헌기록을 바탕으로 현지조사를 하여 마침내 강화도 매음리에서 광맥을 찾아냈다.

박석은 얇은 화강암판으로 두께는 보통 4치(12센티미터)이고 넓이는 구들장이나 빨래판의 두배 정도다. 얇다는 뜻으로 흔히 박석(薄石)이라고 부르나 문헌에 따라서는 넓적하다는 뜻으로 광박석(廣博石)이라고 표현된 곳도 있다. 박석은 주로 궁중 건축에 사용된 포장재료로 지금도 경복궁 근정전의 월대와 전정, 종묘의 진입로 및 정전과 영녕전(永寧殿)의 월대, 왕릉들의 참도(參道) 등에 깔려 있다. 서울의 옛 지명 중에는 박석고개라는 곳이 여럿 있다. 임금의 행차가 있는 왕릉으로 가는 고갯길에 박석이 깔려 있었던 곳으로, 불광동 박석고개는 서오릉으로 가는 고갯길이고 내곡동 박석고개는 헌릉으로 가는 길이다.

조선시대 궁궐에 사용한 박석은 대개 강화도호부 매도(煤島, 그을음섬), 지금의 행정구역으로는 강화군 삼산면 매음리에서 채취한 것이다. 조선왕조『세종실록지리지』「강화도호부」조에는 이 사실이 다음과 같이 기록되어 있다.

> 부(府) 서쪽 수로(水路) 2리에 글음섬(煤島)이 있는데, 옛날의 구음섬(仇音島)이다. 둘레가 60리이다. (…) 섬에 광박석이 있는데, 캐서 국용(國用)에 쓰게 한다.

이 사실은『신증동국여지승람(新增東國輿地勝覽)』강화도호부「산천(山川)」조에도 똑같이 기록되어 있다. 박석은 강화도 매음리 외에 황해

| 박석광산 | 강화군 석모도 매음리에는 조선시대부터 채석된 박석광산이 있다. 바위 결이 박석의 두께로 자연스럽게 갈라져 나온다. 광화문 월대 복원을 계기로 다시 박석 채석이 이루어지고 있다.

도 해주 부근에서도 채취됐다는 기록이 있다.『정조산릉도감의궤(正祖山陵都監儀軌)』에는 "박석 4천립(立)을 황해도 해주에서 반입하고 경기도 강화부에서 2천립을 들여왔음"이라고 박석 공급상황이 기록되어 있다. 이외에도『조선왕조실록』에는 궁궐의 공사에서 박석 채취에 관한 기록이 여러번 나온다.

이처럼 훌륭한 궁궐의 포장재료였던 박석이 조선왕조의 멸망과 함께 더이상 궁궐에 납입될 일이 없어지자 강화 박석들은 민간의 구들장으로 사용되어 여러 곳으로 팔려나갔다. 그러나 양회구들의 등장과 온돌방의 쇠퇴과정을 거치면서 박석은 더이상 채취되지 않게 되었다. 그 사정을『강화군 삼산면지』에는 다음과 같이 증언해놓고 있다.

해명산과 상봉산 중턱 일대에는 강화에서도 유일하게 두께가 5~8cm 되는 시루떡처럼 켜켜로 겹쳐진 화강석들이 무진장 생산되어 구들돌로 이용되어왔다. 단단하고 떡의 켜 모양이어서 캐내어 다듬는 데 노력이 적게 들고 포구가 가까워서 하선 운반이 용이한 점 등으로 보아 천혜의 조건을 갖추었으며 우선 만들어진 박석은 마포와 인천을 비롯해 연백·개풍·장단 등 해상운반이 편리한 곳에 반출하였으며 40여년 전까지만 해도 전업 또는 부업으로 채석한 석수가 100여 명이나 되었다 하니 비농가의 생계수단이 되기도 했을 것이며, 그 수입 또한 적지 않았다. 그후 양회판재가 생기면서 점차 줄어들었다.

이리하여 문화재청은 박석광산을 찾아냈고 바야흐로 채석에 들어갈 준비를 하였다. 5대 궁궐과 42개 왕릉의 참도에 박석이 없거나 깔린 박석 중 교체가 필요한 것을 신청하라고 했더니 무려 1만장이 필요했다.

그러나 광산, 사실은 채석장을 찾았다고 곧바로 캐낼 수 있는 것이 아니었다. 땅주인의 허가를 받아야 하고, 주민들의 동의를 얻어야 하고, 행자부·환경부 등과 협의해야 하고, 인천시와 강화군의 협조를 얻어야 하는데, 거쳐야 할 도장이 스무가지는 되었다. 문화재청에서 하는 일인데도 광산을 찾아내서 채석하기까지 3년이 걸렸다. 그러니 기업하는 분들이 공장 하나 짓는 데 도장 몇십개 받아 허가내기까지 몇년 걸린다는 애로사항이 무엇인지 알 만했다.

마침내 채석이 시작되어 현장에 가보니 이곳 화강암 바위들은 마치 떡시루처럼 두께 12센티미터로 켜켜이 쌓여 있었다. 그러니까 결대로 쳐내면 자동으로 박석 포장돌이 되는 것이었다. 운반을 위해 다듬어 그렇지 크게 떠내자면 맷방석만한 것도 가능하다.

이렇게 채취된 박석들은 2010년 8월 15일에 준공된 경복궁 광화문 월대 복원에 처음으로 사용되었다. 그것은 박석의 부활이었다.

2011. 3.

경복궁 2

아미산 꽃동산엔 십장생 굴뚝을 세우고

영제교의 천록 / 사정전·강녕전·교태전 / 양의문 굴뚝 /
아미산 화계 / 자경전 꽃담장 / 궁궐의 우리 나무 / 태원전과 빈전

경복궁의 천재지변

중종 39년(1544) 7월 24일 경복궁 근정문 동수각(東水閣)의 모퉁이에 벼락이 떨어졌다. 『중종실록』의 기록을 보면 근정문 밖 동수각의 서북쪽 모퉁이 기둥이 반으로 부러져 벽에 걸리고 부러진 기둥의 가운데에 종지가 들어갈 만한 둥근 구멍이 생겼다고 한다. 큰 피해는 아니었다. 그러나 이날 중종은 근정문 벼락의 재변을 듣고는 다음과 같은 교서(敎書)를 내리며 대사면령을 단행했다.

하늘과 사람은 위아래에 간격이 없고, 재앙과 상서로움은 실로 선악에 말미암는다. (…) 내가 덕없고 어두운 사람으로서 임금의 자리에 오른 지 여러 해 동안에 잘 다스려지기를 바라는 마음을 가졌으나 정

치가 잘되는 보람이 없었다. (…) 하늘이 노하여 꾸중을 내려 이달 24일에 경복궁 동수각의 기둥에 벼락이 쳤으니 이는 실로 나를 경계하는 이변이다. 내가 어찌 감히 구체적인 일로 하늘에 응답하지 않을 수 있겠는가. 생각하건대 감옥에는 억울하게 걸린 이가 많을 것이다. 한 사람이 원망을 품어도 능히 큰물과 가뭄의 재변을 부른다는데 전국에 갇혀 있는 자 중에 어찌 억울한 사람이 없겠는가. 나는 넓고 큰 혜택을 펴서 재변이 오는 것을 사라지게 하려 한다.

이리하여 이날 새벽 이전의 죄인 중 모반대역죄, 살인죄를 제외하고는 모두 감옥에서 석방하고 유배된 자도 모두 귀양지에서 풀려나게 했다.

조선왕조에서 임금은 천재지변이 일어나면 이처럼 자신을 반성하는 계기로 삼았다. 천재가 아닌 인재에도 마찬가지였다. 절대왕정에서 왕을 꾸짖고 벌을 내릴 수 있는 것은 하늘뿐이었다.

명종 8년(1553) 9월 14일 경복궁에 큰 화재가 일어났다.『명종실록』에서 전하기를 강녕전·사정전·흠경각(欽敬閣)이 불에 타 삼전(三殿), 즉 왕, 왕비, 왕세자는 창덕궁으로 이어하고 궁인들이 변고를 듣고 달려가서 재물을 꺼내려 하였으나 하나도 꺼내지 못하고 서책 몇궤짝만 경회루 연못에 있던 작은 배에 내다가 실었을 뿐이라고 했다. 이 화재로 건국 이래 전해오던 진보(珍寶)와 서적 및 대왕대비의 의복들도 모두 재가 되고 말았다.

이튿날 이 화재 사건을 두고 대신회의가 열렸다. 그 자리에서 대신들은 임금이 무엇을 잘못했는가를 생각해야 한다고 다투어 간하였다. 우의정 윤개(尹漑, 1494~1566)는 "화재가 난 이유를 들어보니 강녕전의 수리한 곳에 불때는 것을 조심하지 않아서 그렇게 된 듯합니다. 그러나 이는 일부러 그런 것은 아닙니다. 하늘은 말이 없으나 선악의 보응은 반드시 사람의 일로 인하여 경계를 보입니다. 그렇다면 사람의 일이 잘못되는 것 역시 하늘이 하는 것이라 할 것입니다"라고 했다.

좌찬성 윤원형(尹元衡, ?~1565)은 "임금이 하늘을 섬기는 것은 사람들이 부모를 섬기는 것과 다름이 없습니다. 자식이 부모에게 꾸지람을 받으면 스스로 깊이 뉘우치고 책망하여 부모의 마음을 기쁘게 하기로 마음을 삼아야 하며, 임금이 하늘의 재변을 만나게 되면 또한 마땅히 경계하고 두려워하여 하늘의 마음을 돌이키려고 하는 것으로 마음을 삼아야 합니다"라고 했다.

이 논의를 보면 대신들이 화재가 일어난 것을 하늘이 시킨 일이라 하며 임금을 압박하고 있다. 이것은 임금(명종)이 대신들에게 휘둘리고 놀아나는 것을 의미한다. 그래서 이 날짜 실록 기사 끝에는 사관(史官)의 다음과 같은 논평이 들어 있다.

> 사신(史臣)은 논한다. 나라의 주권을 윤원형이 잡고 있어서 선비들을 모조리 죽이고 백성을 도탄에 빠뜨렸다. 이 때문에 하늘의 재변이 위에서 나타나고 땅의 재변이 아래에서 일어났으며, 궁궐에 화재가 일어나기까지 하였으니 이는 모두 이 사람이 부른 것이다. 그런데 임금과 면대하는 날을 맞아 한 사람도 절의를 높여 칼을 요청해서 그의 간악함을 주벌하려는 자가 없었으니 너무 심하지 않은가.

조선시대의 통치구조를 쉽게 생각하면 안된다는 예증이 여기에 있다. 조선왕조의 정치적 구조는 임금, 대신, 백성이라는 세 계층과 그 위에 하늘이 있었다. 경복궁에는 하늘이 올바른 통치를 하는가 아닌가를 지켜보는 상징적 조각이 있다. 그 대표적인 예가 명당수를 내려다보는 네 마리의 천록(天祿 혹은 天鹿)상이다.

영제교의 천록상 조각

광화문에 들어서면 바로 앞에 긴 행각을 양옆에 끼고 있는 홍례문이 마주 보이고, 홍례문에 들어서면 아까보다는 약간 가까이에 긴 행각(지금은 회랑으로 되어 있음)을 담장으로 삼은 근정문과 마주하게 된다. 홍례문과 근정문 사이의 텅 빈 공간에는 명당수가 가로질러 흐르고 금천교(禁川橋)가 놓여 있다. 이 다리를 영제교라고 부른다.

영제교 돌다리 양옆의 호안석축(護岸石築)에는 물길을 뚫어져라 내려다보는 돌짐승이 모두 네 마리 조각되어 있다. 이들은 천록이라는 전설 속의 신령스러운 짐승으로 "왕의 밝은 은혜가 아래로 두루 미치면 나타난다"고 한다. 그러니까 이 천록상에는 왕의 밝은 은혜가 온누리에 미치기를 기원하는 마음이 서려 있는 것이다.

이 천록 조각은 대단히 생동감있는 명작이다. 한껏 웅크리고 있는 자세도 실감나지만 금천을 뚫어져라 응시하는 눈의 표정은 살아있는 듯하다. 더욱 재미있는 것은 이 천록들의 표정이 개울을 그냥 바라보고 있는 것이 아니라 어딘지 능청스러운 모습이라는 점이다. 네 마리 모두 표정이 다른데 한 마리는 아인슈타인이 '메롱' 하는 것처럼 혓바닥을 날름 내밀고 있다. 앞발로 턱을 고이고 넙죽 엎드려 있는 모습은 '내가 나타날까 말까를 목하 궁리중'이라는 듯한 표정이다.

이 천록 조각은 창건 당시부터 있던 것이다. 그러나 바로 이 영제교 자리에 조선총독부 건물이 들어서면서 이 조각들은 수정전(修政殿) 앞뜰로 옮겨졌다가 경복궁 복원 때 다시 제자리로 옮겨놓은 것인데 그중 한 마리는 이상하게도 등이 파였고 뚜껑이 덮여 있다.

이 천록상에 대해서는 유득공이 영조 46년 3월 3일 스승인 박지원, 선배 학자인 이덕무와 함께 서울을 나흘간 유람하고 쓴 『춘성유기』에 나온다.

| 영제교 천록상 | 경복궁 흥례문과 근정문 사이의 영제교에는 네 마리의 천록이 조각되어 있어 왕의 선정을 기다리고 있다. 네 마리 모두 표정이 다른데 그중 한 마리는 혀를 낼름 내밀고 아이들이 '메롱' 하는 표정을 짓고 있다.

다음날 경복궁 옛 궁궐에 들어갔다. 궁 남문 안에는 다리가 있고 다리 동쪽에는 돌로 만든 천록이 두 마리, 서쪽에는 한 마리가 있다. 비늘과 갈기가 완연하게 잘 조각되어 있다.

유득공이 경복궁터를 유람했던 당시엔 천록 한 마리가 없어졌던 모양이다. 그런데 유득공은 남별궁(南別宮) 뒤뜰에서 등이 뚫려 있는 천록 한 마리를 본 적이 있다며 "필시 다리 서쪽의 하나가 옮겨진 듯하다"고 했다. 남별궁이란 지금 원구단(圜丘壇)과 조선호텔이 들어서 있는 곳에 있던 별궁이었다.

남별궁에 옮겨졌던 천록상은 흥선대원군 복원 때 다시 원위치 되었다. 그리고 총독부 건물이 이 자리에 지어지게 되면서 수정전 주변에 방치되듯 놓여 있었다. 이 사정을 『동아일보』 1925년 10월 9일자 3면에 실린 내용을 요약하면 다음과 같다.

네개의 석천록은 태조대에 경복궁을 지으면서 금천교와 함께 만든 것으로 후에 한개가 남별궁으로 옮겨졌다가 나중에 등이 훼손되었음. 고종대 경복궁을 중건하면서 등에 난 상처 직경 일척을 수리해서 원위치로 돌아왔으나 총독부 신청사 기공시에 금천교와 함께 다시 훼철됨.

1997년 흥례문 복원 때 금천교와 함께 네 마리의 천록상은 모처럼 원위치에 다시 모이게 되었다. 그러니까 금천교와 천록상은 최초 경복궁 창건 당시의 유물인 것이니 더욱 유물적 가치가 높다고 할 것이다.

경복궁 배치의 기본골격

경복궁의 기본골격은 3문3조이다. 3문이란 길 밖에서 정전(근정전)에 이르기까지 거쳐야 하는 광화문, 흥례문, 근정문을 말한다. 3조는 외조(外朝), 치조(治朝), 연조(燕朝)를 말하는 것으로 외조는 외국 사신을 맞이하고 문무백관이 조회하는 근정전 권역이다(민가로 치면 사랑채이다). 치조는 정무를 보는 사정전 권역으로, 여기에는 만춘전(萬春殿)·천추전(千秋殿) 등 여러 건물이 있다. 이 건물들을 편전이라고 부른다(민가

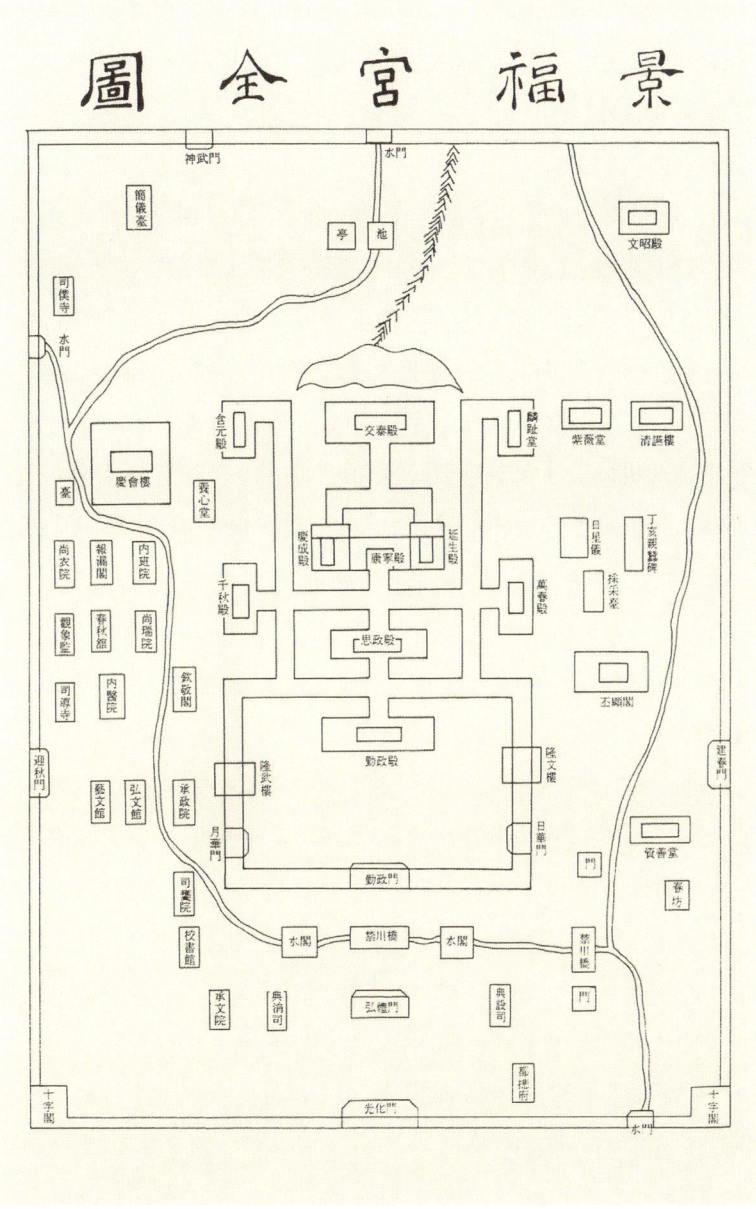

| **경복궁 전도** | 경복궁은 왕궁으로서의 권위를 나타내기 위해 엄정한 기하학적 공간분할, 반듯한 축선상의 건물배치, 정연한 대칭구조를 보여준다.

에는 이 공간이 없다). 연조는 흔히 침조(寢朝)라고도 편하게 부르는 왕과 왕비의 생활공간으로 왕의 침소인 강녕전과 왕비의 침소 교태전, 그리고 당시 살아있던 대왕대비(조대비)를 위한 자경전이 있다(민가로 치면 안채이다).

이 3문3조의 공간은 왕궁으로서 권위를 나타내기 위하여 반듯한 축선상에 건물을 배치하고 엄정한 기하학적 공간분할과 정연한 대칭구조를 따르고 있다. 그러나 경복궁 건축의 묘미와 자랑은 이 기본골격 다음에 이루어진 변주에 있다. 그 변주는 연조공간이 끝나는 왕비의 교태전과 대왕대비의 자경전에서부터 이루어진다. 교태전 뒤에는 민가의 뒤뜰 같은 개념을 받아들여 십장생 굴뚝이 있는 아미산 정원을 조성했다. 그리고 자경전과 교태전 담장은 여성공간의 성격을 살려 아름다운 꽃담장으로 장식했다. 이 공간은 광화문부터 근정전, 사정전, 강녕전, 교태전이 남북으로 일직선을 그으며 한껏 긴장을 강요했던 왕궁의 엄정성이 부드럽고 화려하게 풀어지는 곳이다. 건축적 긴장을 그렇게 자연스럽게 이완시킨 것이다.

그리고 치조공간 서쪽으로는 연회를 위한 경회루를 세웠고, 경회루 뒤쪽으로는 제사를 지내기 위한 죽음의 공간인 태원전이 있다. 본래 연조공간 뒤쪽으로는 많은 부속건물들이 있었지만 지금은 함화당(咸和堂), 집경당(緝敬堂) 등 몇채와 궁중의 장독대인 장고(醬庫)만 남아 있다. 그 대신 궁 안쪽으로는 고종과 명성황후가 기거하던 건청궁과 향원정이 있어 경복궁 건축은 안으로 들어갈수록 깊이가 있게 되었다.

그동안 무수히 많은 경복궁답사를 인솔하면서 그때마다 내가 느끼는 답답한 점은 답사객들이 불과 두세 시간 일정으로 경복궁을 다 보고 갈 생각을 한다는 것이다. 경복궁은 전체 면적이 14만평(약 46만 제곱미터)이다. 경복궁 관람지도위원을 지낸 방배추씨의 말에 의하면 경복궁을 한차례 순찰하는 데에도 한시간 반이 걸리고 만보기에 8천보가 나온다고 한다. 그래서 나는 경복궁을 안내할 때 최소한 두 차례 방문해줄 것을 당부한다.

처음에는 경복궁의 핵심공간인 외조, 치조, 연조 공간과 아미산 굴뚝과 꽃담장, 경회루를 조목조목 살피며 즐기는 것이다. 그리고 그다음에 와서 태원전 권역, 장독대, 건청궁과 향원정을 맘껏 둘러보고 북문인 신무문(神武門)으로 나가 경복궁 바깥담장을 돌아보는 것이다. 그리고 경복궁의 실내장식과 여기에 있던 기물을 전시한 국립고궁박물관을 관람해야 경복궁을 보았다고 할 수 있다.

왕의 집무실, 사정전

근정전 바로 뒤 사정문(思政門)을 통해 치조공간으로 들어서면 3단 석축 위에 듬직하게 올라앉은 사정전 건물과 마주하게 된다. 여기가 말하자면 임금의 집무실이다. 다섯 칸 집이지만 기둥과 기둥 사이가 넓고 팔작지붕의 처마 곡선이 한껏 하늘을 향해 치솟아 있다. 여기에서 왕은 신하들과 회의를 하기도 하고 함께 공부하는 경연(經筵)을 펼치기도 했다.

사정전 건물은 열다섯 칸 규모로 건물 중간중간에 있어야 할 고주(高柱)를 대담하게 생략한 호방한 구조인데다 천장이 아주 높고 바닥 전체에 마루를 깔아 그 공간감이 매우 장대하게 느껴진다. 임금의 자리는 한 단 올린 어탑(御榻) 위에 마련되어 있고 용상 뒤로 「일월곤륜도(日月崑崙圖)」가 둘러져 있다. 그리고 용상 앞 기둥머리에는 벽화로 「운룡도」가 그려져 있다. 병풍과 벽화 모두 복제화지만 그림의 내용, 화려하면서도 진중한 채색, 능숙한 필치와 정확한 묘사로 임금의 권위를 품위있게 장식하고 있다. 이를 제대로 감상하기 위해서는 반드시 경복궁 남서쪽 모

| 내탕고 문패 | 내탕고는 사정전 앞 행랑의 곳간에 두었으며, 이곳에 보관된 물품의 일련번호를 천자문의 '천지현황…' 순으로 붙였다.

서리에 있는 국립고궁박물관에 가야 한다.

사정전 좌우로는 만춘전과 천추전이 마치 사정전을 보좌하듯 배치되어 있다. 천추만세를 봄·가을로 나누어 이름붙인 것이다. 임금은 주로 여기에서 정무를 보았다. 여러 대신을 모아 격식있게 회의를 소집하기도 했고 근신들과 편하게 논의하기도 했다. 때문에 사정전과 달리 온돌을 깔아 난방시설을 갖추었다. 사정전 권역 전체는 행각으로 둘러져 있다. 동서의 행각은 일반행정을 보는 사무실로 편전이라고 불렸다. 앞쪽의 긴 행각은 임금의 전용 곳간으로 내탕고라고 한다. 임금에게는 내탕금이라고 해서 요즘으로 치면 판공비·기밀비에 해당하는 돈과 재물이 따로 있었다. 이것을 사정에 맞게 풀어 흉년에 백성을 구제하기도 하고 신하에게 포상을 내리기도 했다(내탕금은 각 고을 수령에게도 있었다).

내탕고는 '천자고(天字庫)'부터 '황자고(荒字庫)'까지 모두 여덟 칸이다. 이는 『천자문』의 '천지현황(天地玄黃) 우주홍황(宇宙洪荒)' 순서로 곳간 이름을 매긴 것으로, 요즘으로 치면 '가나다'순으로 나열한 것이다. 16세기 조선백자 대접 중에는 밑바닥에 '천지현황'을 새긴 것이 있다. 천(天)자가 새겨진 것은 천자고에, 지(地)자가 새겨진 것은 지자고에 들어갈 것임을 가마에서 구울 때 아예 명기한 것이다. 이렇게 하여 중간에 빼돌려 민가에서 쓰지 못하게 한 것이다. 때문에 '천지현황' 글자가 새겨진 조선전기 대접은 왕실용 백자로 하나같이 기형이 엄정하고 빛깔이 맑다. 그래서 '천지현황'이 새겨진 백자 대접 한 쎄트가 국보 제286호로 지정되어 있다.

| 백자발 | 16세기 백자사발 중에는 밑바닥에 天 地 玄 黃 등이 새겨진 것이 있어 왕실에 납입하기 위해 특별히 제작된 것임을 알 수 있다.

왕과 왕비의 침소, 강녕전과 교태전

'3문3조'의 마지막 권역인 연조공간은 왕과 왕비의 생활공간으로 내전 또는 침전이라고 한다. 왕과 왕비의 공간을 강녕전과 교태전으로 나눈 것은 양반가옥에서 사랑채와 안채를 나눈 것과 마찬가지다. 때문에 외부인과 접촉이 많을 수밖에 없는 강녕전에는 대청 앞에 넓은 월대가 있어 크고작은 행사장으로 사용했고, 교태전에는 월대가 없는 대신 행각들이 모두 연결되어 많은 시녀와 함께 생활하는 왕비의 복잡한 안살림을 엿볼 수 있다. 그래서 왕의 공간인 강녕전은 정면 열한 칸의 독립건물로 대단히 장중한 인상을 주고, 왕비의 공간인 교태전은 단아한 아름다움과 함께 행각으로 이어진 아늑한 분위기가 있다.

교태전이 강녕전보다 비교적 공간이 넓고 다양한 구조인 것은 사랑채

| 강녕전 | 왕의 침실로 편안하고 안녕되게 쉬기를 바란다는 마음에서 강녕전이란 이름을 붙였다.

보다 안채가 큰 것과 같은 이유다. 강녕전과 교태전 건물에는 용마루가 없다. 이유인즉 왕은 곧 용을 상징하기 때문에 건물 자체가 용이 깃들어 있는 곳이므로 용마루를 얹지 않았다는 것이다. 이는 창덕궁 대조전(大造殿), 창경궁 통명전(通明殿) 등 왕과 왕비의 침전에 공통적으로 나타나는 특징이다.

강녕전과 교태전은 완전히 분리되어 있어 강녕전 뒤로 돌아가면 교태전으로 들어가는 솟을대문인 양의문(兩儀門)이 있고 대문 양날개로 펼쳐진 담장에는 주황빛 전돌로 반듯하게 쌓아올린 굴뚝이 마치 수문장인 양 우뚝 솟아 있어 길고 지루한 담벼락에 변화와 함께 관람동선의 길라잡이가 되고 있다. 굴뚝에는 '천세만세(千歲萬歲)' '만수무강(萬壽無疆)'이라는 글자무늬가 새겨져 있어 역시 왕비의 공간은 첫인상부터 왕의 공간과 다른 따스함과 사랑스러움이 느껴진다.

이 굴뚝의 문자디자인을 보면 참으로 멋스럽다. 원래 디자인이 잘된 전서체이지만 없을 무(無)자를 쓴 것을 보면 감탄이 절로 난다. 글자를 모르는 상태에서 보면 양쪽 다 추상무늬로 보일 터인데 네자씩 배치된 것은 똑같은 구조지만 한쪽은 천세만세, 또 한쪽은 만수무강이기 때문에 비슷한 듯 다르다. 이 점은 대칭은 대칭이로되 대칭에서 약간 어긋나게 하는 '비대칭의 대칭'으로 엄격함과 흐트러짐을 동시에 구현하는 한국미술의 쎈스를 보여준다.

사람들은 양의문 양옆에 있는 이 굴뚝이 당연히 안채인 교태전의 굴뚝인 줄 알고 지나간다. 그러나 이는 앞건물인 강녕전의 굴뚝을 여기까지 빼낸 것이다. 교태전 굴뚝은 아미산 뒷동산에 있다. 이렇게 이야기하면 사람들은 내가 워낙에 장난을 잘 치니까 또 거짓말로 자기네를 골리는구나 하고 좀처럼 믿지 않는다. 그러나 이는 거짓말 같은 사실이며 우리나라 구들이 갖고 있는 탁월한 난방씨스템을 웅변으로 말해주는 물증이다.

우리나라 온돌에서 굴뚝은 건물 뒤쪽으로 멀리 빼내게 되어 있다. 웬만한 양반집, 절집 굴뚝이 뒤켠에 높이 세워진 것은 익히 보아왔을 것이다. 온돌의 구조에서 굴뚝을 이처럼 멀리 배치하는 것은 여간 슬기로운 일이 아니다.

그런데 강녕전 건물의 뒤는 뒤뜰이라는 써비스공간 없이 바로 교태전으로 연결되어 굴뚝을 빼내 설치할 곳이 마땅치 않다. 건축적 경관 문제가 생긴 것이다. 마치 현대 고층건축의 배기통처럼 생뚱맞게 처리해야 하는 골칫거리로 장애요인인 셈이다. 그런 강녕전 굴뚝을 슬그머니 교태전 행랑채에다 설치하면서 양의문 양쪽에 우뚝 솟게 하여 이 집 굴뚝인 양 위장(?)한 것이다. 그래서 아무도 눈치채지 못하고 지나간다.

슬기로운 구들과 굴뚝의 과학

아는 분은 알겠지만 '구들학회'라는 귀한 모임이 있다. 지금은 중국 옌벤의 구들학회와 연계해 국제온돌학회로 되어 있다. 이들은 학회에서 간행한 책제목처럼 '온돌, 그 찬란한 구들문화'를 연구하며 보급하고 있다.

내가 문화재청장으로 있을 때 최종덕 창덕궁 관리소장은 궁궐의 구들과 굴뚝 상황을 점검하기 위해 구들학회에 의뢰하여 실제로 창덕궁에서 불을 때어보았다. 장작이 아니라 옛 궁궐 방식대로 숯으로 불을 지폈다. 궁궐의 구들은 역시 차질없이 제기능을 하고 있었다. 온돌은 서서히 따뜻하게 데워지고 굴뚝에선 연기 하나 뿜어내지 않았다. 김준봉 회장은 우리 구들과 굴뚝의 슬기로움에 대해 이렇게 말한다.

"서양의 벽난로는 굴뚝이 바로 붙어 있어서 열이 연기와 함께 밖으로 빠져나갑니다. 그러나 우리나라 굴뚝은 길게 밖으로 나와 있음으로 해서 열이 머무는 시간이 길어져 난방에 아주 유리합니다.

난방의 문제는 열을 어떻게 오래 붙잡아두고 연기가 안으로 들어오지 않고 밖으로 잘 빠지느냐에 있습니다. 본래 불은 위로 솟는 성질이 있어서 이것을 막으면 연기가 아궁이 쪽으로 나오게 됩니다. 그래서 서양 벽난로는 바로 위에 굴뚝을 만듭니다. 그러나 이렇게 하면 열도 금방 빠져나가 열손실이 막대합니다."

이에 우리 조상들은 열기는 오래 잡아두고 연기만 빼내는 방법을 터득했다. 그것이 구들의 슬기이고, 구들의 과학이라는 것이다. 어떻게 무슨 원리로 했을까? 구들학회장은 이렇게 설명한다.

| **양의문 굴뚝** | 교태전으로 들어가는 양의문 양옆으로는 문자무늬가 장식된 굴뚝이 세워져 있다. 그런데 이 굴뚝은 교태전이 아니라 앞 건물인 강녕전의 온돌과 연결된 굴뚝이어서 그 구조의 오묘함을 다시 한번 생각게 한다.

"불을 눕혀서 오래 붙잡아두는 것입니다. 구들을 놓을 때 땅밑을 파내 '개자리'라는 것을 만듭니다. 불은 위로 솟기만 하는 것이 아니라 습하고 찬 공기 쪽으로도 간다는 원리를 이용한 것이죠. 개자리는 구들개자리, 고래개자리, 굴뚝개자리 세 군데에 설치하는데 그중 고래개자리가 중요합니다. 이것이 불을 눕히고 오래 붙잡아두는 우리나라 온돌의 노하우입니다."

이것이 우리나라 굴뚝들이 집 밖으로 멀리 나와 높이 세워지는 이유다. 외국인을 안내할 때 이 굴뚝 이야기를 해주면 대개는 그 기술과 슬기에 놀라곤 하면서도 정말로 아궁이에서 연기가 나지 않느냐며 반신반의하는 표정을 짓곤 한다.

| 자경전 | 경복궁 내전에는 왕과 왕비 이외에 왕의 어머니, 할머니 즉 대왕대비를 위한 공간도 있다. 자경전은 효명세자(익종)의 왕비인 조대비(신정왕후)가 기거하던 공간이다.

    구들학회 사람들은 온돌은 불을 완전연소시키고 연기만 빼내면 이산화탄소 배기량이 최소화되기 때문에 저탄소 녹색성장의 가장 훌륭한 난방법이라고 주장한다. 그래서 다시 나무를 때는 구들이 부활해야 한다며 이를 현대적으로 보급하는 일을 하고 있다.

아름다운 아미산 꽃계단

    교태전은 '3문3조'의 마지막 건물로 궁궐 건축의 긴장은 여기에서 끝난다. 교태전 뒤쪽으로 돌아서면 홀연히 아름다운 꽃동산이 나타난다. 아미산 화계(花階)라 불리는 이 꽃동산은 말의 진실된 의미에서 여성적인 공간이다. 경복궁이 세계 어느 나라 궁궐보다 인간적 체취가 느껴진

| 자경전 굴뚝 | 아름다운 십장생 벽화가 새겨져 있는 자경전 굴뚝은 뛰어난 설치미술이자 장식건축물의 가치를 지니고 있다. 흥선대원군이 자기 아들을 왕으로 지목해준 조대비에게 감사하는 마음이 들어 있다.

다는 것은 아미산 꽃동산 같은 사랑스러운 공간이 자경전 꽃담장과 경회루 연못으로 계속 이어지기 때문이다.

아미산 화계는 경회루에 연못을 만들면서 퍼낸 흙을 모아 가산을 만들면서 네개의 꽃계단으로 축조한 것이다. 그래서 꽃계단, 화계라 불린다. 화계에는 모란, 진달래, 국화, 앵두, 미선나무 등이 예쁜 꽃과 아담한 나무로 꽃밭을 이루고 석분(石盆)에 올라앉은 괴석(怪石)과 수련을 담는 석조(石槽) 같은 석물이 배치돼 계절마다 꽃을 즐기게 되어 있다.

화계는 우리나라 조원(造苑)의 가장 큰 자랑이다. 창덕궁 대조전의 화계, 낙선재의 화계, 담양 소쇄원의 화계 등 화계 자체가 조원의 핵심이 된 곳이 많다. 이는 우리나라의 집이 대개 산자락을 등지고 위치하기 때문에 건물 뒤쪽은 비탈로 남게 되는 것을 화계로 만들어 사태도 막고 꽃밭

| 자경전 서쪽 바깥담장 | 경복궁 내전의 담장은 화사한 붉은 벽돌에 아름다운 꽃무늬가 장식되어 경복궁 안에서 가장 밝고 환상적인 분위기가 연출되어 있다.

을 가꿀 수 있게 하면서 자연스럽게 발전한 것이다.

비탈을 계단식으로 쌓으면서 뒷공간을 넓게 열어놓는 효과가 있었던 것이다. 그런 중 교태전의 화계는 밝고 화사한 꽃담장으로 둘려 있고 세 번째 단에 아름다운 네개의 굴뚝이 줄지어 있어 환상적인 공간이 되었다. 교태전 구들의 굴뚝을 이렇게 멀리 빼내어 골칫거리 건축 장애물을 또다른 아름다움을 표현하는 계기로 삼은 것이다.

붉은 벽돌 30장을 6각형 기둥으로 쌓은 다음 그 위에 기와지붕을 올리고 지붕 꼭대기에 연기구멍으로 연가(煙家)를 각기 네개씩 얹었다. 각 면에는 별도의 전돌로 온갖 무늬를 만들어 강회로 붙였다. 만(卍)자, 당초, 학, 박쥐, 봉황, 소나무, 매화, 대나무, 국화, 불로초, 바위, 새, 사슴, 나비, 해태, 불가사리. 아름답고 상서로운 이 무늬들이 꽃과 함께 어울리는 그

| 자경전 꽃담장 세부 | 매화, 난초, 모란, 연꽃 등이 마치 화투짝 그림처럼 디자인되어 있다.

조화로움은 가히 환상적이다. 경복궁 자체가 국가 사적임에도 이 굴뚝들을 보물 제811호로 별도 지정한 것도 이 때문이다.

환상적인 자경전 꽃담장

흥선대원군이 경복궁을 중건할 당시에는 고종의 어머니인 철종의 왕비(철인왕후)가 생존해 있었고, 헌종의 계비인 효정왕후와 익종(효명세자)의 왕비인 신정왕후(조대비)도 생존해 있었다. 때문에 이분들을 위한 공간이 별도의 건물로 필요했다. 이를 자전(慈殿)이라고 하는데 그중 조대비가 기거하던 자경전은 건물이 자못 장중하다. 이는 흥선대원군이 자신의 아들이 왕으로 등극하는 데 결정적 역할을 한 조대비에게 감사하는 마음을 건축적으로 그렇게 나타낸 것이다. 실제로 조대비는 여기에서 1866년까지 수렴청정을 했다.

자경전의 굴뚝은 아예 별채인 양 따로 떼어내면서 여기에 아름다운 십장생 벽화를 장식했다. 굴뚝 그 자체가 뛰어난 설치미술이자 장식건축처럼 되어 있어 보물 제810호로 따로 지정되었다.

자경전은 집보다 담이 아름답다. 자경전 담장에는 거북등 무늬, 만자 무늬, 능화꽃 무늬 등이 사방연속무늬로 장식되어 있고 그 사이사이에는 수복강녕(壽福康寧) 네 글자를 전서체로 새겨넣었다. 또 매화, 난초, 모란, 연꽃, 대나무, 국화 등을 마치 화투짝 그림처럼 디자인해서 배치했는데 그 환상적인 어울림이 경복궁의 표정을 더없이 밝고 화사하게 만든다. 붉은색 벽돌 자체가 화려하기 그지없는데 여기에 온갖 꽃무늬를 더해 자칫 사치스러운 공간이 될 수도 있었지만 '화려하되 사치스럽지 않다'는 궁궐 건축의 미학이 여기에도 유감없이 구현되어 경복궁은 참으로 아름다운 공간이라는 감동을 받게 된다.

훈민정음의 수정전

경복궁에는 외조, 치조, 연조 공간에 해당하는 근정전, 사정전, 강녕전, 교태전, 자경전 이외 궐내각사(闕內各司)를 비롯하여 수많은 부속건물들이 배치되어 있었다. 그것이 이른바 구중궁궐이라는 것이다. 그중 반의 반도 복원되지 않았지만 내가 답사로 인솔할 때면 꼭 들르는 곳이 있다.

건축의 아름다움, 즉 집구경으로 말할 것 같으면 자경전 꽃담장을 뒤로하고 안쪽으로 더 들어가면 나오는 함화당과 집경당이다. 본래 둘려 있던 행각들이 철거되어 덩그렇게 남아 있지만 일제의 무자비한 경복궁 훼철 때도 용케 살아남았다. 돌기둥으로 떠받친 세 칸 복도로 연결되어

| 수정전 | 훈민정음의 산실 집현전이 있던 건물로, 훗날엔 갑오경장을 실시한 군국기무처가 있던 역사적 건물이다.

한 건물로 보이지만 동쪽이 집경당이고 서쪽이 함화당이다. 본디 빈궁들의 거처였으나 건청궁 시절 고종이 외빈을 접견했다고도 하는데 내부구조가 아주 아기자기하다.

이런 건물은 찾아오는 이 없이 썰렁하게 있는 것보다는 고급 다실로 일반에게 공개되면 활용도가 아주 높을 것 같은데 아직도 궁궐 관리는 출입금지를 상책으로 아는 통념 때문에 청장 시절에 마음에만 두고 실현하지는 못했다. 정말로 아까운 공간이다. 그러나 밖에서만 보아도 건물에서 풍기는 예스러운 격조는 요즘 복원한 건물들과는 차원이 달라 주목 아래서 그윽이 바라보곤 한다.

또 하나는 건물도 건물이지만 그곳이 갖는 역사성 때문에 반드시 들르는 수정전이다. 사정전 행각 밖에 있는 이 건물은 세종 때는 집현전이 있었던 곳이니 바로 여기가 훈민정음의 산실이다. 집현전이 폐지된 뒤에는 세조 때 예문관으로 쓰였다고 하며, 흥선대원군 시절 복원하면서 수정전이라는 이름으로 편전으로 사용되었다(궁궐에서 사무실로 쓰는 건물을 편전이라고 부른다).

이 수정전 건물은 다섯 벌대로 쌓은 아담한 월대가 있어 어느 건물보다도 기품이 있고 많은 사람들이 드나듦에 유리한 쓰임새가 있다. 그래서 집현전과 예문관의 학자들이 이 월대에 나와 바람도 쐬고 대화도 나누었을 성싶다. 이런 구조 때문에 고종 31년(1894) 갑오동학농민전쟁 이후 설치된 군국기무처(軍國機務處)가 여기에 들어와 있었다. 여기에서 이루어진 유명한 조치가 갑오경장이다.

흠경각의 옥루기륜

그리고 또 하나는 교태전 서쪽 행각에 둘러싸인 함원전(含元殿)과 흠경각이다. 이 권역에는 우물도 있어 구중궁궐, 궐내각사의 분위기도 느낄 수 있게 해준다. 그중 흠경각은 세종 20년(1438)에 장영실(蔣英實, ?~?)이 6년에 걸쳐 만들었다는 옥루기륜(玉漏機輪)이 설치되었던 곳이니 여기는 세종 때 과학정신과 애민정신을 알려주는 건물이다. 옥루기륜은 시각과 방위와 계절을 정확히 측정하던 자동 천문 물시계이다.

김돈(金墩, 1385~1440)의 『흠경각기』에 의하면 "흠경각 안에 호지(糊紙)로 높이 7척(210센티미터)가량의 산을 만들고 금으로 태양의 모형을 만들어 오운(五雲)이 태양을 둘러싸고 산허리 위로 흘러가며, 낮엔 산 위에 뜨고 밤엔 산중에 지면서 일주(一周)하는데, 절기에 따라 고도와 원근이 태양과 일치한다"고 했다.

또『국조보감(國朝寶鑑)』을 보면 "세종 20년에 임금이 여러 의상(儀象)을 제작케 하고 천추전 서쪽 뜰에 집을 지어 옥루기를 설치했다. 그 바퀴는 물이 쳐서 돈다. 또 북 치는 사람, 종 치는 사람, 시각을 맡은 옥녀가 장치돼 있어 모든 기관이 스스로 치고 스스로 움직인다. 그것을 장치한 집을 흠경각이라 한다"고 했다.

이 옥루기륜의 산의 사방엔 농촌의 사계절 풍경을 그린 『시경』「빈풍칠월(豳風七月)」편을 진열해 농사짓는 모습을 볼 수 있게 했다. 자연의 흐름을 정확히 파악하여 백성들이 농사짓는 데 도움을 주려 했던 세종대왕의 경천애민(敬天愛民) 사상을 흠경각은 그렇게 보여주고 있는 것이다.

참고로, 세종 16년 7월에 완성한 자격루(自擊漏)는 자동으로 시간마다 종이 울리도록 한 국가 표준시계이다. 장영실과 김조(金銚) 등이 2년간 제작한 자격루는 물의 흐름을 이용한 시보(時報)장치를 갖춘 물시계이며 지금 국립고궁박물관에 복원하여 전시하고 있다.

궐내각사의 주련과 현판

경복궁을 두루 돌아다니며 건물을 구경하다보면 건물마다 대문마다 이름이 붙어 있다. 또 기둥에는 주련이 달려 있다. 비현각, 자선당, 융화당, 연길당, 연생전, 대재문, 재성문, 선장문, 함형문, 중광문, 구현문, 이모문, 이극문, 진화문…… 이런 이름에는 반드시 그 뜻과 유래가 있다.

비근한 예로 흠경각이란 이름은 『서경』「요전」의 "흠약호천(欽若昊天, 하늘을 우러러 공경하며) 경수인시(敬授人時, 백성들에게 때를 일러준다)"라는 문구에서 따온 것이다. 이 뜻을 알면 그 건물의 기능을 대략 짐작할 수도 있고 또 건물에서 이루어지는 일의 깊은 뜻을 더욱 깊이 새길 수 있게 됨은 말할 것도 없다. 집마다 문마다 해설을 붙일 수는 없는 일이지만 한 권의 책으로 만들어 관심있는 분들이 쉽게 찾아볼 수 있게 하는 것은 문화재 관리의 중요한 일이 아닐 수 없다.

| 경복궁의 현판들 | 경복궁의 각 건물과 크고작은 문마다 이름이 지어져 있다. 각 이름에는 건물의 기능과 희망이 서려 있는데, 『궁궐의 현판과 주련』에 그 뜻이 해설되어 있다.

그리하여 문화재청에서는 연세대 국학연구원 이광호 교수팀에게 의뢰하여 『궁궐의 현판과 주련』(전3권, 수류산방중심 2007)을 각 궁궐별로 편찬하게 되었는데, 그 연구결과를 보면 그동안 우리가 경복궁의 전각과 대문이 지닌 뜻도 모르면서 본 것은 겉핥기에 불과했다는 자괴감이 들면서 연구자들에게 감사하는 마음이 절로 일어난다.

한 예로 경복궁에서 왕세자가 기거했던 동궁(東宮)인 자선당(資善堂)을 해설한 것을 보면 자선이란 '착한 성품을 기른다'는 뜻이라고 풀이하고 그 내력은 명종 9년(1554) 중건 때 퇴계(退溪) 이황(李滉, 1501~70)이 쓴 상량문으로 소개하고 있다.

태양의 밝음은 태양만이 계승할 수 있으므로 반드시 동궁에서 미리 길러야 하고 (…) 이곳에서 장남이 태어나 웅비의 상서로움을 나타내며 어려서부터 바르게 가르치니 남다른 자질이 빼어났다. (…) 왕도(王道)란 원래 보이지 않는 곳에서부터 삼가는 데서 이루어지는 것이니 현인을 높이고 덕 있는 자를 벗 삼는다는 말은 참으로 거짓이 아니다.

우리가 이런 뜻을 새기며 동궁 일곽을 돌아보는 것과 그렇지 못한 경우를 비교할 때 그 느낌의 강도와 근수는 실로 엄청난 차이가 있을 것이다. 그래서 고궁에 갈 때면 나는 거의 반드시 『궁궐의 현판과 주련』을 허리춤에 끼고 다니는데, 『궁궐의 우리 나무』(눌와 2001)도 잊지 않는다.

궁궐의 우리 나무

현재 복원된 경복궁 건물은 흥선대원군 당시의 45퍼센트가량이다. 앞으로 건물들을 복원할 계획은 아직 수립되어 있지 않다. 사용하는 일이 없으면서 빈 전각들을 옛 모습대로 복원하는 것이 능사는 아니다.

드라마 「대장금」으로 유명해진 소주방(燒廚房)의 복원계획이 있어 발굴해보니 건물터가 완연히 나오는데 이를 복원하자면 거기에 이미 뿌리내린 아름다운 소나무 여섯 그루를 옮기거나 베어버려야 한다. 나는 이 소나무를 다치지 않는 범위에서만 복원하고 그것이 불가능할 경우에는 건물을 복원하지 말고 소나무를 그대로 살리도록 했다. 지금 경복궁에서 꼭 복원할 자리는 국립민속박물관이 다른 곳으로 옮겨가면 그 자리를 옮겨 선원전(璿源殿)을 복원하는 것이다. 그것은 그때 가서 깊은 논의가 있을 줄로 믿는다.

경복궁답사에서 우리를 즐겁고 편하게 맞아주는 것은 빈 전각보다도 연륜을 자랑하는 고목들이다. 우리나라에는 약 1,000종의 나무가 있지만 우리가 늘 대하는 것은 100여종이라고 한다. 박상진 교수(경북대)가 펴낸 『궁궐의 우리 나무』에 나오는 것도 그 정도다. 문화재와 마찬가지로 나무도 좋은 해설이 있어야 제대로 이해되는데 박교수의 설명은 대단히 인문학적이다. 예를 들어 물푸레나무를 이렇게 설명한다.

물을 푸르게 한다고 해서 물푸레나무라고 합니다. 실제로 어린 가지를 꺾어 맑은 물에 담그면 정말로 파란 물이 우러납니다. 아름다운 이름과는 달리 예전에는 주로 곤장나무와 괭이자루, 도리깨 등 농기구에 쓰였고 요즘에는 정구 라켓, 야구방망이를 만드는 데 사용됩니다.

경복궁은 임란 이후 오랫동안 폐허로 있었기 때문에 생명력 강한 나무들이 일찍이 자리잡아 수령 이삼백년을 자랑하는 고목이 아주 많다. 만약 정원으로 관리되어왔으면 발붙이지 못했을 별 볼일 없는 나무들이지만 이미 고목이 된 이상은 어떤 귀한 꽃나무보다도 멋진 정원수로 된 것이다. 졸참나무 굴참나무 떡갈나무 상수리나무 같은 참나무는 수를 헤아릴 수 없이 많고, 버드나무와 수양버들은 못가에 즐비하다. 지네를 막아준다는 말채나무는 감당하기 어려울 정도로 많고 식물들의 영역다툼이 끝난 다음에도 유일하게 들어와 살 수 있다는 서어나무 고목도 여러 그루다.

그중 내가 갈 때마다 항시 눈길을 주는 나무는 향원정 앞에 있는 시무나무다. 박상진 교수는 시무나무를 이렇게 설명하고 있다. 풍류시인 김삿갓의 "이십수하삼십객(二十樹下三十客) 사십촌중오십반(四十村中五十飯)"이라는 시가 있는데, 번역하면 "시무(스물, 二十)나무 밑에 서러운(서른, 三十) 길손이 망할(마흔, 四十) 놈의 마을에서 쉰(五十) 밥을 얻어먹는

| **경복궁의 고목** | 경복궁에는 약 100여종의 나무가 자라고 있다. 『궁궐의 우리 나무』에는 각 나무의 이름과 식생이 잘 설명되어 있다. 위 사진은 경복궁 향원정의 시무나무이다.

다"는 뜻이 된다. 시무나무는 이렇게 나그네의 쉼터이자 이정표로 쓰였음을 알 수 있다. 시무나무는 엽전 닮은 열매가 달려 알아보기 쉽고 나그네들은 나중에 지나가게 될 사람을 위해 짚신을 걸어놓곤 했다고 한다. 이 시무나무는 느릅나무와 그리 멀지 않은 촌수지만 느릅나무 무리 중 가장 장대하고 재질이 단단하고 치밀해서 수레바퀴를 만드는 재료로 쓰여 이를 축유(軸楡)라고 한다.

그렇게 강한 것이 시무나무인데 향원정 못가의 시무나무는 앙상하기 그지없어 안쓰러운 마음이 절로 일어난다. 양옆 버드나무에 치여 간신히 생명을 유지하면서 끝까지 살아남으려고 햇볕을 받기 위해 뻗쳐올라간 윗가지가 위태로워 보일 정도로 가냘프다. 게다가 누구에게 차였는지 줄기에는 큰 상처가 있다. 그러나 강인한 시무나무는 그런 악조건 속에서도 꿋꿋이 살아남았다. 경복궁이 그 모질고 잔인한 세월 속에서 상처받은 채로 살아남은 역사만큼이나 장해 보여 안부를 묻듯 찾아가게 되는 것이다.

죽음을 위한 공간, 태원전

경복궁답사 때 시간에 쫓겨 거의 찾아가지 못하거나 답사의 마지막을 장식하게 되는 곳은 경복궁 서북쪽 외진 곳에 있는 태원전이다. 경복궁에 관한 책에서 태원전을 선왕들의 영정을 모신 곳으로 설명한 것이 많다. 그러나 역대 선왕의 영정을 모신 곳은 선원전으로 지금의 국립민속박물관 자리에 있었다. 태원전은 죽은 이를 위한 빈전(殯殿)이다. 빈전이란 왕과 왕비, 상왕과 대비가 승하했을 때 소렴과 대렴을 마친 시신이 안치되는 재궁(梓宮, 왕과 왕비의 관을 높여 부르는 말)을 모시는 전각이다. 그래서 건물은 단정하고 엄숙한 분위기가 감돈다.

태원전은 현대사회에서는 생각조차 할 수 없는 공간이다. 삶과 죽음을 자연스러운 인간의 운명으로 받아들여 왕이나 왕비가 세상을 떠나면 그 시신을 모신 관이 능으로 옮겨질 때까지 머무는 건물이다. 망자(亡者)란 이승에서 보면 세상을 떠난 자이지만 저승의 입장에서 보면 새 손님이기 때문에 주검 시(尸)변에 손님 빈(賓)자를 써서 빈전(殯殿)이라고 부르는 것이다. 그리고 저승은 서쪽이기 때문에 서쪽 궁장(宮牆)에 바짝 붙여 지었다.

상례(喪禮)는 국조 5례 중의 하나였기 때문에 그 빈전 건물 역시 중요하여 태원전은 스무 칸(정면 다섯 칸에 측면 네 칸)의 규모고 그 부속건물로서 열네 칸 영사재(永思齋), 열 칸 공묵재(恭默齋), 네 칸 숙문당(肅聞堂), 열한 칸 세답방(洗踏房) 그리고 행각들이 있다. 그래서 태원전 건축은 아주 비장한 느낌을 준다. 태원전 앞에 정(丁)자 모양의 긴 캐노피가 설치되어

| **태원전** | 태원전은 왕과 왕비, 상왕과 대비가 승하하였을 때, 국장을 치르면서 사용된 망자를 위한 공간이다. 정(丁)자 모양의 긴 캐노피가 설치되어 있어 긴장감이 더하다.

그 들어가는 길이 더 엄숙하다. 내부 또한 무거운 침묵이 흐르는 듯한 긴밀한 구조로 되어 있다. 한옥에서 제사지내는 공간인 제실(祭室)들에는 다 이런 긴장과 엄숙함이 연출되어 있지만 이 태원전처럼 장엄하게 된 예는 찾아보기 힘들다.

전각과 대문의 이름을 보면 하늘이라는 뜻의 태원전, 오래도록 생각하여 가슴속에 새겨둔다는 영사재, 하늘에서 땅을 내려다보며 살피듯 한다는 광림문(廣臨門), 엄숙함을 세운다는 건숙문(建肅門), 의식을 마무리한다는 예성문(禮成門) 등으로 되어 있다. 그중 건물의 모습이나 이름이 이 태원전의 성격에 가장 잘 맞는 것은 숙문당이다. 숙문당은 돌아가신 이의 위패를 모시는 혼전(魂殿)으로 망자의 혼백이 남긴 말씀을 엄숙한 마음으로 듣는다는 뜻이 담겨 있다. 우리 한옥은 세 칸 집이 가장 예쁘다고 한다. 여염집에서 툇마루가 있는 세 칸 집은 정말로 아담하고 편안한 느

| 숙문당 | 시신이 궁을 떠나기 전에 안치되는 전각으로, 망자의 말씀을 엄숙히 듣는다고 해서 숙문당이라 했다.

낌을 주며, 절집의 세 칸짜리 선방(禪房)은 그 자체로 선미(禪味)가 감돈다. 그러나 이 숙문당은 같은 세 칸이지만 기둥이 높고 지붕이 묵직하여 아담한 가운데 대단히 진중한 무게감을 느끼게 한다.

   빈전은 이처럼 죽음을 대비한 공간이기 때문에 항상 사용하는 것이 아니어서 을씨년스러울 수밖에 없다. 1868년 중건된 뒤 빈집으로 비워두는 것이 안쓰러웠던지 고종 9년(1872)에는 조선왕조 건국 여덟번째 회갑(8週甲)을 맞으면서 태조 이성계의 초상과 무슨 이유에서인지 인조의 아버지인 원종(元宗)의 어진을 함께 모셨다. 그리고 흥선대원군 중건 이후 두 분의 재궁이 여기에 모셔졌다. 고종 27년(1890) 신정왕후와 고종 32년(1895) 명성황후가 세상을 떠났을 때 혼전과 빈전에 안치된 것이 실록과 의궤에 아주 자세히 기록되어 있다.

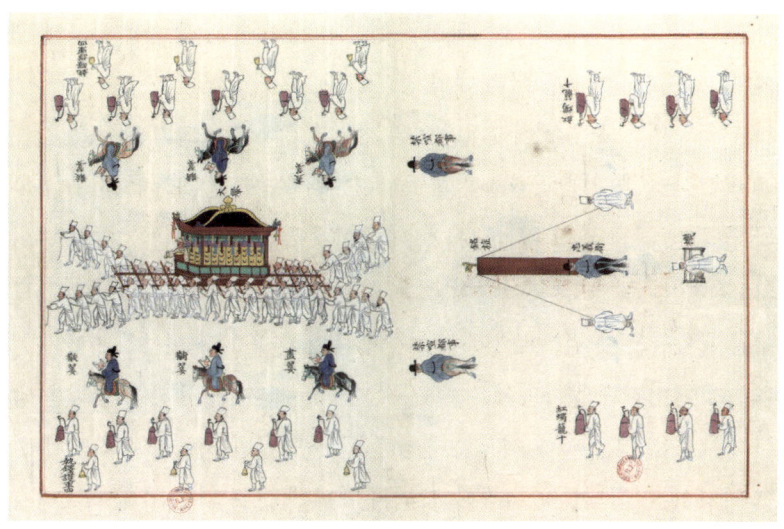

| 『예장도감의궤』의 반차도 | 국상의 절차는 대단히 엄정하였다. 국장을 치른 다음에는 의궤청에서 그림과 함께 기록으로 남겼는데, 이 의궤는 사도세자의 적장자인 의소세손의 장사를 치른 다음 제작된 것이다.

장례문화와 옛 의식

인간은 여러 면에서 삶의 방식이 동물과 다르다. 그중 결혼식과 장례식은 인간만 갖고 있는 고유의 형식이다. 모든 동물에 있어 짝짓기와 죽음은 단지 개체의 일로서 끝난다. 그러나 인간만은 자식의 짝짓기를 부모가 돌봐주고 죽은 부모의 주검은 자식이 처리한다. 그래서 인간사에서 결혼식과 장례식은 생활예법으로 사회화되어 있다.

우리의 모든 생활문화는 서양식이라는 신식문화가 전통문화를 구석으로 밀어제치며 새로운 형식을 만들어냈다. 그러나 아직은 그 모두가 우리네 삶의 문화로 안정되게 뿌리내린 것은 아니다. 혐오시설로 취급되어 어둡고 후미진 곳에 있던 영안실이 근래에 와서는 호텔만큼 밝고 깨끗한 장례식장으로 바뀐 것은 장례문화의 반가운 혁신이다. 문상객의 편의를 위해 고인의 영정 앞에 국화꽃 한 송이를 바치고 상주에게 고개 숙여 위로를 표하는 것도 이 시대의 형식이다.

그러나 문상객 중에는 그것만으로 조문의 뜻이 표현되지 않는 듯 전통적 방식으로 고인에게 재배를 올리고 또 상주에게 큰절을 하는 분이 아직 많다. 그런데 지금 시골에서 농사지으며 목장을 경영하고 있는 나의 외사촌 형님은 달랐다. 칠순이 넘은 형님은 배움의 혜택은 부족했어도 삶의 예법만은 옛 법대로 지키는 아주 순박한 농부이다.

우리 아버지가 돌아가셨다는 부음을 듣고 부리나케 달려온 형님은 당신의 고모부 영정 앞에 서서는 한참 동안 주먹만한 눈물을 흘리더니 절도 하지 않고 접객실로 나갔다. 그러자 형님의 고모 되는 나의 어머니가 뒤쫓아가서 나무랐다.

"애야, 너는 무슨 종교를 믿길래 절도 안하냐, 기독교인들도 고개는 숙이더라."

이에 형님은 놀라며 이렇게 말했다.

"아니, 벌써 염을 잡수셨단 말입니까? 그런데 무슨 상주가 건도 쓰지 않고 완장만 두르고 있답니까?"

본래 염하기 전은 살아생전의 모습이므로 곡을 하지 않는 법이란다. 요즘 신식에선 두건은 쓰지 않고 완장으로 대신한다고 알려주자 형님은 부리나케 다시 빈소에 들어와 넙죽 엎드려 "아이고, 아이고" 하며 곡을 했다. 그리고 한 3분쯤 지나서야 연극배우처럼 곡을 딱 그치더니 영정에 재배를 정중히 올리고 나서 상주인 내게 큰절을 하는 것이었다. 나는 황급히 엎드려 형의 절에 응하는데 형님은 몸을 반쯤만 일으키고는 내게 얼굴을 가까이 대며 "얼마나 망극하십니까" 하는 것이었다. 순간 나는 어떻게 답해야 하는지 몰라 묵묵히 있을 수밖에 없었다. 내외종간에도 상주에게 드리는 예의는 예의대로 있는 것이었다. 삼우제를 지내고 나서 나는 시골로 형님께 전화를 드려 문상해주심에 감사드리고는 이 예법에 대해 물었다.

"형님, 문상 가서 상주에게 말할 때 '얼마나 망극하십니까' 말고 다른 말은 없나요?"
"그게 누구의 상이냐에 따라 다르지. 대개는 '당고(當故)당한 말씀이 무슨 말씀입니까'라고 하지."

현대어로 번역하자면 '돌아가셨다는 말이 웬 말씀입니까'라는 뜻이다. 나는 내친김에 더 물어보았다.

"조문하는 말로 또 어떤 것이 있어요?"
"또? 우선 이거 두개만 알고 돌려가면서 쓰면 되지 더 알아 무엇 하나. 만날 문상만 다닐 건가?"
"그러면 이때 상주는 어떻게 응답해야 하나요?"
"상주는 '제 말씀이 무슨 말씀이겠습니까'라고 해야지. 이 사람! 자네는 대학교수면서 그런 것도 모르나."

다시 번역하면 '제가 무슨 말을 하겠습니까?' 즉 저는 죄인이라 대답할 말이 없습니다라는 뜻이다. 나는 형님의 가르침에 감사하면서 예법이 까다로움을 말하며 나의 무지를 용서받고 싶었다.

"형님, 장례법이 쉽지 않네요."
"아무렴, 예법이 쉬운 게 어디 있어. 자네 우리 건넛마을 대전이 알지?"
"아, 그 까불이 아저씨요."
"그래, 그 사람이 모친상을 당해서 장사를 치르는데, 문상객이 와서 '당고당한 말씀이 무슨 말씀입니까' '얼마나 망극하십니까'라고 조문하면 반드시 '제 말씀이 무슨 말씀이겠습니까'라고 대답하라고 단단히 일러주었지. 그런데 이 까불이가 대답한다는 것이 그만 '제가 무슨 말씀을 아뢰오리까'라고 했다는 것이야. 이건 아니지. 그 사람이 만날 텔레비 연속사극을 보았거든."

옛 장례법은 이처럼 끔찍스럽게 엄했다. 민가에서도 이럴 정도였으니 궁중의 장례법은 어떠했겠는가. 조선왕조의 의궤 중 역대 국장도감(國葬都監)에서 간행한 것을 보면 참으로 장엄했다. 그 장중한 의례는 이곳 태원전에서 시작되는 것이었다.

경복궁 수난사

명종 8년(1553)에 일어난 내전일곽의 대화재는 임금의 독촉으로 이듬해 복구되었다. 그러나 38년 뒤인 1592년, 임진왜란으로 인해 경복궁 모든 건물이 불탄 것은 돌이킬 수 없는 재앙이었다. 그후 273년간 폐허상태로 남겨진 채 창덕궁이 왕궁으로서 그 몫을 다하였다.

그리고 고종 2년(1865), 흥선대원군이 일으킨 대대적인 중건공사로 경복궁은 다시 장엄하게 복원된다. 실추된 왕권을 회복하고 몰락해가는 왕조의 부흥을 꿈꾸며 일으킨 흥선대원군의 경복궁 중건이라는 대역사는 3년 만인 고종 5년(1868)에 완성되었다.

| **경복궁의 수난** | 경복궁은 을사늑약이 이루어지기 1년 전인 1904년에 통감부가 들어오면서 숱한 수난을 겪게 된다. 광화문 앞 육조거리에서 시위대 군인들이 훈련을 받고 있다.

    경복궁 중건사업이 갖는 정치경제사적 의의와 그 여파는 익히 역사에 알려져 있어 따로 이야기하는 것은 줄인다. 그러나 나라 안팎의 복잡한 정세 속에 경복궁은 무사하지 않았고 비운이 그치지 않았다. 천재, 인재를 마음으로 새기는 것은 차라리 태평성대의 이야기이고 나라의 꺼져가는 운명 앞에서는 눈앞의 사건들에 휘말리어 하늘도 백성도 생각할 겨를이 없었다.

    명성황후와 대원군의 갈등으로 고종은 재위 10년(1873)에 경복궁 북쪽 끝 한갓진 곳에 건청궁을 지어 딴살림을 내었다. 그러나 고종 13년(1876)에 대규모 화재로 800여 칸의 건물이 소실되어 창덕궁으로 옮겼다. 그러다 1882년 임오군란과 1884년 갑신정변을 당하면서 1885년에 다시 경복궁으로 돌아왔다. 그러나 10년 뒤인 1895년 명성황후가 시해되는 끔찍한 사건이 일어나 러시아공관으로 피신했다. 2년 뒤인 1897년 고종이 환궁

한 곳은 경복궁이 아니라 경운궁(덕수궁)이었다. 아관파천 때 신무문을 통해 피난간 고종은 다시는 경복궁으로 돌아오지 못했으니 엄청난 인력과 재력을 들여 복원한 경복궁에 임금이 어거했던 기간은 중건에서 대화재까지 8년, 갑신정변에서 아관파천까지 10년, 도합 18년밖에 안된다.

그리고 1905년에 을사늑약이 이루어졌으니 사실상 조선왕조 법궁으로서의 경복궁의 역사는 여기서 끝을 맺게 된다.

그러나 왕이 살고 있든 아니든 경복궁은 조선왕조의 법궁이라는 상징성을 여전히 갖고 있었다. 1910년 한일병합이 이루어지자 일제는 경복궁의 훼철을 계획적이고도 본격적으로 시작했다. 1915년 시정(始政) 5년을 기념하는 조선물산공진회를 연다고 많은 전각을 헐고 민간에 건자재를 팔아넘겼다. 그리고 그들로서는 명성황후 시해라는 비행의 현장인 건청궁을 헐고 조선총독부 미술관을 세웠다. 경술국치(1910) 이후 민간에 팔아넘긴 경복궁의 전각이 4천여 칸이라고 한다.

그리고 1915년 조선총독부 건물을 근정전 앞에 세우기로 확정하고 홍례문 권역을 헐고 이듬해부터 공사에 들어갔으며, 1917년 11월 창덕궁에 대규모 화재가 일어나자 이를 복구한다며 강녕전과 교태전을 헐어 창덕궁으로 옮겼다. 총독부 건물은 1926년에 준공되었다. 이 과정에서 광화문은 헐려 동북쪽 담장으로 이전되었다. 이후에도 끊임없이 건물이 헐려 오직 근정전과 경회루, 향원정만 남고 여타의 부속건물들은 모두 철거된 상태에서 8·15해방을 맞게 되었다.

총독부 건물은 정부청사로 사용되었고 경복궁 복원은 생각조차 없었다. 5·16군사쿠데타 후에는 수도방위사령부 30경비단이 태원전 권역으로 들어와 군부대의 주둔처가 되었고, 경복궁 동북쪽 사옹원(司饔院) 자리엔 국립중앙박물관(지금의 국립민속박물관)이 세워지면서 경복궁은 더욱 파괴되었다.

경복궁이 다시 제모습을 찾아가게 되는 것은 1993년 새로 들어선 문민정부가 경복궁 복원계획을 발표하고 1996년에 조선총독부 건물을 철거하고 이듬해 대대적인 복구를 시작하면서부터였다. 2010년에는 경복궁 1차 복원정비사업이 완료되었다. 그동안 복원한 것은 2,720평(약 9,000제곱미터) 89채의 건물이다. 이로써 일제의 철거를 피한 건물 36동을 포함해 현재 총 125동의 건물이 들어서게 되었다. 고종 당시 500여 동의 25퍼센트 수준이다. 그것이 현재의 경복궁 모습이다.

2011. 3.

경복궁 건축의 꽃, 경회루와 건청궁

경회루의 물길 / 박자청 / 경회루의 참뜻 / 국제연회장으로서 경회루 / 건청궁 / 향원정 / 집옥재 / 건청궁의 근대건축 / 춘양목

경복궁 건축미학의 극치, 경회루

경회루는 경복궁 건축의 꽃이다. 경회루가 없어도 경복궁은 궁궐 건축의 격식과 제도를 다하지 않았다고 말할 수 없다. 그러나 경회루가 있음으로 해서 경복궁은 '3문3조'의 늠름한 줄기에 환상적 꽃까지 갖추게 된다. 경회루는 근정전, 종묘 정전과 함께 조선시대 3대 목조건물로 단일평면으로는 가장 크다. 연못의 크기는 남북 113미터, 동서 128미터이고, 48개의 돌기둥 위에 세워진 이층 누각은 정면 일곱 칸, 측면 다섯 칸으로 남북 33미터(110척), 동서 29미터(92척)다. 누마루의 넓이는 298평(약 1,000제곱미터)이나 되어 300명이 올라가도 한 평에 한 사람이 서 있는 셈이어서 공간에 여유가 있다. 기록상으로는 1,200명이 모였던 적이 있으니 그 사실 자체가 놀랍기만 하다.

| **경회루** | 경회루는 외국 사신 접대와 궁중연회를 위한 공간으로 경복궁 건축의 꽃이 되었다.

 경회루 누마루 공간은 그냥 평면이 아니다. 한 뼘 정도 높이로 두 차례 높여서 3단으로 구획지었다. 이를 외진(外陣), 내진(內陣), 내내진(內內陣)이라고 하며 분합문(分閤門)이 달려 있어 문을 닫으면 완벽하게 세 칸으로 나뉜다. 그러나 들쇠로 문짝을 들어올리면 전체 공간이 통으로 열리게 되어 있다. 그 공간분할이 절묘해 닫히면 닫힌 대로, 열리면 열린 대로 아늑하고 활달한 공간을 자유자재로 연출할 수 있다.
 약간 전문적인 이야기지만 가구(架構) 형식을 보면 들보가 11개인 11량(樑) 구조의 복잡한 구성이지만 누가 보아도 치밀하고 합리적으로 짜여 있어 견실한 느낌을 주고, 기둥 사이에는 꽃받침 모양의 화반(花盤)을 얹어서 하중을 균등하게 분산시켰다. 누각의 외진에 해당하는 귀틀 밑부분은 우물천장으로 반듯하게 마감했지만 가운데 칸만은 천장이 대들보

까지 노출되어 장대한 공간감을 자아낸다.

누각 둘레로는 계자(鷄子)난간을 설치했고, 기둥과 기둥 사이에는 마치 커튼을 접어올린 듯한 모양의 낙양각(洛陽閣)을 장식했다. 이 낙양각은 궁궐 정자의 트레이드마크 같은 것이다.

누각에서 사방을 바라보면 북쪽으로 북악산, 서쪽으로 인왕산, 남쪽으로 남산, 동쪽으로는 근정전·사정전·강녕전의 팔작지붕들이 겹겹이 펼쳐진다. 낙양각 사이로 펼쳐지는 이 인공과 자연의 흔연한 어울림에 취해 어디 한곳에 시선을 두지 못하고 연방 사방을 둘러보게 된다.

경회루는 외국 사신을 위한 연회와 나라의 경사가 있을 때 잔치를 베풀기 위해 지은 누각이다. 2005년 6월 1일, 그동안 출입금지됐던 경회루를 44년 만에 일반에게 개방할 때 한국예술종합학교 전통예술원 학생들이 축하공연으로 아악곡 「수제천(壽齊天)」을 연주했다. 분합문을 모두 들어올려 개방한 상태였는데 소리의 퍼짐이 아주 장엄했다. 최고음과 최저음이 평행선을 달리는 「수제천」의 첫 소절이 연주되자 소리는 옆으로 위로 퍼져나가며 그 사이에 있는 모든 음이 어울리는 듯했다. 당시 자리를 함께했던 이건용 총장은 흐뭇하다 못해 경이롭다는 표정을 지으면서 내게 엄지손가락을 세워 보이며 우리 어렸을 때 표현을 써서 "왔다"라고 했다.

경회루 물길의 숨겨진 과학

경회루 건축의 아름다움의 반은 그것이 인공방지(方池) 위에 세워져 있다는 점이다. 이로 인해 경회루는 밖에서 보면 누각이 못에 어른거리면서 더욱 아름답게 비치며, 누각 안에서 연못을 내려다보면 땅과 거리감이 생겨 일상의 공간에서 멀리 떨어져 있는 듯한 편안함이 느껴진다. 그런 중 경회루 건축에서 가장 슬기롭고 가장 경이로운 부분은 이 연못

| 경회루 전경 | 경복궁 건축의 꽃이라고 할 수 있는 경회루는 근정전, 종묘 정전과 함께 조선시대 3대 목조건물로 꼽히며 단일 평면으로는 가장 크다.

물의 순환씨스템이다. 어떤 강제 순환장치 없이 북악산에서 흘러들어온 물이 연못 전체를 돌아나감으로써 항상 맑은 상태를 유지할 수 있다는 것은 거의 기적에 가까운 일이다.

전통적으로 연못에 물을 넣는 방법은 세가지다. 하나는 높은 곳에서 떨어뜨리는 현폭(懸瀑) 기법이고, 또 하나는 연못의 수면과 평면을 이루어 자연스럽게 흘러들게 하는 자일(自溢) 기법이며, 또 하나는 연못 밑으로 잠겨넣는 잠류(潛流) 기법이다. 경회루 연못에는 이 세가지 기법이 모두 적용되었다. 한때 경회루 연못 청소를 위해 물을 다 뽑아낸 적이 있다. 이때 경회루 밑바닥은 수평이 아니라 입수구가 있는 북동쪽이 약간 높고 출수구가 있는 남서쪽은 약간 낮은 것을 확인할 수 있었다. 이 약간의 기울기는 물의 흐름을 유도하는 데 결정적 역할을 한다.

| 경회루 내부 | 내부의 누마루는 3단으로 나뉘어 있고 각 공간은 분합문이 달려 있어 문을 닫으면 완벽하게 세 칸으로 나뉜다.

 그러나 그것만으로 연못 전체를 순환시키는 것은 아니다. 경회루로 들어오는 물줄기는 두 곳에 있다. 하나는 북쪽 호안에 조각된 용머리 입을 통해 들어오고, 또 하나는 동쪽 호안의 돌다리 밑으로 용의 목덜미를 통해 들어온다. 그리고 북쪽 호안 못바닥에서는 상당한 양의 지하수가 솟아 들어온다. 이 세 곳으로 들어온 물은 경회루 연못에서 세 줄기 물길을 이루며 조용히 흐르고 있다.

 동쪽 호안의 다리 밑으로 들어오는 물은 세개의 다리 밑을 통해 남쪽으로 흐르다가 남쪽 호안에 부딪히면서 서쪽으로 방향을 바꾸어 흐른다. 북쪽 지하에서 스며든 물은 완만하지만 호안을 따라 서쪽으로 흐르다가 서쪽 호안에 부딪혀 남쪽으로 흘러내린다. 그리고 북쪽 용머리 입수구에서 떨어져내린 물은 서쪽으로 흐르다가 만세산(萬歲山)이라 불리는 두

섬 사이로 흘러 서남쪽 출수구로 빠져나간다. 평소에는 잠류와 자일 방법으로 거울처럼 고요한 수면을 유지하지만 비가 내려 수량이 많아지면 북쪽 입수구의 물이 세 줄기 폭포가 되어 물결을 일으키며 빠른 속도로 흘러내린다.

그래서 경회루 연못은 항시 맑은 물을 유지할 수 있고 오늘날에도 강제순환시키는 일 없이 관리하고 있다. 다만 수량이 옛날 같지 않아 물줄기의 끊김현상이 일어나는 것이 걱정될 뿐이다.

최초의 경회루

경복궁의 역사가 그러하듯 경회루 또한 오늘에 이르기까지 많은 수난과 변화를 겪었다. 경복궁 창건 당시에는 경회루가 없었다. 경복궁 서쪽은 습지여서 연못을 파고 작은 누각 정도만 세워두었다. 여기에 경회루를 세우게 된 동기를 하륜은 『경회루기(慶會樓記)』에서 다음과 같이 증언했다.

> 경복궁 제거사(提擧司)가 궁궐 서루(西樓)가 기울어 위험하다고 알려오니 전하(태종)께서는 (…) 그곳으로 나아가 보고서는 "누각이 기운 것은 땅이 습하고 기초를 견고하게 하지 않았기 때문이다"라고 하셨다. 이어서 박자청(朴子靑) 등에게 "농사철이 가까워오니 노는 자들을 시켜 빨리 수리토록 하라"고 지시하셨다. 이에 박자청 등은 지형을 살펴 조금 서쪽으로 옮겨 그 터 위에 옛 모습보다 약간 넓혀 새로 만들고 또 땅이 습한 것을 염려하여 누각의 둘레에 못을 만들었다.

경회루 공사가 언제 시작되었는지 확실치 않지만 『태종실록』 11년

| 경회루에서 내려다본 내전 영역 | 경회루에서 사정전·강녕전·교태전 쪽을 바라보면 구중궁궐이라는 말뜻을 바로 알 수 있다.

(1411) 8월 22일자를 보면 "공조판서 박자청에게 명하여 경복궁을 수리하게 하고 (…) 북루(北樓) 아래에 못을 파라고 명하였다"라는 기사가 있어 이때 착공된 것이 아닌가 생각된다. 그리하여 경회루가 완공된 것은 불과 8개월 만인 태종 12년(1412) 4월 2일이었다.

새로 큰 누각(大樓)을 경복궁 서쪽 모퉁이에 지었다. 공조판서 박자청에게 명하여 감독하게 하였는데, 제도(制度)가 굉장하고 창활(敞豁)하였다. 또 못을 파서 사방으로 둘렀다. 궁궐의 서북쪽에 본래 작은 누각이 있었는데 임금이 협착하다고 하여 명하여 고쳐지은 것이다.

이 사실을 하륜은 경회루 기문(記文)에서 다음과 같이 적었다.

(누각이 완공된 뒤) 전하는 경회루에 올라가보고는 "나는 옛 모습대로 하려고 했는데 너무 지나치지 않은가?"라고 하니 박자청은 "후일에 또 기울 염려가 있어 짐짓 이와같이 했습니다"라고 대답했다.

경회루가 완공된 지 열흘이 된 4월 11일에 태종은 경회루 준공기념 연회를 베풀었다.

경복궁에 거동하여 누각과 못을 보고 술자리를 베풀어 감독 제조인 박자청 등을 위로하였는데, 종친과 부마가 참여하였다. 또한 역도(役徒) 대장(隊將) 등 600여 인에게 술을 내려주었다.

그리고 5월 16일에 태종은 새 누각의 이름으로 경회(慶會), 납량(納凉), 승운(乘雲), 소선(召仙), 기룡(騎龍) 등을 내보이며 하륜에게 고르라고 하니 하륜은 경회로 택하고 6월 4일에 기문을 지어 바쳤다. 그리고 6월 9일에는 세자 양녕대군(讓寧大君, 1394~1462)에게 명해 경회루 편액(篇額)을 큰 글씨로 쓰게 했다. 이때 세자 나이 열아홉살이었다. 이리하여 경회루는 완벽한 모습을 갖추게 된 것이다. 이 모든 정황으로 보아 경회루는 태종의 명을 받은 박자청의 작품이다. 그런데 이런 대역사(大役事)를 불과 8개월 만에 해냈다니 오늘날의 건축공정으로는 상상할 수도 없는 일이거니와 박자청은 확실히 불세출의 토목건축가였다는 것을 알 수 있다.

미천한 신분 출신의 우직한 토목건축가

박자청(朴子靑, 1357~1423)은 미천한 신분 출신으로 공조판서, 의정부

참찬에 이른 입지전적 인물이다. 동래 관노(官奴) 출신인 장영실이 과학기술로 종3품까지 오른 경우와 유사하게 그는 건축기술로 종1품에 올랐던 것이다. 경회루를 지은 건축가, 흠경각에 과학기구를 설계한 과학자가 모두 미천한 신분 출신이라는 것은 기이한 일이다. 미천한 신분을 건축가, 과학자로 기용할 수 있었던 것은 확실히 국초의 자랑으로 삼을 만하다.

박자청은 개국공신인 황희석(黃希碩, ?~1394)의 가인(家人)이었다. 그는 일찍부터 주인을 따라 이성계를 모셨다. 1391년 4월, 역성혁명을 일으키기 1년 전, 이성계는 쿠데타의 성공을 기원하며 청동사리함을 금강산 월출봉 아래에 봉안한 적이 있는데, 이 사리함에는 발원자로 이성계와 부인 강씨, 시주자로는 황희석 등 남녀 11명 그리고 만든 사람으로 박자청 등 3명의 이름이 새겨져 있다.

개국 후 박자청은 가인 신분을 벗고 무관의 말단 벼슬을 얻었다. 그러던 박자청이 태조 이성계에게 발탁된 것은 태조 2년(1393) 박자청이 당직으로 궁궐문을 지키고 있을 때 태조의 이복동생인 의안대군(義安大君, 1382~98)이 궁궐로 들어가려 하자 국왕의 명령 없이는 안된다며 끝내 들여보내지 않은 사건이 있은 뒤다. 이때 화가 난 의안대군이 발길로 걷어차 얼굴에 상처가 생겼지만 박자청은 끝까지 요지부동이었다.

이 사실을 들은 태조는 오히려 의안대군을 나무라고 박자청을 국왕 경호를 담당하는 호군(護軍)으로 발탁했다. 이후 박자청은 우직할 정도로 충성심을 보여 태조와 태종의 깊은 신뢰를 얻었고 무반 관리로 출세가도를 달렸다.

박자청은 특히 건축공사에서 뛰어난 자질을 보였다. 그는 공사가 시작되면 무서울 정도로 몰두하는 사람이었다. 태종 7년(1407) 성균관 문묘를 건설하였는데 이른 새벽부터 저녁 늦게까지 인부들을 독려해 불과 넉달 만에 건물을 완성했다. 그 솜씨에 대해 변계량(卞季良, 1369~1430)은 높고 그윽하며 단정한 것이 개성의 문묘보다 낫다고 평가했다. 하지만 밤낮으로 혹독하게 공사를 진행하다보니 민폐가 생기게 마련이었다. 이런 일로 그는 항시 대신들의 미움을 샀고 대신들은 왕에게 수없이 처벌을 요구하곤 했다.

그러나 태조, 태종, 세종 모두 그를 두둔했다. 경회루 공사가 한창인 태종 11년 10월 4일자 실록 기사를 보면 "박자청은 본래 재덕(才德)이 없이 임금의 총애를 받아 좋은 벼슬에 높이 처하여 국가의 영조(營造) 사무를 모조리 관장하며 오로지 공역(工役)을 쉬지 않으니, 원컨대 (…) 백성을 사랑하는 마음이 있는 자로 대신 시키소서"라고 했다. 이에 태종은 이렇게 박자청을 옹호했다.

박자청은 배우지는 못하였으나 부지런하고 곧은 사람이다. 종묘·사직을 수리하는 일은 모두 내가 명하여 일을 감독한 것이다. 어찌 자신의 출세를 위한 계책으로 이 일을 하겠느냐? 내가 설령 박자청을 파직시킨다 하더라도 대신 일을 맡은 자는 앉아서 보기만 하고 일을 시키지 않는다는 것이냐? 경들은 다시는 말하지 말라.

한양 건설의 실무 건축가 박자청

박자청이 책임을 맡았던 공사는 엄청난 양이었다. 그는 태조 3년(1394)에 공역(工役)에 첫발을 내디며 영선(營繕)의 감역관 재질을 인정받고, 태종 5년(1405)에는 제조로서 창덕궁을 완공해 안마(鞍馬)를 하사받았다. 그리고 이듬해에는 선공감(繕工監)이 되어 이때부터 나라의 영선관계 일을 주관하게 되었다. 태종 7년(1407) 성균관 문묘를 완공했고, 이듬해에는 태조의 능인 건원릉(健元陵)과 태조의 정비 신의왕후의 능인 제릉(齊

陵)의 산역(山役)을 주관했다. 그 공으로 그해 10월에 공조판서에 임명되니 이른바 선공인(繕工人)으로서는 최고의 자리에 오른 것이다.

태종 10년(1410)에는 용산에 군자감(軍資監)의 곳간 짓는 일을 감독하고 경복궁 수리를 맡았으며, 청계천의 준설과 호안 공사를 완수했다. 태종 12년(1412)에는 경복궁 경회루를 건설했고, 태종 13년 4월에 서울 성곽을 보수하게 되자 도감의 제조로 임명되어 한양 도성을 구축했다.

세종 2년(1420)에는 지금도 남아 있는 살곶이다리(箭串橋)를 건설했고, 세종 3년에 또 도성 수축이 있자 그는 다시 제조에 임명되었다. 그러나 독단이 문제가 되어 잠시 물러나 있었다. 박자청의 마지막 공사는 태종의 헌릉을 조성하는 일이었다. 세종 4년 태종이 서거하자 박자청은 산릉도감(山陵都監) 제조로서 자신을 끝까지 믿어준 태종의 능을 조성하는 데 마지막 힘을 쏟았다. 그리고 이듬해 11월 19일, 67세의 나이로 생을 마감했다.

『조선왕조실록』에는 그의 졸기(卒記)가 실려 있다. 실록에 졸기가 실렸다는 사실 자체가 역사인물로서의 대접이고 영광이다. 그러나 그 내용을 보면 그가 미천한 신분에서 출세하는 과정은 소상히 말하면서 그 수많은 공사는 대략만 기록하고 다음과 같은 인물평을 덧붙여두었다.

> 박자청은 사람된 품이 세밀각박하고, 은혜와 덕이 적었으며 남을 시기하고 이기려는 것을 좋아하였다. 다른 특이한 재능은 없었으나 오직 토목의 공역을 관장한 공로로 사졸로부터 출세하여 종1품의 지위에 이르렀다.

생각건대 조선 양반들의 시각으로 보면 박자청은 미천한 신분에 학식도 없고 천기(賤技)인 토목이나 잘하는 무식한 인물이었다. 자신들과 같은 교양도 없고 인품도 없는데, 단지 왕의 총애와 신임을 얻어 출세한 자로만 비쳤던 것이다.

그러나 세종대왕은 달랐다. 세종은 그의 부음을 듣고는 사흘간 조회를 중지시키고, 종이 100권과 사람을 시켜 손수 지은 제문을 내리고, 나라에서 장사지내게 하였다. 그리고 시호를 내려 익위공(翼魏公)이라 했다. 강극(剛克)으로 발탁되었기에 익(翼)이라 했고, 위엄있고 행동이 민첩했기에 위(魏)라 했다는 것이다.

긴 세월이 지나고 보니 박자청은 진실로 능력있는 위대한 건축가였다는 사실이 점점 명확해진다. 정도전이 한양을 기획했다면 박자청은 서울의 실제 모습을 만들어낸 토목건축가였다. 최소한 나는 이렇게 말할 수 있겠다.

"박자청의 독자적인 설계와 시공으로 이루어진 경회루는 대한민국 국보 제224호다."

경회루 준공 이후

경회루는 준공 이후 애초의 설립목적대로 외국 사신을 맞이하는 연회장으로 사용되었고, 출진하는 장수들을 위로하는 송별연 장소로도 쓰였다. 종친간 연회를 베풀기도 하고 여기에 올라 활쏘기를 구경하기도 했다. 대신들과 경전을 함께 읽기도 했고 또 유생들이 시험 보는 장소로도 사용했으며 기우제를 지내기도 했다.

세종 15년(1433)에 한 차례 보수했을 뿐 경회루는 국가의 주요 행사를 치르는 중요한 공간으로 훌륭히 기능하고 있었다. 그러다 어린 나이에 즉위한 성종이 대왕대비와 함께 창덕궁으로 거처를 옮기고 경복궁을 오랫동안 비워놓은 바람에 경회루는 퇴락하게 되었다.

모든 목조건물은 사람이 살고 사용할 때만 건재한 법이다. 천하의 궁궐 건물도 사용하지 않으면 무너져버린다는 사실을 여기에서도 알 수 있다. 성종 5년(1474)에는 대대적인 경복궁 수리에 들어갔다. 근정전, 광화문에 청기와를 올리고 경회루는 헐고 다시 짓기로 했다. 대신들은 경회루가 견고한데 이를 새로 지을 필요가 있느냐고 반대했지만 경회루 중수공사는 이듬해에 완공되었다.

이때 경회루 돌기둥에 꽃과 용을 새겼다. 신하 중에는 이를 옛 제도가 아니라며 비판하기도 했다. 그런데 성현(成俔, 1439~1504)의 『용재총화(慵齋叢話)』에서는 유구(流寇, 현재 오끼나와) 사신이 조선에 와서 본 세가지 장관 중 하나로 경회루의 돌기둥을 꼽으면서 "돌기둥에 가로세로 그림이 새겨져 있어 용이 거꾸로 물속에 그림자를 지으며 푸른 물결과 붉은 연꽃 사이에 보이기도 하고 숨기도 하였다"고 한 것을 전하고 있다.

연산군은 경회루 주위를 크게 치장하고 흥청망청하며 연회를 열었다. 방지 서쪽 만세산에 전국의 화려한 꽃을 심고 봉래궁(蓬萊宮), 일궁(日宮), 월궁(月宮), 벽운궁(碧雲宮) 등 상징적인 작은 모형궁을 만들고 금·은·비단으로 장식했다고 한다. 또 연못 속에는 연꽃을 띄우고 산호(珊瑚)를 꽂아놓고 황룡주(黃龍舟)라는 유선(遊船)을 타고 만세산을 왕래하며 때로는 금과 은으로 장식한 비단꽃과 동물 모양의 등을 물 위에 띄우고 촛불을 켜고 향을 피워 밤을 낮같이 밝힐 정도였다고 한다.

중종은 연산군을 몰아낸 뒤 즉위 즉시 이 가건물을 모두 헐어버리고 거기 있던 기물과 목재는 모두 주인에게 돌려주도록 했다. 중종 연간에도 경회루의 기와를 근정전처럼 청기와로 하자는 건의가 있었으나 중종은 사치스럽게 할 수 없다며 받아들이지 않았고 경회루는 다시 제기능을 찾아 외국 사신을 맞이하고 국가의 여러 행사를 거행하는 즐거운 장소로

| **겸재 정선의 「경복궁」** | 겸재 정선이 경복궁 빈터를 그린 그림에는 부서진 경회루의 돌기둥들이 생생하게 묘사되어 있다.

사용되었다.

 그러나 선조 25년(1592) 임진왜란이 일어나 경복궁이 불탈 때 경회루 누각이 소실되었고 아래층 돌기둥만이 폐허로 남았었다. 이는 겸재(謙齋) 정선(鄭敾, 1676~1759)이 그린 「경복궁」 그림에 그렇게 그려져 있고, 숙종과 정조가 연못 가운데 있는 폐허를 읊은 시에도 그렇게 나오며, 유득공의 『춘성유기』에도 "남아 있는 경회루의 돌기둥은 그 높이가 세 길이나 되고 모두 마흔여덟개인데"라고 했다.

흥선대원군의 경회루 중건

흥선대원군의 경복궁 중건 당시 경회루 상량식은 고종 4년(1867) 4월 20일에 있었다. 실로 276년 만의 복원이었다. 양녕대군이 쓴 현판은 소실되어 당대의 서예가로 추사(秋史) 김정희(金正喜)의 제자이기도 한 신헌(申櫶, 1810~88)의 글씨를 걸었다. 경회루는 다시 제기능을 찾았다.

고종 5년(1868) 7월에는 고종의 생일날 2품 이상의 전현직 대신을 불러 연회를 베풀었다. 그런가 하면 고종 32년(1895)에는 각국 공사와 칙임관(勅任官)에게 연회를 베풀고 축하 메씨지도 전했다. 그리고 슬픈 얘기지만 순종 2년(1908) 7월 8일에는 초대통감 이또오 히로부미(伊藤博文, 1841~1909)가 2대 통감 소네 아라스께(曾禰荒助, 1849~1910)의 환영연을 이곳에서 열었다. 이때 참석한 일본, 조선 관리가 1,800명이었다고 한다.

일제가 경복궁의 건물을 마구 헐어내고 총독부 청사를 지을 때도 경회루는 파괴되지 않았다. 다만 경회루를 감싸안은 외곽 담장은 모두 헐려나가 누각이 휑하니 드러나게 되었다. 8·15광복 이후 경복궁은 일반에게 공개되었다. 이승만 대통령은 경회루 북쪽 입수구 용머리 조각이 있는 바로 곁에 하향정(荷香亭)이라는 육각정을 짓고 여기에서 낚시를 했다. 이 건물은 지금도 남아 있다.

경회루 연못은 겨울이면 스케이트장으로 개방되었다. 1950년대에 청운국민학교에 다닌 나는 겨울방학이면 여기에서 스케이트를 타고 따끈한 코코아 한잔 마시는 것을 그날의 큰 기쁨으로 여겼다. 1961년, 5·16군사쿠데타가 일어나고 수도경비사령부 30경비단이 경복궁에 주둔하게 되면서 경회루는 일반인이 들어갈 수 없는 공간이 되었다. 들리는 말로는 박정희 대통령이 여기서 연회를 열기도 했다고 한다. 그때 경회루 누마루에 양탄자를 깔았던 흔적이 지금도 좀벌레 자국과 함께 남아 있다.

2004년 9월, 나는 문화재청장에 취임하여 관할 문화재 초도순시 때 경

| 경회루 누마루 길들이기 | 경회루를 44년 만에 일반에 공개하기 위해 문화재 지킴이들이 몇날 며칠을 두고 경회루를 청소했다. 아름지기 회원들이 정성껏 물걸레질을 하고 있다.

회루에 올라가보았다. 수십년간 일반에게 공개되지 않은 이 건물의 누마루 나무판은 생기를 잃은 죽음의 잿빛이었다. 이러다가는 성종 때 경회루처럼 퇴락하고 말 것 같은 위기감이 들었다. 그래서 경회루를 일반에게 개방하기로 결정했다. 궁궐지킴이, 궁궐길라잡이, 아름지기 등 문화재지킴이 자원봉사자들의 도움을 얻어 마루를 걸레질하며 길들이는 작업부터 시작했다. 그리고 2005년 6월 1일 일반인의 관람을 시작했다. 지금도 봄·가을이면 하루 네 차례 인터넷 예약으로 1회 100명씩 관람하고 있다.

경회루의 참뜻

경회루를 일반에게 개방한 첫날 첫 입장객들을 맞이하면서 나는 경회루의 긴 역사를 얘기해주고 마지막에 하륜이 태종에게 경회루 기문을 써

바치면서 임금에게 사실상 '충고'한 구절을 읽어주었다.

누각을 일으켜 새로 세우는 것은 나라를 경륜함과 비슷함이 있으니 기운 것은 바르게 하고 위태로운 것은 편안하게 하고 (…) 흙을 쌓되 단단히하고 땅을 깊이 파서 습기를 없애는 것은 그 큰 기업(基業)을 튼튼히하는 것입니다. 들보와 마룻대와 기둥과 주춧돌을 웅장하게 함은 무거운 것을 지탱하는 것이 약해서는 안되는 까닭이요, 대공과 지도리와 문설주가 모두 제각기 갖춤이 있는 것은 작은 재목은 큰 소임을 맡을 수 없음을 말해주는 것입니다. 추녀 끝을 시원하게 트이게 함은 사방으로 보고 들어 총명하자는 것이요, 밑을 내려다보면 반드시 두려우니 이는 경외(敬畏)를 갖자는 것이요, 멀리 보아 빠뜨리지 않으니 그것은 포용함을 숭상하는 것입니다. 제비들이 와서 서로를 하례함은 인민들이 기뻐함이요, 파리가 붙지 못함은 간사하고 참소하는 무리가 물러감이요, 그림이 사치스럽지 않음은 제도문물이 중도(中道)를 얻음입니다. 이때를 맞추어 여기에서 노는 것은 문무의 긴장에 이완이 알맞게 따른 것이니 오르고 내릴 때마다 이런 생각을 갖고 정치를 행한다면 이 누각의 유익함은 진실로 적지 않을 것입니다.

국제대회 연회장으로서 경회루

2010년 G20 서울 정상회의 때 국립중앙박물관에서 정상들의 환영만찬이 열리고 영부인들은 삼성미술관 리움에서 만찬을 가졌다. 그리고 이튿날 영부인들은 성북동 가구박물관에서 오찬을 하고 창덕궁 연경당에서 별도의 행사를 가졌다. 박물관과 고궁에서 열린 이 일련의 행사를 텔레비전으로 보면서 내게는 남다른 감회가 있었다. '이제야 정부와 국민들이 박물관과 고궁의 또다른 기능을 이해하는구나'라고 생각하며 기쁜 마음이 일어났다.

문화재청장을 지내면서 내가 가장 속상했던 것은 고궁에서 국제대회 환영만찬이 열리는 것을 '특정인들이 사사로이 사용한다'며 이를 허가한 문화재청을 일부 방송사에서 일방적으로 비판하고 나온 것이었다. 2004년 9월 6일 경복궁 경회루에서 열린 국제검사협회 연례총회 환영만찬, 2005년 6월 1일 창경궁 명정전에서 열린 세계신문협회 총회 환영만찬에 대한 한 방송사의 보도는 거의 비난에 가까웠다.

이는 국회 문화관광위원회에서 야당 국회의원들의 질타로 이어졌다. 언론과 국회의 비판에 대해 관에서 할 수 있는 일은 거의 없다. 기껏해야 해명서 하나 발표하는 것인데 이를 언론이 보도해주지 않으니 많은 국민은 문화재청이 무슨 잘못이나 한 것으로 알고 지나갔을 것이다.

그러나 고궁에서의 만찬은 하나의 국제적 의전(儀典)이다. 왕조의 역사를 갖고 있는 나라에서는 그 나라에서 열리는 국제대회의 환영만찬을 고궁에서 베푼다. 그리고 고궁이 없는 나라에서는 박물관이나 예술관 로비에서 연다. 이를 통하여 국제적인 오피니언 리더들에게 그 나라 문화전통을 체득하게 하는 것인데 매우 유용한 방법이다. 우리나라만 이를 인식하지 못하여 그동안 국제대회라면 으레 특급호텔에서 열리는 것으로 생각해왔던 것이다. 돈만 있으면 열 수 있는 특급호텔의 만찬과 고궁과 박물관에서의 환영만찬은 격이 다른 것이다.

국제철강협회의 경우 프랑스의 베르싸유궁(1993), 오스트리아 빈의 쇤부른궁(1997), 터키 이스탄불의 씨라간궁(2004), 이딸리아 로마의 빨라쪼 꼴로나(2002), 호주의 씨드니 오페라하우스(1990), 미국의 시카고 과학산업박물관(2003), 멕시코의 현대미술관(1999)에서 열렸다. 그래서 국제대회를 유치한 행사본부들은 고궁을 국제대회 만찬장으로 사용하게 해달

| **경회루 국악공연** | 2005년 6월 1일 경회루가 일반에게 공개될 때 국악 축하연주가 있었는데 그 소리의 울림이 대단히 환상적이었다.

라고 신청해왔고 나는 이를 흔쾌히 허락해주었다.

2005년 10월 4일 열린 국제철강협회 총회 때도 창경궁 명정전(明政殿)에서 만찬이 열렸다. 이번에도 일부 방송사는 '창경궁에 또 만찬 허가'라며 맹비난했다. 안타까운 일이었다. 그래도 나는 언젠가는 내 뜻이 이해될 날이 오리라 생각했다. 국회의원들의 질타에 대해서도 앞으로 이런 국제대회가 있으면 또 허가할 것이라고 답변했고, 2006년 8월 24일 국제테니스연맹 연례총회 때도 창경궁을 만찬장으로 허가해주었다.

우리는 불행하게도 권위주의시대의 강압통치를 오랫동안 경험하여 '출입금지' '사진촬영금지'에 아주 익숙해 있다. 세계 모든 나라의 박물관이 별도의 규제가 없는 한 '플래시 없는 촬영'을 허가하고 있다. 그럼에도 사진촬영금지를 마치 박물관의 원칙으로 알고 폐광촌에 있는 석탄박물관조차 전시장 입구에 빨간 글씨로 '촬영금지'라고 붙여놓고 있다.

'출입금지'는 권위주의의 소산일 뿐만 아니라 매우 무책임한 관리행태다. 특히 목조건축은 사람이 사용할 때만 그 생명을 유지한다. 아무리 잘 지은 한옥도 3년만 사람이 살지 않으면 폐가가 된다. 우리나라 정자 중 진주 촉석루가 가장 보존이 잘되고 있는 것은 항시 사람들이 몇십명씩 올라앉아 즐길 수 있도록 개방되어 있기 때문이다.

활용의 측면이 아니라 보존을 위해서도 문화재는 관리할 수만 있다면 개방되어야 한다. 일반인에게는 '출입금지'를 해놓고 국제대회라는 미명 아래 환영만찬을 열었다면 그것은 있는 자들만이 향연장으로 사용했다는 비난을 받을 만하다. 그러나 지금은 그런 출입금지 구역은 최소화되었고, 만찬 때도 진짜 출입금지된 곳은 들어가지 못한다. 국제대회를 주관한 경험이 일천했기 때문에 이런 행사의 의의를 국민과 언론이 제대로 인식하지 못한 측면도 있다.

국제철강협회가 열렸을 때 『한국경제신문』 김홍렬 기자가 2005년 10월 6일자 '취재여록'으로 "우리가 유치한 대규모 국제대회를 단순한 비즈니스 모임으로 폄하하고 만찬행사를 술판으로 깔아뭉갠다면 누가 한국에서 국제대회를 열려고 할지 답답하다"고 쓴 기사가 유일하게 문화재청 손을 들어준 기사였는데, 내 편을 들어서가 아니라 그것이 바로 '정론(正論)'이라고 생각한다.

경험이 쌓이고 역량이 성숙하면서 이제 고궁에서 열리는 국제대회 환영만찬을 더이상 누구도 비난하지 않을 것이라 생각하니 우리의 민도가 높아져가고 있음이 뿌듯하고 그간 서운했던 마음이 다 풀려나간다.

궁궐 속의 작은 궁궐

명작이라고 일컬어지는 영화나 소설을 보면 한결같이 에피소드 처리

| 건청궁 전경 | 궁 속의 궁인 건청궁은 고종이 기거하기 위해 별도로 세운 건물이다. 마치 양반가옥을 궁 안에 옮겨 놓은 듯한 편안함이 있다.

가 탁월하다. 또 좋은 잡지와 신문은 코너 처리가 능숙하다. 이런 에피소드와 코너 처리는 없어도 그만인 것으로 결코 메인이 될 수 없지만 이것이 있음으로 해서 일어나는 감동의 폭과 여운은 말할 수 없이 크고 진하다. 건축 또한 마찬가지다. 특히 경복궁 건축에 그런 면이 잘 살아나 있다.

경복궁 건축의 핵심은 외조, 치조, 연조의 근정전·사정전·강녕전·교태전 영역과 연회공간인 경회루에 있다. 그러나 경복궁 건축은 여기서 끝나지 않고 궁궐 북쪽 편에 바짝 붙어 있는 건청궁·향원정·집옥재로 이어진다. 건청궁은 고종황제와 명성황후가 기거하던 살림공간이고, 집옥재는 고종의 서재이며, 향원정은 건청궁에 딸린 정원이니 이 구역은 궁궐 속의 또다른 작은 궁궐로 건청궁 영역이라고 불러도 좋을 것이다. 바로 이 건청궁 영역이 있음으로 해서 경복궁의 건축적 여운을 진하게 느끼게 되고 경복궁이 다른 나라 궁궐 건축에 비해 사람이 살았던 인간적 체취가 흥건히 남아 있다고 평을 받게 되는 것이다. 경회루가 경복궁이라는 나무에 활짝 핀 꽃이라면 건청궁은 무성한 잎 사이로 고개를 살짝 드러낸 꽃봉오리에 해당한다.

태조 창건 당시와 마찬가지로 흥선대원군 중건 때도 경복궁 동북쪽 뒤편은 숲속의 정원으로 녹원(鹿苑) 또는 녹산(鹿山)이라고 불렀다. 고종 2년(1865) 4월에 시작된 경복궁 중건은 3년 뒤인 고종 5년(1868) 6월에 완공되었고, 창덕궁에 있던 고종이 경복궁으로 거처를 옮긴 것은 이듬해 7월 2일이다. 그러나 경복궁 중건공사가 완전히 끝난 것은 아니고 부속건물들의 공사가 계속되어 영건도감(營建都監)이 해체되는 것은 그로부터 4년 뒤인 고종 9년(1872) 9월이었다.

그런데 영건도감이 해체된 이듬해인 고종 10년(1873)에 고종은 궁궐의 가장 북쪽 깊숙한 곳에 아담한 집을 짓기 시작했다. 고위관료는 물론이고 아버지 흥선대원군에게도 이 사실을 알리지 않고 비밀리에 공사를 시작했다. 공사가 진행되자 대신들은 자연히 이 사실을 알게 되었고 공사 중단을 건의했다. 부호군(副護軍) 강진규(姜晉奎, 1817~?)는 상소를 올렸고, 좌의정 강로(姜㳣, 1809~87)는 직접 임금과 대면한 자리에서 지난 10년간 경복궁 중건에 이어 또다시 토목공사를 벌이는 것은 백성의 부담을 가중시킨다고 했다. 그러나 고종은 국가예산이 아니라 왕의 판공비인 내탕금으로 짓는 것이며 검소하게 짓기 위해 직접 관장하고 있다며 끝까지 밀어붙여 마침내 건청궁을 완공했다.

| **장안당** | 건청궁의 사랑채인 장안당에는 누마루가 있어 여기서 밖을 내다보면 향원정이 그림처럼 들어온다.

편안한 살림집 구조의 건청궁

왜 고종은 왕의 거소인 강녕전을 놔두고 따로 건청궁을 지었을까. 거기에는 두가지 뜻이 있었던 것 같다. 하나는 아버지의 간섭으로부터 벗어나 왕으로서 정통성을 확립하는 뜻이었던 듯하다. 건청궁이 완공될 무렵인 고종 10년 11월에 친정선언을 한 것으로 보아 이는 고종의 통치구상과 무관해 보이지 않는다. 그리고 또 하나는 고종이 거소만은 인간으로서의 편안함을 갖고 싶었던 면이 있을 수 있다. 사실 평생을 왕으로 살아간다는 것은 일거수일투족이 구속의 연속일 수밖에 없다. 그 제왕의 굴레를 벗어나고 싶은 것은 인지상정이다. 그래서 순조는 창덕궁에 양반가옥을 본뜬 99칸 집인 연경당(演慶堂)을 지었고, 헌종은 사랑채가 편안해 보이는 낙선재(樂善齋)를 짓고 거기에 기거했다. 고종이 지은 건청궁

| 옛 옥호루 | 옥호루는 명성황후가 기거하던 장안당의 안채로 황후는 여기서 시해되었다. 이 사진은 훼철되기 전 옥호루의 모습이다.

또한 사랑채와 안채로 구성된 양반가옥의 구조를 하고 있다.

이런 배경에서 지어진 것이기 때문에 건청궁은 우리나라에서 가장 아름다운 한옥 중 하나로 되었다. 건청궁의 건물배치는 크게 장안당(長安堂), 곤녕합(坤寧閤), 복수당(福綏堂)의 세 부분으로 나뉜다. 장안당은 고종이 기거했던 사랑채이고, 곤녕합은 명성황후가 기거했던 안채이며, 복수당은 상궁들의 거소·생물방(生物房)·곳간 등이 있던 부속건물이다. 그 구조는 아주 명쾌하고 건물의 자리앉음새와 모양이 검소하면서도 품위가 있다. 건청궁으로 들어서면 행각으로 둘러진 네모반듯한 써비스공간이 나오고 정면에는 곤녕합으로 들어가는 함광문(含光門)이 있고, 왼쪽에는 장안당으로 들어가는 초양문(初陽門)이라는 작은 덧문이 있다. 우리나라 한옥은 사랑채와 안채가 절대로 바로 보이지 않게 한다. 들어오는 사람이 마음을 추스를 수 있는 여백을 그렇게 제공한다.

| **명성황후 시해사건** | 당시의 장면을 그린 이 삽도에는 건청궁의 서양식 건물인 관문각과 시계탑이 그려 있어 당시의 모습을 상상할 수 있다.

초양문으로 들어서면 높직한 석축 위에 번듯하게 올라앉은 장안당 대청과 네모난 석축 기둥에 번듯하게 올라앉은 누마루가 기역자로 꺾여 있어 공간감이 자못 아늑하다. 이것이 건청궁 건축의 얼굴이다. 누마루 이름을 추수부용루(秋水芙蓉樓)라 하였는데 여기서 창밖을 내다보면 향원정 연못이 한눈에 들어온다. 장안당과 곤녕합은 긴 회랑으로 이어져 왕과 왕비의 공간이 긴밀하게 연결되어 있다. 곤녕합은 장안당과 같은 구조이면서 약간 작고 여성공간다운 아기자기한 방배치로 되어 있다. 여기에도 기역자로 내어지은 누마루가 있어 옥호루(玉壺樓)라 이름하였다.

건청궁은 이처럼 간명한 구조지만 그 외관과 내관 모두가 하나의 공예품처럼 다듬어져 있어 우리나라에서 한옥의 아름다움을 가장 잘 보여주는 건물로 되었다. 2007년 중국의 원 자빠오(溫家寶) 총리가 한국을 방문했을 때 건청궁 옆 빈터에서 청소년을 위한 행사를 가진 바 있다. 그때 수

행했던 중국 관료들은 이 건청궁을 마냥 바라보면서 한국의 한옥은 들어가 살고 싶은 충동이 일어난다며, 임금이 저런 검소하면서도 인간적인 집에 기거했다는 것이 놀랍다고 했다.

향기는 멀수록 더욱 맑다

건청궁을 지으면서 대문 앞에는 아름다운 정원으로 향원정을 조성했다. 창건 당시 이 자리는 빈터였는데 세조 때(1456) 작은 연못을 파 연꽃을 심고 취로정(翠露亭)이라는 정자를 세웠다는 기록이 있다. 이것이 임란 이후 폐허가 되어 습지로 남아 있던 것을 다시 연못으로 조성한 것이다. 그리고 못 가운데는 이층 육모정을 세워 그 운치를 한껏 돋웠다.

향원정은 창덕궁 부용정(芙蓉亭)과 함께 우리나라에서 가장 아름다운 연못으로 꼽힌다. 경회루는 근정전과 대를 이루는 공적인 연회공간인 반면 향원정은 건청궁의 앞정원으로 왕과 왕비의 사적 공간이다. 그래서 향원정은 아주 편안하고 온화하고 여성스럽다.

향원정 섬에는 다리가 하나 놓여 있는데 지금 있는 것은 한국전쟁 때 임시로 놓은 것이고, 본래는 건청궁 대문 쪽에서 가로질러 있어 취향교(醉香橋)라 하였다. 향원정이라는 이름은 송나라 성리학자 주돈이(周敦頤)의 「애련설(愛蓮說)」이라는 글에 나오는 '향원익청(香遠益淸)'이라는 구절에서 따온 것으로 '향기는 멀수록 더욱 맑다'는 뜻이다. 그리고 그 다리는 향기에 취해 건넌다는 것이니 이름만으로도 그 운치를 다하고 남음이 있다.

향원정은 연못이라는 넓은 홀 안에 놓인 아름다운 가구이다. 이 가구가 있음으로 해서 홀은 환하게 빛난다. 천하일색의 미인이 방 안에 있음으로 해서 그 방이 빛남과 같다. 그리고 비록 임시로 가설된 것이지만 다리가 하나 있음으로 해서 보는 각도에 따라 그 표정을 달리하게 되고, 어

| 향원정 | 건청궁의 정원인 향원정은 창덕궁의 부용정과 함께 우리나라에서 가장 아름다운 연못으로 꼽힌다. 향원이란 향기는 멀수록 더욱 맑다는 뜻에서 따온 것이다.

느 방향에서 보아도 상큼한 맛을 준다. 언젠가 화가 임옥상과 향원정을 거닌 적이 있는데 그는 즐겁고 기쁜 마음을 얼굴 가득 담고 한바퀴 돌고 나서 나에게 농담으로 이렇게 물어왔다.

"미술사가가 아니라 전(前) 미술평론가로서 향원정이 지닌 의미가 무엇이라고 생각합니까?"

"질문 자체를 모르겠는데."

"그러니까 내가 전 미술평론가라고 하는 겁니다. 향원정으로 말할 것 같으면 일제강점기부터 1960년대까지 사실주의 풍경화가들이 가장 많이 그린 소재라는 사실을 빨리 대답해야죠. 그래야 '전(前)' 자를 빼주죠."

"이보게, 향원정이 '국전' 출품작 중 가장 많이 나온 소재라는 것은

경복궁 3 105

| 집옥재 전경 | 고종이 서재로 지은 집옥재는 중국풍의 입식 생활공간으로 되어 있어 당시 고종은 이곳에서 외국사절을 맞이하곤 했다. '중국식'이라기보다 당시로서는 '현대식'으로 지은 것이었다. 사진 오른쪽으로는 전통 건물인 협길당을 두고, 왼쪽으로는 이층의 팔각누각(팔우정)을 달아 신구양식이 흔연히 어울리고 있다.

미술평론 사항이 아니라 이미 근대미술사의 한 장면일세."

 벌써 50년 된 이야기다. 화가들은 더이상 공모전을 위해 향원정을 그림으로 그리지 않지만 지금도 향원정은 변함없이 완벽한 구도를 보여주는 그림 같은 연못 속의 정자로 남아 있다.

고종의 서재, 집옥재

 건청궁이 완공된 것은 고종 10년(1873)이었지만 그로부터 3년 뒤인 1876년에는 강녕전 등 내전 일대에 큰 화재가 일어나 왕의 거소를 창덕궁으로 옮기는 바람에 한동안 빈집으로 남아 있었다. 그리고 고종과 명

 성황후가 다시 건청궁으로 돌아온 것은 고종 22년(1885) 1월 2일이었고 이때부터 명성황후가 시해되는 고종 32년(1895)까지 건청궁에 머물렀다.
 집옥재는 고종이 창덕궁에 있을 때인 1881년에 서재로 지은 것으로 중국풍이 완연하다. 양 벽은 벽돌을 쌓아올렸고 내부는 이층구조로 대청마루가 아니라 넓은 홀로 개방되어 의자와 탁자가 놓여 있었다. 현판도 가로가 아니라 세로로 길게 세워져 있다. 현판 글씨는 송나라 서예가 미불(米芾)의 글씨를 집자해 새겼고, 주련의 글귀들도 중국 문인들의 시구로 장식되었다.
 지금 나는 이 집옥재를 중국풍이라고 설명하고 있지만 고종 당시의 입장에서 말하면 시류에 맞추어 지은 신식 건물이었다. 집옥재 옆에는 전통시계인 자격루 대신 서양식 시계탑이 들어서 있었다. 이 무렵 고종은

경복궁 3 107

좌식보다 입식에 익숙해 있었다. 또 외국 사신들을 맞이하는 일이 많아지면서 의자가 필요했던 것이다.

기록을 보면 1893년 한해 동안에만 고종은 영국·오스트리아·일본 등 외국 공사와 다섯 차례 여기에서 접견했다. 여기서 우리는 전통한옥이 근대적 삶에 맞추어 변해가는 모습을 보게 된다. 건청궁 장안당 마당에서 집옥재 쪽으로 난 협문인 필성문(弼成門)을 보면 화강암 기둥에 벽돌 몸체를 하면서 나무 서까래에 기와지붕을 올렸는데 아주 이색적인 멋이 있다. 가히 당시로서는 신식이라고 할 만한 것이다. 한옥은 이때부터 서서히 탈바꿈하고 있었는데 그 작업은 오래가지 못하고 이내 서양식이 밀고 들어오게 된다.

건청궁의 근대식 시설

건청궁이 완공된 것은 1873년으로 이때는 서구 열강들이 쳐들어와 각축을 벌이고 근대문명이 속속 들어오던 시절이었다. 1887년 건청궁에는 국내 최초로 전기가 가설되었다. 이는 중국이나 일본의 궁정설비보다 2년이나 앞선 것이었다. 이때 옥호루 앞마당에 석유등이 외등으로 설치되었던 것이 옛 사진으로 남아 있고, 건청궁 맨 뒤쪽에는 발전기가 들어 있던 긴 건물이 있다. 이처럼 고종은 근대문명을 적극 받아들이려고 했다. 고종은 장안당 뒤편에 관문각(觀文閣)이라는 서양식 서재를 짓기 시작하였다. 이 건물은 고종 25년(1888) 2월에 착공되어 3년 6개월 만인 1891년 8월에 완공되었다.

관문각은 완전한 서양식 건물로 지어져 양관(洋館)이라고도 불렸으며, 외국 외교관들을 접대하는 장소로 활용되었다. 그러나 이 건물은 10년 만에 헐리게 되는데 그 이유는 부실공사였다고 한다. 어쩌면 처음 시

| 관문각 | 고종은 장안당 뒤편에 관문각이라는 서양식 서재를 지었다. 싸바찐이 설계한 이 양관은 10년 만에 헐렸다.

도한 서양식 건물이었기 때문에 경험부족 탓인지도 모른다. 이 관문각의 형태가 어떤 것이었는지 우리는 지금 알 수 없다. 다만 옛 그림과 사진에 건청궁 위로 솟아오른 육중한 이층집으로 나타나 있을 뿐이다.

이 건물을 설계한 사람은 러시아(우끄라이나) 출신인 싸바찐(A. I. Seredin Sabatin, 1860~1921)이다. 그는 임오군란 뒤인 1883년 외교고문으로 부임하는 독일인 묄렌도르프를 따라 조선에 들어와 인천 해관에 근무하다가 1888년 5월에 궁내 건축공사의 회계담당으로 한양에 파견되면서 건축가로 활동했다.

싸바찐은 국내 기록에는 '살파정(薩巴丁)' 혹은 '살파진(薩巴珍)'이라는 표기로 등장하며 한국 초기 서양식 건물을 설계한 서양인 건축가로서 독립문, 러시아공사관, 덕수궁의 석조전, 정관헌, 중명전, 손탁호텔, 인천의 세창양행과 해관청사 등을 설계했다(서재필은 자서전에서 독립문 설계자인 그를 '스위스인 기사'라고 언급했다). 그는 명성황후가 일본인들에게 희생될 때 황제를 보호하는 시위대에서 미국인 교관 다이 장군과 함께 부감독관으로서 비극의 현장을 목격한 인물이기도 하다. 그는 1905년 러일전쟁이 발발하자 연해주 블라지보스또끄로 피신했다.

1895년 8월 20일(양력 10월 8일) 건청궁 곤녕합에서 명성황후가 일본 낭인들에 의해 시해되는 을미사변이 일어났다. 명성황후의 시신은 옥호루에 잠시 안치되었다가 건청궁의 뒷산인 녹산에서 불태워졌다. 그리고 6개월 뒤인 1896년(건양 1년) 2월 11일, 신변에 위협을 느낀 고종이 왕세자와 함께 러시아공관으로 옮겨가는 아관파천(俄館播遷)이 있었고 이후 고종은 건청궁으로 돌아오지 않았다. 주인을 잃은 건청궁은 1909년 일제가 헐어버렸다. 자신들의 범행 자취가 남아 있는 이 건물을 경복궁 훼철의 첫번째 대상으로 삼았던 것이다.

건청궁 복원공사와 춘양목

건청궁 복원공사는 2004년 6월부터 2007년 12월까지 3년에 걸쳐 이루어졌다. 마침 내가 문화재청장으로 재임한 기간에 공사가 진행되었다. 나는 어느 문화재 복원보다도 건청궁에 마음을 많이 썼다. 어쩌면 이것이 우리가 이 시대에 마지막으로 시도하는 우리나라의 대표적인 한옥 건축일 수 있다는 생각에서였다. 지금 한옥을 짓자면 최소한 평당 800만원이 든다. 여기에 좋은 재료와 일류기술자를 동원하면 족히 평당 1,500만원은 든다. 그리고 나무재료를 춘양목(春陽木)이라 불리는 우리나라 소나무로 하고 인간문화재급 고급기술자가 시공하면 평당 2,000만원도 넘어간다. 그래서 아름다운 한옥을 짓는 것은 건물이 아니라 건축이라는 공예품을 만드는 것과 같다고 한다. 그래도 나는 얼마가 들든 이 시대 최고의 기술과 최고의 재료로 만드는 것이 옳다고 생각했다.

공사중 잘못된 것이 나타나면 뜯어내고 다시 짓더라도 최선을 다해야 한다고 생각했다. 예산이 부족해서 재료나 기술에 아쉬움을 남기면 당장은 이해받을 수 있어도 100년, 200년 뒤 후손들은 절대로 용서하지 않고 그때 선조들이 요모양 요꼴로 했다고 손가락질할 것이기 때문에 예산에 구애받지 않고 최선을 다했다. 그 결과 보통 한옥의 두배가 들어갔다.

이 과정에서 나는 앞으로 전통 목조건축 복원에 사용할 춘양목을 지금부터 확보하는 것이 중요하다는 사실을 알게 되었다. 광화문과 숭례문 복원에서 우리는 어렵사리 금강송을 구해 복원하고 있다. 그러나 대들보는 구하지 못해 캐나다에서 수입해왔다. 경주 황룡사를 복원하는 데 필요한 목재를 계산해본 결과 4톤 트럭으로 2,400대분이었다.

춘양목이라 불리는 목재는 금강송으로, 고성·울진·삼척·봉화 등 태백산맥 줄기에 자라는 소나무다. 눈이 많이 내리는 지역에서 자라는 소나무인지라 설해(雪害)로 가지가 부러지지 않도록 가지를 짧게 뻗고 위로 치솟아올라 목재로서 아주 적합하다. 이 금강송들이 철도가 생기면서 춘양역에서 출하되어 흔히 춘양목이라 불리고 있는 것이다. 지름 60센티미터 이상 되는 대경목(大莖木)이 되려면 150년생 이상이 되어야 한다.

문화재청에 아주 대비가 없는 것은 아니다. 삼척 준경묘 주변에 약 150만평(약 500만 제곱미터)의 임야에 14만주(柱)의 금강송을 기르고 있고 150년생 이상이 약 1천주, 그리고 100년생이 약 9천주 있다. 그러나 충분하다고 할 수 없다.

나는 산림청의 금강송을 문화재청에서 사용할 수 있는 방안을 생각했다. 울진 소광리 통고산 휴양림이 있는 곳에 산림청에서 관리하는 150만평의 솔밭이 있음을 잘 알고 있었다. 한창 공사중인 경복궁 태원전 복원에는 이곳의 금강송 166본이 사용되고 있었다. 나는 청장이 되기 전 불영사답사 때 거기서 두 차례 묵어간 적이 있었다.

당시 산림청의 조연환 청장은 그가 과장일 때부터 잘 알고 지낸 사이

| 금강송림 | 울진군 소광리에는 산림청에서 관리하는 150만평의 금강송 보호림이 있다. 현재는 대개 30~50년생의 나무들이다.

로, 숲가꾸기 간벌사업에 나도 동참한 적이 있었다. 나는 조연환 청장을 찾아가서 단도직입적으로 요구했다.

"조청장, 소광리 소나무밭을 문화재청으로 이관시켜주시오."
"뭐 하려고?"
"잘 길러서 문화재 복원에 사용하려고. 다 정부 것이니 넘겨주시오."
"넘겨주는 건 어렵지 않으나 어떻게 관리하려고 하는 거요?"

듣고 보니 그건 생각지 못한 큰일이었다. 나는 금방 말을 돌렸다.

"지금 당장 말고 150년 후에 돌려준다는 업무협약(MOU)을 맺읍시다."

"그렇다면 얼마든지 좋지."

조연환 청장은 의외로 선뜻 내 뜻에 동의했다. 그리하여 2004년 11월 11일, 막대기가 네개 있는 날 울진군 서면 소광리에서 산림청과 문화재청 사이에 업무협약식이 이루어졌다. 이해찬 국무총리가 이 협약서에 같이 서명했고 이의근 경상북도 지사가 증인으로 참석했다.

현장에는 금강송 보호비도 세웠다. 옛날에도 봉산비(封山碑), 금송비(禁松碑)라는 것이 있어 여기 있는 소나무를 베면 곤장 몇대에 처함이라는 경고문을 세운 예에 따른 것이다.

| 금강송 보호비 | 산림청과 문화재청은 150년 뒤 전통건축 복원에 이 금강송을 사용한다는 업무협약을 맺고 금강송 보호비를 세웠다.

이듬해 우리는 이 약속이 지켜지기를 바라는 마음에서 업무협약서를 타임캡슐에 넣어 묻고 무쇠뚜껑에 개봉일자를 2155년 11월 11일이라고 새겨두었다. 그리고 그날 금강송 후계목 1,111주를 기념식수했다. 협약문은 다음과 같다.

산림청과 문화재청은 후손들이 전통 목조건축을 수리하고 복원하는 데 사용할 금강송 보호림을 조성하는 데 합의하고 국무총리 입회하에 경북 울진군 서면 소광리 일대 150만평의 금강송 솔밭은 향후 150년간 어떤 이유로도 벨 수 없다는 업무협약을 맺으며 이에 관한 일

| **타임캡슐** | 금강송 보호림 조성에 관한 협약을 한 타임캡슐을 2005년 묻고 2155년 개봉하기로 했다.

체의 자료를 여기 타임캡슐에 담아 후손들에게 알려둔다.

2005년 11월 11일
산림청장, 문화재청장
확인 국무총리

2011년 4월 10일, 38년간 산림공무원으로 근무한 조연환 청장이 9급공무원인 최말단직 산림간수로 시작해서 청장에 이르기까지를 회고한 자서전인『산이 있었기에』(시사출판 2011) 출간 기념식이 있었다. 나는 축사를 겸한 회고담에서 이 금강송 업무협약에 말하면서 "훗날 산림청 직원들은 조연환 청장이 문화재청장에게 사기당했다는 것을 알 겁니다"라고 말해 하객들은 박장대소했다.

그리고 뒤이은 조연환 청장은 답사에서 이렇게 말했다.

"사실 나는 그때 유청장에게 사기당하고 있다는 것을 잘 알고 있었습니다. 그러나 우리가 가꾼 소나무가 궁궐을 복원하고 허물어지는 문화재를 복원하는 데 쓰인다는 데 거절할 수가 없었습니다. 기껏 기른 것이 땔나무나 탄광 갱목으로 나가는 것을 보면 영 마음이 안 좋거든요. 그런데 이렇게 좋은 데 쓰인다니 그것은 딸자식을 좋은 집안에 시집보내는 것 같은 기꺼운 마음이 일어나는 것이죠. 그래서 이런 사기라면 모른 척하고 당하는 것이 좋다고 생각하고 협약을 맺었답니다. 바라는 마음이 있다면 150년 뒤 꼭 이 약속이 지켜지기를 바랄 뿐입니다."

이 약속이 과연 지켜질까? 아마도 우리의 후손들은 명석하여 꼭 지킬 것이라고 믿어본다. 나나 조청장이 앞으로 145년만 더 살면 이 업무협약이 지켜지는지 볼 수 있기도 하겠지만.

2011. 4.

경복궁 4

광화문에 새겨진 영욕의 이력서

광화문광장 / 아! 광화문이여 / 야나기 무네요시 / 콘크리트 복원 /
광화문 현판 / 설치미술로서 가림막 / 이방인이 기록한 광화문 복원

왕궁이 지닌 현재적 의미와 가치

경복궁이 오늘날 우리에게 주는 진정한 의미는 무엇인가? 외형적으로는 건축의 아름다움일 것이다. 그리고 내면적으로는 조선왕조의 법궁이라는 역사적 가치가 따로 있다. 왜 우리는 경복궁을 다시 복원하였는가? 흥선대원군이 임진왜란으로 폐허가 된 법궁을 복원한 것은 실추해가는 왕조의 권위를 되찾기 위한 것이었다. 그러면 우리 시대의 복원이란? 누구에게나 한번쯤은 찾아왔을 이 물음에 대해 나는 두가지 사례에 비추어보며 대답을 구한다.

첫째, 일제가 총독부 청사를 왜 군이 경복궁 전각을 허물고 지었는가라는 점이다. 그들은 조선왕조(대한제국)를 멸망시키고 식민지로 삼으면서 왕조의 법궁을 그대로 두고는 식민통치의 권위를 획득할 수 없었

다. 일제는 이를 완전히 허물고 싶었을 것이다. 그러나 그것은 식민지 백성의 엄청난 저항과 반발을 자초하는 일이기에 정전 앞에 거대한, 동양에서 가장 큰 건물을 세움으로써 그 법통(法統)을 짓눌러버린 것이다. 일제가 어떤 식으로든 파괴해야만 했을 정도로 경복궁에는 상징적·정신적 가치가 어려 있었다.

둘째, 지금 목하 진행중인 베를린왕궁 복원과정이다. 베를린왕궁은 프로이쎈제국 시대를 대표하는 궁이다. 15세기부터 있던 이 성채는 17세기 말, 프리드리히 3세 때 독일의 중심으로 자리매김되었다. 왕궁은 바로끄 양식의 웅장한 건물이었다.

2차대전 때 연합군은 독일의 상징인 이 건물에 폭격을 퍼부었다. 독일이 동서로 나누어질 때 이 처참한 폐허는 동독의 영역으로 들어갔다. 동독 정부는 이 폐허를 사회주의 정신에 어긋난다며 1950년 9월 그 흔적마저 없애버렸다. 그리고 1976년에는 그 자리에 동독 정부청사를 짓고는 '공화국 궁전'(Palast der Republik)이라는 이름을 붙였다.

1990년 독일이 통일되면서 공화국 궁전을 허물고 베를린궁을 복원하자는 논쟁이 일어났다. "통일 수도로서 베를린의 역사적 정체성을 되찾자"는 주장과 "프로이쎈시대만큼 옛 동독의 역사도 중요한 역사의 한 부분"이란 주장이 맞섰다. 마치 우리나라에서 총독부 건물을 철거하고 경복궁을 복원할 때의 논쟁 같은 것이었다.

이 논의는 독일정부가 베를린왕궁을 복원할 의사를 비치거나 이를 위해 예산을 배정함으로써 일어난 것이 아니었다. 농기구회사를 운영하던 빌헬름 폰 보딘(Wilhelm von Boddien)이라는 한 독일인이 1991년 베

| **복원된 광화문** | 조선왕조 개국 이래 광화문은 수많은 수난을 겪었지만 서울의 얼굴이고 심장이라는 상징성은 변함이 없다.

를린왕궁 복원협회를 결성하고 국민의 관심과 여론을 불러일으키면서 논쟁이 일어났고 점차 독일사회에서 큰 이슈가 된 것이다.

2002년 독일의회는 마침내 베를린왕궁 복원에 손을 들어주었다. 이미 '공화국 궁전'은 철거됐고, 2020년 완공을 목표로 복원작업이 진행되고 있다. 이 복원사업은 국가가 아닌 민간 차원의 베를린왕궁 복원협회가 맡게 되었다고 한다. 협회의 총괄이사 보던은 복원사업의 코디네이터 자격으로 2010년 9월 우리나라를 방문했다. 경복궁 복원사례를 보기 위해서였다. 그는 건축가들을 상대로 강연도 가졌고 언론과 인터뷰도 했다 (『중앙일보』 2010년 9월 25일자). 이 복원에는 8천만 유로(약 1,200억원)가 필요한데 일부는 국가재정의 지원을 받지만 주로 민간인 기부로 이루어질 것이라고 했다.

그 많은 재원을 과연 기부금으로 마련할 수 있겠느냐는 기자의 질문에, 그는 베를린왕궁 복원 지지율이 20년 전에는 5퍼센트에 불과했지만 지금은 95퍼센트까지 올랐다며 크게 걱정하지 않았다. 그는 이 협회의 모토가 쌩떽쥐뻬리의 다음과 같은 말 한마디에 들어 있다고 했다.

> 배를 건조하고 싶으면 사람들에게 나무를 모아오고 연장을 준비하라고 하는 대신 그들에게 끝없는 바다에 대한 그리움을 불러일으켜라.

왕조의 역사를 갖고 있는 나라에 왕궁이 남아 있지 않으면 말할 수 없이 큰 상실감을 일으킨다는 것을 베를린왕궁 복원사업이 웅변해준다. 왕궁은 그 민족, 그 나라의 역사적·문화적 정통성에 대한 확인이자 상징이다. 우리에게 경복궁은 정녕 그런 존재다. 이 점은 외국인들이 경복궁을 보는 시각에서도 잘 알 수 있다. 우리가 중국의 자금성, 프랑스 베르싸유궁전, 오스트리아 빈왕궁, 헝가리의 부다왕궁 앞에서 느낀 감정과 똑같은 맥락에서 외국인들은 경복궁을 보면서 우리 역사의 만만치 않은 저력과 현재적 삶의 역사적 뿌리를 보게 된다.

상처받은 문화유산을 복원하는 것은 후손된 자의 임무이며 그 임무를 다함으로써 우리의 과거와 미래가 밝게 드러난다. 경복궁을 더 아름답고 원형에 가깝게 복원해야 하는 이유가 바로 여기에 있다.

도시의 심장, 광장

모든 나라의 왕궁 앞에는 그 나라를 상징하는 광장이 있다. 광장은 근대 시민사회의 상징적 공간이며 왕궁 앞 광장은 과거와 현재를 잇는 역사적 공간이라는 상징성을 갖는다.

왕조의 역사를 갖고 있는 나라에서 그것은 고궁 앞 광장이거나 유서깊은 거리다. 중국 뻬이징의 톈안먼광장, 프랑스 빠리의 꽁꼬르드광장과 샹젤리제거리, 영국 런던의 버킹엄궁과 트라팔가광장, 독일 베를린의 브란덴부르크문이 있는 보리수 아랫길에 다녀오지 않고 중국·프랑스·영국·독일에 갔다 왔다고 말할 수 없다. 광장은 도시의 심장이고, 거리는 동맥이며, 골목길은 실핏줄이다. 이것이 살아숨쉬는 도시공간의 구조다.

일찍이 광장이 발달했던 유럽에는 아름답고 훌륭한 광장이 많다. 프랑크푸르트 뢰머광장은 비탈길에 형성되어 모여 있는 사람들의 표정을 모두 읽을 수 있고, 미껠란젤로가 무료로 설계해준 로마 깜삐돌리오광장은 마르쿠스 아우렐리우스 기마상을 바라보며 올라가는 계단길이 명작이다. 또 이딸리아 씨에나시청 앞 광장은 비스듬한 원반 모양의 기울기를 갖고 있는 것으로 유명하고, 베네찌아의 싼마르꼬광장은 그 공간이 하도 아늑해 나뽈레옹은 이를 가리켜 "하늘을 지붕으로 한 유럽의 응접실" 같다며 감탄했다.

만약 우리가 근대사의 굴절을 겪지 않았다면 경복궁 광화문 앞 육조(六曹)거리가 역사적 광장이 되었을 것이다. 그러나 불행히도 서울이 근대도시로 개편되는 시점이 일제 강점과 맞물리는 바람에 일제가 광화문을 헐어 옮기고 육조거리는 이유없이 넓은 자동찻길과 전찻길이 되면서 사람이 모일 수 없는 냉랭한 공간으로 변질돼버린 것이다.

그 결과 600년 왕도를 자랑하는 서울에는 자동찻길로 포위된 시청 앞 서울광장이 있을 뿐 대한민국을 상징할 광장이 없었다. 그런 의미에서 새로 조성된 광화문광장은 그 디자인이 마음에 들고 들지 않고를 떠나 이제 우리에게도 나라를 상징할 수 있는 공간이 생겼다는 큰 의미를 지닌다.

광화문 복원과 광화문광장

광화문 복원을 계기로 광화문광장이 만들어지기까지는 우여곡절이 있었다. 1993년에 들어선 문민정부는 조선총독부 청사 건물을 철거하고 경복궁을 복원하는 마스터플랜을 마련해 곧바로 시행에 들어갔다. 1996년에 총독부 청사가 철거되었고 흥례문 권역을 비롯한 경복궁 복원사업은 다음 정권에서도 차질없이 진행되어 2010년 광화문 복원을 끝으로 1차 완료되었다. 그러나 경복궁 복원사업에는 광화문광장 계획이 들어 있지 않았다. 무수한 뜻있는 건축가들이 광장의 필요성을 역설했지만 정부는 귀담아듣지 않았다. 세종로 길을 막고 광장을 만든다는 것은 현실적으로 거의 불가능한 일로만 여겼다.

사실 조선총독부 건물 철거를 두고 찬반 여론이 팽팽히 맞설 때 나는 건물을 헐고 난 그 자리를 차라리 폐허의 주춧돌로 이루어진 광장으로 만드는 게 좋겠다고 생각했다. 폐허가 갖는 역사성도 있지만 광장이 없는 서울이라는 도시에 이런 공간이 다시는 생기지 않을 것이라고 생각한 것이다. 경복궁 복원작업은 10여년간 착실히 진행되어 2004년 9월, 내가 문화재청장으로 취임할 때는 광화문 복원만을 남겨두고 있었다.

나는 광화문 복원이 광화문광장을 만들 절호의 기회라고 생각했다. 엄밀히 따져 이것은 문화재청의 일이 아니었다. 정부 내에서 이 일을 계획할 부처는 행자부, 건교부이거나 또는 문화관광부이고 시행청은 서울특별시가 되는 것이 맞다. 문화재청장은 국정의 틀을 세우는 국무위원도 아니다. 문화재청은 단지 광화문과 연관된 관계부처의 하나일 뿐이다. 그러나 당시 행자부, 건교부, 문화관광부 등 어느 부나 서울시도 광화문광장에 아무런 관심이 없었다.

나는 대통령에게 직접 건의할 방안을 마련하기로 마음먹고, 그동안 광장의 필요성을 역설해온 건축가들과 상의했다. 조성용, 민현식, 정기용, 승효상 등이 나의 뜻에 공감하면서 그동안 민에서 제기한 여러 안들을 검토하여 현재 실현 가능한 최선의 안을 만들어주겠다고 했다. 나는 지금도 이 건축가들이 시대적 소명으로 생각하고 자비를 들여가며 헌신적으로 안을 마련해준 것에 깊은 존경과 감사의 마음을 갖고 있다. 승효상은 이 광화문광장 시안을 씨뮬레이션으로 만들어주었다.

나는 건축가들이 만들어준 광화문광장 계획을 김병준 정책실장에게 설명하고 청와대 차원에서 검토해줄 것을 요구했다. 얼마 후 김실장으로부터 연락이 왔다. 대통령께 직접 보고하라는 것이었다. 노무현 대통령은 내가 만든 시안에 크게 공감하며 그대로 실시하라고 지시했다.

공무원은 생리적 수비수

대통령의 결심을 받아내기는 했지만 이는 행정적 결재과정을 무시한

| **문화재청의 광화문광장 계획안** | 본래 문화재청에서는 광화문광장을 세종문화회관 쪽의 보도와 연결해 사용하는 안을 갖고 있었다.

무모한 일이었다. 문화재청장이 국무총리와 문화관광부장관에게 내가 이렇게 대통령과 '직거래'했음을 역으로 통보했으니 정통 관료였으면 절대로 생각조차 할 수 없는 일이었다. 또 그런 순차적 절차가 생략되었기 때문에 이 일은 시행에 어려움이 많았다.

이후 청와대에서 광화문광장 계획을 위한 관계부처 회의가 시작됐다. 행자부, 건교부, 문화관광부, 기획예산처, 경찰청, 서울시의 차관과 주무 국장들로 구성된 실무협의였다. 이 실무협의가 끝나야 관계 장관과 시장이 참석하는 대통령 보고회가 열려 안이 확정된다. 그래야 예산이 배정돼 시행할 수 있게 되는 것이다. 이것이 철저한 검증과정을 거치는 빈틈없는 행정의 자랑이다.

그러나 막상 실무로 들어가니 빈틈없는 행정이란 엄청난 걸림돌이기도 했다. 각 부처마다 이 안대로 광화문광장을 만들면 일어나게 될 여러 문제만 제기하였다. 교통흐름과 교통량에 대한 재조사부터 있어야 한다, 정부청사의 담장 일부를 헐면 국가기밀문서 보안문제가 생긴다, 예산은 어디에서 조달할 것이냐 등이었다. 게다가 차라리 지하차도를 만드는 안을 검토해보자는 등 안된다는 얘기만 나왔다.

그것은 행정하는 사람들의 생리다. 내가 행정을 해본 경험으로 말하면 공무원들은 타고난 수비수들이다. 무언가 공격적인 자세에서 자발적으로 일을 하는 법이 없다. 그들은 공격하지 않으면 자리를 보전하기 힘들다는 위기의식이 있을 때만 움직인다. 그러나 그 경우도 공격이 아니라 수비의 전진 배치에 머물 뿐이다.

내가 문화재청장으로서 새로운 정책을 마련하고 이를 실현하기 위해 실무국장과 과장들을 불러놓고 회의하면 이들은 두꺼운 노트에 나의 이야기를 빠짐없이 메모한다. 그러나 이들은 나의 정책방향을 적는 것이 아니라 그럴 경우 일어나는 문제를 그사이에 연구해 내 말이 끝나기 무섭게 실현할 수 없는 이유를 몇가지씩 제시한다.

하도 기가 막혀 다소 긴장된 분위기에서 일언이폐지해서 이것은 청장의 방침이니까 그렇게 추진해보라고 회의를 마치면 그다음에 더욱 놀라운 일이 생긴다. 그렇게 안되는 이유만 말하던 국장과 과장도 청장의 강력한 의지가 실려 있다는 사실을 동물적 감각으로 간취하면 태도가 일변한다. 회의를 끝내고 점심식사 후 돌아온 내 책상 위에는 청장의 방침대로 할 수 있는 방안이 아주 상세한 보고서로 제시되어 있는 것이다.

광화문광장안의 경우도 타부처 관계자들은 모두 수비수였고 나 혼자 공격수였다. 또 거기에는 행정부 내에서 별 존재감도 없는 문화재청이 나서서 이 일을 주도하는 것에, 자존심이 상한 것까지는 아니어도 못마땅한 면이 있었던 것도 같다.

그렇게 매번 회의만 하고 일이 진척되지 않았다. 아무리 대통령이 재가했어도 예산문제, 행정지원문제가 따르지 않으면 할 수 없는 것이다. 안이 확정되어 1년 전에 예산이 편성되고 또 이것을 국회에서 승인받아야 착수할 수 있다. 더욱이 대통령 임기 2년 전에 확정되지 않으면 없었던 일이나 마찬가지다.

광화문광장안, 서울시로

그러는 사이 2006년 5월 지방자치단체장 선거가 있어 오세훈 시장이 당선되었다. 나는 이 안을 서울시로 넘기기로 마음먹고 당선자 시절의 서울시장을 찾아가 이 안을 제시했다. 시장 취임 후에는 막강한 수비수들이 방어벽을 칠 것 같아 선수를 친 것이었다. 관계부처 누구와도 상의하지 않았다. 또 그가 야당이라는 사실도 중요하지 않았다(훗날 나에게 이 점을 문책한 사람은 아무도 없었다). 내게 중요한 것은 광화문광장을 만들어내는 것이었고 어쩌면 이것이 마지막 기회일지도 모른다고 생각했다.

나는 오시장에게 광화문광장의 의의부터 그동안 진행되어온 과정을 설명하고 문화재청에서 만든 안을 서울시에서 받아달라고 부탁했다. 사실상 차도를 변경하고 광장을 만드는 일 자체는 서울특별시의 일이며, 정부가 주도한다 해도 예산의 반은 서울시가 부담해야 하니 아예 서울시 주도사업으로 해서 더 멋있게 광화문광장을 만들어달라고 했다.

얼마 후 서울시로부터 연락이 왔다. 광화문광장을 만들되 서울시에서 다른 건축가에게도 안을 받아 시민여론조사를 통해 결정하겠다는 것이었다. 정부의 안을 액면 그대로 넘겨받는 것에 대한 부담이 있었던 것으로 이해했다. 그리하여 세개의 안이 만들어졌고 이것을 서울시민을 대상으로 여론조사해 지금처럼 도로 가운데에 섬처럼 된 광장안이 다수 표를 얻어 문화재청안은 무산되고 현재의 광장으로 탄생한 것이다.

나는 지금도 광장을 세종문화회관 쪽에 붙인 문화재청안이 좋은 계획이라는 생각을 갖고 있다. 그래야 광장은 더 쓸모있고 진짜 사람이 모이는 살아있는 공간이 된다. 지금처럼 광장을 만들 것이라면 그 아름드리 은행나무들은 그대로 두었어야 했다는 안타까움도 있다. 그러나 서울시가 광화문광장을 만들었다는 사실에 더없는 고마움을 느끼고 있다. 광화문광장은 앞으로 연륜이 쌓이면서 그 영역을 넓힐 수도 있고 개선할 수도 있다고 생각한다.

중요한 것은 서울의 심장이 될 수 있는 상징적 광장을 마련했다는 것이다. 이제 우리는 광장 앞에서 경복궁의 파싸드(façade, 正面觀)를 볼 수 있다. 무엇보다 행길가에 나앉아 있어 차를 타고 지나가면서 곁눈으로 보는 광화문이 아니라 그 문을 통해 경복궁으로 들어갈 수 있는 경복궁의 정문으로서의 기능과 관람동선을 확보했다는 큰 의미가 있다.

광화문, 영욕의 이력서

광화문은 태조 4년(1395), 경복궁 창건 당시 궁궐의 정문으로 세워졌다. 당시 태조는 정도전에게 명해 궁궐의 이름과 각 전각의 이름을 짓게 해 경복궁, 근정전, 사정전 등의 이름을 붙였지만 동서남북의 대문에는 별도로 이름을 짓지 않고 정문만 방위에 맞춰 오문(午門)이라고 했다. 다만 정문이 갖는 뜻은 "닫아서 민간의 이상하고 쓸데없는 말은 들어오지 못하게 하고, 열어서 사방의 어진 사람들이 들어오게 한다"는 의미라고 했다.

그리고 세종 8년(1426), 집현전 학사들이 대문의 이름을 지으면서 경복궁의 정문을 광화문이라 명명했다. 광화(光化)란 "광피사표(光被四表) 화급만방(化及萬方)"에서 온 것이다. "광(빛, 군주의 덕)은 사방으로 덮이고 화

(교화, 바른 정치)는 만방에 미친다"는 뜻이니, 그것이 이 집 주인되는 자(임금)의 임무라는 말이다. "광피사표(光被四表)"는 『서경(書經)』「요전(堯典)」편에서 언급된다.

광화문은 건물 그 자체로도 아름답고 권위있고 품위있다. 경복궁의 다른 문과 달리 출입구의 무지개문인 홍예(虹霓)가 세 칸으로 되어 있어 자못 정문다운 위용이 있다. 북악산과 인왕산을 배경으로 한 광화문의 늠름한 자태는 마치 날갯짓하며 하늘로 비상하는 듯한 모습이다. 양옆으로는 긴 담장이 동십자각(東十字閣), 서십자각(西十字閣)까지 길게 펼쳐져 있다. 왕조의 권위와 품위, 세상의 평화로움을 그렇게 보여주었던 것이다.

그러나 1592년 임진왜란 때 경복궁이 불타면서 광화문이 소실되어 폐허의 성벽으로 남아 있었다. 그리고 1868년 흥선대원군이 경복궁을 중건하면서 다시 서울의 상징적 얼굴이 되었으니 실로 276년 만의 복원이었다. 그러나 이도 잠시, 일제가 조선을 강제병합하면서 경복궁이 만신창이가 되는 상처를 받을 때 광화문도 헐렸다. 일제가 근정전을 가로막고 광화문과 근정전 사이에 육중한 화강암 건물로 총독부 청사를 지으면서 광화문은 철거되는 비운을 맞은 것이다. 1916년에 착공된 총독부 청사가 1926년에 준공되면서 광화문은 헐리고 말았다. 복원된 지 불과 58년밖에 안되어서였다.

아! 광화문이여

이때 광화문은 제자리를 떠나 지금의 국립민속박물관 정문 자리로 옮겨졌다. 완전히 허물려던 계획을 바꿔 경복궁 한쪽으로 옮겨놓게 된 것은 일본인 민예학자 야나기 무네요시(柳宗悅, 1889~1961)가 일으킨 철거반대 여론 때문이었다. 그는 1922년 8월에 「사라져가는 조선의 한 건축을 위하

| 광화문 앞 육조거리 | 본래 광화문 앞에는 관청이 늘어선 육조거리로 서울의 광장 역할을 해왔다.

여」라는 글을 발표하였고, 이는 『개조(改造)』 9월호에 번역 소개되었다.

아! 광화문이여! (…) 너의 운명이 경각에 쫓기고 있다. 비정스러운 끌과 망치가 그대의 몸을 조금씩 파괴할 날이 이미 가까이 다가오고 있다. 그대를 죽음에서 구해내려 덤비는 자는 반드시 반역의 죄를 쓸 것이다. 그대를 낳은 민족은 지금 암흑 속에서 나날을 보내고 있다. 이 사람들은 뼈에 사무치도록 그대를 사랑한다. 그러나 그러한 사랑마저도 자유로이 나타낼 수 없는 세상이다. 나 또한 (…) 우리 동포에 의해 백주에 감행되리라고는 생각조차 하고 싶지 않다. 용서해다오! 나는 죄짓는 자 전부를 대신해서 사과하고 싶다.

야나기의 이 글은 참담한 식민지 현실에서 민족적 울분을 대변한 것이어서 뭇사람의 가슴을 울렸고 눈물 없이 읽을 수 없는 글이었다. 이 글이 발표된 때는 1919년 3·1운동이 일어난 지 3년 된 시점이어서 감수성이 예민한 청년들을 더욱 감동시켰다. 훗날 철학자가 된 박종홍(朴鍾鴻, 1903~76)은 열아홉 나이에 이 글을 읽고 '조선미술사'를 쓰겠노라고 『개벽(開闢)』지에 연재를 시작했다. 그후 1년간 선사시대부터 삼국시대까지 집필하였다. 그리고 통일신라 미술을 쓰기 위해 석굴암에 올라가서는 그 엄청난 아름다움에 놀라 글쓰기를 포기하기에 이르렀다. 그는 미술사적 연구 없이 의욕으로만 할 수 없다는 사실을 깨달았다고 했다. 결국 박종홍은 「조선미술사 미정고(未定稿)」만 남기고 이듬해 개교한 경성제국대학 제1회 입학생으로 철학을 공부하는 학생이 되었다.

야나기의 비판 이후 광화문이 헐리는 것에 대한 여론이 국내뿐 아니라 일본에서도 좋지 않게 일어나자 총독부는 경복궁 북동쪽 담장으로 옮기기로 했다. 그것은 일종의 유배였다. 그렇게 유배되었기 때문에 언젠가는 다시 제자리로 돌아올 수 있는 여지를 갖게 되었던 것이다. 이 사정을 아는 사람이라면 누구든 새로 복원된 광화문 앞에 서서 야나기 무네요시의 얼굴을 떠올리며 그에게 감사와 존경을 표하게 된다.

민예운동가 야나기 무네요시

야나기는 민예운동의 창시자로서 일본 근대지성의 한 분이다. 그는 서구문물이 밀려들면서 천대받게 된 동양적 가치의 재발견에 온 힘을 쏟았다. 특히 그는 조선의 아름다움에 심취해 있었다. 야나기에게 조선의 아름다움을 가르쳐준 분은 조선백자와 민예품을 무척 사랑했던 아사까와 노리다까(淺川伯敎, 1884~1964)와 그의 동생 아사까와 타꾸미(淺川巧,

| 한국전쟁으로 부서진 광화문 | 1951년 3월 6일 수복된 때의 사진. 경복궁 내에는 비교적 피해를 입지 않았으나 광화문은 석축만 남고 문루는 소실되었다.

1891~1931)였다. 아사까와 타꾸미는 임업시험소 직원이었지만 『조선의 소반』 『조선의 공예』를 펴낸 조선미의 탐닉자였고, 망우리 공동묘지에 묻힌 '조선의 흙이 된 사람'이었다. 야나기는 1914년 처음 서울에 와서 아사까와 형제를 통해 조선의 아름다움에 눈을 떴고 그가 추구하는 민예운동의 이상을 여기에서 발견했다. 그는 이후에도 1916년 경주 석굴암 답사를 비롯해 20여 차례 조선을 방문했다.

야나기는 3·1운동 때 수많은 조선인이 학살되고 문화가 파괴되는 것에 크게 분노했다. 그 울분을 달래려고 쓴 「조선인을 생각한다」가 조선에 대한 그의 첫 글이었다. 이 글은 1920년 4월 12일부터 18일까지 『동아일보』에 조선어로 번역 연재되었다. 뒤이어 4월 19일부터 20일까지 그의 유명한 글인 「조선의 친구에게 보내는 글」이 염상섭(廉想涉, 1897~1963) 기자의 번역으로 『동아일보』에 또 연재되면서 큰 반향을 불러일으켰다.

나는 오랫동안 조선의 예술에 대해 진정한 존경심과 친밀감을 품어왔습니다. 당신네 조상들의 예술만큼 나에게 마음을 터놓아준 것을 달리 보지 못했습니다. 또 그만큼 세심한 인정을 담은 예술을 달리 알지 못합니다. (…) 나는 언제나 거기에서 당신들의 자연이나 인생에 대한 관념을 읽을 수가 있습니다. 당신들 마음의 아름다움이나 따뜻함이 또는 슬픔이나 하소연이 언제나 거기에 감추어져 있습니다. 나는 그 예술을 통해 깊은 존경의 마음을 조선에 바치지 않을 수 없습니다.

이외에도 야나기는 『조선과 그 예술』에서 조선미의 특질은 선(線)의 아름다움과 '비애(悲哀)의 미'에 있다며 무수한 찬사의 글을 남겼다. 고려청자의 유려한 곡선, 광화문 추녀의 아름다운 선, 조선 소반(小盤)의 소박한 선에는 무언가를 갈망하는 조선인의 애절한 마음이 실려 있다고 했다. 그것은 현세적인 것을 떠나 내세적인 것을 갈망하는 애잔한 소망이고 선(禪)의 경지라고 했다.

그러나 세월은 무심하여, 오늘날에 와서는 앞뒤 사정을 다 빼버린 상태에서 야나기의 글을 읽고 그는 조선의 비극적 현실을 거의 운명적인 것으로 말했다고 비판하는 일이 생겼다. 어떤 이는 야나기의 조선미에 대한 탐구 또한 교묘한 제국주의 미학이라고까지 비판한다. 비판론자들은 심지어 야나기의 아버지가 해군소장으로서 귀족원 의원이었음을 들먹이기도 한다. 일종의 미필적 고의에 해당하는 조선미의 왜곡이라는 것인데, 내가 보기에 야나기에겐 아무 죄가 없다. 있다면 그가 조선의 아름다움을 그의 민예사상과 결합해 찾아낸 죄밖에 없다. 그가 말한 비애의 미란 인간의 지고지순한 감정의 소산이라는 것이었다.

무엇보다 그는 조선의 아름다움에 대한 존경을 몸으로 실천했다. 그는 조선의 예술과 공예의 보존을 위해 아사까와 형제와 힘을 합해 1924년 4월 9일 경복궁 집경당에 '조선민족미술관'을 개관했다. 이들은 기금마련에 온 힘을 쏟았다. 야나기는 쏘프라노인 아내 카네꼬(柳兼子)의 음악회 수익금 전부를, 아사까와 타꾸미는 결혼할 때 새 양복을 사입으라고 어머니가 준 돈까지 투입했다. 이렇게 세워진 조선민족미술관이 오늘날 국립민속박물관의 모태다. 그리고 그의 모국인 일본 토오꾜오에 일본민예관을 건립해 지금도 우리 민예품이 아름답게 전시되고 있다.

야나기는 미술과 공예 분야에서만 무려 150여 편의 많은 저서와 논고를 남길 정도로 대단한 달필가였고 미문(美文)의 소유자였다. 그는 『미의 법문』이라는 저서를 마지막으로 남기고, 1961년 5월 3일 73세로 삶을 마감했다. 그가 죽고 나서 20여년이 흐른 후에야 우리나라에서도 그의 공적을 인정해 1984년 9월에 우리 정부가 '보관문화훈장'을 추서했다.

총독부 건물 가림막이 되어버린 광화문

경복궁 한쪽에 유배되듯 방치되어 있던 광화문은 1950년 한국전쟁으로 문루가 타버리고 석축만 남아 있었다. 그것은 거의 흉물에 가까웠다. 이것을 1968년에 원위치로 다시 옮기면서 콘크리트로 복원한 것이 얼마 전까지 우리가 보던 광화문이다.

나는 문화재청장 시절 이 과정을 고(故) 김성진(金聖鎭, 1931~2009) 전 문화공보부 장관에게 여쭈어 증언으로 들어두었다. 김성진 장관은 청와대 대변인 시절에는 '박정희의 입'으로 불렸고, 제3공화국과 4공화국에서는 문공부 장관을 지내 텔레비전에 나와 "박정희 대통령이 서거하셨습니다"라고 발표했던 당사자이기도 하다.

김성진 장관의 증언에 의하면, 당시 조선총독부 청사를 정부청사로 사

| 조선 총독부 건물 | 일제는 근정전 앞 건물들을 헐고 육중한 총독부 건물을 세워 왕조의 상징성과 정통성을 가로막았다.

용하고 있었는데 외국 사절들이 서울에 오면 가장 먼저 눈에 띄는 것이 이 건물인지라 한결같이 언제 지은 것이냐며 존경과 감탄조로 물어왔다는 것이다. 건물 자체로만 보면 아시아에서 가장 큰 석조건축이었다. 그래서 이에 대해 대답하는 것이 항시 곤혹스럽고 민망한 점이 많았으나 당시 나라 형편으로는 이 건물을 헐어버릴 엄두를 낼 수 없었다고 한다.

김성진 장관은 평소 개인적으로 존경하고 장관 시절엔 부속기관장이었던 고 최순우(崔淳雨, 1916~84) 국립중앙박물관장에게 이 문제를 상의했고 최관장은 광화문을 옮겨 그 앞을 막으면 총독부 건물이 고궁 속에 있는 것이 되어 일단 감추어질 수 있다고 조언했다는 것이다. 이에 광화문 이전계획이 확립되었고 평소 문화재에 지대한 관심을 갖고 있어 아산 현충사, 홍릉 세종대왕기념관, 강릉 오죽헌 등에 콘크리트 한옥으로 기념관을 짓도록 한 박정희 대통령이 콘크리트 복원을 명해 복원이 이루어

| 콘크리트로 복원된 광화문 | 총독부 건물의 가림막 격으로 세워진 콘크리트 광화문은 원래 위치가 아니라 14미터 안으로 들어가 총독부 건물 축에 맞춘 것이었다.

졌다고 했다. 결국 박정희 대통령 시절 광화문의 복원은 복원이 아니라 총독부 건물의 가림막으로 옮겨진 중건(重建)이었다.

콘크리트 복원이라는 것

사실 콘크리트 복원은 2차대전 때 많은 목조건물이 파괴된 일본에서 먼저 유행했다. 나고야(名古屋)성, 오오사까(大阪)의 시뗀노오지(四天王寺) 같은 엄청난 규모의 문화재를 콘크리트로 복원하고 나무색깔만 칠한 것이었다. 일본도 지금은 크게 후회하고 있지만 당시는 그것이 화재위험도 없는 좋은 방안이라고 생각했던 것이다.

미술품이란 본래 형태가 가장 먼저 눈에 들어온다. 그러나 예술적 특징은 재료의 속성과 질감을 처리하는 디테일에서 그 성패가 좌우되는 법이다. 안목없는 눈에는 형태만 보이지만 안목있는 사람은 마띠에르(matière)와 텍스처(texture)에서 그 묘미를 찾는다. 특히 목조건축이나 목가구는 재료의 성질과 연륜이 그 미감에 크게 작용한다. 이미테이션 고가구가 낯설고 멋이 없어 보이는 것도 이 때문이다. 그래서 목가구의 아름다움은 '선(線)과 땟물'이 결정한다는 말도 있다.

콘크리트로 복원된 광화문의 지붕선을 보면 마치 구김살 없이 반듯하게 다리미질한 빳빳한 군복 주름 같았을 뿐 야나기가 예찬했던 그런 조선미의 아름다운 선이 아니었다. 이 콘크리트 광화문은 절대로 근정전을 비롯한 경복궁 건물과 어울릴 수 없는 것이었다.

콘크리트 광화문을 헐 수밖에 없었던 또 하나의 이유는 그 위치 문제였다. 당시 광화문 복원은 총독부 청사를 가로막는 것이었기 때문에 광화문의 축은 총독부 청사 건물과 맞추어졌다. 그런데 총독부 청사와 근정전은 축이 달랐다.

경복궁의 자리앉음새는 멀리 백두산에서 시작된 백두대간이 금강산에서 한 갈래를 뻗어내려 삼각산(북한산), 북악산으로 이어진 맥에 위치하며, 남쪽으로 떨어져나간 낙맥(落脈)인 관악산을 바라보는 방향이다. 그러나 총독부 청사는 남산에 그들이 지은 신사를 바라보는 방향이었다. 따라서 광화문의 각도가 3.8도 비틀어져 있었다. 또 위치 자체도 도로를 넓히기 위해 원래보다 약 14미터나 안쪽으로 들어가 있었다. 광화문을 새로 복원하지 않고는 경복궁을 복원할 수 없었던 것이다.

그러나 이번에 복원된 광화문으로 모든 문제가 마무리된 것은 아니다.

광화문에서 좌우로 날개를 뻗은 담장은 동쪽으로는 동십자각, 서쪽으로는 서십자각이라는 누각까지 이어져야 경복궁의 파싸드로서 제 모습을 갖추게 된다. 그러나 동십자각은 삼청동으로 가는 길을 내주면서 외딴섬처럼 고립되어 있고, 서십자각은 옛날 효자동까지 가는 전찻길이 놓일 때 철거되어 지금은 청와대로 올라가는 서쪽 길의 적선동 삼거리로 되었다. 이제 와 어쩔 수 없어 그대로 놓아둔 것이다.

이것을 50년, 100년 뒤 우리 후손들이 어떻게 할 것인지에 대해서는 아무도 말할 수 없다. 다만 "우리 능력으로는 여기까지 해놓을 수밖에 없었단다. 이후는 너희가 알아서 슬기롭게 해다오."라고 말할 수 있을 뿐이다.

광화문 현판 글씨

2004년 9월 내가 청장으로 부임하였을 때 문화재청의 주요 당면업무 중 하나가 광화문 복원이었고 여기에는 당연히 현판 문제가 따랐다. 이에 대해 확실한 준비가 필요했다.

두가지 방안이 있을 수 있었다. 새로 짓는 광화문이 고고학적 원상 복원이라면 원래의 현판을 재현하는 것이고, 이것이 중건의 의미를 갖는다면 이 시대의 정서와 문화능력을 반영한 새 글씨로 현판을 만드는 것이다. 1967년에 중건된 광화문에 박정희 대통령의 현판이 걸린 것은 그런 의미를 지닌 것이었다.

그러나 광화문 현판은 두가지 다 어려움에 놓여 있었다. 흥선대원군 복원 당시의 현판은 탁본조차 존재하지 않았다. 당대 서예가의 새 글씨를 받자면 여초(如初) 김응현(金膺顯, 1927~2007) 선생에게 위촉한다는 데 의견이 모아지지만 여초 선생은 당시 중풍으로 몇년째 붓을 잡지 못하고 계셨다. 당시 나는 여초 선생께 건강을 회복하시면 작은 글씨로라도 써

| 광화문 현판 안 | 문화재청에서는 새로 새길 광화문 현판 안을 여섯가지로 마련해놓고 논의에 붙일 예정이었다. 1) 옛 현판 디지털 복원 2) 훈민정음 3) 갑인자 4) 퇴계 이황 글씨 5) 한석봉 천자문 6) 정조대왕 글씨.

주실 것을 부탁드렸고 선생 역시 그러고 싶다고 하셨다. 그러나 여초 선생은 끝내 뜻을 이루지 못하고 돌아가셨다.

이런 상황에서 남아 있는 또 하나의 방향은 선인들의 글씨 중에서 집자(集字)하는 방법이었다. 이를 위해 문화재청에서는 예술의전당 서예관의 이동국 학예원에게 용역의뢰하여 몇개의 집자비 시안을 마련해보았다. 세종 16년(1434)에 주조된 금속활자인 갑인자, 정조 때 간행된 '오륜행실도', 퇴계 이황, 추사 김정희, 한석봉, 정조대왕 글씨를 집자한 것이었다.

광화문 현판 집자 글씨들에는 제각기 장단점이 있었다. 세종 때 동활자로 만든 갑인자와 오륜행실도 집자 글씨는 형태미가 아름답지만 획이 얇다. 정조대왕 글씨는 해서체가 아니라 행서체라는 약점이 있다. 퇴계 이황의 글씨는 작은 글씨를 확대한 것으로 획이 너무 굵어져 형태미가 살아나지 못했다. 추사 김정희는 워낙 서체가 다양해서 세 글자가 한 폭에 나오지 않는 한 의미가 없는데 그것이 불가능했다. 다만 한석봉의 '천자문(千字文)' 중에서 '대자(大字)' 천자문의 집자가 현판 글씨체로는 적당해 보였지만 개성이 약했다.

이렇게 광화문 현판의 새 글씨를 준비하고 있었는데 이것이 언론에 노출되면서 광화문 현판 문제는 글씨 자체가 아니라 '박정희 대통령 현판을 떼어낸다' '정조대왕 글씨로 곡학아세한다'는 등 정치적인 논쟁으로 바뀌어버렸다. 당시 참여정부와 언론의 불편한 관계, 과거사청산 문제에 대한 보수층의 반발이 광화문 현판 교체 문제에 오버랩되어 있었다.

이것은 좀처럼 식을 줄 모르는 사회적 현안이 되었다. 이런 상황에서는 어떻게 하면 좋은 현판을 만드는가라는 문화적 고민이 아니라 이 시끄러운 사회적 정치적 문제를 어떻게 잠재울 것인지가 문제가 되어버린다. 마침 국립중앙박물관에 보관된 유리원판 사진에서 흥선대원군 복원 당시 훈련대장 임태영이 쓴 광화문 현판 글씨를 디지털로 복원하는 데 성공하였다.

2005년 4월 20일 문화재위원회 4개 분과(건조물·동산·사적·제도분과) 합동 위원회가 이 안을 심의하였다. 위원회는 광화문 현판을 교체하는 것이 맞다고 의견을 모았다. 그러나 디지털 복원안을 확정한 것은 아니었다. 아직 시간이 많으므로 시간을 갖고 검토하자는 것이 위원회의 의견이었다. 그리고 2010년 8월 15일 광화문 복원 준공식에는 이 디지털 복원을 통한 흥선대원군 복원 당시의 현판이 걸리게 되었다.

거의 보이지 않는 희미한 유리원판 사진에서 옛 글씨를 복원해낸 것은 현대 보존과학의 승리라 할 만한 일이었다. 그러나 막상 이렇게 된 글씨는 문화재위원회가 염려했던 대로 운필이 가져오는 붓맛이 살아나지 않았다. 글씨의 생명이라 할 획맛이 없기 때문에 서예에 안목을 갖고 있는 분들은 한결같이 새 현판은 '글씨도 아니다'라고 혹평하고 있는 것이다. 그동안 복원 원칙에 따라 흥선대원군 중건 당시의 현판을 만드는 데 동의했던 분들도 저런 글씨라면 어떤 형태이든 바꾸는 것이 좋겠다는 의견을 마음속에 갖고 있었다. 그러다 새 현판이 갈라져 새로 제작하기에 이르자 이런 속마음들을 공공연히 드러내는 것이 현재의 상황이다.

문화는 고여 있는 것이 아니라 만들어가는 것이다. 이 시대에 새로 세운 광화문에는 이 시대 문화가 반영되어야 한다. 안타까운 것은 광화문의 역사성에 걸맞으며 이 시대 정신이 들어 있는 아름다운 현판을 걸어보려고 문화재청이 애써 만들어놓은 여러 안은 단 한번도 진지하게 논의되지 못하고 일찍부터 차단되어 거의 맹목적인 복원 원칙에 따라 '죽은 글씨'를 걸어놓게 된 것이다. 그 결과 현재의 광화문 현판은 평범한 문패로 전락했고 국민들은 아무런 감동 없이 바라보게 되었다는 사실이다.

설치미술로서 공사 가림막

2005년, 광화문이 철거에 들어가면서 공사 가림막을 치게 되었다. 가림막 정면의 크기는 길이 50미터, 높이 25미터나 된다. 이렇게 거대한 가림막을 대한민국의 대표적 공간에 설치해놓고 5년을 지내야 한다는 것은 보통 문제가 아니었다. 누구도 이 문제를 심각하게 고민하지 않았지만 나는 '전(前) 미술평론가'였다.

오늘날 설치미술이 크게 유행하고 있는 것은 미술을 답답한 갤러리에

| **광화문 가림막** | 공사장 가림막은 살아있는 설치미술로 하나의 예술작품이라는 생각에서 강익중의 작품으로 설치되었다.

가두는 것이 아니라 밖으로 가지고 나와 일상적 공간 속에서 대중과 만나겠다는 뜻이 담겨 있다. 그러나 세상은 이 설치미술가들에게 좀처럼 그런 기회를 주지 않아 작품으로서 설치미술을 해볼 뿐 진짜 설치되어야 할 곳은 공사판의 '뺑끼'가 차지하고 있어왔다.

나는 광화문 가림막 설치를 맡은 공사업체 대표를 불렀다. 이번 광화문 철거를 위한 가림막은 설치미술가의 작품으로 해줄 것을 요구했다. 생전 경험이 없던 이들은 아예 내게 어느 작가가 좋으냐고 추천해달라고 했다. 나는 일찍이 이 문제를 고민해온 설치미술가로 양주혜(梁朱蕙)씨가 있고 특히 여성작가로 김수자, 이불, 김명희 같은 좋은 작가가 많으니 여성작가 중에서 선택하면 무리가 없을 것이라고 조언했다. 그래서 양주혜의 '바코드'에 의한 공사 가림막 작품이 설치되었다. 그것은 시민들로부터 좋은 반응을 받았다.

그리고 2년 뒤 철거가 완료되자 이번에는 광화문 중건을 위한 공사 가림막이 필요하였다. 이 공사를 맡은 업체는 설치미술가에 의한 가림막이 아니면 문화재청 허가를 얻기 힘들다는 것을 알고 나름대로 조사하여 강익중(姜益中)의 작업으로 하겠다는 의견을 보내왔다. 그러면 능히 해낼 수 있을 것이라는 믿음이 있어 작품은 보지도 않은 상태에서 허가를 내주었다. 강익중은 세개의 시안을 만들어왔다. 어느 것을 해도 아름다웠다. 세개 다 설치하고 싶은 심정이었다. 여러 사람의 의견을 수렴해보니 그중 달항아리와 인왕산 풍경을 그린 수백개의 그림을 이어붙인 안이 압도적 지지를 받았다.

그런데 문제가 생겼다. 이 작품의 가격을 어떻게 계산해줄 것이냐는 문제였다. 인기작가이기도 한 그의 작품가격을 대충 계산해보니 족히 30억원은 되었다. 실현 불가능한 일이었다. 그런데 어느날 뉴욕에 있는 강익중이 나를 찾아왔다.

"청장님, 제가 꼭 이 작업을 해보고 싶습니다. 작품값을 받지 않고 대여해드리면 되지 않겠습니까. 설치만 해주십시오. 공사가 끝나면 이 작품을 해체해가지고 가서 다음번에는 일제강점기 징용인이 살던 우토르 마을에 다른 형태로 설치해보고 싶습니다."

'인생도처유상수!'였다. 그것이 우리가 지난 3년간 보아온 광화문 공사 가림막이었다.

이방인이 기록한 '광화문 복원 의궤'

문화재의 복원 뒤에는 반드시 모든 과정이 상세하게 실린 종합보고서

| 광화문 복원준공식 | 2010년 8월 15일 마침내 광화문이 복원되어 다시 서울의 얼굴로 되었다.

가 간행된다. 아직 『광화문 복원 보고서』는 출간되지 않았지만 이에 앞서 영국인 하워드 리드(Howard Reid)가 펴낸 『광화문의 부활, 잃어버린 빛을 찾다』(중앙일보사 2010)가 영문과 국문으로 간행되었다. 이 책은 광화문 복원의 또다른 역사적 증언이자 인류학적 기록이다. 다큐멘터리의 진정성을 보여준 이런 저술이 한국인이 아니라 한 외국인에 의해 씌어졌다는 사실에 나는 무한한 감사와 부끄러움을 동시에 느낀다.

2006년 어느날 이어령 전 문화부장관이 영국의 '프린스 채러티(Prince's Charities)' 임원이 나를 만나고자 하니 꼭 만나보라고 하셨다. 영국의 귀족이기도 한 이 임원은 만남의 자리에서 이 책의 저자인 하워드 리드 박사와 함께 그들의 '광화문 프로젝트'에 대해 말하는 것이었다.

광화문이 헐리는 순간부터 완공될 때까지 5년간의 일을 60분짜리 방송 다큐멘터리로 제작하여 BBC에서 방영하고 책을 펴낼 계획이라고 했다. 이 말을 듣는 순간 그들에게 이런 치밀하고도 원대한 구상이 있다는 사실에 놀랐다. 그리고 마냥 존경스럽기만 했다.

나는 그들에게 우리가 제공할 수 있는 최대의 편의와 협조를 약속했다. 그리고 그해 12월 강릉의 야산에서 열린, 광화문 기둥으로 사용될 금강송 벌목행사에 하워드는 카메라맨과 함께 나타났다.

이후 나는 두 차례 더 하워드를 만났고, 문화재청장직을 떠난 뒤에도 한 차례 만났다. 그때마다 내가 놀란 것은 인류학 박사이자 베테랑 PD인 하워드가 광화문 복원이 갖는 의미를 한국적인 시각이 아니라 인류문명사의 측면에서 보고 있는 점이었다. 바로 그 점 때문에 영국인인 그가 이 프로젝트를 수행하고 있는 것이기도 했다.

그 결과물인 이 책의 내용을 보면 '잃어버린 빛을 찾아서' '슬픈 역사의 문' '끈질긴 생명의 문' '한국의 얼굴, 빛의 미소를 짓다' 등 네개의 장으로 광화문의 과거, 현재, 미래를 모두 말하고 있다. 이 기록은 21세기에 외국인이 기록한 '광화문 복원 의궤(儀軌)'인 셈이었다. 그것은 역사의 기록임과 동시에 한국인과 전인류에게 문화유산과 문화유산 복원이 갖는 의미를 새롭게 일깨워주는 각성의 저서이기도 하다.

내가 하워드 리드를 처음 만나 "당신은 광화문의 의미를 어떻게 이해

| 광화문광장 | 광화문광장이 완성됨에 따라 서울은 새로운 문화적 상징을 갖게 되었다.

하고 있습니까?"라고 물었을 때 그는 이미 준비된 것처럼 곧바로 이렇게 대답했다.

"계몽의 문(The Arch of Enlightenment)입니다."

이것은 이 책의 영문 제목이 되었다. 이 또한 '인생도처유상수'의 하나였다. 그런 상수들의 피나는 노력 속에 경복궁의 역사는 이어져왔고 또 이어져갈 것이다.

2011.3.

산사의 미학―깊은 산, 깊은 절

산사의 전형 / 제1회 광주비엔날레 / 정직한 관객 / 한국의 들과 산 /
선암사 진입로 / 승선교와 강선루 / 삼인당 / 깊은 산, 깊은 절

산사의 모범답안

1997년, 나라에서는 그해를 '문화유산의 해'로 정하고 대대적으로 행사를 벌였다. 당시 『중앙일보』에서는 각계 인사들에게 '내 마음속의 문화유산 셋'이라는 릴레이 특집을 기획했다. 그때 내가 꼽은 것은 한글과 백자, 그리고 산사(山寺)였으며, 산사의 대표적 예로 든 것이 선암사(仙巖寺)였다.

선암사는 내 마음속의 문화유산일 뿐 아니라 내가 답사를 다니기 시작한 지 30년이 되도록 한해도 거르지 않고 다녀온 남도답사의 필수처다. 그러나 선암사의 매력이 어디에 있는지 구체적으로 딱 집어 말하기는 참으로 힘들다. 따지고 보면 미술사적 유적으로 뛰어난 것이 있는 것도 아니고 경관이 빼어난 것도 아니지만, 가고 싶은 마음이 절로 일어나고, 가

면 마음이 마냥 편해지는 절집이다.

굳이 말하자면 선암사는 우리나라 산사의 전형이라고 대답할 수밖에 없는데, 본래 전형이라는 것은 평범하다는 뜻이기도 하여 그 특징을 잡아내지 못하는 것은 당연한 일인지도 모른다. 이럴 때는 오히려 외국인, 특히 안목있는 외국인의 눈을 통해 그 구체적 내용을 알게 되는 경우가 있다.

1995년 개막한 제1회 광주비엔날레 때 나는 커미셔너 중 한명으로 참여했다. 그중 외국인 커미셔너가 4명이었는데 지금 뉴욕현대미술관(MoMA) 부관장으로 있는 캐서린 할브라이시(Catherin Halbreich)가 미주지역을 맡아 참여했다. 캐서린은 당시 미니애폴리스에 있는 워커아트센터 관장으로 있었다. 나는 캐서린을 포함한 커미셔너들과 선암사를 다녀온 후 그 매력의 정체를 명확히 알게 되었다. 이들과 선암사를 가게 된 것은 그들이 보름간 머물며 일하면서 한국의 이미지를 좋지 않게 보는 일들이 생겨 내가 우리 문화의 저력을 보여주고 싶은 마음에서 여행을 제안했기 때문이었다.

제1회 광주비엔날레 뒷이야기

1995년 제1회 광주비엔날레는 급조한 전시회여서 외국인 커미셔너들의 불만이 이만저만이 아니었다. 전시회 개막을 일주일 앞두었는데 아직도 전시장에는 망치소리, 전기톱 돌아가는 소리로 귀가 따갑고, 구름다리 아래에는 공사장 쓰레기가 산더미로 쌓여 있어 커미셔너들이 선정해 온 작품들이 도착했어도 설치하지 못하고 애를 태우고 있었다.

이제 와 그때의 전후사정을 들은 대로 전하자면, 300억원이 들어간 광주비엔날레의 시작은 문민정부가 호남의 민심을 달래기 위해 급히 내놓

| 선암사 전경 | 1929년 조선불교중앙교무원에서 출간한 『조선사찰 31본사 사진첩』에 실린 선암사 전경. 절집 앞 산에 올라 부감법으로 찍었기 때문에 진경산수화를 보는 듯하다. 당시는 건물이 50여 채였으나 지금은 23채만 남아 있다.

은 정치적 목적의 문화행사였다. 1980년 광주항쟁 이후 처음으로 대통령이 광주를 방문할 수 있는 계기를 찾던 중 예향(藝鄕)을 자부하는 광주에 제대로 된 국제전을 열어 그 개막식에 김영삼 대통령이 참석함으로써 이 난제를 자연스럽게 풀자는 것이었다. 그래서 모든 준비가 시간에 쫓겼다 (정작 대통령은 결국 남총련 학생들의 반대로 개막식에 참석하지 못했다).

그날도 늘 그랬듯 외국인 커미셔너들과 점심을 같이하는데, 영국인 커미셔너가 오늘도 자기 구역은 페인트칠을 다 하지 못해 일을 할 수 없다며 푸념하는 것이었다. 그는 이 전시회에 참여하면서 이제까지 다섯번 올 때마다 크게 놀랐다고 했다. 첫번째는 이런 큰 전시회를 불과 10개월 후에 열겠다고 해서 놀랐고, 두번째는 11월에 1차 커미셔너회의에 참석했더니 허허벌판을 가리키며 거기에 새 전시장을 짓는다고 해서 놀랐고, 세번째는 이듬해 4월 2차회의에 오니 건물 뼈대가 벌써 다 돼 있어 놀랐고, 네번째는 7월 3차회의에 왔더니 성수대교가 무너져 놀랐고, 지금은 전시장 공사쓰레기를 개막 전에 다 치우지 못할 것 같아 놀라고 있다는 것이다.

그러자 모두 똑같은 심정이라면서 이구동성으로 개막식이 제날짜에 열리지 못할 것 같아 걱정이라고들 했다. 이런 이야기를 듣고 있자니 주최국 사람으로서 미안하기도 하고 자존심도 있어 나는 이렇게 제안했다.

"미안합니다. 그러나 당신들은 이제부터 진짜 놀랄 것입니다. 날짜를 정해놓으면 무슨 수를 써서라도 해내는 것이 대한민국입니다. 내 생각에 전시장을 완전히 마무리하려면 이틀은 더 걸릴 것 같으니, 이렇게 앉아서 걱정만 하지 말고 나하고 한국의 환상적인 옛 절집을 구경 갑시다. 다녀오면 전시장이 말끔히 정리되어 있을 테니 그때부터 본격적으로 일합시다."

그러자 모두 고맙기는 하지만 당장은 사양한다고 했다. 이유는 "일이 먼저"(business first)라는 것이었다. 그러나 전시회가 무사히 열리면 귀국하기 전에 꼭 한번 따라가고 싶으니 개막식 끝나고 다음날 하루 나를 따라 여행하기로 약속했다.

그들이 걱정하던 산더미 같은 공사장 쓰레기 문제는 이튿날 아침 귀신같이 해결되었다. 육군 31사단 1개 중대 병력이 투입되어 순식간에 말끔히 치워버린 것이었다. 그때 솔밭 언덕에 '보따리' 설치미술가 김수자씨가 진열해놓은 헌 옷가지들까지 쓰레기로 담아가는 바람에 이를 되찾아오는 소동도 벌어졌다. 그리고 119구조대가 와서 말끔히 물청소를 하면서 세시간 만에 준비가 끝났다. 커미셔너들은 이 광경을 보면서 "믿을 수 없다"(unbelievable)는 소리를 연발하였다.

정직한 관객

이리하여 제1회 광주비엔날레는 차질없이 개막식을 치르게 되었다. 이날 외국인 커미셔너들은 서로 감회에 젖어 현장을 몇바퀴씩 둘러보면서 기꺼워했다. 그러다 나는 또다른 곤경에 봉착했다. 주최측에서 관객 동원에 너무 신경을 쓴 나머지 관람객들이 밀려드는데 태반이 시골 할머니 할아버지들이었다. 외국인 커미셔너들은 이 진귀한 광경을 보면서 나에게 "저분들 인생과 이 전시회가 무슨 관계가 있습니까?"라고 묻는 것이었다. 그들 나라에선 안 볼 사람은 안 보면 그만인데, 우리나라는 실망할지언정 안 보면 큰일나는 줄 알고 몰려든 것이었다. 그것은 문화의 차이였다.

그날 나는 아주 정직한 관객 두 분을 만났다. 한 분은 중년의 신사로 아마도 서울에서 아내와 함께 구경 온 것 같았다. 이 중년 신사는 비엔날레 전시장 출구에서 담배를 피우며 이제나저제나 나올 때만 기다리던 아내의 모습이 비치자 고래고래 소리를 지르는 것이었다.

"아니, 뭐 볼 게 있다고 여지껏 있는 거야. 이따위가 무슨 예술이야, 죄다 사기지."

이 중년 신사는 연방 아픈 다리를 털면서 아내를 원망하는 것이었다. 추측건대 아내의 성화 때문에 비엔날레에도 마지못해 왔는데 구경거리라는 것이 하도 요상해서 홧김에 세상사람 들으라고, 아니면 현대미술가

| 크초의「잊어버리기 위하여」| 제1회 광주비엔날레 대상 수상작으로 빈 맥주병 위에 조각배를 얹어 꾸바의 보트피플 신세를 나타낸 멋진 설치미술이다.

라는 잘난 인생들 들으라고 소리치는 것 같았다. 맞다, 이건 사기다. 백남준도 일찍이 "예술은 사기다"라고 일갈하지 않았던가.

 광주비엔날레에서는 회화, 조각, 사진, 공예 등의 전통적인 장르개념은 무시되었다. 어지럽고 지저분한 설치미술이 대종이었고 작가들은 무언가 고상하고 품위있게 그 무엇을 창출하려는 성의도 없었다. 현대사회에 아주 민감하게 대응하며 정직하게 시각적 이미지를 제시하고 그것에 대한 해석은 관객에게 맡겨버리는 식이었다. 나 역시 여기서 벌어진 설치작업에서 깊은 미적 감동을 받은 것은 몇 안되었다. 다만 미술평론가이기에 낱낱 작품들을 이해하고 있을 따름이다.

 또 한 분은 말씨로 보아 벌교나 장흥쯤에서 오신 듯한 할아버지였다. 이 할아버지는 대상 수상작인 꾸바의 알렉시스 레이바 크초(Alexis Leyva Kcho)의「잊어버리기 위하여」라는 작품 앞에서 할머니와 작은 다툼을 벌이고 있었다. 상황을 보아하니 군(郡)에서 광주에서 큰 구경 났다고 공짜표를 주어 엑스포 같은 것인 줄 알고 왔는데 전시회라고 해괴하기 짝이 없는데다가 영감님은 어서 갈 생각은 않고 이 대상 수상작 앞에서 영 떠나질 않는 것이었다. 크초의 이 작품은 2천여개의 맥주병 위에 빈 조각배를 올려놓은 것으로 당시의 꾸바 난민들의 처지를 은유한 것이었다. 참으로 대상을 받을 만한 명작이었다. 한잔 걸치신 것인지 주독이 오른 것인지 코가 빨간 할아버지는 연방 맥주병만 보고 있는데 할머니가 자꾸 가자고 보채는 것이었다.

"영감, 인자 그만 보고 가십시다요. 오래 본다고 아요? 다 배움이 깊어야 아는 법이제."
"모르긴 뭘 몰러? 임자는 꼭 날 무시해야 쓰겄는가?"
"그라믄 이게 다 뭐다요?"
"뭐긴 뭐여, 인생이란 맥주병 위에 떠 있는 빈 배란 말이시."

천연덕스러운 이 할아버지의 해설 앞에 나는 미술평론가로서 무릎을 꿇지 않을 수 없었다. '인생도처유상수'였다. 할아버지는 이 작품을 보면서 자신의 고단했던 삶과 그 삶 속에 함께했던 술, 그 술기운에 실어왔던 꿈과 그 꿈의 허망을 모두 읽어냈던 것이다.

백남준의 말을 빌리든, 한 중년 신사의 고함을 인용하든 현대미술을 일컬어 사기라고 해도 좋다. 그러나 여기서 말하는 사기란 비자금 파문을 일으키는 정치꾼이나 장사꾼의 그것과는 아주 다르다. 애교있고 악의 없는, 그래서 우리의 정서 환기에 매우 유익한 것이다. 예술은 사기이되 이유가 있는 사기인 것이다.

가을 들판의 논

 이렇게 개막식은 어김없이 제날짜에 무사히 치러졌고, 다음날 아침 9시 나는 약속대로 외국인 커미셔너 넷을 인솔하여 선암사로 떠났다. 비좁은 내 포니 승용차에 네명을 태우고 출발하니 그들은 마침내 무거운 일에서 해방되어 바캉스라도 가듯 재잘거리는데, 대상을 받은 작품에 대한 할아버지의 평을 듣고는 까무러치듯 웃으며 "우리 평론가 직업을 내놓자"고들 했다. 대상 작가를 선발해온 캐서린은 더욱 기뻐하였다. 차가 광주시내를 벗어나자 들판에는 벼가 누렇게 익어가고 있었다. 갑자기 시끄럽던 뒷자리가 조용해졌다.

 백미러로 살짝 보니 모두 말없이 창밖을 바라보고 있었다. 옆자리에 앉은 캐서린은 아예 고개를 창 쪽으로 돌리고 있었다. 그리고 한참 있다 "저게 뭐예요?"(What's that?)라고 물어왔다. 나는 그녀가 무엇을 묻는지 몰랐다. 그래서 "못 알아들었는데요?"(excuse me?)라고 되묻자, 논을 가리키며 "누런 풀"(yellow grass)이라고 했다.

 "벼(rice plants)예요"라고 대답하자 그녀는 "아, 알겠습니다"(Oh, I see)라고 하고는 다시 하염없이 창밖을 바라보았다. 가만히 생각해보니 이들 이방인은 벼가 익어가는 들판을 보기는 힘들었을 것 같았다. 캐서린은 또 내게 항상 저렇게 누렇느냐, 논둑이 왜 평평하지 않고 계단식으로 되었느냐는 등 계속 물었다. 논에는 물이 차 있다고 알려주자 정말이냐고 놀란다.

 사정없이 들어오는 질문에 짧은 영어로 대답하려니 정말 힘들었다. 이럴 때면 내가 쓰는 술책이 있다. 그것은 내가 질문해서 그쪽이 계속 말하게 하는 것이다. 내가 캐서린에게 "어때요?"(How do you like it?)라고 묻자 그녀는 기다렸다는 듯 아름다운 풍광이라면서 동양의 색감이 서양과 다를 수밖에 없다는 것을 알게 되었다고 했다.

그녀는 그동안 여러 나라를 다녔어도 현대도시의 현대미술만 상대했는데, 이런 시골 풍경까지 접할 기회를 갖게 되어 기쁘다고 했다. 내로라 하는 미술평론가들이기 때문에 보는 눈이 여러모로 달랐다. 미술평론하는 사람들은 새로운 시각적 경험에 매우 민감하게 반응한다.

일종의 직업병적 즉발적 반사작용이어서 그것은 편견일 수는 있어도 거짓은 아니다. 지금 이들 이국의 미술평론가들이 논을 보면서 느끼는 반응은 마치 시베리아 스텝에 핀 들꽃을 보는 듯한 감동인 것이다. 그때 이후 나는 더욱 자신있게 하는 말이 있다.

"우리나라에서 가장 아름다운 정원은 논이다."

깊은 산

지금은 광주에서 순천으로 가는 27번 국도가 4차로에 시속 80킬로미터로 달릴 수 있는 반듯한 길로 바뀌었지만, 그때만 해도 산굽이 따라 강물 따라 느리지만 운치있게 돌아갔다.

우리의 차가 곡성 태안사를 저만치 두고 보성강변을 따라가는데 캐서린이 사진을 찍고 싶다고 해서 허름한 휴게소에 차를 세웠다. 모두 잠시 차에서 내려 유유히 흐르는 보성강과 강 건너 논, 발아래 작은 마을, 그리고 먼 산을 무슨 큰 구경거리인 양 바라보았다. 다시 차에 올라 운전하면서 캐서린에게 물었다.

"사진 잘 찍었습니까?"
"물론이죠. 참 아름답습니다. 나는 여러 나라를 여행해보았지만 지

| **캐서린과 함께 찍은 보성강변** | 캐서린은 이 강마을 풍경을 보면서 산과 들과 강과 마을이 한 컷의 사진에 담을 수 있는 매우 정겨운 장면이라며 한국 산하의 일상적 풍광에 감탄했다.

금처럼 산과 들과 마을과 강이 한 프레임 안에 들어오는 풍광이 있으리라고는 상상하지 못했습니다. 당신네 나라 사람들은 자연을 대하는 방식이 다른 나라 사람들과 많이 다를 것 같습니다."

어제까지만 해도 우리나라에 대해 불만만 말하던 그녀가 이 평화로운 풍광 앞에서 목소리마저 나긋나긋해지는 것이 반갑고도 고마워 추임새를 넣듯 대화를 이어갔다.

"특히 산이 그렇습니다. 당신네 나라 사람들에게 등산이라고 하면 전문 산악인이나 하는 일이지요? 그러나 한국인에게 산은 곁에 두고 살면서 언제 어느 때나 어린애부터 노인까지 누구나 오르는 대상입니다. 한국인에게 산은 일상의 공간인 셈입니다."

"그렇군요. 산이 높이 솟은 것이 아니라 여러 겹으로 겹쳐 있는 것이 특이합니다. 이 산을 보니 동양화에서 산을 왜 그렇게 표현했는지 알 수 있겠네요."

그녀는 미국의 시카고 지방에 살고 있었으니 우리의 산등성을 보고 그런 이국적 감정을 느낄 만하다고 생각했다. 반대로 나는 미국에서 해발 4천 미터가 넘는다는 파이크스 피크(Pikes Peak)를 자동차로 올라보면서 세상에 이렇게 싱거운 산이 다 있는가 허망했던 기억이 났다. 그 산은 몸뚱이 하나가 달랑 산이었다. 그래서 캐서린에게 다시 설명해주었다.

"우리나라 사람들은 저렇게 생긴 산을 높은 산이 아니라 깊은 산(deep mountain)이라고 합니다. 내가 뉴욕에서 만난 동양미술 큐레이터에게 한국의 사찰은 깊은 산속에 있다고 했더니, 그는 평소 내 영어가 서툰 것을 알고 산은 깊은 것이 아니라 높은 것이라고 교정해주면서 깊은 강(deep river)은 있어도 깊은 산은 없다고 하더군요. 그래서 나는 할 말을 잃은 적이 있습니다. 당신이 생각하기에 내 영어가 틀렸습니까?"

"깊은 산이라…… 그것 재미있는 표현이네요. 완전히 한국화한 영어(Koreanized English)입니다. 그러나 한국의 풍광에 맞는 말입니다."

그러면서 캐서린은 미소를 지으며 작은 목소리로 '딥 마운틴'(deep mountain)을 몇번인가 되뇌었다.

| 선암사 진입로 옛 모습 | 선암사의 옛 진입로는 이처럼 호젓한 산길이었다.

선암사 진입로

선암사 주차장에 차를 세워두고 나는 이들과 함께 매표소를 지나 진입로를 따라 천천히 걸어갔다. 이들에게 절까지는 25분 정도는 걸어야 한다고 알려주었는데 모두들 아무 문제 없다고 했다. 귀한 손님을 모시고 왔다고 절 종무소에 연락해 편의를 제공받을 수도 있었지만, 나는 어떤 경우에도 절집 안까지 차를 타고 들어간 일도 없고 그래서는 안된다고 생각한다.

우리나라 산사 건축은 진입로로부터 시작된다. 산사의 진입로는 그 자체가 건축적·조경적 의미를 지닌 산사의 얼굴이다. 약 반 시간 걸리는 이 오릿길 진입로는 공간적으로 시간적으로 속세와 성역을 가르는 분할공간이자 완충지역이다. 그래서 우리나라 산사에는 반드시 저마다의 특징을 가진 진입로가 있다.

| 선암사 진입로 현재 모습 | 어느날 선암사 진입로는 널찍한 찻길로 변하여 산사로 들어가는 옛 정취를 잃어버렸다.

    그 진입로는 산의 형상에 따라, 그 지방의 식생(植生)환경에 따라 다르다. 오대산 월정사의 전나무숲길, 하동 쌍계사의 십리 벚꽃길, 합천 해인사의 홍유동계곡길, 장성 백양사의 굴참나무길, 영월 법흥사의 준수한 소나무숲길, 부안 내소사의 곧게 뻗은 전나무 가로수길, 영주 부석사의 은행나무 비탈길, 조계산 송광사의 활엽수와 침엽수가 어우러진 길……
    어느 절의 진입로가 더 아름다운지 따지는 것은 불가능하다. 그중에서도 선암사 진입로는 평범하고 친숙한 우리 야산의 전형으로, 줄곧 계곡을 곁에 두고 물소리를 들으며 걷게 된다. 그러나 어느만큼 가다보면 만나게 되는 그때그때의 인공설치물이 이 길의 단조로움을 날려준다.
    해묵은 굴참나무가 여러 그루 늘어선 넓은 공터를 지나면 키 큰 측백나무를 배경으로 한 승탑밭이 나온다. 승탑밭을 지나면 장승과 산문(山門) 역할을 하는 석주(石柱) 한쌍이 길 양편에 서 있고, 여기서 산모서리를 돌아서면 아름다운 승선교(昇仙橋)가 드라마틱하게 나타난다.

승선교를 지나면 강선루(降仙樓)가 나오고, 강선루 정자 밑을 지나면 삼인당(三印塘)이라는 타원형의 연못에 이른다. 여기서 야생 차나무가 성글게 자라는 산모서리를 가볍게 돌면 비로소 '조계산 선암사'라는 현판이 걸린 절문 계단 앞에 다다르게 된다.

그리하여 지금 당신이 행복하게 걷는 이 산책길은 절대자를 만나러 가는 길임을 은연중에 알려준다. 느긋이 따라오는 캐서린에게 지나가는 말로 물었다.

"많이 걸어도 괜찮아요?"
"문제없어요. 매우 좋아요. 길이 아름답고 인간적인 크기(human scale)입니다. 특히 계곡을 따라 돌아가도록 멋있게 디자인되어 있네요."

그녀가 디자인이라는 단어를 사용한 것이 신기했다. 나는 평소 이 길은 그냥 계곡을 따라 밟고 다녀서 난 길이고, 승선교 이후에 가서야 디자인 개념이 나타난다고 생각했다. 그러나 그녀에게는 아무런 인공이 가해지지 않은 산길을 인간적 크기로 낸 것 그 자체에 디자인 개념이 들어 있다고 여겨진 것이다.

그러나 지금 이 길은 그녀가 감탄한 인간적 크기는 상실했다. 우리가 다녀온 뒤 얼마 안되어 이 진입로는 자동차 두 대가 비켜갈 수 있는 크기로 확장되어버렸기 때문이다.

1926년 육당 최남선이 『심춘순례(尋春巡禮)』라는 제목을 걸고 남도기행문을 쓸 때, 순천에서 선암사로 들어오는 길이 넓혀진다는 계획을 듣고 큰 걱정을 하면서 떠났는데, 그때 이미 본래 산사 진입로의 디자인 효과는 무너져버린 것이었다. 더구나 그나마 인간적 체취를 느낄 수 있던 좁은 길이 이제는 완전히 자동차 두 대가 비켜갈 수 있는 대로가 되었다. 이를 피할 수 없는 변화로 받아들여야 할 것인가? 아닐 것이다. 우리 시대는 이렇게 몰(沒)디자인하게 망가뜨려놓았지만 훗날 안목있는 후손들은 이 길을 다시 인간적 크기로 환원하기를 진심으로 바란다. 건축가 김수근 선생의 건축수상집이 생각난다. 그 책의 제목은 이렇다.

좋은 길은 좁을수록 좋고, 나쁜 길은 넓을수록 좋다.

승선교와 강선루

계곡물 소리를 들으며 야산의 정취를 만끽하며 걷던 길이 승선교 가까이 접어들었을 때 이들은 일제히 "멋있다"(wonderful)는 감탄사를 큰 소리로 내었다. 승선교는 선암사 진입로의 하이라이트다.

평범한 산길이 여기 와서 드라마틱하게 변한다. 승선교 무지개다리 아래로는 아무렇게나 굴러 있는 바윗덩이 사이로 맑은 계곡물이 흐르는데, 멀리 계곡 돌아가는 길목에는 강선루 이층 정자가 우뚝 서 있어 우리에게 여기서 쉬어가라는 무언의 신호를 보낸다.

냇물이 잔잔히 흐를 때는 무지개다리가 물속의 그림자와 합쳐 둥근 원을 그린다. 그럴 때 계곡 아래로 내려가보면 그 동그라미 속에 강선루가 들어앉은 듯 보인다. 모든 선암사 안내책과 글에는 계곡 아래에서 승선교 무지개다리 너머로 보이는 강선루 사진이 실려 있을 정도로, 여기는 다른 절에서는 볼 수 없는 선암사의 제1경이라고 할 만하다.

보물 제400호로 지정된 승선교는 우리나라 돌다리 중 명작으로 손꼽힌다. 무지개다리를 놓으면서 기단부를 계곡 양쪽의 자연암반을 그대로 이용해 무너질 일 없게 하고 홍예석을 돌린 다음 잡석을 이 맞추어 쌓아

| 승선교 | 선암사 승선교는 우리나라 산사 진입로 중에서 가장 환상적인 분위기를 연출해 보인다.

올린 뒤 그 위는 흙을 덮어 양쪽 길로 연결하였다.

그리고 포물선 꼭짓점에 해당하는 홍예 정가운데는 멋지게 조각한 용머리가 있어 마치 냇물을 내려다보는 것처럼 고개를 내밀고 있다. 그것이 중심추 역할을 해서 다리의 균형이 매우 잘 맞는다. 이 승선교는 숙종 24년(1698)의 대화재 이후 선암사를 중축한 호암(護巖)선사가 축조했고, 순조 24년(1824) 해붕(海鵬)대사가 중수한 것으로 기록에 남아 있다.

선암사 스님들은 이 무지개다리를 놓은 경험 덕분에 인근 보성 벌교의 무지개다리(보물 제304호, 1729년 축조)도 놓았다고 한다. 그러나 유감스럽게도 승선교 디자인의 원래 취지는 새로 난 찻길로 인해 제맛을 상실했다. 승선교는 아래쪽의 작은 다리와 위쪽의 큰 다리 두개로 구성되어 있다. 본래 선암사 진입로는 이 작은 다리 건너 계곡 건너편 길을 통해 다시 큰

| 강선루 | 계곡가로 바짝 붙여 지은 강선루는 선암사 진입로를 더욱 드라마틱하게 보여준다.

다리를 건너오게 되어 있었다. 그래서 동선이 디귿자로 이루어진 그 길과 다리의 구조가 더욱 드라마틱한 것이었다. 그러나 지금은 오른쪽 산자락에 붙여 새 길을 내서 사람들이 그쪽으로 다니니, 승선교 두 다리는 그저 장식으로 남아 있는 셈이 되었다.

그래서 나는 일부러 작은 승선교 넘어 큰 승선교를 건너다닌다. 그것은 본래 진입로의 디자인 취지를 맛보려는 뜻도 있지만 승선교 다리의 건강을 위해서다. 특히 해동기인 봄철에는 사람들이 다리를 밟아주어야 돌틈 사이로 흙이 메워져 장마철에 빗물이 스며드는 것을 막아준다.

옛 풍속에 3월 3일 삼짇날 아낙네가 머리에 돌을 이고 108번 왕래하면 복이 온다며 놋다리밟기, 성곽밟기를 한 것은 중노동을 놀이형식으로 바꾼 민속놀이였다. 그러나 요즘은 기껏 만들어놓은 다리를 사용하지 않다

순천 선암사 1　163

보니 지난 30년간 보수에 보수를 거듭하여 제 모습을 보여준 기간과 공사기간이 비슷할 정도다.

집이든 다리든 사람이 사용하지 않으면 망가진다. 그것은 기계제품도 마찬가지다. 그래서 문화재 보호는 그것을 사용하면서 보존하는 것이 최상책인 것이다. 나는 이들을 이끌고 작은 승선교를 건너가 한참 동안 이 장관의 풍광을 이모저모로 살펴보게 하고 다시 큰 승선교를 건너 강선루로 향했다.

강선루를 지날 때도 옆으로 난 찻길이 아니라 누마루 밑으로 지나갔다. 강선루 옆기둥 하나가 계곡에 빠져 있는 것을 보여주기 위해서였다. 우리나라의 정자는 연못이나 계곡가에 지을 때 위험스러울 정도로 최대한 물 가까이로 내밀어 짓는다. 그 이유는 정자에서 풍광을 내려다볼 때 시선이 땅을 거치지 않고 곧바로 물로 떨어지게 하려는 의도에 있다. 그러나 지금 강선루는 그 많은 관람객을 감당할 수 없어 항시 자물쇠로 굳게 잠겨 있어 안타까운 마음이 일어난다.

삼인당이라는 연못

강선루 지나 삼인당이라는 못에 이르러서는 잠시 이들을 이끌고 못 위쪽으로 올라가 너럭바위에 걸터앉아 쉬게 했다. 이제 저 모서리만 돌면 절문이 나오니 여기서 잠시 쉬었다 가자고 했다. 본래 학생들과 함께 오면 꼭 이 자리에서 이 못이 갖는 토목공학적·종교적·미학적 의미를 설명해주고는 한다.

삼인당 연못은 산비탈 한쪽에 일부러 조성한 것이다. 굳이 이 자리에 못을 만든 것은 여름 장마철에 큰물이 오면 일단 여기에 가두었다 계곡으로 흘려보내는 기능을 하기 위해서다. 이 못이 없으면 이 산자락에는

| **삼인당 연못** | 선암사 입구에 있는 삼인당이라는 연못은 종교적·토목공학적·미학적 뜻이 모두 담겨 있다. 못 가운데 섬이 있어 더욱 정취있고 섬에는 배롱나무가 있어 여름철에 더욱 아름답다.

홍수 때 지나간 물길 자국만 남아 토사가 빈번히 일어났을 것이다.

삼인당 물은 선암사 동쪽 기슭에서 내려오는 작은 개울물을 모아 채우는데, 발굴조사에 의하면 땅에 묻힌 암거(暗渠) 자취가 발견되었다고 한다. 선암사는 산자락을 타고 집들이 펼쳐져 있기 때문에 경내에는 비탈진 곳마다 이런 못이 여섯 곳이나 있다. 삼성각과 천불전 계단 아래에는 네모난 방지(方池)가 있고, 심검당과 종무소 곁에는 쌍둥이못 쌍지(雙池)가 있고, 범종각과 대변소 사이의 석축 아래로는 자연스러운 형태의 지원(池苑)이 있는데 모두 조경적 기능과 토목적 기능을 같이하는 것이다.

이 못의 이름을 삼인당이라고 지은 것은 제행무상(諸行無常), 제법무아(諸法無我), 열반적정(涅槃寂靜) 등 세가지 새김(印)을 말하는 것인데, 요지인즉 마음속에 불법의 기본원리를 각인한다는 뜻이다. 왜 그런 마음의 새김을 다른 곳 아닌 못에서 상기시키는 것일까?

그것은 판유리가 나오기 이전에 사람이 자신의 전체 모습을 볼 수 있는 것은 못에 비친 그림자가 전부였기 때문이다. 삼인당의 구조가 타원형으로 생긴 것은 그 지형 탓도 있지만 경내의 네모난 방지와 석축 밑의 자연스러운 못과는 다른 다양성을 위한 것일 수 있다. 그런데 타원형의 못 한쪽으로 치우쳐 달걀 모양의 섬은 왜 만들었을까?

거기에는 아마도 두가지 의도가 있었던 것 같다. 삼인당으로 흘러드는 물길은 위쪽 가운데로 들어와 아래쪽 옆으로 빠져나가게 되어 있어, 이 섬이 없으면 못 왼쪽은 물의 흐름이 생기지 않아 고인 물이 썩게 된다. 그런데 섬이 있음으로 해서 유입된 물이 못 전체를 돌아나가는 회로가 생기는 것이다.

또 하나는 미학적 배려다. 인간의 시각적 습관에는 일정한 법칙이 있다. 예를 들어 우리가 극장 객석에 앉으면 무대 오른쪽보다 왼쪽으로 눈이 먼저 가고 또 많이 간다. 그래서 연극에서 무대장치의 기본원칙을 말해주는 '무대지도'(stage geography)를 보면 오른쪽을 무겁게 하고 왼쪽을 비워두라고 한다.

이런 연구에 능했던 예술심리학자 루돌프 아른하임(Rudolf Arnheim)의 『미술과 시지각』(*Art and Visual Perception*)을 보면 "하나의 공간에 나타난 물체는 또다른 공간을 창출해낸다"고 했다. 즉, 수평선이 바라보이는 빈 바다에 오징어잡이배가 떠 있으면 그로 인해 바다는 더 넓고 다양한 공간감을 갖게 된다는 것이다.

이상하게 들릴지 모르지만 삼인당에 섬이 있어 못이 더 커 보이고 깊은 공간감을 갖게 된 것이다. 삼인당 섬에는 전나무 한 그루와 배롱나무 한 그루가 심어져 있다. 그래서 겨울이면 늘푸른 전나무가 삭막한 계절의 쓸쓸함을 달래주고, 여름이면 배롱나무 빨간 꽃이 석달 열흘간 해맑

| **선암사 조계문** | 선암사 일주문은 마주 보이는 것이 아니라 S자로 휘어진 길을 돌아서면 나타나게 되어 있다. 긴 진입로의 끝과 절집의 시작을 그렇게 은근히 알려준다.

은 빛으로 피어난다. 내가 캐서린 일행과 왔을 때는 배롱나무의 철지난 마지막 꽃대 서너 송이가 부끄럼을 빛내듯 홍채를 발하고 있었다.

묵은 동네 같은 절

선암사 경내에 들어와서는 대웅전 앞마당부터 시작해 경내를 두루 산보하듯 걸어다녔다. 학생들과 답사할 때면 선암사의 내력에서부터 여기가 조계종이 아니라 태고종 사찰이라는 것, 그리고 그 차이가 왜 생겼는지까지도 설명해준다. 그러나 이들 이방인에게는 그런 설명이 필요하지 않을 것 같아 건물만 둘러보고 즐기는 방식으로 안내하였다.

대웅전 뒤로 돌아 돌축대를 올라 정원처럼 가꾼 빈터에서 매화나무 벚나무 철쭉나무 노목 사이를 지나 팔상전(八相殿)과 불조전(佛祖殿)을 둘

| 선암사 절집의 풍경 | 선암사의 가람배치는 마스터플랜에 의한 것이 아니라 지형에 따라 증축되어 마치 연륜있는 마을의 구성 같은 다양함이 정겹게 드러난다.

러보고, 처마밑 길을 통해 다시 돌계단을 올라 원통전(圓通殿)과 노전(爐殿) 앞을 지나갔다.

스님의 허락을 받아 달마전 안채로 들어가 4단 석조(石槽)를 보고 돌아내려오면서 무우전(無憂殿) 툇마루에 이들을 앉혀놓으니, 이제는 건물을 구경하는 것이 아니라 이 절집에 사는 사람의 입장이 되어 느긋이 사방을 둘러보고 있었다. 한 건축의 기능과 아름다움은 이처럼 관객이 아니라 사용자 입장이 되어야 그 참맛을 제대로 알 수 있다고 말해주었다.

누구나 이 자리에 와본 사람은 알겠지만 무우전 툇마루에서 무덤덤한 산등성이 느리게 뻗어나가는 조계산의 모습을 보면 그렇게 듬직하고 차분한 맛을 느낄 수가 없다. 조계산의 이런 모습을 육당(六堂)은 "천지변화를 통으로 잡아 수제비국으로 끓여내는 것 같은 장관"이라고 했다.

무우전에서 나와 팔상전 앞 큰길을 따라 천불전 방지로 가서 길게 누운 소나무의 기묘한 자태에 웃음을 한번 주고, 길 아래로 내려와 쌍지에 머리채를 담근 버드나무 곁을 지나 샘물에서 모두 물 한모금씩 마셨다. 원래 나의 답사코스는 여기서 대변소(화장실)를 들러 해천당(海川堂) 돌담길을 끼고 돌아 대각암(大覺庵)으로 올라가는 것이 상례지만, 시간도 시간이거니와 이만하여도 이방인들의 산사 구경은 넘쳤다는 생각에 만세루 아랫길로 접어들었다.

선암사는 절집의 배치가 매우 독특한 경우다. 우리나라의 산사는 그 위치와 건물구조에 따라 대략 네가지로 나누어볼 수 있다. 첫째는 강진 무위사처럼 소박한 절집이다. 둘째는 부안 내소사처럼 규모를 갖춘 화려한 절이다. 셋째는 구례 화엄사처럼 궁궐 같은 장엄한 절이다. 넷째는 영주 부석사처럼 장대한 파노라마의 전망을 가진 절이다. 그러나 선암사는 이도저도 아니고 크고작은 당우들이 길 따라 옹기종기 모여 있어 마치 묵은 동네 같은 절이다. 그래서 선암사는 어느 절보다 친숙한 느낌, 편안한 기분이 드는 것이다. 실제로 선암사는 어느 한 시점의 마스터플랜에 의해 지은 절이 아니다.

몇차례 대화재로 전소되고 17세기 호암선사의 중창 때부터 처음에는 대웅전과 삼층석탑의 쌍탑이 있는 앞마당을 둘러싼 요사채의 심검당, 선방인 설선당, 야외 법당인 만세루만 있었을 것이다. 그후 필요에 따라 크고작은 건물을 하나씩 증축한 것이 오늘날에는 25채에 이르고, 한국전쟁

전에는 50채나 되었던 것이다.

그래서 건물의 규모도 일정하지 않고, 건물이 앉은 레벨도 일정하지 않아 올라가는 계단도 각기 다른 모습인데, 곳곳에 돌담을 둘러 공간을 감싸고 있기 때문에 연륜있는 양반마을에 온 것 같은 기분이 드는 것이다. 전문적으로 말해 선암사의 평면에는 중심축이 보이지 않는다.

선암사가 우리를 더욱 매료시키는 것은 지금 이루 다 말하지 못하는 저 다양한 꽃나무 덕분인데, 이들 나무도 일정한 질서를 갖는 정원 개념으로 심은 것이 아니라 그때마다 빈칸을 메우듯 심어 지금처럼 어우러진 것이다. 혹자는 이것을 선암사 정원의 부족함으로 말하기도 하지만, 나는 오히려 그것을 뛰어난 점으로 본다.

서양 정원이나 일본·중국 정원에 익숙한 사람에게는 그럴지 모른다. 그러나 의도적으로 조성한 정원은 어떤 식으로든 우리를 긴장시키지만, 선암사의 정원에는 그런 경직됨이 없다. 선암사 진입로가 디자인한 태를 보이지 않으면서 사실은 더 디자인적인 배려가 있는 것과 마찬가지다.

선암사 경내를 두루 둘러보고 막 절문 쪽을 향할 때는 정오가 조금 못 되었다. 그때 홀연히 설선당 안에서 스님들의 범패소리가 합창으로 은은히 흘러나왔다. 이방인들은 모두 주춤 멈추고 그쪽으로 가만히 귀를 기울였다. 긴 음으로 연이어지는 육중한 저음의 범패소리를 들으며 느린 걸음으로 발길을 옮겼다.

범패소리는 점점 더 크고 높게 올라갔다. 지나가던 탐방객들도 우리처럼 그쪽으로 향해 서서히 발을 옮겼다. 산사에 가장 잘 어울리는 음악은 역시 범패라는 것을 그때 새삼 깨달았다. 우리가 절문을 나설 때 범패는 끝났다. 캐서린은 나에게 눈길을 주더니 엄지손가락을 치켜올리며 "기막히다"(incredible)고 했다.

같은 길이라도 나가는 길은 들어가는 길보다 짧게 느껴진다. 절문을 나서 삼인당 아랫길로 돌아 강선루를 지나 승선교를 넘어 장승과 승탑밭을 지나니 다시 굴참나무 늘어선 빈터로 나오게 되었다.

선암장의 산채비빔밥

나는 일행을 이끌고 사하촌 식당으로 내려갔다. 아까 선암사에 당도하자마자 나의 단골 여관으로 식당을 겸하는 선암장 아주머니께 이들의 의견을 물어볼 것도 없이 산채비빔밥을 맞춰놓았다. 이들과 보름간 일하면서 점심을 같이 먹을 때면 그들은 예외없이 무조건 비빔밥을 주문했기 때문이었다. 그것이 그들의 식성에 맞을 뿐 아니라 각자 자기 접시를 따로 갖고 먹는 음식습관에도 잘 맞는 것 같았다. 그때 나는 한국음식 중에서 특히 비빔밥은 국제화할 수 있는 메뉴라는 생각을 가졌다.

선암장은 비록 남루하지만 외지 사람이 아니라 동네 토박이가 운영하는 곳이어서 인심이 좋아 단골이 되었다. 선암장은 계곡가 다리께에 바짝 붙어 있고, 아래채에는 서른명도 더 들어가는 긴 방이 있다. 이 방에 누우면 냇물이 머리 밑으로 흘러가는 기분이 든다. 그래서 답사회 사람들은 '침계루(枕溪樓, 계곡을 베개 삼는 누각)' 방이라고 부른다.

지금은 나이들어 그러지 못하지만 한때는 경비도 아낄 겸 침계루 방에서 학생들과 함께 자곤 했다. 거의 해마다 들르는 편인데 어느 해 답사 때 선암장에 갔더니 주인아주머니가 남학생들은 침계루 방에 들어가고 선생님은 특별히 208호실을 쓰라고 큰 인심 쓰듯 열쇠를 따로 주는 것이었다. 이층에 있는 208호실로 올라가보니 아주 작은 방이었다. 둘이 누우면 몸이 달라붙을 정도로 좁아 교도소 독방인 0.75평보다 작아 보였다.

식당으로 내려와 주인아주머니께 "코딱지만한 방을 하나 주면서 웬 생색을 그렇게 내셨수" 하고 물으니, 아주머니는 몸짓을 크게 고치고는 목청껏 "그래봬두 그 방은 「아제 아제 바라아제」 영화 찍을 때 강수연이 보름간 자고 간 방이어. 뭘 줘두 몰라" 했다.

깊은 산, 깊은 절

선암장 아주머니는 그날 특별히 산채비빔밥을 맛있게 해주셨다. 이것도 내 수법 중 하나인데 비빔밥 한 그릇에 5천원이지만 내가 7천원씩 드릴 테니 무얼 넣든 그만큼 더 넣어달라고 하면 연구에 연구를 거듭해 집에서 먹는 밑반찬까지 따로 나온다.

평상에서 산채비빔밥을 맛있게 다 먹고 잠시 두 다리 뻗고 커피를 마시면서 쉬는데 캐서린이 일행을 대표해 내게 감사의 마무리말을 했다.

"감사합니다. 좋은 구경을 했습니다. 오늘 당신이 말한 깊은 산속에 있는 절의 아름다움을 마음껏 즐겼습니다. 사실 나는 건축을 좋아해 세계 여러 나라의 건축을 보았는데, 이 절처럼 특이한 건축은 처음 보았습니다.

모든 건축은 자기 고유의 표정이 있습니다. 이집트 피라미드는 네모뿔 모양이고, 파르테논 신전은 맞배지붕집이고, 타지마할은 네모난 상자 위에 양파가 얹힌 것 같고, 중세의 교회들은 파싸드로 특징을 만들어냅니다.

그런데 이 절은 건물들이 복합적으로 구성되어 있어 내가 이 절을 다 보았는지 아닌지도 모르겠습니다. 건물을 돌아 뒤쪽으로 가면 아까 본 건물이 다른 모습으로 보이고, 또 한쪽으로 옮기면 새 건물이 드러납니다. 그 넓이와 깊이를 알 수 없습니다.

당신은 한국의 산은 깊은 산이라고 했는데, 그러면 이런 건축을 깊은 건축(deep architecture)이라고 합니까, 깊은 절(deep temple)이라고 합니까?"

'깊은 산속의 깊은 절'

그것이 바로 우리나라 산사의 미학적 특질인 것이다.

2009. 10.

365일 꽃이 지지 않는 옛 가람

선암사의 사계절 / 승탑밭 / 태고종과 조계종 / 장승과 석주 /
선암사 경내 / 무우전 / 선암사 매화 / 뒷간 / 선암사 시

꽃이 아름다운 절

광주에 사는 한 제자가 내 추천을 받아 한 사립박물관 학예연구원에 지원했는데 며칠이 지나도록 아무런 소식이 없자 애가 탔는지 혹시 무슨 연락이 없었느냐며 내게 전화를 걸어왔다. 내게도 아직 연락이 없다고 대답하고 나서 그냥 전화를 끊기가 뭣해 지나가는 말로 물었다.

"그래, 오늘은 무얼 하려고 하니?"
"선생님께 연락해보고 아무 일 없으면 절에나 가보려고요."
"어느 절에?"
"선암사요."

내가 남도에 사는 사람들을 부러워하는 것은 세가지다. 하나는 음식 맛이 좋은 것이고, 둘째는 이웃과 친구간의 끈끈한 인간관계이고, 셋째는 주위에 아름다운 절집이 무진장 많다는 점이다. 화엄사 천은사 연곡사 태안사 실상사 백양사 운주사 불회사 쌍봉사 보림사 대흥사 도갑사 무위사 송광사 선암사……

하나만 있어도 좋을 그 많은 절을 모두 한시간 반 안에 갈 수 있다. 남도 사람들은 처처에 절집이라는 공원을 곁에 두고 사는 셈이라고나 할까.

"그래? 좋겠다. 그런데 왜 선암사니?"
"꽃을 보려고요. 선암사는 꽃이 좋다고 하셨잖아요? 선암사에 대해 선생님께 들은 이야기는 꽃과 나무 이야기밖에 기억에 남는 게 없어요. 다른 아이들도 다 그렇게 말해요."

가만히 생각해보니 그랬던 것이 확실하다. 내가 선암사에 가면 학생들에게 우리나라 나무에 대해 설명하는 데는 이유가 있다. 문화유산도 장소성이라는 것을 크게 타는 편이어서 그 절집만의 고유한 가치가 따로 있다. 예를 들어 선암사 대웅전 앞 삼층석탑은 보물 제395호로 지정된 당당한 통일신라 유물이고, 고려시대 승탑 석 점이 전라남도 유형문화재로 지정돼 있지만 그것을 선암사만의 자랑으로 삼을 수는 없다.

선암사에서 제일 먼저 손꼽을 것은 아무래도 저 아름다운 나무들이다. 우리나라에는 약 1,000종의 나무가 있다고 한다. 그중 우리가 궁궐이나 정원에서 대할 수 있는 나무는 100종 정도 된다고 하는데, 선암사에서는 그 모두를 볼 수 있다. 말하자면 선암사는 우리나라 정원수의 표본 전시장이라고 할 만하다.

선암사의 사계절

선암사는 1년 365일 꽃이 없는 날이 없다. 춘삼월 생강나무, 산수유의 노란 꽃이 새봄을 알리기 시작하면 매화 살구 개나리 진달래 복숭아 자두 배 사과 영산홍 자산홍 철쭉이 시차를 두고 연이어 피어난다. 그것도 여느 곳에서는 볼 수 없는 늠름한 고목에서 피어나는 것이기 때문에 감히 예쁘다는 말도 나오지 않는다.

그때가 되면 선암사는 열흘마다 몸단장을 달리한 것처럼 우리를 새롭게 맞이한다. 봄의 빛깔이란 어제와 오늘은 비슷해도 열흘을 두고 보면 확연히 다르다. 옛사람들은 화무십일홍(花無十日紅)이라고 했지만, 선암사는 열흘마다 다른 꽃을 선보이며 꽃이 지지 않는 절이 되었다.

신록의 계절에는 온 산이 파스텔톤의 연둣빛으로 물드는 것이 꽃보다 아름다운데, 백당나무·불두화는 주먹만한 하얀 꽃을 불쑥 내민다. 이때 계곡 한쪽에서는 산딸나무·층층나무의 새하얀 꽃이 청순한 자태를 조용히 드러낸다. 절마당에서는 태산목이 연꽃봉오리 같은 탐스러운 하얀 꽃을 오늘은 이 가지, 내일은 저 가지에서 한달 내내 피웠다 떨어뜨린다.

이처럼 신록의 계절에는 나무꽃이 하얗게 피어난다. 그러다 여름으로 들어서기 무섭게 오동나무는 보랏빛 꽃대를 높이 세우고, 자귀나무 빨간 꽃은 뺨을 재듯 가지마다 옆에서 뻗어나온다.

여름이 깊어지면 배롱나무꽃이 피기 시작해 장장 석달 열흘을 위부터 아래까지 온몸을 붉게 물들인다. 그때가 되면 선암사 한쪽 구석에는 모감주나무의 노란 꽃, 치자나무의 하얀 꽃, 석류나무의 빨간 꽃이 부끄럼을 빛내며 우리에게 눈길을 보낸다.

봄이 나무꽃의 계절이라면 여름은 풀꽃의 세상이다. 선암사 뒤안길 돌담 밑에는 봉숭아 채송화 달리아가 돌보는 이 없이도 해마다 그 자리에서 그 모습으로 잘도 피고 진다. 그러나 절집의 꽃으로는 역시 가녀린 꽃대에 분홍빛으로 청순하게 피어나는 상사화가 제격이고, 여름이 짙어가면 삼인당 섬동산은 빨간 꽃술의 꽃무릇으로 환상적으로 뒤덮인다.

가을은 은행잎이 떨어져 절마당을 노란 카펫으로 장식하고 청단풍이 새빨갛게 물들어갈 때가 절정이다. 가을이 깊어가면 밤나무 상수리나무 굴참나무 떡갈나무가 온 산을 마치 캔버스에 바탕색 칠하듯 차분한 갈색으로 뒤덮으며 들국화 구절초 쑥부쟁이 코스모스 감국이 여름꽃의 바통을 이어받아 선암사 화단을 장식하면서 호젓하고 스산한 정취를 자아낸다. 가을을 심하게 타는 사람이 아니라 할지라도 이 계절 선암사에 오면 누구나 여린 감상에 물들게 된다.

사람들은 곧잘 겨울은 삭막하다고 말한다. 겨울나무는 앙상한 나뭇가지만 남아 있다며 꽃 피고 잎 돋던 그때와 비교하며 깊은 정을 주지 않는다. 그러나 선암사의 겨울은 그렇지 않다.

소나무 전나무 같은 늘푸른바늘잎나무야 우리 산천 어디서나 볼 수 있는 것이지만, 선암사는 한반도의 남쪽 끝자락 남해바다 가까이 있어 늘푸른넓은잎나무의 난대성 식물이 잘 자란다. 동백나무 후박나무 녹나무 태산목 팔손이나무 붉가시나무 종가시나무 호랑가시나무가 여전히 절마당 곳곳에서 초록을 빛내고 있다.

남들이 요란을 떨며 꽃을 피우고 열매를 맺고 화려한 단풍으로 자태를 뽐낼 때는 아무 일 없다는 듯 묵묵히 자기를 키워온 이들 늘푸른넓은잎나무가 윤기나고 두터운 사철 푸른 잎을 자랑하며 나무 전체가 꽃이라는 듯 우리의 시선과 마음을 사로잡는다.

아직도 남아 있는 산수유나무 마가목 먼나무 호랑가시나무의 빨갛고 탐스러운 열매가 빛바랜 계절의 꽃처럼 행세하고 있을 때 벌써 한 송이 두 송이 피어나기 시작하는 빠알간 동백꽃이 겨울은 결코 무채색의 계절

| **선암사의 사계절** | 사계절이 아름다운 선암사의 풍광. 겨울 풍광은 썰렁해 보일 것 같지만 선암사는 조계산의 촉감 부드러운 겨울나무숲과 늘푸른나무들로 수묵화의 그윽함 같은 것이 있다.

만이 아님을 말해준다. 이때 풀꽃이 사라진 쓸쓸한 화단 곳곳에서는 키 작은 남천의 빨간 잎, 빨간 열매가 빛의 조건에 따라 짙고 옅음을 달리하며 가녀린 맵시를 다소곳이 내보인다.

    남쪽이어서 눈이 드물 것 같지만 선암사에는 눈도 많이 내린다. 눈 덮인 선암사 진입로 산자락을 뒤덮은 산죽밭의 모습은 환상의 겨울나라에서만 볼 수 있는 초록과 흰색의 향연이다. 내가 선암사에서 다른 것보다 이들 나무의 이름을 학생들에게 가르쳐주려고 애쓰는 것에는 나름대로 생각이 있어서다. 그것은 나무의 이름을 알고 보는 것과 모르고 보는 것에는 너무도 차이가 많기 때문이다.

학교 선생이라는 직업에서 가장 어려운 것의 하나가 학생들 이름을 외우는 것이다. 나이가 들수록 이름 외우기가 힘들어지는데, 그래도 애써 외우고 아이들 이름을 불러주는 까닭은 학생들 이름을 알고 가르치는 것과 그렇지 않은 것은 교육이 내용과 효과가 매우 다르게 나타나기 때문이다.

그래서 나는 학생들에게 열심히 나무마다 이름을 말해주지만, 나의 학생들은 그것을 별로 귀담아듣는 것 같지 않다. 그러나 나는 장담한다. 두고 봐라, 너희도 나이가 들면 반드시 나무를 좋아하게 될 때가 있을 것이니, 그때 가서는 반드시 나를 이해하게 될 것이라고……

선암사 승탑밭

선암사로 들어서면서 제일 먼저 만나는 문화재는 진입로 길가 언덕에 널찍이 자리잡은 승탑밭이다. 열댓개의 승탑과 비석이 무질서한 가운데 제법 위세있게 늘어서 있어 이 절의 만만치 않은 연륜을 여기서부터 알 수 있다. 승탑이란 고승의 사리탑이다. 이 절에 주석했던 스님이 열반에 들면 다비를 하고 수습한 사리를 모신 것으로, 승탑은 신라 말부터 유행하기 시작했다. 나말여초의 승탑은 대부분 팔각당 형식으로 경내 뒤쪽에 사당처럼 모셔져 있다.

선암사에도 고려시대에 제작된 팔각당 승탑으로 무우전 승탑, 대각암 승탑, 선조암터 승탑 등 모두 3기가 있다. (한때는 이 승탑을 부도라고 해서 애매한 이름으로 불렀고 문화재 명칭에 그대로 남아 있기도 하지만 승탑이라고 해야 그 의미가 확실하고 학계에서도 이렇게 용어를 통일해

| **선암사 승탑밭** | 선암사 승탑밭에는 조선후기부터 현대에 이르는 사리탑과 비석이 늘어서 있어 이 절집의 만만치 않은 연륜과 사세를 자랑하고 있다.

가고 있다.)

고려 때까지만 해도 고승들에 국한해 승탑에 모셨던 것 같다. 그러나 임진왜란 후 조선불교가 다시 일어나면서 승탑이 크게 유행해 절집마다 내세우는 스님은 거의 모두 승탑으로 모시면서 형식도 팔각당에서 종(鐘), 연꽃봉오리, 달걀 모양 등 여러 형태로 간소화되고 변형됐다.

이것은 분명 조형성의 쇠퇴라고 말할 수 있는 것인데, 그 대신 승탑들을 한곳에 모심으로써 집체적 조형성, 요즘 현대미술로 말하자면 설치미술 같은 조형효과를 갖게 되었다. 승탑밭을 혹은 승탑전이라고 해서 밭 전(田)자를 쓰기도 하고 전각 전(殿)자를 쓰기도 하지만 나는 승탑밭이라는 이름에서 오히려 선적(禪的) 여운을 느낀다.

승탑밭에는 조선 숙종 때의 침굉당(枕肱堂, 1616~84), 영조 때의 상월당(霜月堂, 1687~1767), 순조 때의 해붕당(海鵬堂, ?~1826)과 눌암당(訥庵堂,

1752~1830)을 비롯해 19세기와 20세기 초의 승탑 13기가 모셔져 있다. 그런데 참으로 이상한 것은 오래된 것일수록 조형성이 우수하다는 점이다. 네 마리 사자가 석탑을 받치는 복잡한 구성을 보여주는 20세기 초 승탑이 얼핏 화려해 보이지만 조형적 밀도가 떨어져 아담한 침굉당이나 환허당 승탑의 짜임새를 따라가지 못한다. 진입로 승탑밭에는 모두 8기의 승탑비가 있는데, 이중 상월당 승탑비만 정조 때(1782) 것이고, 나머지는 모두 20세기에 세운 것이다.

본래 승탑비는 돌거북받침(龜趺)에 용머리지붕(螭首)으로 장식하는 것이 전통이다. 그러나 여기 있는 승탑비 중 이 전통을 따른 것은 오직 하나뿐이고 나머지는 저마다 다른 모습을 하고 있어 그것이 큰 볼거리이고 연구감이다. 전통비석 형식을 맥없이 답습해 일종의 매너리즘에 빠진 근래의 승탑비에서는 별 감동이 없다. 그러나 제작 당시의 정서와 취미를 순진하게 반영한 비석받침과 지붕돌의 조각을 보면 명지대 이태호 교수의 말대로 조선후기의 민화를 보는 듯한 재미가 일어난다. 지붕돌의 조각으로는 용머리가 아니라 도깨비 형상을 새긴 것도 있고, 흉배에 나오는 학을 새긴 것도 있고, 아예 민화 형식의 연꽃을 무늬로 넣은 것도 있다.

네모난 비석받침에 귀여운 강아지―아마도 쌍사자―두 마리를 돌출시킨 것도 있고, 비석 측면에 팔괘(八卦)를 새겨넣은 것도 있다. 그중에는 자연석 받침을 이용하면서 엉성하게 네모 속에 동그라미를 그린 추상적 표현도 있는데, 마치 수화(樹話) 김환기(金煥基, 1913~74)의 추상화를 연상케 하는 근대적 멋이 있다. 어느 것을 보아도 조형상에 거짓된 정서를 부린 것이 없다. 이것이 바로 민화에서 느끼는 그 매력이다. 그래서 나는 이 승탑밭에서 근대의 문턱에 있던 어지러운 사회적 상황에서 흔들리던 미적 기준과 그 혼란의 틈 속에서 일어난 서민들의 조형적 해방을 동시에 읽으며 많은 시간을 보낸다.

| **선암사 승탑밭 디테일** | 승탑밭의 비석받침과 지붕돌의 조각들은 갖가지 도상들로 구성되어 있어 민화를 보는 듯한 재미가 있다. 1) 운룡도 2) 쌍사자 3) 귀면 4) 추상무늬.

　선암사에는 이 진입로의 승탑밭 말고 '서부도전(西浮屠田)'이 따로 있다. 강선루를 지나면 삼인당으로 꺾이는 지점에 왼쪽으로 대각암으로 곧장 올라가는 길이 있는데, 이 길을 따라 100미터쯤 가면 조선시대 승탑 12기가 안치된 매우 조순한 승탑밭이 나온다. 환허당(幻虛堂, 1690~1742), 호암당(護巖堂, 1664~1738) 등 18세기 조선 영조 연간에 선암사에 주석했던 고승들의 사리탑이다.

태고종 사찰 선암사

　선암사에 오면 누구나 한번쯤은 묻는 질문이 있다.

　"태고종이 뭐예요?"

이런 질문을 받을 때 "뭐라고 알고 있습니까"라고 되물으면 으레 나오는 대답이 "대처승은 태고종이고 비구승은 조계종 아닌가요?" 한다.

나도 한때는 그렇게 알았지만, 태고종은 승려의 결혼을 허용해 자율에 맡길 뿐이지 대처승이 곧 태고종의 스님을 말하는 것은 아니다. 실제로 태고종 스님 중 3분의 1 이상이 비구라고 한다.

똑같은 절대자를 모시면서도 교리 해석과 신앙의 형태를 달리하는 분파가 있다. 요즘 이슬람교에서 시아파와 수니파가 때로는 적대적 모습까지 보이는 것은 그 극단적 예다. 기독교에 감리교, 장로교, 순복음교, 안식교, 여호와의증인교, 통일교 등 100여 종파가 있는 것과 마찬가지로, 우리나라 불교계에도 조계종, 태고종, 천태종 등 이른바 27개 종단이 있고, 문화체육관광부의 종무실에서 파악하기로는 그 수가 100여개에 이르지만, 어떤 종단은 사찰 한두 곳에 스님 서너명으로 되어 있으니 그 숫자에는 허수가 있다.

그중 가장 큰 종단이 조계종이고 그다음이 태고종으로, 2008년에 나온 한 조사보고서에 따르면 조계종은 2,444개 사찰에 승려가 1만 3576명이고 신도수는 2천만명으로 되어 있으며, 태고종은 승려가 8,378명이고 신도는 480만명이라고 한다. 태고종은 사찰의 개인 소유를 인정하고, 재가 교역자(在家敎役者) 제도인 교임제도를 두어 출가하지 않더라도 사찰을 운영할 수 있어 사찰의 개념이 좀 다르다. 전통 태고종 사찰로는 선암사 외에 서울 신촌의 봉원사, 완주 봉서사 등이 있다.

100여 종단에서 유독 조계종과 태고종 사이에 분규가 있고, 그 분규의 상징이 선암사로 되어 있는 것은 한국불교사의 엄청난 사건이었던 1954년의 법난(法難) 때문이다. 조계종의 근본사찰이 서울의 조계사이듯 태고종의 근본사찰은 선암사인데, 이 선암사의 소유권을 놓고 벌인 물리적

다툼이 법정으로 옮겨진 이후 30여년이 되도록 아직 결말이 나지 않고 대법원에 계류되어 있다. 지금도 법적 관리권은 순천시장에게 있을 정도로 복잡하다. 선암사가 근래에 그 흔한 중창불사 한번 없이 옛 모습을 지니고 있게 된 데에는 이런 사정이 있었으니 이를 아이러니라고 해야 할까, 불행 중 다행이라고 해야 할까, 전화위복이라고 해야 할까.

대한불교조계종과 한국불교태고종

통일신라의 불교는 교종(敎宗) 5교였다. 그러다 하대신라에 도의(道義)선사가 선종(禪宗)을 들여오면서 9산 선문이 성립됐다. 그리하여 고려시대 불교는 5교9산으로 나뉘어 있었다. 11세기에 대각국사 의천(義天, 1055~1101)이 나서서 천태종으로 선종과 교종의 통합을 시도했으나 실패하고 또 하나의 종파만 낳는 결과를 가져왔다.

12세기에 보조국사 지눌(知訥, 1158~1210)이 쇠퇴하는 승풍을 바로세우기 위해 송광산 길상사에서 정혜결사(定慧結社)를 일으키며 선종과 교종의 통합을 부르짖자 고려 희종은 이를 지지하며 송광산의 이름을 조계산으로 고치도록 명하고, 길상사에는 수선사(修禪寺, 오늘의 송광사)라는 이름을 내려주었다. 그리고 고려말의 고승인 태고(太古) 보우(普愚, 1301~82)스님이 당시 원나라에 가서 임제종(臨濟宗)의 법맥을 이어받아 5교9산을 단일 종단으로 통합할 것을 주장했다(태고 보우국사를 조선 중종 때의 보우普雨스님과 혼동해서는 안된다). 이후 우리 불교는 임제종을 맥으로 하며 태고스님을 종조로 받들어왔다.

조선시대로 들어오면 국초부터 시작된 불교탄압 속에서 선교(禪敎) 양종체제로 정리되면서 종단활동을 펼치지 못하고 불교의 명맥만을 잇고 있었다. 임란 이후 불교가 다시 일어날 때도 이 무종무파(無宗無派)는

| 종단 갈등 | 법란으로 불린 태고종과 조계종의 갈등은 결국 두 종단의 화합으로 일단 봉합되었다. 그 긴 갈등의 끝을 알리는 신문기사는 그간의 사정을 말해준다.(『경향신문』 1970년 12월 9일자)

하나의 전통처럼 되어 있었다. 그러다 1908년 일제의 한일 불교통합에 호응한 승려들이 원종(圓宗)을 발족하고 종무원을 두면서 이회광(李晦光)을 대종정으로 추대하는 일이 벌어졌다. 이에 1911년 영호남 승려들이 송광사에 모여 임제종을 세울 것을 결의하고 선암사의 경운(擎雲)스님을 종정으로 모셨으나 연로하시어 범어사의 청년승려 한용운(韓龍雲)이 종정대리를 맡으며 서울의 원종과 맞섰다. 이때 임제종이라는 이름이 일본에도 있어 이와 혼동을 피하기 위해 '조선불교조계종'으로 명칭을 바꾸며 한국불교의 법통을 고수했다.

그리고 일제는 1911년 사찰령을 내려 선교 양종 30본산 체제로(나중에는 31본산으로) 불교계를 정리했다. 1945년 해방을 맞은 한국불교는 9월 서울 태고사(현 조계사)에서 조선불교 전국승려대표자회의를 열고 교헌을 제정하고 중앙총무원을 탄생시켰다. 이때의 명칭은 '조선불교'였다. 초대 교정(教正)은 박한영, 2대는 방한암, 3대는 송만암이었고, 중앙총무원장은 김법린이었으니, 불교계 원로들이 조선불교를 이끌어갔음을 알 수 있다. 그러나 1954년 이승만 대통령이 불교계를 정화하겠다며 7

차에 걸쳐 대통령 유시를 내리면서 조계종과 태고종의 분규가 일어났다.

모든 분야가 그러했듯 일제강점기를 거치면서 불교계에도 정화가 필요했고, 그 근본처방을 위해서는 절집이 청정도량으로 되어야 한다는 판단에서 "대처승은 사찰을 떠나라"고 했던 것이다. 이후 불교계는 말할 수 없는 법난에 휘말렸다. 대통령 유시에 따라 선암사의 대처승들은 공권력(경찰)에 의해 절에서 쫓겨나고 비구니 스님들이 들어왔다. 그러나 쫓겨난 선암사 스님들이 다시 절에 들어와 서로 주인이라고 싸우며 대치했다. 절을 빼앗으려는 스님과 이를 지키려는 스님들 사이에 각목대결이 벌어지기도 했다. 양쪽 입장에 동조하는 스님들이 원정을 와 합세하기도 했다. 이런 분규가 몇해를 두고 선암사에서 일어났다. 그런 상황에서 5·16군사쿠데타가 일어나고 1962년 2월 '비구·대처 통합 불교재건비상총회'가 열렸으나 좀처럼 통합은 이루어지지 않았다. 그해 4월 자정(自淨)과 쇄신을 내세운 비구측 스님들은 기존의 대처측과는 함께 종단을 이끌 수 없다고 판단하고 단독으로 대한불교조계종을 발족했다. 이때 조계종은 기존 불교와 차별되는 새 종헌을 채택하면서 보조국사 지눌을 종조(宗祖)로 삼았다. 한편 대처측 스님들은 1970년 태고 보우스님을 종조로 하는 한국불교태고종을 세웠던 것이다. 이것이 오늘날의 조계종과 태고종이다.

종조의 문제

이리하여 조계종은 수행납자(修行衲子)의 승풍을 일으키며 한국불교의 최대 종단으로 성장했다. 그러나 조계종은 아무리 세가 커도 정치적으로 말하면 일종의 탈당인 셈이어서 종조의 문제가 끊임없이 대두하게 됐다. 원래 불교 종단의 차이는 소의경전(所依經典)이 무엇이고, 법맥이 어떻게 다르고, 종조를 누구로 삼느냐에 있다. 그런데 조계종이든 태고종이든 소의경전으로는 『금강경』과 『화엄경』을 삼고 있으니 차이가 없다. 법맥도 모두 임제종의 선을 맥으로 한다. 다만 종조의 문제에서는 혁신적 비구스님들이 기존 불교와 차별을 두기 위해 보조국사 지눌을 종조로 모셨지만, 조계종의 상당수 스님은 혁신적 종단 발족에는 동의하면서도 자신의 뿌리인 종조는 바꿀 수 없다며 여전히 태고스님이 종조라고 생각한다.

비구·대처의 분규에서 보조종조설이 나오자 비구측 종정이던 송만암 스님은 "환부역조(換父逆祖)"한다며 정화운동에서 손을 뗀 일도 있었다. 또 조계종 종정이던 성철(性徹)스님도 열반하기 전 어느 제자가 "우리의 종조는 과연 누구입니까"라고 묻자 "두말할 것 없이 태고스님"이라고 분명히하셨다는 것이다.

스님의 세계에서 종조의 문제가 왜 중요하냐 하면, 법맥이란 스님들의 호적과 마찬가지기 때문이다. 생각이 아무리 바뀌어도 김해 김씨는 김해 김씨고 전주 이씨는 전주 이씨인 것과 마찬가지로 법맥은 바꿀 수 없는 일이라는 것이다. 그래서 조계종 스님들은 불교계의 정화와 종조 문제는 다른 것이라고 말한다.

결국 조계종은 1994년 9월 29일자로 종헌을 개정 공포하면서 제1조에 "본 종은 신라 도의국사가 창수(創樹)한 가지산문에서 기원하여 고려 보조국사의 중천(重闡)을 거쳐, 태고 보우국사의 제종포섭(諸宗包攝)으로 조계종이라 공칭하여 이후 그 종맥이 면면부절(綿綿不絶)한 것이다"라고 하였다. 이리하여 현재 조계종은 종조를 도의, 중천조(重闡祖)를 보조 지눌, 중흥조(中興祖)를 태고 보우스님으로 하여 한국불교를 일으킨 큰스님들을 모두 모시게 되었다. 이것이 조계종의 종조 시비에 관한 시말서(始末書)다.

선암사 석주

선암사 진입로 중간쯤에는 나무장승도 있고 돌무지에 우뚝 세워놓은 한쌍의 돌기둥(石柱)도 있다. 나무장승은 생긴 것도 씩씩하고 크기도 여느 마을 장승하고는 다른 사찰장승으로서 규모가 당당하다. 그러나 유감스럽게도 원래의 장승은 더이상 길가에 둘 수 없을 정도로 부식이 심해져서 박물관으로 옮기고 그 복제품을 세워놓았다. 복제품이라도 원본에 충실하여 그 기상이 살아있지만 왠지 눈길이 덜 가고 정도 잘 붙지 않는다.

돌기둥에는 8·15해방 후 조선불교의 초대 교정(종정)을 지낸 대단한 학승인 박한영 스님이 지은 게송 댓구가 붉은 글씨로 새겨져 있다. 글씨도 좋지만 내용이 이 절집에 딱 맞아 지날 때마다 소리내어 읽어보게 된다.

放出曹磎一派淸   방출조계 일파청
劈開南岳千峰秀   벽개남악 천봉수

번역해보면 "조계(육조 혜능)스님이 나타나자 온 물결이 맑게 되었고, 남악(회양懷讓)스님이 등장하자 일천 봉우리가 빼어나게 되었네"라는 뜻이다.

요즘 학생들은 한문은 고사하고 한자도 못 읽어 큰 문제인데 어느 해인가 제법 한문에 관심이 많아 한문강습소도 다니는 기특한 녀석이 여기에 이르자 먼저 달려가 읽어보고는 내게 자랑삼아 해석해 보이는 것이었다. "선생님, 조계 일파를 방출하자, 데모 구호를 써놓은 건가요?"라고 하는 것이었다.

하도 기가 막혀 제대로 해석해주려고 원문을 읽어보니 마지막 한 글자가 돌무더기에 파묻혀 "방출조계일파(放出曹磎一派)"라고만 되어 있는 것이었다. 학생의 번역이 틀렸다고 말할 수가 없다. 세상에! 이럴 수가 있

| **선암사 석주** | 길 양쪽에 세워진 돌기둥 앞면에는 조계산 선암사라는 사찰의 이름이 새겨 있고 뒷면에는 선종사찰을 예찬한 댓구가 새겨져 있다.

는가? 불교의 선맥(禪脈)을 말한 이 멋진 법구(法句)가 '맑을 청(淸)'자가 빠져버리니 태고종의 데모 구호로 바뀌고 말다니. '맑을 청'자 하나.

석등 없는 사찰

선암사를 유심히 둘러본 분들은 이미 알고 있겠지만 선암사 경내에는 석등이 없다. 그 이유는 선암사에 화재가 잦아 아예 불을 상징하는 것은 두지 않은 때문이다. 실제로 선암사에는 큰불이 자주 일어났다. 1597년 정유재란 때에는 거의 전소돼 석탑과 승탑 외에 목조건물로는 문수전 하나만 남았다. 그외에 남은 건물은 일주문과 대변소뿐이었다고 한다. 전란 후 선암사는 당우를 하나씩 복원하면서 교학(敎學)의 명찰로 되었다.

그래서 같은 조계산에 있으면서 송광사가 16국사를 배출할 때 선암사는 무엇을 했느냐고 물어오면 "우리는 불교의 뿌리를 튼실히 길러갔다"고 대답한다고 한다.

그러나 선암사는 영조 35년(1759)에 또 화재를 만나 큰 피해를 보게 되었다. 이에 상월당 스님이 중창불사를 일으키는데 그것이 선암사 5차 중창이었다고 한다. 이때 상월당은 선암사가 산은 강하고 물은 약한 산강수약(山强水弱)의 지형이어서 화재가 빈번히 일어난다며, 조계산을 청량산(淸凉山)이라고 겸하여 부르게 하고 절이름도 해천사(海川寺)라고 바꾸었다. 그래서 지금 선암사 일주문 '조계산 선암사'라는 현판 안쪽에는 전서체로 쓴 '고(古) 청량산 해천사'라는 현판이 걸려 있다. 그래도 선암사는 화재를 비켜갈 수 없었다. 순조 23년(1823) 대화재가 일어나 대웅전을 비롯한 10동의 건물을 모두 태우고 말았다. 이에 해붕대사가 나서서 선암사 제6차 중수를 한 것이 오늘날 선암사의 기본이 되었는데, 이때 이름을 다시 조계산 선암사로 되돌렸다.

이런 연유로 선암사의 불조심은 각별했고 석등을 두지 않았다. 간간이 대시주들이 석등을 시주해도 경내에는 들이지 않았다고 한다. 오히려 선암사 부엌인 심검당의 연기구멍에는 풍수로 치면 비보(裨補)에 해당하고, 무속으로 치면 액막이하는 셈으로 '바다 해(海)'자와 '물 수(水)'자를 조각해넣어 '자나 깨나 불조심표' 환기통을 만들었다.

이렇게 조심하며 불기운의 접근을 막았던 선암사인데, 10여년 전에는 대웅전 앞마당에 2기의 석등이 있었고 경내 여기저기에 모두 6기의 석등이 있었다. 나는 이것이 못마땅해 갈 때마다 주지스님께 석등을 치워달라고 항의성 부탁을 했다. 내 항의를 가장 많이 받은 스님은 선암사 주지를 세번이나 맡았던 지허스님이었다.

내가 해마다 반복적으로 잔소리하듯 항의하자 지허스님은 어느 해인가

| **석등 없는 선암사 대웅전** | 선암사는 불조심을 위해 절 마당에 석등을 세우지 않았다. 한때는 마당에 쌍등이 있었는데 지금은 다시 석등을 없애 옛 모습으로 돌아왔다.

내게 이렇게 말하는 것이었다. "유교수님, 나도 잘 알고 있어요. 그러나 저 석등을 갖다놓으신 분들이 우리 절의 대시주이신데 우리는 어떻게 절을 운영하라고 자꾸 치우라고만 하십니까"라고 속내를 털어놓는 것이었다.

그뒤로 나는 지허스님을 만나도 석등을 치우라는 항의를 하지 않았다. 그런데 어느 해인가, 선암사에 갔더니 경내의 석등이 말끔히 없어졌다. 너무도 기뻐 고맙다는 인사를 드리려고 지허스님이 계신 무우전으로 달려갔다. 그러자 지허스님은 웃으며 들어와 차나 한잔 들고 가라고 했다. 아는 분은 알겠지만 지허스님은 칠전선원(七殿禪院) 다원(茶園)의 맥을 이어온 분으로, 당신의 차가 하도 좋아 『뿌리깊은나무』의 고(故) 한창기 사장이 '징광차'를 만들게 하여 보급한 다도의 대가이다. 나는 지허스님께서 솜씨좋게 달인 차를 들면서 물었다.

| **심검당 환기구멍** | 대웅전 옆 심검당은 본래 요사채의 부엌으로 쓰인 건물이다. 이 부엌 위쪽에 설치된 환기구멍에는 물 수(水)자와 바다 해(海)자를 새겨 불조심을 강조하고 있다.

"스님, 석등을 치우긴 잘 치우셨습니다마는 대시주님들께는 무어라고 하셨습니까?"

"뭐, 간단히 말씀드렸지. '본래 석등이란 어두운 곳에서 밝혀주어야 하는 것이니 절집 진입로 산죽밭에 숨은 듯이 있으면 더 효험이 있겠습니다'라고 말하고 다 밖으로 내다 세웠죠. 왜, 절에 들어오면서 못 보았수?"

지허스님은 지금은 순천 금둔사에서 금화산 잎차를 만들고 계시며, 선암사 진입로 산죽밭 곳곳에서는 20세기의 석등들이 우리의 발길을 비추고 있다.

만세루의 '육조고사' 현판

선암사 일주문은 돌계단 위에 높직이 서 있다. 그리고 일주문 너머 팔손이나뭇잎을 양옆에 끼고 있는 종각 기둥 사잇길이 한눈에 들어온다. 양파를 벗기듯 차례로 전각이 들어오며 장면마다 색다른 표정을 짓는 선암사는 입구부터 그 인상이 남다르다.

돌계단을 올라 만세루 앞에 서면 좌우로 넓은 길이 화단을 끼고 시원하게 뻗어 있다. 이 길이 선암사의 가람배치에서 가로로 지르는 주 동선으로, 어느 쪽으로 돌아가든 다시 이 자리에 서게 된다. 여기는 만세루 뒤편으로, 위쪽에 장중한 예서체로 '육조고사(六朝古寺)'라고 쓴 현판이 걸려 있다.

달마대사가 살았던 육조시대부터 내려오는 오래된 절이라는 뜻인데, 서포(西浦) 김만중(金萬重, 1637~92)의 부친으로 병자호란 때 강화도에서 순절한 김익겸(金益兼, 1614~36)의 글씨로 전한다. 그의 글씨를 따로 본 것이 없어 서가(書家)로서 김익겸을 말할 수는 없지만 이 글씨만은 굳셈과 멋을 한껏 발휘한 명작이라고 할 만하다. 특히 육(六)자를 쓰면서 세로획을 치켜올린 것에서 자칫 딱딱해 보일 글씨에 숨통을 열어주었다는 느낌이다.

어느 때인가 등산복 차림의 중년 신사가 호기있게 일행을 이끌고 이 만세루 앞에 서서는 지팡이로 현판을 가리키며 "그 글씨 한번 잘 썼다"고 큰 소리로 말하여 귀를 그쪽으로 두고 다음에 해설을 어떻게 하나 귀동냥하고 있으려니, 이 신사가 현판 글자를 큰 소리로 읽는데 "견조고사라"라고 하여 속으로 얼마나 웃었는지 모른다. 육(六)자의 가로획 끝을 멋으로 꼬부린 것을 점으로 보아 개 견(犬)자로 읽었던 것이다.

| 육조고사 현판 | 만세루에 걸려 있는 '육조고사'라는 현판은 선종의 육조인 혜능스님을 모신 오래된 절이라는 뜻으로 글씨는 아주 멋스럽고 힘찬 필치로 되어 있다.

선암사 경내 순례

대웅전에서 무우전까지 대웅전 앞마당은 좁은 편이다. 그러나 대웅전 오른편과 설선당 사이가 널찍이 트여 돌계단 너머 원통전까지 시선이 멀리 닿고, 대웅전 왼편과 심검당 사이는 지장전 너머 무우전까지 아기자기하게 길이 나 있어 좁다는 인상도, 답답한 느낌도 들지 않는다.

그리고 잘생긴 삼층석탑 한쌍이 이 마당의 무게중심을 잡아주기 때문에 '육조고사'다운 기품이 살아난다. 사찰을 꼼꼼히 살피는 편이라면 대웅전 오른편으로 올라 불조전과 원통전으로 가서 두 전각의 내력과 창살 무늬를 살필 만하고, 그저 나처럼 공원에 온 듯이 느긋이 즐길 양이면 지장전을 스쳐지나 곧장 무우전으로 향하면 된다.

선암사 공간구조에서 무우전은 가장 좋은 자리에 위치해 있다. 화재로 여러 차례 중수하면서 달라졌지만 본래는 여기가 대웅전 자리였다고 한다. 무우전은 문이 닫혀 있어 일반인 출입이 금지되기도 하지만, 스님의

| 무우전 뒷마당 | 선암사에서 가장 그윽한 분위기를 보여주는 곳은 무우전이다. 그리고 그 뒤편 역시 아늑한 공간을 이루고 있다.

 허락을 얻어 무우전 툇마루에 가만히 앉아 선암사를 감싸고 있는 조계산의 느릿한 능선을 넋놓고 바라볼 때 우리는 비로소 선암사를 보았다고 말할 수 있을 것이다.
 봄날 무우전의 담장 너머에서 천연기념물로 지정된 노매(老梅)들이 피어날 때는 매운 맛까지 나는 매화향기에 취해 차마 자리에서 일어나지 못한다. 겨울날 무우전에서 조계산 자락을 보면 산은 분명 잎 떨군 겨울 산이지만 나뭇가지들이 둥글게 부풀어오르며 뭉실뭉실하게 연이어져 만지면 보드라울 것만 같고, 올라앉으면 쿠션이 있을 것만 같다.
 법정스님이 산 너머 송광사 불일암에 계실 때 『산방한담』에서 겨울 조계산을 어떻게 그리도 아련하게 묘사할 수 있었는지 바로 알아차릴 수 있을 것이다. 메마르고 표정이 없을 것 같은 겨울산이 이처럼 포근하게 느껴지다니…… 선암사는 정녕 우리의 마음을 편하게 해주는 산사 중의 산사다.

『태백산맥』의 작가 조정래 선생은 이 선암사 스님의 아들이다. 그래서 선암사에 오면 한번쯤은 그를 생각하지 않을 수 없는데, 그것은 대개 이 무우전에서 조계산을 바라보며 넋놓고 있을 때다. 이런 자연을 어려서 경험한 사람과, 나처럼 순 서울내기 사이에는 자연을 보는 말할 수 없는 간격이 있는 것이 아닐까 하는 생각도 한다. 내가 애써 나무를 좋아하고 그 이름을 달달 외우고 다니는 것

| 달마전의 4단 석조 | 달마전 뒤편에는 석함 네개를 연이어 놓은 4단 석조가 있다. 커다란 석조가 아니라 네개를 연이은 물확의 멋스러움이 선암사의 자연미를 더욱 돋보이게 한다.

은 어쩌면 그 열등감을 극복하고 싶은 욕망 때문이었는지도 모른다.

칠전선원 돌아 해천당까지

무우전 뒤편으로 돌아 오른쪽 운수암으로 가는 길가에는 크고 당당하게 잘생긴 비석 2기가 있다. 하나는 숙종 33년(1707) 당대의 문장가인 채팽윤(蔡彭胤, 1669~1731)이 짓고 당대의 명필인 이진휴(李震休, 1657~1710)가 글씨를 쓴 선암사 중수비고, 또 하나는 이를 본떠 1929년 세운 선암사 사적비다.

무우전 오른편 산자락으로는 칠전선원이 있고, 그 뒤편에는 1천평

| **선암사 뒷간** | 선암사의 뒷간은 우리나라에서 가장 잘생긴 화장실 건물로 꼽힌다. 정(丁)자 형 건물로 가운데 넓은 공간을 경계로 하여 남녀 화장실이 좌우로 나뉘어 있다.

(3,306제곱미터)이 넘는 야생차밭이 있다. 그 차밭 맨 위쪽에는 고려 때 세운 이른바 무우전 승탑밭이 있어 한 차례 순례길이 되는데, 여기 또한 일반인 출입을 금해 선암사의 뒤가 이렇게 두텁다는 사실만 알아두면 될 것 같다.

 칠전선원 안의 달마전은 원래 조실스님이 기거하는 곳으로 부엌에 가면 조왕(竈王)이라는 부엌신을 사당처럼 모신 것이 있고, 뒤켠으로는 유명한 4단 석조가 있어 그 넉넉한 조형정신에 경의를 표하게 된다. 칠전선원에서 나와 오른쪽으로 돌면 장경각·삼성각·천불전을 지나 종무소와 설선당 사이의 쌍지라는 못을 만나게 된다.

 쌍지 아래 물확에는 쉬지 않고 샘물이 흐른다. 샘물 아래쪽으로는 다 허물어져가는 돌담에 둘러싸인 납작한 살림집이 보인다. 이 집은 해천당이라는 객관(客館)으로 한때 송기숙 선생이 머물며 장편『녹두장군』을 집필했던 곳이다. 해천당에서 돌담길을 따라 경내를 벗어나면 바로 대각국

사 의천의 사적이 어려 있는 대각
암으로 오르는 길이 나온다.

선암사 뒤깐

해천당 바로 옆에는 우리나라 사
찰 뒷간 중 압권인 선암사 대변소
가 있다. 영월 보덕사 해우소와 함
께 문화재로 지정된 뒷간이다. 정

| 선암사 뒷간 현판 | 선암사 뒷간에는 한자로 대변소(大便所), 한글로 '뒤깐'을 오른쪽에서 왼쪽으로 써넣었다. 뒷간 안쪽에는 칸마다 창살이 있어 밖이 은은히 내다보인다.

(丁)자형 건물의 선암사 뒷간은 그냥 눈으로 보는 것이 아니라 안에 들어가 볼일을 보아야 제맛을 알 수 있다. 앞으로 돌출한 캐노피(canopy)를 따라 들어가면 왼쪽은 남자, 오른쪽은 여자, 각각 8칸씩 나뉜 공동변소인데, 뚫려 있는 창살 사이로 경내가 다 보인다. 그러나 밖에서는 안쪽이 보이지 않는다. 여기서 우리는 오픈 스페이스의 매력을 만끽할 수 있다.

선암사 뒷간 현판이 매우 재미있다. 네모판에 위에는 '대변소(大便所)'라고 오른쪽에서 왼쪽으로 쓰고, 그 아래 '뒤깐'이라고 한글 고어로 써놓은 바람에 한자를 모르는 요즘 학생들은 이를 '깐뒤'라고 읽고는 제풀에 깔깔거리곤 한다. 그러나 선암사 '깐뒤'의 제멋은 사용자로서 그 속에 들어가 큰 거든 작은 거든 일을 볼 때다. 눈앞에 마주하는 뚫린 창살로 밖을 내다보며 내 몸의 배설물이 저 아래 허공으로 떨어지는 소리를 들으면 뒷간이 이럴 수도 있구나 하는 생각이 든다. 시인 정호승은 「선암사」라는 시에서 이렇게 읊었다(『눈물이 나면 기차를 타라』, 창비 1999).

눈물이 나면 기차를 타고 선암사로 가라
선암사 해우소에 가서 실컷 울어라

해우소에 쭈그리고 앉아 울고 있으면
죽은 소나무 뿌리가 기어다니고
목어가 푸른 하늘을 날아다닌다
풀잎들이 손수건을 꺼내 눈물을 닦아주고
새들이 가슴속으로 날아와 종소리를 울린다
눈물이 나면 걸어서라도 선암사로 가라
선암사 해우소 앞
등 굽은 소나무에 기대어 통곡하라

선암사 무우전매

    선암사 최고의 볼거리는 역시 꽃이다. 그중에서도 선암사를 대표하는 꽃은 매화이며, 선암사 매화 중에서도 제일가는 것은 노매 20여 그루가 줄지어 있는 무우전과 팔상전 담장길의 매화다. 한쪽은 백매, 한쪽은 홍매가 만개할 때면 오직 그것만을 보기 위해서라도 선암사를 찾아갈 일이다. 고려시대 대각국사가 사찰을 중창할 무렵, 삼성각 앞의 와룡송(臥龍松)과 함께 매화를 처음 심었다고 상량문에 전해지고 있으니 매화는 고려시대 이후 선암사의 역사와 함께했음을 알 수 있다. 내가 선암사에 간 것이 수십 차례인데 그중 절반이 춘삼월 매화꽃 필 때였다.

    육당 최남선의 '심춘순례'는 송광사에서 송광굴목재 너머 선암사로 넘어오는 산길이었다. 나도 두어 차례 이 산길을 넘어가며 굴목재의 아름다운 돌배나무꽃도 보고 장군봉에 흐드러지게 핀 철쭉꽃도 원없이 즐겼지만 역시 매화가 주는 감동은 따라오지 못했다.

    그런데 육당은 그날 다섯 시간 이상 걸리는 산길을 넘어오느라 몹시 피곤하여 선암사에 당도하여 바로 곯아떨어졌던 모양이다. 그리고 이튿

| **선암사 무우전 매화** | 무우전 담장의 매화는 수령이 오래되어 천연기념물로 지정되었다. 홍매와 백매가 어울려 더욱 장관을 이룬다.

날 아침에 매화를 보고는 이렇게 억울해했다.

> 이럭저럭 '굴묵이' 넘어온 피곤을 잊어버리고, 무엇인지 코가 에어져나가는 듯한 향기를 맡으면서 청량(淸凉)한 꿈을 찾아들었다.
> 이튿날(십팔일). 일뜨며 창을 밀치니 맑고도 진한 향기가 와짝을 들이밀어 코로부터 온몸, 온 방안을 둘러싸버린다. 새빨간 꽃을 펴다 부은 춘매(春梅)가 바로 지대(地臺) 밑에 있는 것을 몰랐었다. (…) 이러한 미인이 창전(窓前)에 대령한 줄을 모르고 아무 맛 없이 곱송그려 새우잠을 자고 났거니 하매, 아침나절에 입맛이 쩍쩍 다시어진다.

 선암사를 드나들면서 나는 이런 것이 천연기념물로 지정되지 않으면 무엇이 천연기념물인가 생각하곤 했다. 문화재청장으로 있을 때 나는 박상진(농학박사, 경북대 명예교수), 이은복(이학박사, 한서대), 안형재(매화연구원장) 전문가 세 분께 전국에 있는 노매를 조사하여 천연기념물로 지정하는 용역을 의뢰하였다. 그 결과 네 그루의 매화가 지정대상이 되었다. 나는 이 분들에게 매화마다 고유 이름을 지어달라고 부탁하였다. 그리하여 강릉 오죽헌의 율곡매, 장성 백양사의 고불매, 구례 화엄사 백매, 그리고 선암사 무우전매가 천연기념물로 지정되었다. 무우전매란 정확히 말하면 원통전 담장 뒤편의 백매와 각황전 담길의 홍매 두 그루로, 천연기념물 제488호다.

매화는 마니아가 많다. 역대로 매화를 좋아한 명사는 수를 헤아릴 수 없고 매화를 읊은 시를 모으면 수십 권의 책이 됨 직하고 또 지금도 거기에 심취하여 매화를 찾는 분도 적지 않다. 매화를 좋아함은 무엇보다도 고고한 기품과 짙은 향기 때문이다. 그 높은 품격 때문에 거기에서 감히 색태(色態)를 느꼈다는 말을 못한다. 그러나 육당은 대담히 이렇게 솔직히 털어놓았다.

청수(淸瘦)하여 고사(高士)에 비할 것이 매화의 호품(好品)일지는 모르되, 화사하면서도 농염한 것이 탐스러운 부잣집 새색시가 곱게 차려입은 화려한 복장(靚粧華服)에 고급 향수(蘭麝名香)를 기구껏 차린 듯한 매화도 결코 못쓸 것이 아님을 알았다. 매화다운 매화도 좋지마는, 도화(桃花) 같은 매화도 또한 일종의 정취가 있는 것이다. 하물며 도화일 성불러도 매화의 기품이 있을 것이 다 있음에랴. 매화인 체를 아니하는 매화, 매화티를 벗어난 매화가 어느 의미로 말하면 진짜 매화라 할 매화일지도 모를 것이다.

아마도 말은 안해도 내남이 매화에서 그런 모습을 보았을 것이다. 특히나 무우전의 홍매를 보면 육당의 말이 무슨 말인지 알 수 있을 것이다.

김극기의 선암사 시

나는 답사기를 쓰면서 되도록 먼저 다녀간 분들의 아름다운 기행시를 소개하려고 노력하고 있다. 나의 얕은 감상을 늘어놓는 것보다 시인의 눈과 가슴을 빌려 내가 못다한 이야기를 독자에게 답사객에게 전하고 싶기 때문이다. 그러나 이상하게도 이 아름다운 절 선암사를 읊은 옛 시는 찾지 못했다. 강선루에도 만세루에도 여러 편의 시가 걸려 있지만 내 실력으로는 읽기도 힘들고 그 시의 품격을 가늠하기 힘들다. 그러나 역시 육당의 눈은 달랐다.

돌아오매 잔조(殘照)가 오히려 만세루에 걸려 있기로 다시 올라가서 기둥 사이[楹間]에 걸린 시 새긴 것[題刻]을 둘러보았다. 선암(仙巖)에는 시인이 오기를 덜하였는지, 와도 짓기를 덜하였는지 (…) 소리하여 외고 싶은 것은 하나도 없었다. 김극기(金克己)의 고시(古詩)라도 새겨 걸었으면 하였다. 글 대신 종을 한번 울렸다.

육당이 아쉬워한 김극기의 시는 다음과 같다.

적적한 산골 속 절이요	寂寂洞中寺
쓸쓸한 숲 아래의 중일세	蕭蕭林下僧
마음속 티끌은 온통 씻어 떨어뜨렸고	情塵渾擺落
지혜의 물은 맑고 용하기도 하네	智水正澄疑*
8천 성인에게 예배하고	殷禮八千聖

담담한 사귐은 삼요(三要)의 벗일세	淡交三要朋
내 와서 뜨거운 번뇌 식히니	我來消熱惱
마치 옥병 속 얼음 대한 듯하네.	如對玉壺氷

*『심춘순례』에는 凝으로 되어 있다.

한문도 한시도 제대로 배운 바 없어『신증동국여지승람』에서도 손꼽은 이 명시를 읽고도 그 시격(詩格)을 제대로 이해하지 못함은 미안하고, 육당처럼 소리하여 읊고 싶은 것이 없었다는 안목은 부러움을 넘어 차라리 억울하다. 그래도 한글은 배운 바 있어 나는 박남준 시인의「선암사에서 시 쓰기」라는 시의 앞부분을 옮기며 산사의 미학을 마무리짓는다(『그 숲에 새를 묻지 못한 사람이 있다』, 창비 1995).

선암사에 갔습니다. 구례를 지나 산동을 지나 조계산 선암사 가는 길가엔 봄날의 햇살을 터뜨리면 저러할까 노오란 산수유꽃빛 처연해 보입니다. 문득 가까이 혹은 멀리 여기저기 산자락에 희고 연붉은 매화꽃, 사태처럼 피어나서 차창을 열지 않아도 파르릉거리며 매화 향내 날아든 것 같습니다. 눈에 보이는 꽃빛에 따라서 들고 일어나는 마음이 변덕을 부리는 것을 보면 씁쓸한 자조가 파문져왔습니다.

산문에 들었습니다. 봄날 기지개를 켜며 깨어나는 산빛 쇠락한 풍경, 언제 가보아도 눈에 띄게 화려하지도 웅장하지도 주눅이 들게 하지도 않는 선암사는 한 폭 담담한 수묵화 같아서 그때마다 가만히 고개 숙여집니다.

2009. 10.

달성 도동서원

도(道)가 마침내 동쪽으로 오기까지

시각장애인 답사 / 김굉필 / 도동서원 석축 / 김굉필나무와 수월루 /
석단의 조각들 / 사당 안 벽화 / 점필재와 한훤당

시각장애인의 답사

내가 영남대를 떠나기 3, 4년 전이니 10년 전쯤의 일이다. 어느날 대학원생 한명이 찾아와 자못 긴장하며 말을 꺼냈다.

"쌤(선생님), 꼭 들어주셔야 할 일이 생겼어예."
"뭔데?"
"대구광역시 시각장애인협회 회장이예, 쌤 모시고 회원들과 문화유산답사를 가고 싶다 하지 않능교. 하무(하면서) 내케 쌤이 꼭 인솔해주도록 부탁해달라고 했심더."

시각장애인들이 답사를 간다!? 이 상상을 초월하는 말을 듣고 나는 잠시 할말을 잃었다. 그러자 학생은 말을 이어갔다.

"쌤, 그 회장님이 쌤을 직접 만나 부탁하러 온다고 했어예."
"알았다. 그러면 이렇게 하자. 내일모레 내가 대구문화회관에서 '도자기를 보는 눈'이라는 강연이 있잖니? 회장님께 우선 그 강의를 들어보시라고 전해줘. 그리고 강연 끝난 다음에 상의하자고."

그리하여 이틀 뒤 저녁 7시에 시작된 나의 대구문화회관 강연에 시각장애인협회장이 회원 네명과 함께 참석했다. 강의를 끝내고 회장 일행과 수인사를 나눈 뒤 내가 먼저 말을 꺼냈다.

"뜻밖에 이렇게 만나뵙게 돼서 놀랍고 감사합니다. 이럴 줄 알았으면 슬라이드 없이 말로만 강연했을 텐데 이미 예고가 나가 있어 어쩔 수 없었습니다."
"아닙니다. 아주 잘 들었습니다. 워낙 관심이 많은 분야여서 재미있게 듣고 도움이 많이 되었습니다. 우리를 위해 답사를 한번 인솔해주십시오."
"예, 기꺼이 해드리겠습니다. 답사일정은 제게 맡겨주십시오."

나는 시각장애인에 대해 남다른 경험이 있다. 내가 서울 청운국민학교에 입학한 것은 1955년이었다. 우리 학교는 한국전쟁 때 폭격을 맞아 2학년과 3학년은 바로 옆, 신교동에 있는 맹아학교 뒷동산 천막교실에서 가마니를 깔고 배웠다. 2년간 맹아학교 옆문을 통해 등교했기 때문에 나는 그들의 모습에 아주 익숙해 있었다.

그때 시각장애인들은 풍금 연주와 노래를 아주 잘했고, 가을운동회 때는 시각장애인과 청각장애인이 짝이 되어 달리기하는 것을 아주 재미있게 보았고, 바늘귀에 굵은 실 끼우기, '오자미'라고 불리는 작은 모래주머니를 그물에 던져넣기 등을 우리보다 월등히 잘하는 것을 보고 신기해한 적이 있다.

그들은 그들 나름대로 인식하는 감각이 따로 있다는 것을 그때 알았다. 그리고 아주 훗날 맹인가수 이용복씨가 텔레비전에 나와 1972년 서울시민회관에서 열린 MBC 10대가수 청백전 때 일어난 화재에서 어떻게 무사히 살아나왔는가 이야기하는 것을 들은 적이 있다. 그는 당시 신인가수상을 수상하여 무대 위에 가수들이 쭉 늘어설 때 맨 끝에 서 있었다고 한다. 한창 시상식이 벌어지고 있는데 자신의 머리 위로 무슨 섬광 같은 것이 번쩍이며 지나가더라는 것이다. 그래서 도우미를 불러 지금 무슨 일이 벌어지고 있느냐고 물으니 아무 일도 없다고 했다. 그래서 "아니다. 지금 큰일이 벌어지고 있으니 빨리 나가자"며 도우미의 손을 잡고 무대 뒤로 빠져나와 한껏 달렸다고 한다.

긴 복도를 다 빠져나와 로비에 다다랐을 때 안에서 "불이야!" 소리가 터져나왔고, 황급히 회관 밖으로 뛰쳐나가니 사람들이 모여들며 "불났대"라고 웅성거리면서 자신을 알아보고는 "이용복이 걸어나오는 것 보니 사람은 안 죽겠구먼" 하더라는 것이다. 그날 화재로 사망한 사람이 53명이었다. 이처럼 시각장애인의 인지능력에는 시각을 대신하는 다른 무엇이 있다는 것을 나는 잘 알고 있었다.

도동서원 답사일정 짜기

나는 이들 시각장애인을 위한 최상의 답사일정을 짜기 위해 고심에 고심을 더했다. 평소 답사일정을 짤 때면 사찰·서원·고가(古家)를 고루 둘러보고 점심은 그곳 향토음식으로 하려고 노력한다. 대구에서 당일 답사라면 경주도 좋고 안동도 좋다.

경주로 가면 불국사·양동민속마을·옥산서원을 둘러보고 쌈밥을 먹으면 되고, 안동으로 가면 봉정사·하회마을·병산서원을 보고 헛제삿밥을 먹으면 된다. 그러나 여기에는 시각장애인을 위한 특별한 메뉴는 없는 셈이다. 시각이 아니라 촉각과 청각에 의한 답사를 기획하면서 고민 끝에 내가 도달한 결론은 도동서원(道東書院)으로 가는 것이었다.

달성군 현풍면에 있는 도동서원은 한훤당(寒暄堂) 김굉필(金宏弼, 1454~1504) 선생을 모신 조선 5대 서원 중 하나인데, 서원의 돌계단, 돌축대마다 재미있고 정겨운 돌조각이 있어 이를 손으로 만지면서 감상할 수 있다는 사실에 착안한 것이다.

그리고 해인사로 가서 복제품이지만 팔만대장경 목판을 손으로 만져보고 범종 소리를 비롯한 사물(四物) 소리와 저녁예불을 듣고 향토음식은 현풍할매곰탕으로 하면 거의 환상적인 프로그램이 될 것이라는 자신감이 생겼다.

이렇게 답사일정을 확정하고 보니 시각장애인이 문화유산을 답사한다는 사실 자체가 우리 사회에 장애우에 대한 인식을 새롭게 하는 좋은 본보기가 될 수 있겠다는 생각이 들었다. 나는 대구에서 가깝게 지내던 박은수(전 장애인복지재단 이사장) 변호사와 상의했다. 박변호사는 매우 기뻐하면서 이번 답사를 텔레비전 특집 프로그램으로 만들어보자고 했다.

이에 우리는 한 방송국과 접촉해 다음해 봄에 제작해 4월 20일 장애인의 날에 방영하기로 대충 협의했다. 그러나 막상 이듬해 봄이 되니 나와 약속했던 담당자는 본사로 올라가버리고 새 담당자 하는 말이 지역네트워크는 자체 제작 프로그램이 몇 안되는데 올해 계획은 이미 다 짜여 있어 불가능하다고 했다.

허망하고 미안한 일이었다. 그래도 우리는 포기하지 않고 다른 방송사를 찾아가 똑같은 제안을 해 적당한 시기에 특집 프로그램으로 하자는 답을 받았다. 그러나 방송국으로부터는 좀처럼 연락이 오지 않았고, 차일피일 미루어지다가 그사이 나는 대구를 떠나 서울로 학교를 옮기게 되면서 답사는 불발되었다. 이것은 내 마음속의 지울 수 없는 빚이 되어 언젠가 기회가 되면 꼭 갚겠노라고 마음먹었지만 그쪽 회장단도 바뀌고 나는 공직에 나가게 되어 이루지 못했다. 그 대신 만일 내가 다시 답사기를 쓰게 되면 반드시 '도동서원'편을 시각장애인들에게 바치는 글로 시작하겠다고 마음먹었다.

그래서 2009년 10월 23일, 내 책을 펴낸 창비에서 '답사기 씨즌 2' 집필 시작을 기념 내지 다짐하는 답사를 마련했을 때 나는 도동서원을 택했고, 내려가는 버스 안에서 이 미완의 답사 인솔에 대해 긴 이야기를 들려주었다. 이에 모두 감동적이라고 입을 모았고, 동행한 황지우 시인은 포기하기 아까운 기획이라며 지금이라도 다시 추진해보라고 부추겼다.

도학의 대종, 한훤당 김굉필

도동서원은 현재 행정구역상 대구광역시 달성군 구지면 도동리로 되어 있지만, 옛날로 치면 경상우도의 우뚝한 유림(儒林)의 고장 현풍(玄風)에 있다. 도동서원은 도산·옥산·병산·소수서원과 함께 조선 5대 서원 중 하나로 손꼽히며, 그 권위와 명성은 한훤당 김굉필로부터 나온다.

역사책에 나오는 김굉필의 인간상은 무오사화 때 점필재(佔畢齋) 김종직(金宗直, 1431~92)의 제자라는 이유로 유배가고 갑자사화 때 사사(賜死)당한 사림파의 문인으로 되어 있다. 틀린 말은 아니지만 역사 서술이란 간혹 이렇게 가벼운 데가 있다. 예로부터 훌륭한 유학자를 일컬어 거

| 다람재에서 본 도동서원 전경 | 도동서원으로 들어가는 다람재 고갯마루에 오르면 유유히 흘러가는 낙동강과 유서깊은 도동서원이 한눈에 그림처럼 들어온다.

유(巨儒)·굉유(宏儒)라고 표현하는데, 이것으로도 김굉필을 말했다고 할 수 없다.

동양화에서 달을 그릴 때는 달을 그리는 것이 아니라 그 주위의 달무리를 그려 달이 드러나게 하는 공염법(空染法)이 있는데, 한훤당의 주위 인물을 보면 점필재 김종직이 그의 스승이고, 벗으로는 일두(一蠹) 정여창(鄭汝昌), 김일손(金馹孫), 추강(秋江) 남효온(南孝溫), 임계(林溪) 유호인(兪好仁)이 있고, 제자로는 정암(靜庵) 조광조(趙光祖)를 비롯하여 이장곤(李長坤), 성세창(成世昌), 김안국(金安國) 등이 있으니 일세의 거공명유(鉅公名儒)들이 망라된다.

한훤당 김굉필을 한마디로 말하라면 "근세도학지종(近世道學之宗)"이라고 칭송한 퇴계의 말 그대로 우리나라 도학(道學)의 대종(大宗)이다.

그리하여 중종 때부터 근 50년간의 논의를 거쳐 광해군 2년(1610)에 문묘(文廟)에서 제향(祭享)할 유학자로 동국오현(東國五賢)이 결정될 때 한훤당은 오현 중에서도 수현(首賢)이 되어 그 순서가 한훤당 김굉필, 일두 정여창, 정암 조광조, 회재 이언적, 퇴계 이황의 순이었다. 그것이 한훤당 김굉필의 도동서원이 갖는 역사적·사상사적 위상이다.

몸으로 실천한 도학

김굉필은 단종 2년(1454), 어모장군(御侮將軍) 김뉴(金紐)의 아들로 서울 정동에서 태어났다. 자는 대유(大猷)다. 본관은 황해도 서흥(瑞興)이지만 예조참의를 지낸 증조부가 현풍 곽씨와 결혼해 처가인 현풍으로 내려오면서부터 현풍인이 되었고, 할아버지가 개국공신인 조반(趙胖)의 사위가 되어 서울 정동에 살게 되어 정동에서 태어난 것이다.

그의 집안은 상당한 재력을 갖춘 중소지주였던 것으로 알려져 있다. 어렸을 때 그는 호방하고 거리낌이 없어 잘못된 것을 보면 그 자리에서 바로잡아야 해, 저잣거리에서 나쁜 놈을 메친 일도 있었다고 한다. 19세에 순천 박씨와 결혼해 합천군 야로(冶爐)현에 있는 처갓집 개울 건너편에 서재를 짓고 한훤당이라는 당호를 붙이고 지내다 뒤에 현풍으로 돌아와서는 지금 도동서원 뒷산인 대니산(戴尼山) 아래에 살았다.

이 시절 한훤당은 서울의 본가, 야로의 처가, 성주 가천(伽川)의 처외가 등지를 오가며 선비들과 사귀고 학문에 힘썼다. 성종 7년(1476) 봄, 20세의 한훤당은 함양군수로 있는 점필재 김종직을 찾아가 그의 문인이 되었다. 그때 점필재는 한훤당이 지은 「독소학(讀小學)」이라는 시에 "소학 책 속에서 어제까지의 잘못을 깨달았네(小學書中悟昨非)"라는 구절이 있는 것을 보고 "성인이 될 수 있는 근기(根基)가 있다"며 찬탄했다고 한다.

이후 그는 오로지 『소학(小學)』만 공부했고, 소학의 가르침대로 살고자 했다. 10년 동안 『소학』만 읽고 다른 책은 보지 않았으며 스스로 '소학동자'라고 했다. 『소학』은 일상생활에서 실천해야 할 윤리를 말한 교과서다. 내용인즉 가정예절에서부터 부모를 사랑하고(愛親), 어른을 공경하고(敬長), 임금에 충성하고(忠君), 스승을 높이고(隆師), 벗과 친하는(親友) 길 등이다.

이 지루하고 평범한 일상의 몸가짐을 가르치는 『소학』만 10년간 읽고 다른 책으로 나아가지 않았다는 것은 불가(佛家)로 치면 학승이 아니라 수도승의 자세였다. 이렇게 해서 얻은 그의 도력(道力)은 주위로부터 자연히 존경받게 되었다.

성리학이 고려말 우리나라에 들어온 이래 조선왕조의 주도적 이데올로기가 되면서, 유학자들은 출세를 위한 학문으로 익히는 풍조가 나타나고 문장도 이른바 사장(詞章)으로 흘러 아름답게 꾸미기에 힘쓰는 경향이 생겼다. 말하자면 성리학은 의리지학(義理之學)이고 한 인간으로서 완성을 위한 위기지학(爲己之學)이라는 근본철학, 즉 도학으로 나아가지 못하고 있을 때 한훤당이 나타난 것이다.

나이 26세 되던 성종 11년(1480) 생원시에 합격해 성균관에 들어가고, 성종 25년(1494) 학문에 밝고 지조가 굳다는 이유로 유일지사(遺逸之士)로 천거되어 남부참봉(南部參奉)에 제수되었다. 이어 여러 낮은 관직을 거쳐 연산군 4년(1498) 무오사화가 일어나기 직전에는 형조좌랑까지 올랐다.

김종직의 「조의제문(弔義帝文)」에서 유발된 무오사화 때 한훤당은 오직 김종직의 제자라는 이유만으로 같은 도당(徒黨)이라는 혐의를 받고 곤장 80대에 원방부처(遠方付處)라는 유배형을 받고 평안북도 희천(熙川)으로 귀양갔다. 그때 한훤당의 나이 45세였다. 여기서 한훤당은 운명적으로 조광조를 만났다. 당시 조광조는 열일곱살로 찰방(察訪)인 아버지를 따라 평안북도 어천(魚川)에 가 있었는데, 인근에 한훤당이 유배왔다는 것을 듣고 찾아가 사제의 연을 맺게 된 것이었다.

47세 되던 해 한훤당은 전라도 순천으로 이배(移配)되어 북문 밖에서 조용히 지냈다. 그러던 중 연산군 10년(1504) 갑자사화가 일어나면서 무오사화 관련자들에게 죄를 추가하여 사사당한다. 7년간의 귀양살이 끝에 죽음으로 생을 마감한 것이다. 향년 51세였다. 묘는 현풍 선영 가까이에 모셨다.

선생의 저술은 무오사화 때 이미 후환이 두려워 모두 불살라버렸고 친지간에 오간 글조차 소장을 꺼렸기 때문에 집안에 내려오는 『경현록(景賢錄)』에 전하는 10여 수의 시와 네댓 편의 문(文)이 전부이다. 그 때문에 그의 도학을 문헌으로 알아볼 길이 없다.

그러나 사후 문묘종사 등 사림의 논의가 있을 때마다 그의 도학에 대해서는 거의 이론이 없는 칭송으로 가득하여 남들이 말하는 한훤당에 관한 글을 모아 편집한 『국역 경현집』(한훤당기념사업회 1970)이 900쪽에 달한다. 한훤당은 역시 몸으로 도학을 세운 분이라 할 것이다.

도동서원의 내력

한훤당은 그렇게 허망하게 세상을 떠났지만 중종 2년(1507)에 신원(伸寃)되어 도승지로 증직받고, 선조 8년(1575)에는 다시 영의정에 증직되고 문경공(文敬公)이라는 시호가 내려졌다. 그리고 광해군 2년(1610) 문묘에 동국오현의 수현으로 배향되었으니 생전에 받지 못한 대우를 사후에 더없는 영광으로 받은 셈이다.

16세기 중반 곳곳에 서원이 세워지기 시작할 때 퇴계 이황과 한훤당의 외증손이자 예학에 밝았던 한강(寒岡) 정구(鄭逑, 1543~1620)가 나서서 선조 2년(1568) 현풍현 비슬산 기슭에 한훤당을 모시는 쌍계서원(雙溪書院)을 세웠다. 그러나 임진왜란 때 불타 없어져 선조 37년(1604) 지금의 자리에 사당을 지어 위패를 봉안하고, 이듬해 강당과 서원 일곽을 완공하였다.

선조는 이 서원에 도동서원이라는 사액을 내려주었다. '도동(道東)'이란 그 뜻은 "도가 동쪽으로 왔다"는 의미로, 도학이 한훤당으로부터 시작되었음을 기리는 이름이었다. 도동서원은 1865년 흥선대원군이 전국에 47개 서원·사당만 남기고 모두 철폐할 때도 훼철(毀撤)되지 않아 조선 5대 서원의 하나로 손꼽힌다.

도동서원은 낙동강이 내려다보이는 대니산 밑에 있다. 본래 이 산은 태리산(台離山) 또는 제산(梯山)이라고 불렸는데 한훤당 선생이 이 산 아래 들어와 살게 되면서 사람들이 대니산으로 바꾸어 부르게 되었다. 대(戴)는 머리에 인다는 뜻이고, 니(尼)는 공니(孔尼)를 뜻하니 공자님을 머리에 이고 있는 것처럼 높이 받드는 산이라는 의미가 된다. 공자는 머리가 '짱구'여서 공구(孔丘)라고도 했고, 니구산(尼丘山)에서 태어났다고 해서 '공니'라고도 불렸다.

도동서원 가는 길은 병산서원 가는 길 못지않게 아름답다. 현풍에서 대니산 넘어 도동서원으로 가자면 다람쥐처럼 보인다는 다람재가 제법 높고 험하여 나는 걸어서 간 적이 없다. 그 대신 고갯마루에서 반드시 차를 멈추고 도동서원을 조망하고 간다. 그곳에서 보면 도동서원과 도동리 옛 마을을 품에 안고 먼 산자락 사이로 돌아가는 낙동강가의 그림 같은 강마을 풍광이 펼쳐진다. 요새는 여기에 한훤당의 시비도 세워놓고 정자도 지어 오가는 이가 이 아름다운 풍광을 즐기게 했는데, 건축가 민현식 교수가 그 풍광을 그리며 얼마 전 여기를 다녀와서는 4대강사업으로 경관이 다 바뀌었다고 한숨을 내쉬었다.

| 김굉필나무 | 한훤당 김굉필의 외손자인 한강 정구가 도동서원을 세우면서 심은 수령 400여년의 은행나무가 이 서원의 연륜을 증언하고 있다.

수월루 누각의 문제

도동서원 앞에 당도하면 사람들은 우선 김굉필나무라고 이름지은 은행나무의 늠름한 자태에 입이 벌어진다. 외증손 정구가 이 자리에 도동서원을 세울 때 심은 것으로 수령이 400년 이상 된다. 내가 시각장애인들과 여기를 답사했다면 그들로 하여금 몇아름 되는지 둘러보게 할 생각이었다. 아마 다섯명이 손을 잡아야 했을 것이다. 낙엽이 질 때면 이 앞마당에 온통 은행잎이 깔려 답사객들은 그 노란 카펫 위를 거니느라고 좀처럼 서원 안으로 들어갈 줄을 모르곤 한다.

도동서원은 가파른 비탈에 자리잡아 앞마당부터 사당까지 계속 석축으로 이어진다. 막돌허튼층쌓기로 폭과 높이를 달리하며 전개해 올라간다. 시각장애인들과 함께 오면 알려주려고 세어두었는데 무려 18단이나

달성 도동서원 215

된다. 이처럼 자연의 형질을 변형시키지 않고 각 레벨을 살리면서 건물을 배치한 것이 도동서원 건축의 큰 자랑이고 특징이다. 그런데 도동서원 건축의 이런 특징이 우리 눈에 잘 들어오지 않는다. 그것은 서원 안쪽을 가로막고 버티듯 서 있는 수월루(水月樓) 때문이다.

본래 1605년 창건 당시에는 이 수월루가 없었다. 그랬던 것을 철종 6년(1855)에 증축한 것이다. 많은 건축가들이 이 수월루는 불필요한 건축적 과장이라며 도동서원에 맞지 않을 뿐 아니라 도동서원 건축의 높은 격조에 큰 손상을 주었다고 불만을 말하곤 한다.

본래 도동서원의 대문은 매우 작은 환주문(喚主門)으로, 머리를 숙이지 않으면 갓 쓴 이의 갓이 닿을 정도로 낮다. 그리고 강당인 중정당(中正堂)은 아주 높직한 석축 위에 올라앉아 마루에 앉으면 환주문을 눈 아래에 두고 은행나무 너머 낙동강을 멀리 내려다보는 조망을 갖게 되어 있었다. 그런데 그렇게 펼쳐지는 시야가 이 수월루로 인하여 막혀버린 것이다. 철종 때 증축한 분들은 "서원의 제도에 맞으려면 누각이 있어야 한다"는 생각과 "서원 출입하기 가파르고 갑갑하다"는 이유로 수월루를 세웠다는 것이다. 과연 그래야 했을까?

도동서원은 북향집이다. 남향을 버리고 북향을 택한 것은 낙동강을 유유히 바라보는 전망을 갖기 위함이었다. 남에게 보여주는 외관보다도 내가 사용하는 내관을 중시했던 것이다. 그래서 강당의 왼편이 서쪽, 오른편이 동쪽으로 된다. 그러나 도동서원은 서쪽에 있는 거인재(居仁齋)를 동재, 동쪽에 있는 거의재(居義齋)를 서재라고 한다. 향이 아니라 뜻이 더 중요하다는 것이다. 이것이 도동서원 자리매김의 깊은 뜻이다.

| **수월루** | 후대에 증축한 수월루는 서원의 모습을 더욱 장엄하기 위한 뜻이었지만 이로 인해 서원에서 낙동강을 내다보는 시야는 답답하게 막혀버리고 말았다.

도동서원 건축의 디테일

　도동서원의 건축 평면은 여느 서원과 다를 것이 없다. 높직이 올라앉은 중정당을 중심으로 안마당 아래쪽으로 동재와 서재 두 기숙사를 두고 뒤편 위쪽으로는 사당을 모셨다. 이는 우리나라 서원 전체에 해당하는 보편적 건축형태다. 그러나 이제부터 살펴보는 낱낱 디테일은 정말 도동서원만의 특징이고 자랑이며 내가 시각장애인의 답사처로 이곳을 생각한 이유이기도 하다.

　우선 강당 기둥머리마다 흰 한지를 돌린 것은 이 사당에 모신 분은 문묘에 배향된 위대한 분이라는 것을 멀리서도 알아보게 한 것이다. 환주문을 보면 문지방이 있을 자리에 꽃봉오리 돌부리가 있어 여닫이문을 고정시키는 역할을 한다. 지붕은 사모지붕에 오지로 구운 절병통이 예쁘게

달성 도동서원　217

| 환주문 | 주인을 부르는 문이라는 뜻의 환주문은 아주 작고 아담하다. 그래서 서원에 그윽한 분위기가 살아난다.

얹혀 있다. 환주문에서 중정당으로 가는 안마당에는 가지런히 돌길이 깔려 있고, 중정당 석축 앞에 낮게 단을 쌓았는데, 이 돌길과 석단이 만나는 자리에 고개를 내민 돌거북이 조각되어 있다. 이 돌거북은 위에서 보면 꼭 올빼미 같지만 바짝 쪼그리고 앉아 정면으로 보면 이빨이 옆으로 나온 영락없는 거북인 것을 알 수 있다. 도동서원에는 이런 돌장식 조각이 곳곳에 설치되어 있다.

중정당으로 오르는 석축에는 두개의 돌계단이 좌우로 비껴 있는데 디딤돌이 7단이나 될 정도로 높다. 이 석축은 마당의 얼굴이기 때문에 막돌허튼층쌓기가 아니라 반듯한 돌을 차곡차곡 이 맞추어 가지런히 쌓았는데 돌의 크기도 제각기 다르고, 빛깔도 연한 쑥색, 연한 가짓빛, 연한 분홍빛 등 여러가지 연한 색이 은은히 퍼져 있어 아름다운 조각보를 보는

| 중정당 | 높직한 석축 위에 올라앉은 중정당 건물은 정중한 분위기가 서려 있는데 기둥머리에 흰 종이를 돌려 멀리에서도 이 서원은 문묘 배향 선비를 모신 서원임을 알려주고 있다.

듯하다.

 석축이 머릿돌을 받치고 있는 자리에는 여의주를 문 네 마리의 용머리가 실감나게 조각되어 앞으로 돌출해 있다. 이 용머리 조각은 근래 어느 문화재 절도범이 뽑아간 것을 다행히 되찾게 되어 원본은 따로 보관하고 세 마리는 복제품으로 대신하여 오직 한 마리만 원래 그대로의 모습을 보여준다.

 이렇게 정성스러운 치장을 하고도 모자람이 있었는지 석축에는 다시 세호(細虎)라고 불리는 다람쥐 모양의 조각을 양쪽에 배치했다. 이것도 '비대칭의 대칭' 원리에 의하여 한 마리는 올라가고, 한 마리는 내려가는 형상이다. 그리고 그 곁에는 꽃 한 송이씩이 배치되어 있다.

 우리나라 건축에서 이처럼 곳곳에 조각을 가하여 아름다운 공간을 연

| **도동서원 석축** | 도동서원 석축은 여느 서원과 달리 높은 조형성을 갖고 있다. 갖가지 색깔의 돌을 가지런하게 이어붙였고 조각도 다양하다.

출한 곳은 도동서원 외에는 창덕궁에나 가야 있다. 왜 도동서원에는 이처럼 많은 조각이 새겨 있을까? 돌축대가 18단이나 되고 보니 이 지루하고 딱딱한 돌길에 조각을 새겨 시각적 긴장을 풀어주려던 것 아닐까?

도동서원은 조각뿐만 아니라 기와돌담도 매우 아름답다. 나라에서 중정당을 보물 제350호로 지정할 때 돌담까지 포함시켰을 정도다. 자연석 석축으로 기초를 삼고 그 위에 황토 한 겹, 암키와 한 줄을 반복하며 가지런히 쌓고 기와지붕을 얹었다. 그리고 중간중간에 수막새로 별무늬를 넣었다.

도동서원은 멋뿐 아니라 기능에서도 다른 서원보다 뛰어나다. 제사지내는 데 필요한 구조물을 빠짐없이 갖춘 것이다. 사당 옆 담장에 사각형으로 뚫린 빈 공간이 있는데, 이는 제사가 끝난 다음 제문을 태우는 감(坎)이라는 것이다.

| 도동서원 석축조각 디테일 | 석축에는 용머리, 거북이 머리, 오르내리는 거북이 등 갖가지 형상이 조각되어 보는 이로 하여금 절로 웃음과 함께 기쁜 마음을 갖게 한다.

그리고 중정당 서쪽 마당에는 사각 돌기둥에 네모난 판석을 얹은 것이 있는데, 이것은 생단(牲壇)이라고 해서 제관들이 직접 제사에 쓰일 생(牲, 소·양·염소 같은 고기)이 적합한지 아닌지 검사하는 단이다. 이들 시설물은 기능도 기능이지만 서원 건축의 일종의 액세서리 같은 장식효과가 있다.

그 점에서는 중정당 바로 앞에 세워져 있는 정요대(庭燎臺)가 압권이다. 긴 돌기둥 위에 네모난 판석을 얹은 정요대는 일종의 조명시설로, 제사 때 이 판석 위에 관솔이나 기름통을 올려놓고 불을 밝힌다. 이처럼 아기자기한 디테일을 갖고 있는 서원은 도동서원밖에 없다.

사당 안의 벽화

서원에서 사당은 좀처럼 열어놓지 않는다. 그래서 나는 그동안 도동서

| 감과 생단 | 서원 뒤편에는 제사가 끝난 다음 제문을 소각하는 시설인 '감(坎)'과 제사에 쓰일 음식이 적합한가를 검사하는 '생단(牲壇)'이 설치되어 있다.

원에 여러번 갔어도 사당 안은 들어가보지 못했다. 그런데 지난 학기 대학원 미술사 쎄미나에서 한 학생이 조선전기의 회화에 관해 발표하면서 직접 보지는 못했지만 도동서원 사당 안에 벽화 두 점이 있다고 했다. 나는 문화재청에 연락해 사당 안에 들어가는 것을 허락받았다.

 사당 안에 들어가보니 진짜 좌우 양쪽 벽면에 큼직한 수묵화가 그려져 있었다. 두 벽화 모두 회벽에 먹으로 그린 것으로 필치가 아주 차분하고 무엇보다도 문기(文氣)가 있고 격조도 높다. 나만 그렇게 생각한 것이 아니었다. 벽화를 반듯하게 찍으려고 의자를 빌려 높이 올라가 앵글을 잡는데, 내 뒤에서 함께 간 백낙청 선생과 강만길 선생이 이구동성으로 "야, 이 벽화는 참 운치있다"고 감탄하는 소리가 들렸다.

왼쪽의 벽화는 달빛 아래 낚싯배를 드리운 강변 풍경이고, 오른쪽 벽화는 흐드러진 소나무 가지 사이로 둥근 달이 걸린 그림으로 모두 여백이 넓고 필치는 단정하다. 화풍으로 말할 것 같으면 서원이 세워진 선조 연간의 산수화풍이다.

두 그림 모두 먹바탕에 흰 글씨로 화제(畵題)를 써놓았는데, 읽어보니 하나는 '설로장송(雪露長松, 눈과 이슬 속의 키 큰 소나무)'이고, 또 하나는 '강심월일주(江心月一舟, 강 속에는 달과 한 조각의 배)'다. 그림과 화제가 일치하고 필치도 단정한 가운데 고아한 분위기가 있어 면밀한 학술조사를 위해 다시 와야겠다는 마음을 먹었고, 돌아와서는 쎄미나 때 발표한 학생에게 연구과제로 내주었다.

남명 조식이 증언한 한훤당 소장 안견 그림

한훤당은 그림에 일가견이 있던 분이었다. 오세창(吳世昌, 1864~1953)의 『근역서화징(槿域書畵徵)』을 보면 『동국문헌(東國文獻)』 「화가편(畵家篇)」에 한훤당은 "그림을 잘 그렸다(善畵)"는 기록이 있다. 또 그의 스승인 점필재 김종직 또한 "그림과 글씨에 능했다"는 기록이 같은 책 「필원편(筆苑篇)」과 「화가편」에 나온다고 했다. 그런 중 한훤당이 「몽유도원도」의 안견(安堅)이 그린 그림을 10폭이나 소장했었다는 증언이 있어 주목된다.

이 증언은 다른 이가 아닌 남명(南冥) 조식(曺植, 1501~72) 선생의 문집에 나오기 때문에 더욱 주목된다. 조식의 『남명집』에는 「한훤당 그림병풍에 부친 발문(寒暄堂畵屛跋)」이라는 글이 있다. 한훤당 그림병풍이란

| **사당 안 벽화 「설로장송」** | 사당 안에는 두 폭의 벽화가 그려 있는데 그중 흐드러진 멋의 소나무와 달을 그린 그림에는 '설로장송'이라는 화제가 새겨져 있다.

한훤당이 소장하고 있던 그림병풍에 대한 이야기인데, 이 그림의 내력은 글 뒷부분에 소개되어 있다. 그 대략을 인용해보면 다음과 같다.

> 한훤당 선생께서 집안에 소장해두셨던 옛 그림이 이리저리 굴러다녀 주인의 소유가 되지 못한 지 거의 백년이었다가 이번에 다시 주인 소장으로 되었다. (…) 선생께서 불행함을 당하실 때 나라에서 그 집을 몰수하니 집안의 재산이 쓸린 듯 다 없어져 해진 빗자루 하나 남지 않았으나, 다만 이 한 물건만이 도화서(圖畫署)에 소장되었다. (…) 그런데 어느 해인지는 알지 못하지만 민가로 훌쩍 새어나간 뒤 아무도 간 곳을 알지 못했다. 지난 경오년(1570)에 주상(선조)께서 우연히 "김굉필의 유적(遺跡)을 볼 수 있는가"라고 물으시니, 승지 이충작(李忠綽)이 "신이 한 민가에서 김굉필이 소장하던 화병첩(畫屛帖)을 본 적이 있습

| **벽화 「강심월일주」** | 사당 또 한쪽 벽면에는 달이 뜬 강변 풍경과 작은 배를 그리고 '강 속엔 달과 배 한 척이 있다'는 화제를 써넣었다.

니다"라고 하였다.

　이에 초계현감을 지낸 한훤당 선생의 손자인 김립(金立)이 이충작에게 자세히 물어보았더니 "일찍이 현감 오언의의 집에서 본 적이 있다"고 하였다. 오언의의 손자인 오운(吳澐)이 그의 처가에서 얻었다는 것이다.

　마침내 오운이 이를 새 비단으로 다시 표구하여 (한훤당의 손자인) 김립에게 돌려주니 (…) 김립이 나이가 여든에 가까우면서도 이 일 때문에 지리산으로 나를 찾아와 그 전말을 기록해주기를 청하여 (…) 이렇게 기록해둔다. 때는 1571년 7월 11일이다.

　전후 사정을 들어보면 믿지 않을 수 없는 증언인데 남명은 이 그림병풍을 본 소감을 아주 상세히 소개하면서 이 그림을 그린 화가가 다름아닌 안견이라고 해서 놀라지 않을 수 없다.

채색이 아련한 빛을 머금어 완전한 것이 마치 어제 표구한 듯하다. 열 폭 짧은 병풍에 「검푸른 회나무와 늙은 소나무(蒼檜老松)」「푸른 나무와 파릇한 버들(碧樹靑楊)」「고목과 대숲(古木叢篁)」「거문고와 학(琴鶴)」「소(牛)」「양(羊)」「낚싯배와 달(垂綸玩月)」「구름 덮인 산의 초가집(雲山草屋)」「백리장강(百里長河)」「천길 폭포(千尺懸瀑)」 등이 보인다. (…) 선생께서 마주 보고 누워 있을 때나 눈길을 주고 감흥을 일으키실 적에 어떤 생각을 하셨을까 상상해보니 (…) 상쾌한 바람 같은 선생의 영혼이 흐릿하게 그림 속에 남아 있고, 사모하는 마음 사이에 예전의 모습이 오히려 보이는 듯하다. (…) 이 그림은 안견이 그린 것이다.

이때 남명은 이 화첩은 너무도 중요한 것이니 집에 두지 말고 서원(당시는 쌍계서원)에 두는 것이 좋겠다고 충고했다. 아마도 한훤당의 손자는 필시 그렇게 했을 것으로 추정되는데 불행히도 쌍계서원은 임진왜란 때 불탔으니 그때 소실되었을 가능성이 크다. 그래서 한훤당 소장 안견의 그림 병풍은 미술사에서는 '기록상의 명화'로만 기억되고 있을 뿐이다.

지금 내가 혹시 하고 기대해본 것은 이 벽화가 한훤당이 소장했던 안견의 그림 중에 있는 것을 벽화로 그린 것일 수도 있겠다는 생각이었다. 그 점을 염두에 두고 살펴보니 「강심월일주」 벽화는 안견의 「낚싯배와 달」과 같은 것일 수 있지만 「설로장송」 벽화에 맞는 화제는 안 보인다. 이쯤에서 이 벽화 이야기는 줄이고 학술조사 후 말하는 것이 옳을 것 같다.

한훤당과 점필재의 결별

이번 답사에는 한문학자인 송재소 성균관대 명예교수가 함께하여 도동서원으로 내려가는 버스 안에서 영남사림에 대해 여러 유익한 이야기를 전해들을 수 있었다. 송재소 선생은 한훤당의 벗이었던 추강 남효온이 『사우명행록(師友明行錄)』에서 기록으로 남긴 한훤당과 점필재의 결별사건을 소개해주었다.

점필재가 이조참판이 되었으나 조정에 건의하는 일이 없자 김굉필이 시를 지어 올렸다. "도(道)란 겨울에 갖옷을 입고 여름에는 얼음을 마시는 것입니다. 날이 개면 나다니고 장마가 지면 멈추는 것을 어찌 완전히 잘할 수야 있겠습니까? 난초도 세속을 따르면 마침내 변하고 말 것이니, 소는 밭을 갈고 말은 사람이 타는 것이라 한들 누가 믿겠습니까(誰信牛耕馬可乘)?"

이에 점필재 선생은 그 운(韻)을 따라 화답하기를 "분수 밖에 벼슬이 높은 지위에 이르렀건만, 임금을 바르게 하고 세속을 구제하는 일이야 내가 어떻게 해낼 수 있으랴. 후배들이 못났다고 조롱하는 것 받아들일 수 있으나 권세에 구구하게 편승하고 싶지는 않다네(勢利區區不足乘)"라고 하였으니, 이것은 점필재가 한훤당을 덜 좋게 생각한 것이다. 이로부터 점필재와 갈라졌다(貳於畢齋).

요지인즉, 한훤당은 점필재가 도학자다운 꼿꼿함을 보여주지 못했다는 것이고, 점필재는 내가 그러긴 했어도 세속에 편승한 것은 아니었다는 얘기며, 한훤당은 스승의 그런 처신을 용납하지 못하여 갈라섰다는 것이다.

송재소 선생은 이 결별사건을 어떻게 받아들여야 할 것인가에 대해서는 예로부터 여러 견해가 있었다고 했다. 기본적으로 한훤당은 철저히 도학으로 나아갈 수 있었지만, 점필재는 사정이 좀 달랐다는 것이다. 점필재는 사림파의 힘을 키워야 하는 위치에 있었기 때문에 싫어도 훈구파의 권신 한명회(韓明澮)의 압구정에 부치는 찬시(讚詩)도 지을 수밖에 없는 사정이 있었던 것이다.

한훤당의 눈에는 이것이 거슬려 이런 시를 지어 비판하고, 종국에는 갈라서게 된 것으로 이해할 수 있다는 말씀이었다. 그리고 두 분이 갈라섰다는 '이어필재(貳於畢齋)'에 대해서는 퇴계와 남명 같은 이들이 나름대로 해석한 것이 있으니 나에게 도동서원 답사기에서는 독자들에게 거기까지 소개해주면 좋을 것 같다고 권유하셨다.

송재소 선생의 권유대로 조사해보니 후대 학자들이 이 문제를 본 요체는 스승과 갈라선 한훤당의 처신을 어떻게 볼 것인지에 있었다. 사실 한훤당이 스승과 결별했다는 것은 당시로서는 충격적인 윤리적 배반이다. 그가 그렇게 열심히 읽었다는 『소학』의 윤리강령에 '융사(隆師)'라고 하지 않았던가?

그 점에서 한훤당은 비판받아 마땅하다. 그런데 퇴계와 남명은 한훤당을 두둔했다. 퇴계는 학문상의 이유로 갈라설 수밖에 없었다고 했다.

> 스승과 제자 사이라 할지라도 지향하는 바가 조금이라도 다르면 갈라질 수 있는 것이다. 점필재 선생은 (…) 그 뜻이 항상 문장을 위주로 하였으며, 학문을 강구하는 면에 종사한 것은 별로 볼 수가 없다. (그러나) 한훤당은 (…) 마음을 오로지 옛사람의 의리를 힘써 행한 것은 분명하니 (…) 추강(남효온)의 말에 심히 놀라거나 이상하게 여기지 않았다.

남명은 학문의 문제가 아니라 처신의 문제로 보면서 한훤당을 지지했다.

점필재의 행동은 뒷세상에 비난받지 않을 수 없었으니 만일 한훤당이 점필재와 갈라지지 않았더라면 또 뒷날의 비난을 면치 못했을 것이다. 이것이 실상 선생이 갈라서지 않을 수 없는 처지였다.

진보라는 이념을 갖고 어려운 시절을 힘겹게 살아본 사람이라면, 이 이야기의 행간에 서린 의미를 가볍게 보고 지나치기 힘들 것이다. 우리 현대사에서 벌어졌고 지금도 벌어지고 있는 원칙론과 현실론 사이의 괴리, 후배들의 선배에 대한 가혹한 비판의 모습을 그대로 반영하는 것으로 새겨들을 수 있다. 그래서 송재소 선생의 이야기가 전개될 때 함께한 답사객들은 모두 숙연한 분위기에서 경청했던 것이다.

에필로그

도동서원답사를 마치고 일행과 함께 숙소인 가야산관광호텔에 들어선 것은 저녁 7시였다. 방열쇠를 받아 엘리베이터를 타러 가던 중 나는 깜짝 놀라고 말았다. 엘리베이터 앞에 이날 온 단체 이름이 붙어 있는데, 우리 일행인 '창비' 바로 밑에 '대구광역시 시각장애인협회'라고 적혀 있는 것 아닌가?

여태껏 이분들과 지키지 못한 약속에 사죄하는 마음으로 답사를 하였는데, 바로 이 시점에 그 협회 사람들과 같은 숙소에 묵게 되었으니 이는 또 무슨 인연인가? 프런트 데스크로 가서 직원들에게 내 신분을 밝히고 대구 시각장애인협회 분들이 언제 들어오느냐고 물으니 저녁 8시 30분

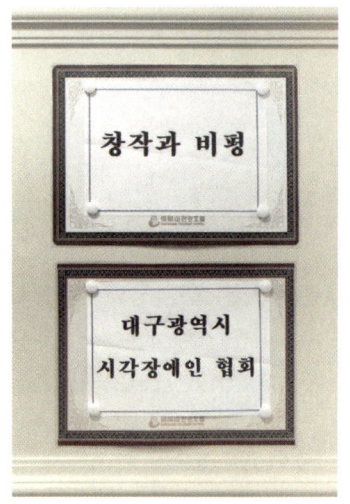

| 가야산관광호텔 숙객 명단 | 내가 미안한 마음을 떨치지 못한 '대구 시각장애인협회'가 같은 날 숙박한다는 안내판이 숙소에 붙어 있어 놀라운 마음으로 인연이라는 것을 다시 한번 새기게 되었다.

으로 예정되어 있다고 한다.

나는 회장님과 통화할 일이 있으니 그분들이 오면 전화를 연결해달라고 부탁했다. 그리고 호텔 아래쪽에 있는 향토식당에서 저녁을 먹고 있는데 드디어 전화가 걸려왔다. 나는 협회장에게 10년 전에 있었던 일을 말씀드리면 대충은 알고 있을 줄 알았는데, 하도 오래된 일인지라 새 회장님은 금시초문인 것 같았고, "10년 전 회장이면 누구일까……"라며 말끝을 길게 맺었다.

그래서 내가 직접 찾아뵙고 말씀드리겠다고 하였더니 저녁에는 바로 회의가 있고 내일은 내일대로 일정이 있다는 것이었다. 전화를 끊고 조용히 생각해보았다. 이 기막힌 인연을 다시 살려 그분들과 도동서원을 함께 답사하는 방법을 모색했다. 그런데 곁에 있던 유인태가 충고한다.

"홍준아, 너는 그렇게 마음쓴 것으로 네 몫을 다한 거다. 거기도 협회이기 때문에 생각이 여러가지일 수 있어요. 당시 회장은 답사기 붐도 있고 해서 그런 행사를 기획해 회원들에게 써비스할 마음을 가졌던 것이지만, 10년이 지난 지금에도 그 분위기가 있다는 보장은 없지. 내 생각에는 그쪽에서 다시 부탁이 오기 전에 네가 먼저 나서서 답사를 하자는 말은 안했으면 좋겠다. 참고로 해."

할말 다해놓고 마지막에 "참고로 해"라고 하는 것은 예나 지금이나 변함없는 인태의 특징이다. 나는 친구의 이 우정어린 충고를 그대로 받아들이기로 했다. 그러나 그 미련이 완전히 사라지지는 않았다.

그런데 이튿날 아침, 떠날 차비를 하고 호텔 로비로 나오는데 마침 시각장애인들도 자신들의 버스에 오르기 시작하는 것이었다. 나는 혹시 그 회장님을 만날 수 있을까 유심히 살펴보았다. 그러나 그 회장님은 체격이 아주 좋았다는 기억이 날 뿐 얼굴 모습은 명확히 그려지지 않았다. 그렇다고 그 회장님이 나를 알아볼 수 있는 것도 아니었다. 그래도 대구에서 온 시각장애인들이 모두 버스에 오를 때까지 나는 시선을 놓을 수 없었다. 이윽고 그들을 태운 버스가 떠나 뒷모습마저 사라진 뒤에야 나는 인연이 있으면 언젠가 다시 연락이 오겠지라고 위안하며 내가 오기만을 기다리고 있는 일행들을 향해 서둘러 발길을 옮겼다.

2009. 10.

정자 고을 거창의 코스모스 길

거창의 이미지 / 가조휴게소 / 건계정 / 외래 귀화인의 성씨 /
코스모스 / 거창의 정자들 / 황산마을의 거창 신씨 / 수승대

거창의 이미지

지금 우리나라에는 228개의 기초자치단체(73시 86군 69자치구)가 있다. 그중 인구 5만명 이하를 군(郡)이라고 하고 있으니, 나라 전체로 볼 때 일개 군이 갖는 비중은 미미하다고 할 수밖에 없다. 그래서 나라살림에서 군은 언제나 뒷전이고, 도시에 비해 군은 모든 것이 낙후된 지역으로 생각된다.

그러나 이는 인구를 기준으로 나눈 분류일 뿐, 국토의 면적과 연륜을 염두에 둔다면 대한민국은 이 86개의 군이 있어 비로소 대한민국이라고 할 수 있다. 어느 군을 가든 그곳에는 반드시 그 고장만의 역사와 자랑이 있다. 그것의 집합이 우리의 역사고 전통이다. 그러나 외지 사람들은 좀처럼 각 지자체의 정체성을 알아주지 않는다. 오히려 덮어버리고 싶은

가슴 아픈 상처를 그 지역의 이미지인 양 기억하는 경우가 있다. 이런 일을 당할 때 지역민들은 낙후한 시골에 산다는 것보다 더 큰 서러움을 느끼게 마련이다.

아주 오래된 이야기다. 어느 겨울날 무주구천동에서 워크숍을 마치고 대구로 돌아가는데, 올 때의 김천으로 해서 경부고속도로로 가는 길을 버리고 거창을 통해 팔팔고속도로로 가는 37번 국도를 택했다. 그것은 '돌아갈 때는 새 길로 간다'는 내 답사의 기본방침이기도 했지만, 아직껏 거창땅은 밟아보지 못했기 때문에 일어난 호기심이기도 했다. 산굽이를 돌고 도는 험한 길이었지만 뼛속까지 스며드는 호젓함에 한껏 나를 맡겼다.

고갯마루를 내려오자 길가에 작은 휴게소가 보여 잠시 들렀는데, 손님은 없고 젊은 아가씨가 난롯가에서 가게를 지키고 있었다. 커피를 한잔 주문해 마시면서 가볍게 말을 걸었다.

"여기가 거창인가요?"
"예, 여기는 경상남도 거창이고, 고개 너머가 전라북도 무주고, 오른쪽으로 가면 경상북도 김천입니다. 거창은 처음이신가요?"
"예, 지나쳐간 것은 여러번이지만 거창땅에 발을 디뎌본 것은 이번이 처음입니다."
"거창에 대해 아는 것이 있으세요?"
"예, 양민학살로 유명하죠."
"아, 6·25 때 신원면사건 말이군요. 사람들은 왜 거창에 오면 그 이야기부터 하는지 모르겠어요. 다른 유명한 것도 한두가지가 아닌데……"

그러고는 외면하듯 자리를 비켜섰다. 정말 미안했다. 잘 모른다고 했거나 "거창사과가 유명하죠"라고 대답했으면 상대방이 얼마나 좋아했을까? 뒤늦게 후회했지만 무를 수도 없는 일이었다. 휴게소를 나와 다시 차를 몰고 가는데 대구에 다 오도록 그 거창 아가씨의 굳어진 표정이 지워지지 않았다.

그때 나는 속으로 다짐했다. 만약 내가 거창에 대해 글을 쓸 기회가 생기면 꼭 그때의 미안함을 글로 갚겠다고. 그리고 20년이 지나 지금에 와서 나는 비로소 거창을 이야기하게 된 것이다. 그런 이유로 이번 답사기는 이제까지와 달리 문화유산뿐 아니라 거창의 모든 것에 대하여 말하고자 함을 미리 밝힌다.

가조(거창)휴게소에서

거창은 서부 경남의 북쪽 끝 소백산맥 줄기의 남덕유산을 등지고 동쪽으로는 가야산, 서쪽으로는 지리산, 남쪽으로는 황매산이 둘러싼 내륙 산간고을이다. 전북 무주·장수군, 경북 성주군·김천시, 경남 산청·함양·합천군과 만나는 곳이다. 3도 7군이 만나는 지점이며 세개의 국립공원을 곁에 두고 있다는 사실만으로도 능히 짐작이 가는 산중의 분지이다. 1,000미터가 넘는 높은 산이 연이어 뻗어 있는 고원지대여서 일교차와 연교차가 커 거창사과는 수분 많고, 육질 좋고, 당도 높은 독특한 맛을 내는 것이다.

지금은 팔팔고속도로가 앞을 가로질러 달리고, 대전–통영간 고속도로가 곁을 지나기 때문에 교통이 말할 수 없이 편리해졌지만, 전에는 웬만큼 마음먹기 전에는 걸음 한번 하기가 어려운 곳이었다. 그 옛날에는 전라도 장수에서 육십령고개를 넘어 안의를 지나 들어가거나 합천 묘산면에서 싸리터재를 넘어 들어갔는데, 어느 길로 가든 길은 멀고 고개는 높았다.

| 가조휴게소에서 본 거창 | 팔팔고속도로 가조(거창)휴게소에서 내려다보는 거창들판은 참으로 시원스럽고 평화로워 보인다.

    이처럼 거창은 높은 산이 병풍처럼 둘러싸고 있지만, 한들이라는 제법 너른 들판이 있어 물산(物産)이 여느 고을 못지않게 풍부했다. 산자락이 겹치는 골짜기마다 맑은 계류(溪流)를 이루어 산 좋고, 물 좋고, 들 좋아 사람 살기 이만큼 좋은 곳도 없었다. 그래서 거창은 궁벽한 산골 같지만 수승대(搜勝臺)의 거창 신(愼)씨, 건계정(建溪亭)의 거창 장(章)씨, 위천(渭川)의 초계 정(鄭)씨, 갈천(葛川)의 은진 임(林)씨 등이 일찍이 세거지로 삼아 경상우도의 당당한 선비고을로 자리매김할 수 있었다.

    산중의 분지인 거창 들판은 참으로 평화롭고 풍요롭다. 동쪽에서 거창으로 가려면 필연적으로 팔팔고속도로를 타고 들어가게 되고, 대부분은 합천터널 지나 지금은 거창휴게소라고 부르는 가조휴게소에서 쉬어간다. 가조휴게소는 대단히 아름다운 전망을 갖고 있다. 방금 터널을 지나올 정도로 높은 산자락에 위치해 있으면서 발아래로 거창의 한들이 저 멀리까지 펼쳐지니 그 시원스런 조망에 가슴이 통쾌할 정도다.

여기서 보는 풍광은 아주 특이하여 보는 사람마다 그 감동을 한마디씩 말하게 된다. 언젠가 영남대 동양화과 학생들을 데리고 갔을 때 내가 넋을 놓고 이 풍광을 바라보고 있자니 지은이라는 학생이 내게 달려와 다 먹은 아이스크림 막대기로 왼쪽의 가파른 산자락을 가리키면서 했던 말이 귀에 선하다.

"쌤(선생님), 예가 어디에예? 진짜 풍경이 특이하네예. 저레 생긴 산은 서양화로 그려야지 동양화로는 잘 안되겠어예. 안 그렁교?"

가조땅을 지날 때면 나는 답사객의 시선을 여기에 묶어놓기 위해 역사의 뒤안길에 놓여 있는 사실 하나를 이야기해주곤 한다.

"창밖을 보십시오. 풍광이 정말 아름답죠. 우리나라 산천은 이렇게 산자락 높은 곳에서 들판을 내려다볼 때 제맛이 우러납니다. 여기는 거창군 가조면입니다. 고려시대에는 가조현(加祚縣)이었습니다. 그런데 경상도 섬지방에 왜구들의 침입이 너무 심하자 고려 원종 때(12년, 1271)에 거제도 사람과 관아가 모두 이곳으로 이주했습니다.

왜구의 노략질로 사람 살기 힘들다고 거제도 전체를 비워버린 것이었죠. 그때는 영토를 지키는 것보다 사람을 편히 살게 한다는 생각이 앞섰던 것입니다. 그래서 지방수령을 목민관(牧民官)이라고 했습니다. 그런데 이 조치가 무척 오래갔습니다. 무려 150년간 여기에 있었답니다. 조선시대 들어와 태종 때(14년, 1414)에는 아예 군 이름을 거제와 거창을 합쳐 제창군(濟昌郡)이라고 불렀으니까요. 거제현이 다시 섬으로 돌아간 것은 세종 때(4년, 1422)였습니다.

역시 세종대왕이 명군(名君)이었습니다. 대마도를 정벌하여 왜구들을 혼내주고 그간 공도(空島) 처리했던 거제도를 완벽한 영토로 회복했으니까요. 이런 사정으로 거제도와 거창은 산 이름 동네 이름이 같은 것이 아주 많게 되었답니다."

이런 역사적 사실을 처음 들으면 사람들은 다소 어리둥절해한다. 그러나 답사를 다니다보면, 특히 거창에 오면 우리의 상식을 뒤집는 이야기가 많이 나온다.

건계정의 거창 장씨

거창의 동쪽 출입구가 가조라면 서쪽은 안의(安義)로 나 있다. 안의는 지금 함양군 안의면으로 되어 있지만, 조선시대에는 안의현 또는 안음현(安陰縣)이라고 불린 당당한 하나의 고을이었다. 1914년 일제가 우리나라 행정구역을 개편하면서 대부분 서너개의 현을 묶어 하나의 군으로 편성했는데, 이때 안의현은 둘로 나뉘어 읍을 비롯한 남쪽지역은 함양군에 흡수되고, 북쪽의 위천(渭川)·마리(馬利)·북상면(北上面)은 거창군으로 편입되었다. 그 바람에 안의현의 지역적 정체성은 반은 함양으로, 반은 거창으로 넘어가게 되었다. 안의의 문화적 자랑이라면 많은 선비를 낳았고, 연암 박지원과 관아재(觀我齋) 조영석(趙榮祏, 1686~1761)을 비롯하여 많은 명사들이 안의현감을 지냈으며, 아름다운 정자가 많다는 사실이다.

특히 화림동(花林洞)·심진동(尋眞洞)·원학동(猿鶴洞)은 안의3동이라고 해서 당대부터 유명했다. 그러나 오늘날 안의의 정자와 동천(洞天)은 거창과 함양이 나누어 갖게 되었고, 안의가 낳은 거유인 일두(一蠹) 정여창(鄭汝昌, 1450~1504) 선생은 함양 분으로, 동계(桐溪) 정온(鄭蘊, 1569~1641)

| 건계정 | 영천을 따라 나 있는 안의에서 거창으로 들어가는 길 저편에는 거창 장씨와 깊은 인연이 있는 건계정이 우뚝 서 있다.

선생은 거창 분으로 되었다. 그러나 이 지역의 정서 속에는 아직도 안의라는 실체가 은연중에 살아있는 것을 볼 수 있다.

안의에서 거창으로 들어가는 길은 사뭇 영천(瀯川)계곡을 따라 나 있다. 산이 높아 계곡이 깊고 어두운데, 계류는 너럭바위 위로 흘러내려 더없이 맑고 시원해 보인다. 어느만큼 가다 거창읍 못미처에는 계곡 저 건너편에 잘생긴 건계정이라는 정자가 보인다.

얼핏 보면 화림동의 농월정(弄月亭)과 비슷한 분위기가 있는데, 수승대 다음으로 손꼽히는 거창의 명승지다. 여기는 거창읍 상림리 원상동으로, 이곳 말로 "씨악실 모티(모퉁이)"라고 불리는 곳이다. 주위에는 백제부흥군이 쌓았다는 거열성(居列城, 건흥산성)과 고려시대 석불인 석조관음입상(보물 제378호) 같은 유적이 있고, 요즘은 야영장과 산책로가 정비되어 있어 캠핑족이 즐겨찾는다.

이 정자는 거창 장씨들이 세운 것이다. 거창 장씨의 시조는 중국인 장종행(章宗行)이다. 그는 원래 중국 송나라 건주사람이었지만 고려 충렬왕 때 귀화해 예문관 대제학을 지냈고 충헌공이라는 시호를 받았다. 또한 안향(安珦, 1243~1306)의 사위이기도 하다. 건계정이라는 이름은 바로 시조의 고향인 중국 건주를 의미한다.

장종행의 아들 장두민(章斗民)은 상장군으로 홍건적이 개경까지 침입하여 나라가 위기에 처했을 때 이를 물리치는 무훈을 세워 공민왕이 그를 아림군(娥林君)에 봉했다. '아림'은 거창의 옛이름이다. 그뒤 후손들이 거창을 본관으로 삼은 것이다. 그의 후손은 고려왕조에서 높은 벼슬을 했는데, 조선이 개국하자 벼슬을 버리고 거창군 웅양면으로 퇴거하여 그곳에 정착하게 되었다.

그뒤부터 이 일대는 장씨 후손의 세거지가 되었다. 장씨는 지금도 대부분 경남 거창군과 함양군에 집성촌을 이루고 있다. 거창 장씨는 현재 약 2천 가구에 6천명 정도가 있는 것으로 통계에 나와 있다. 바로 이들 후손이 조상을 기리면서 1905년 이 정자를 세웠고, 1970년에 중건한 것이 오늘의 모습이다. 건계정 옆에는 거창의 개화기 문인인 면우(俛宇) 곽종석(郭鍾錫, 1846~1919) 선생이 지은 아림군 장두민의 공적비도 세워져 있다.

외래 귀화인의 성씨들

내가 건계정에 와서 거창 장씨의 시조가 중국인이라고 알려주면 가조땅에 거제현이 150년간 있다 돌아갔다는 사실 못지않게 모두 신기해하고 또 의아해하는 것을 보게 된다. 그러나 우리의 성씨 중에는 귀화인이 생각 밖으로 많다. 곧 우리의 발길이 닿을 수승대의 거창 신씨도 귀화인이다(신씨는 한자로 愼이 아니라 慎으로 쓴다).

외국인이 귀화하기 시작한 것은 삼국시대 초엽이라고 하나 그 숫자는 아주 적고, 조선시대에도 명나라와 일본인이 일부 귀화했으나 이도 드문 예이며, 대부분은 고려시대에 송·원·여진·거란·몽골·위구르·안남 사람들이 귀화한 것이다.

외래 귀화 성씨 중에는 중국계가 가장 많아 강릉 유씨(江陵劉氏), 평해 황씨(平海黃氏), 함양 여씨(咸陽呂氏), 결성 장씨(結城張氏), 안강 소씨(安康邵氏), 함양 오씨(咸陽吳氏), 풍천 임씨(豊川任氏), 신안 주씨(新安朱氏), 배천 조씨(白川趙氏), 밀양 당씨(密陽唐氏), 소주 가씨(蘇州賈氏), 수안 계씨(遂安桂氏), 광천 동씨(廣川董氏), 김해 해씨(金海海氏), 수원 백씨(水原白氏), 문경 전씨(聞慶錢氏), 청주 갈씨(淸州葛氏), 남양 제갈씨(南陽諸葛氏), 통천 태씨(通川太氏), 영산 신씨(靈山辛氏), 현풍 곽씨(玄風郭氏) 등 그 수가 200을 넘을 정도다.

이들 중에는 사대(事大)하는 뜻에서 일부러 시조를 중국에서 이끌어 온 경우도 없지 않아 순수 귀화 성씨가 아닌 경우도 있다고 한다. 그러나 대부분 그 사실 자체가 명확하다.

몽골계 귀화 성씨에는 연안 인씨(延安印氏)가 있다. 그 시조는 인후(印侯)인데 『고려사』에 의하면 그는 몽골사람으로 본래 이름은 후라타이〔忽刺歹〕라 하였다. 충렬왕 원년(1275)에 충렬왕의 비이며 원나라의 황녀인 제국공주(齊國公主)를 시종하여 고려에 와서 귀화하여 평양군(平陽君)으로 봉해진 분이다.

여진계 귀화 성씨로는 청해 이씨(淸海李氏)가 있다. 시조는 조선 개국공신인 이지란(李之蘭)이다. 그는 본래 여진사람으로 성은 퉁〔佟〕, 이름은 쿠란투란티무르〔古倫豆蘭帖木兒〕다. 고려 공민왕 때 부하 100호(戶)를 이끌고 귀화해 북청(北靑)에서 살면서 이씨 성과 청해(靑海, 북청의 옛이름)라는 본관을 하사받았다. 그는 일찍이 이성계 휘하로 들어가 개국공신에

책록되고 벼슬이 좌찬성에 이르렀다.

위구르계 귀화 성씨로는 경주 설씨(慶州偰氏)와 덕수 장씨(德水張氏)가 있다. 경주 설씨의 시조는 설손(偰遜)이다.『경주설씨세보』에 의하면 그는 위구르 사람으로 원나라에서 벼슬하여 단주태수(單州太守)로 있을 때 친상을 당하여 대령(大寧)에 가 있었는데, 홍건적의 난을 피해 고려로 들어와 공민왕 7년(1358)에 귀화했다. 공민왕은 그를 후히 대접하여 부원후(富原侯)로 봉하고 부원의 땅을 주었다. 호를 근사재(近思齋)라 하며 시인으로 유명했다.

덕수 장씨 시조 장백창(張伯昌, 일명 장순룡)은 아랍계 위구르족으로, 원나라 세조 때 필도치라는 벼슬을 지냈다.『덕수장씨세보』에 의하면 그는 1275년 충렬왕비인 쿠빌라이의 딸 홀도로게리미실(제국공주)을 배행하여 고려에 왔다 귀화하여 여러 벼슬을 지내고 덕수부원군에 봉해졌다. 그뒤 후손이 덕수를 본관으로 삼았다. 덕수는 경기도 개풍군에 있는 지명이다. 조선 중엽 4대 문장가의 한 사람인 장유(張維, 1587~1638)가 이 집안 사람이다. 3공화국 시절 유명한 장관도 배출했다.

베트남계 귀화 성씨로는 화산 이씨(花山李氏)가 있다. 시조는 이용상(李龍祥)으로, 베트남의 안남 이씨(安南李氏) 왕조의 제8대 왕인 혜종(惠宗)의 숙부다. 안남 이씨 왕조가 찬탈되자 망명길에 올라 표류 끝에 고종 13년(1226) 옹진에 당도하여 귀화했다. 화산군(花山君)에 봉해졌으며 후손이 대대로 벼슬했다.

일본계 귀화 성씨로는 우록 김씨(友鹿金氏, 뒤에 사성賜姓하여 김해 김씨)가 있다. 시조는 김충선(金忠善)이며, 본명은 사야가(沙也可)라고 하였다. 임진왜란 때 카또오 키요마사(加藤淸正)의 선봉장으로 한국에 내침했으나 조선의 문물과 인정, 풍속을 흠모해 귀화했다. 많은 무공을 세워 이름을 하사받고 관직이 정헌대부·중추부지사에 이르렀다.

이처럼 이들이 귀화하게 된 동기는 망명·표류·투항·왕실의 시종 등 여러 사례가 있다. 여기서 중요하게 생각되는 것은 고려왕조가 이들을 기꺼이 받아들이는 포용성을 갖고 있었다는 사실이다.

우리는 그동안 단일민족임을 지나치게 강조해온 면이 있다. 또 은연중에 약소민족을 얕보는 경향도 있다. 위구르인이라면 좋은 인상을 갖지 않는 경우도 보게 된다. 그러나 원나라 안에서 위구르족은 상부의 지도층에 가까운 대접을 받았다. 지방행정을 다루는 '다루가치(達魯花赤)'라는 관직엔 몽골인이나 색목인을 임명했는데 그 색목인이 바로 위구르인이다.

오늘날 우리 사회에는 이미 많은 다문화가정이 존재하고 있고 앞으로 그 추세가 더해갈 것으로 생각된다. 여기에서 간혹 문화충돌이 일어나는 것을 볼 수 있는데, 이런 때일수록 우리는 기왕에 자리잡은 귀화인들이 한국사회 구성원의 일원으로 나라 발전에 큰 공을 이루었다는 역사적 사실을 상기할 필요가 있다.

『새로 쓴 5백년 고려사』(푸른역사 2008)의 저자 박종기 교수가 "우리는 고려의 개방성과 다양성을 귀하게 생각해야 한다"고 역설한 것은 귀기울일 만한 일이다. 그런 점에서 거창 장씨, 거창 신씨가 귀화인이라는 것은 하등 이상할 것도 신기할 것도 없는 일이다.

코스모스를 다시 생각한다

거창의 가을 길가엔 여느 국도변과 마찬가지로 코스모스가 장하게 피어난다. 위천 수승대 가는 길, 북상면 모리재로 가는 지방도로변에도 유난히 코스모스가 아름답게 피어난다. 특히 거창 길가의 코스모스를 보면 간혹 이를 외래종이라고 따돌리는 것에 대해 무언가 강하게 항변하고 싶은 마음이 일어난다.

나는 가을을 심하게 탄다. 아침이면 벌써 냉기가 몸속으로 스며들고 천지에 요란하던 풀벌레 소리가 끊기면, 먼 산은 높은 곳부터 단풍을 물들여 내려오며 가을이 깊어간다. 길가의 가로수들이 겨울채비를 위해 나뭇잎을 떨구며 감량을 시작하면 황혼의 적적함이 몸속 깊이 스며들어 쓸쓸한 가을바람에 마음이 스산해진다.

이 쓸쓸한 계절에 그래도 우리의 마음을 달래주는 것은 가을꽃이다. 가을산의 청초한 들국화와 해묵은 고가(古家) 장독대의 국화에는 어릴 적 친구를 만난 듯한 반가움이 있다. 옛사람들은 국화를 무척 좋아했다. 고려 상감청자 찻잔에 가장 많이 나오는 문양 중 하나가 국화이며, 조선 청화백자 중에는 들국화를 그린 명품이 많다.

옛 문인들은 국화를 즐겨 노래했다. 다산(茶山) 정약용(丁若鏞)은 강진 땅에 유배온 지 10여년 되던 어느 가을날 "우리집 가까이 있는 심씨네 뜨락엔 해마다 국화꽃이 종류별로 48종이 피었었지"라며 회상의 시를 읊고서는 "비오는 가을날 다산의 초부(樵夫)는 눈물을 흘리며 이 글을 쓴다"고 끝내 울음을 터뜨렸다.

그런데 현대인들은 국화꽃에서 좀처럼 그런 시정을 느끼지 못하는 모양이다. 한 친구가 아파트 베란다에 노란 국화와 흰 국화 화분을 늘어놓았더니 아내가 꼭 상가(喪家) 같다고 투정하더란다. 현대인에게 국화 대신 가을날 서정을 북돋워주는 것은 코스모스이다. 길가에 피어 있는 코스모스는 오래전부터 가을의 여정(旅情)을 일으키는 우리 국토의 표정으로 되었다.

가을걷이를 시작하는 누런 들판과 어우러진 도로변의 코스모스가 여린 바람에도 몸을 가누지 못하고 흔들릴 때면 애잔한 감상조차 일어난다. 그래서 코스모스를 노래하는 것은 소녀취미로 돌리고 사나이 대장부

| 코스모스 길 | 우리나라 도로변 어디에서나 만나게 되는 코스모스 꽃길은 가을날의 시정을 불러일으키는 국토의 한 표정으로 되었다.

들은 모름지기 코스모스의 아름다움을 감춘다. 그러나 절로 일어나는 애틋하고 아름다운 감정을 굳이 이성의 논리로 돌릴 필요가 있을까. 그런다고 누그러지지 않는 것이 감정이다.

10년 전 가을 어느날 만주땅 압록강변을 답사했을 때 그곳 들판의 길가에도 코스모스가 만발해 있었다. 고구려의 첫 도읍인 환인(桓仁)의 오녀산성으로 오르는 길, 「선구자」의 고향 해란강가 일송정으로 가는 길, 그 모두가 코스모스 꽃길이었다. 그래서 만주땅은 내게 조금도 낯설지 않았고, 더욱더 잃어버린 고토(故土)처럼 다가왔다.

그런 코스모스이건만 정작 이 꽃은 우리의 재래종이 아니라 멕시코가 원산지인 외래식물이라고 맘껏 사랑을 보내지 못하고 있다. 코스모스가 이 땅에 뿌리내린 것은 불과 100년밖에 안된다며 거리를 둔다. 그래서 최순우(崔淳雨), 이태준(李泰俊) 같은 지난 세대의 안목들은 코스모스의 아름다움 앞에 '이국적인'이라는 단서를 달고 가을꽃으로 억새나 과꽃을 더 높이 쳤다. 그러나 나는 코스모스를 무한대로 사랑하고픈 내 감정을 속일 수 없다. 불과 300년 역사의 고추가 우리 음식의 상징이 된 것처럼 코스모스도 어느새 어엿한 귀화식물이 된 것이 아닌가. 원산지로 따지자면 채송화, 봉숭아, 나팔꽃, 달맞이꽃은 외래종이 아니더냐.

 식물학에서 말하기를 외래종이 들어오는 것은 우리의 토양이 약할 때라고 한다. 우리 토양이 강하면 아무리 힘센 외래종도 이 땅에 뿌리를 내리지 못한단다. 미국자리공, 돼지풀처럼 못된 외래종이 요즘 판치는 것은 마구잡이로 땅을 파헤쳐 생땅이 곳곳에 드러나면서 황무지 현상을 일으켰기 때문이다. 그러다 토양이 다시 안정되면 재래종이 결국 외래종을 이겨낸다니 우리는 나쁜 외래종을 물리치기 위해서라도 우리의 토양을 굳게 지켜야 할 일이다.

 그러나 외래종이 다 나쁜 것은 아니다. 외래종이 들어옴으로써 우리의 식물분포에 다양성도 생긴다. 코스모스가 우리나라에 들어온 것은 신작로 공사가 한창일 때였다. 땅을 갈아 길을 닦으니 길가는 생토로 드러날 수밖에 없었고, 이 황폐한 자리에 멕시코의 메마른 땅을 원산지로 둔 코스모스가 자리잡게 된 것이다. 지금 거창 가는 길뿐만 아니라 우리나라 어느 국도변에 코스모스가 없던가.

 외래종 중에는 재래종을 고사시키면서 자기 자리를 차지하는 것도 있지만, 코스모스처럼 재래종이 감당하지 못하는 빈자리를 채워주는 것도 있다. 그리하여 이제 우리 강산의 가을날에는 산에는 들국화, 뜰엔 국화, 길가엔 코스모스로 어우러지며 '코스모스'(조화)를 이루고 있다. 그런 외래종이라면 우리는 얼마든지 사랑해야 한다. 더욱이 코스모스처럼 어여쁜 꽃임에야. 나는 내 마음속에 일어나는 감정 그대로 코스모스를 한껏 사랑한다.

코스모스의 이런 정착과정을 보면 나는 항시 외래문화의 토착화라는 거대담론의 실마리를 생각하게 된다. 그래서 외래 성씨가 많이 정착한 거창땅에 오면 코스모스가 더욱 살갑게 다가온다.

거창의 정자들

오늘날 거창이 내세울 수 있는 가장 자랑스러운 문화유산을 말하라고 한다면 나는 서슴없이 계곡가의 정자들이라고 대답할 것이다. 거창에는 정말 많은 정자가 지어졌다. 내력있는 거창의 양반들은 자신들의 세거지 주변 계곡에 거의 경쟁적으로 정자를 경영했다.

거창 초입에서 거창 장씨의 건계정이라는 아름다운 정자를 만난 것은 그 예고편에 불과하다. 수승대의 요수정, 가북면 흠거리의 소원정, 북상면의 용암정, 갈계숲의 병암정, 고제면 원농산의 요원정, 남하면 살목의 심소정……

거창문화원에서 펴낸 『문답식 거창역사』(1995)에 의하면 목조건축으로 지어진 정자는 모두 68개나 된다. 거창에 이처럼 정자가 많은 것은 무엇보다 산이 많은 만큼 계곡이 발달했기 때문이다. 거창에는 갈계(葛溪)·완계(浣溪)·금계(錦溪) 등 수십개의 계곡이 있고, 이 계류가 합류하면서 위천·영천·아월천(阿月川) 등 16개의 천을 이루고 있다.

덕유산에서 흘러내리는 물줄기가 위천이고, 거창 읍내를 흐르는 내가 영천이다. 이 여러 갈래의 천은 다시 어우러져 영호강(瀯湖江)이 되어 합천의 황강(黃江)으로 흘러든다. 이 많은 계곡과 천과 강변마다 정자가 늘어서 있으니 거창은 가히 정자고을이라 할 만하다. 정자는 우리나라 산천의 꽃이다.

정자 하나가 있음으로 해서 그 땅의 가치가 완전히 달라진다. 마치 산

| **수승대 요수정** | 수승대의 요수정은 신권 선생이 풍류를 즐기며 제자를 가르치던 곳으로, 정자 내부에 방을 놓는 등 지역적 특성이 잘 반영된 거창지역의 대표적 정자문화 공간이다.

과 계곡으로 이루어진 자연이라는 사랑방에 놓여 있는 아담한 반닫이 같다. 그래서 정자는 관객의 입장에서 바라보는 것만으로도 눈을 즐겁게 하고 마음을 기쁘게 하는 바가 있다. 그러나 정자의 본령은 휴식과 명상의 공간이며, 대화와 유흥의 장소이고, 학문과 예술의 산실이다.

이런 건축공간은 우리의 독특한 자연 속에서 탄생한 한국의 표정이다. 정자가 많기로는 안동과 담양이 손꼽히지만 거창 또한 결코 이에 뒤지지 않는다. 오히려 거창과 안의의 정자를 합치면 으뜸이라고 할 수도 있다. 그런 점에서 나는 전라남도의 담양, 경상좌도의 안동, 경상우도의 안의를 우리나라 3대 정자 고을로 생각한다.

같은 정자지만 담양의 정자에는 문학성이 서려 있는 듯하고, 안동의 정자에는 어딘지 유학적 체취가 배어 있다는 느낌을 받게 된다. 이에 반해 거창과 안의의 정자에서 내가 받는 느낌은 정자 그 자체를 즐기는 생활이다. 그것은 담양의 정자는 원림(園林)과 같이하고, 안동의 정자는 서원·서재와 같이하는 데 반하여, 거창·안의의 정자는 계곡과 어우러져 있기 때문일 것이다.

그리고 정자의 주인공을 보면 담양의 정자에서는 송강(松江) 정철(鄭澈, 1536~93)과 면앙정(俛仰亭) 송순(宋純, 1493~1583) 같은 시인이 생각나고, 안동의 정자에서는 퇴계 이황과 농암(聾巖) 이현보(李賢輔, 1467~1555) 같은 유학자가 떠오르는데, 거창·안의의 정자에는 처사로 묻혀 지낸 갈천(葛川) 임훈(林薰, 1500~84)과 요수(樂水) 신권(慎權, 1501~73)이 있다. 거창의 정자 중 으뜸가는 것은 명성으로 보나 규모로 보나 내력으로 보나 위천 수승대의 요수정(樂水亭)이다.

황산마을의 거창 신씨

거창과 안의 사이, 위천면 황산리에 있는 수승대 요수정은 거창뿐 아니라 서부 경남에서 손꼽히는 명승지이기 때문에 가는 길을 놓치지 않을 것이다. 실제로 수승대는 대한민국 명승 제53호로 지정되어 있다. 그러나 수승대를 탐방하기 전에 주차장 바로 건너편에 있는 황산마을을 먼저 둘러보는 것이 답사의 순서다.

돌담길이 문화재로 등록된 이 마을은 거창 신씨의 세거지다. 거창 신씨의 시조 신수(慎修)는 중국 송나라 사람으로 고려 문종 때 우리나라에 귀화해 참지정사를 지냈고, 그의 아들 신안지(慎安之)는 병부상서를 역임했으며 후손들은 거창에 살면서 거창으로 본관을 삼았다. 거창 신씨는 이조참판을 지낸 신승선(慎承善, 1436~1502)의 대에 와서 명문(名門)으로 부상했다.

| 황산마을 돌담길 | 이곳에는 기와지붕을 얹은 돌담이 많아 한층 품위있는 마을길을 보여준다.

    그는 임영대군(臨瀛大君, 세종의 넷째아들)의 딸과 결혼했고, 그의 딸은 성종의 세자빈(연산군의 부인)으로 책봉되었다. 그의 아들 신수근(愼守勤, 1450~1506)은 정승이 되었고, 중종의 왕비인 단경왕후 신씨가 바로 신수근의 딸이니 당대에 이만한 권세가 없었다. 신씨의 영광은 거창에도 미쳐 연산군이 즉위한 뒤 1496년 왕비의 관향이라며 거창을 현(縣)에서 군(郡)으로 승격시켰다.

    그러나 1506년 중종반정이 일어나자 단경왕후는 아버지가 연산군의 매부이고, 고모가 연산군의 부인이라는 이유로 폐비되는 불운을 맞았다. 이때 거창은 다시 현으로 강등되었다. 거창 신씨들이 한창 잘나갈 때 신권이 이곳에 들어온 이래 황산마을은 400년간 거창 신씨의 세거지가 되었다.

    신권은 소년시절 한양에서 공부하다 "벼슬이란 사람으로부터 받는 것이고, 자아는 하늘로부터 받은 것(人爵在人天爵在我)"이라며, 안빈낙도하며 오로지 인격수양에 힘쓰겠다고 이곳으로 내려온 것이었다. 그리고 스스로 호를 요수(樂水)라고 하였다. 그는 학식이 매우 높았다고 전한다.

신권은 거창의 거유인 갈천 임훈의 매부이기도 하니 아마도 장인인 진사공에게 가르침을 받았을 것으로 추정되지만, 문집이 전란에 불타 그 면모를 알 수 없다. 지금도 200여호가 사는 이 마을은, 가운데로 흐르는 시내를 중심으로 동쪽은 '동녘'이라고 부르고 서쪽은 '큰땀'이라고 하는데, 큰땀에는 신씨들의 고가가 즐비하게 연이어 있다.

그중 마을 중심부에 있는 원학고가(猿鶴古家)로도 불리는 '황산리 신씨고가'(경남민속자료 제17호)는 거창 신씨의 재력을 유감없이 보여주는 대갓집이다. 이 집은 요수 선생의 12대손으로 경남지사를 지낸 신도성씨의 생가로, 그의 선친이 1927년에 원래 있던 낡은 가옥을 헐고 완전히 개축한 것이라고 한다. 당시 이 집은 천석꾼의 부농이었다고 한다.

집의 구조를 보면 솟을대문, 사랑채, 중문채, 안채, 곳간채, 방앗간채, 뒷문으로 구성된 전형적인 양반집으로, 입구부터 남녀의 구분이 명확한 것을 알 수 있다. 그러나 사랑채를 보면 정면 다섯 칸, 측면 두 칸의 겹집으로 기둥 사이가 넓고 반 칸의 퇴를 두어 상당히 거대한 규모로 느껴진다. 기둥도 굵고 기단돌을 장대석으로 깔아 더욱 장대한 느낌이 있다.

이런 변화는 경제력의 반영이기도 하지만 한편으로는 한옥에도 당대적 실용성이라는 시류가 반영된 것이기도 하다. 같은 한옥 저택이지만 앞으로 우리가 보게 될 17세기에 지은 동계고택(桐溪古宅)과 비교해보면 그 미세한 차이를 느낄 수 있을 것이다. 만약 이 두 집의 미적·정서적 차이를 알아볼 수 있다면 전통건축을 보는 눈이 한단계 높아진 것이라고 자부해도 좋을 것이다.

그 점에서 거창은 한옥의 아름다움을 익히는 좋은 현장학습장이라고 할 수 있다. 황산마을의 돌담길을 따라 담장 너머 이집 저집을 구경하며 느긋하게 걷다보면 모든 것을 떠나 이런 옛 마을이 이나마 보존되고, 민박집으로 이용되어 집도 생기가 있고 답사객의 한옥체험장이 되고 있다는 사실 자체가 고맙게 느껴진다.

수승대의 내력

수승대는 덕유산이 두 갈래로 뻗어내린 동남쪽의 영취산과 서남쪽의 금원산에서 흘러나온 계곡물이 합류하여 자못 큰 계류를 이루는 원학동 계곡에 있다. 흰빛을 띠는 화강암 반석 위로 냇물이 굽이치며 장쾌하게 흘러내리고, 주위는 송림으로 우거져 명승이라는 말에 값하고도 남음이 있다.

넓게 트인 계곡 한가운데에는 신기하게도 거북모양의 거대한 바위가 있어, 이를 보면 신비로운 아름다움을 절로 느끼게 한다. 예부터 사람들은 이를 대로 삼아 풍류를 즐겨왔다. 전하는 말로는 신라와 백제의 나들목이 되는 이곳에서 양국 사신이 서로 전송하면서 "근심을 잊게 했다"고 해서 수송대(愁送臺)라고 이름지었다고 한다.

황산마을의 요수 신권은 이 거북바위를 암구대(岩龜臺)라 이름짓고 그 위에 단을 쌓아 나무를 심고 아래로는 보를 만들어 물이 고이게 하고는 구연(龜淵)이라고 이름지었다. 그리고 중종 35년(1540)부터 정자를 짓고 제자를 가르쳤는데 그 이름을 구연재라고 했다. 이런 수송대가 전국적으로 더욱 유명해지게 된 것은 퇴계 이황이 수송대를 수승대라고 바꾸자는 글을 짓고 나서였다.

1543년 퇴계는 안의 영송마을에 사는 장인을 뵈러 와 설을 쇠었다. 퇴계는 그 기회에 수송대를 꼭 찾아가보고 싶어하면서 동천(洞天)의 천석(泉石)은 빼어난데 이름이 아름답지 못하다며 수승대라고 바꾸는 것이 어떻겠느냐고 했더니 모두 좋아했다고 한다(寄題搜勝臺). 그러나 퇴계는

| 수승대 거북바위 | 수승대의 명물 거북바위는 계곡 중간에 있는 모습이 거북처럼 보인다 해서 붙여진 이름으로 마치 거대한 계곡에 정원석이 앉혀진 것처럼 보인다.

급한 왕명을 받아 서둘러 발길을 돌리게 되었고, 아쉬움에 시를 한 편 남기고 떠났다.

수승이라 대 이름 새로 바꾸니 봄 맞은 경치는 더욱 좋으리
먼 숲 꽃망울은 터져오르는데 골짜기에는 봄눈이 희끗희끗
좋은 경치 좋은 사람 찾지를 못해 가슴속에 회포만 쌓이는구려
뒷날 한동이 술을 안고 가 큰 붓 잡아 구름 벼랑에 시를 쓰리라

퇴계가 이렇게 시를 남기고 떠나자 요수 신권은 이에 화답하는 시를 지어 감사했다.

| 수승대 거북바위의 글씨 새김 | 거북바위 사방에는 빈틈없이 탐방객의 이름이 새겨져 있다. 이는 급기야 두 가문의 싸움으로 번지고 말았다.

    자연은 온갖 빛을 더해가는데 대의 이름 아름답게 지어주시니
    좋은 날 맞아 술동이 앞에 두고 구름 같은 근심은 붓으로 묻읍시다
    깊은 마음 귀한 가르침 보배로운데 서로 떨어져 그리움만 한스러우니
    세속에 흔들리며 좇지 못하고 홀로 벼랑가 늙은 소나무에 기대봅니다

  그러나 수승대 윗고을에 살던 갈천 임훈이 이에 화답한 시는 뉘앙스가 조금 달랐다. 갈천은 퇴계와 동갑으로 생원시에 합격하여 벼슬을 하다 부모 봉양을 위해 낙향하여 효행으로 정려문을 하사받고 나중에는 광주 목사까지 지낸 분으로, 학식과 덕망이 높은 거창의 명사였다.

    꽃은 강언덕에 가득하고 술은 술통에 가득한데

유람하는 이들이 연이어 분주히 오가는구나
봄날은 가려 하고 길손도 떠나려 하니
봄을 보내는 시름만이 아니라 그대를 보내는 시름도 있네

한 세기 뒤 문인인 오숙(吳䎘, 1602~75)이라는 분은 「수송대에서 노닐며(游愁送臺記)」에서 갈천의 시에는 퇴계가 이름을 바꾸려고 한 것에 반대하는 뜻이 있다고 했다. 갈천의 시를 보면 이곳에 와보지도 않은 '외지인'인 퇴계가 단지 말로만 듣고 이름을 바꾸려 하자 '현지인'의 입장에서 "근심을 보낸다"는 수송(愁送)의 뜻을 봄과 길손을 이별하는 마음과 연관시켰다는 것이다. 그리고 퇴계는 처사를 자처했지만 실제로는 '바쁜 분'이어서 한양으로 급히 떠났지만 "꽃은 강언덕에 가득하고 술은 술통에 가득"

| 요수신선생장수동 | 거창 신씨들은 '요수신선생장수동(樂水愼先生藏修洞)'이라는 각자를 새겨 신씨가 이곳의 주인임을 은연중 나타냈다.

하다며 자신이야말로 처사다운 여유로움이 있음을 말하고 있다고 했다.

실제로 수승대 아래 너럭바위는 수십명이 둘러앉을 수 있고, 장주갑(藏酒岬)이라는 긴 돌구멍(石確)이 있어 술을 담아 넣어두고 즐기기도 했다.

수승대 갈등

이런 사연으로 수승대 거북바위에는 수송대와 수승대 두 이름이 나란히 새겨 있고, 퇴계·요수·갈천 선생의 시가 모두 권위있게 새겨져 있다. 뿐만 아니라 탐승객들까지 다투어 이름을 새겨 오늘날에는 거의 빈자리를 볼 수 없게 되었다. 글씨도 제각각이고 크기도 제각각이어서 어지럽기 그지없는데, 그 이름을 보면 신(愼)씨와 임(林)씨가 압도적으로 많다.

이는 이 명승지를 두고 벌인 두 집안의 갈등 때문이었다. 그 갈등이 얼마나 심했는지 사람까지 죽는 일이 생겼을 정도다. 갈등의 발단은 퇴계의 명성 때문에 일어난 셈이었다. 수승대 거북바위의 수많은 각자(刻字) 중 최고의 하이라이트는 퇴계의 시로, 오는 이마다 이 글을 찾았다. 그런데 퇴계의 시와 나란히 짝을 이루는 것은 요수 신권의 시가 아니라 갈천 임훈의 시였다.

그래서 임씨 문중은 은연중 위신이 높아지고 사람들은 자연스럽게 이곳이 임씨의 동천이라고 생각하게 되었다. 신씨로서는 이것이 억울했다. 그래서 '요수 선생이 몸을 감추고 마음을 닦은 곳'이라는 뜻으로 '요수신선생장수동(樂水愼先生藏修洞)'이라는 글을 새겨 신씨의 물건임을 강조해두었다.

그러자 임씨들은 '갈천 선생이 지팡이 짚고 나막신 끌고 노닐던 곳'이라는 뜻으로 '갈천장구지소(葛川杖屨之所)'라고 새겨넣었다. 이에 신씨들은 숙종 20년(1694) 구연재에 구연서원을 세우고 신권 선생을 모셨다. 또 순조 5년(1805)에는 임진왜란 때 소실된 요수정을 건너편 계곡 위 솔밭 사이에 세웠다. 이 과정에서 임씨들과 충돌이 일어났다.

이건창(李建昌, 1852~98)은 『수승대기』에서 그 사정을 이렇게 말했다.

갈천 임훈의 시가 퇴계의 시와 짝이 되는 데는 신씨들이 어쩔 수 없었다. 그러나 신씨들이 대대로 이곳에 살았고 과거에 급제하는 사람이 많아져 그 세력이 임씨를 능가하게 되었다. 그래서 '이 대는 우리 집안 물건이다'라고 시를 지어 뒷면에 새기고 자기 조상을 성대하게 추승해 대의 주인으로 삼았다.

또 대 아래에 자손과 종족의 이름을 묘비·묘갈의 가계처럼 세세히 새겨넣었다. 그래서 왕래하다 이곳을 찾는 수령이나 사신이나 나그네는 모두 신씨가 있는 줄만 알고 임씨가 있는 줄은 몰랐다. 그래서 임씨가 크게 노해 "이곳은 우리 갈천 선생이 노니시던 곳이다"라고 나섰다. 이에 임씨와 신씨가 서로 미워하고 현감·감사·조정에 소송을 제기하여 상호 승부를 겨루었는데, 지금까지 100년이 되도록 판결을 못내고 있다. 그동안 소송하다 죽은 사람이 여러명이고 패가망신하거나 재산을 탕진한 자도 대략 그 정도가 된다.

이렇게 그 전후 사정을 소상히 밝히고 난 다음 이건창은 다음과 같은 판결을 내렸다.

> 그러나 내가 보기에 이 대는 시냇물 가운데 있는 하나의 바위일 뿐이니 밭이나 집이나 정원처럼 누구의 소유가 될 수 있는 물건이 아니다. 그러니 어찌 소송이 있겠는가? 나는 이곳의 아름다운 경관을 기뻐하지만 두 집안의 비루함은 민망히 여긴다. 아울러 이 사실을 써서 기록으로 남긴다.

이건창의 판결은 누가 봐도 명석한 것이었다. 이곳의 주인이 누구든 우리는 거창 안의 원학동계곡의 아름다움을 즐기면 그만이다. 안의현감을 지낸 관아재 조영석이 재임시절 이곳을 찾아 이런 마음을 시로 지어 새겨놓은 것이 근래에 발견되었다.

> 신라 백제 시절에는 수송대라 했고
> 요수 선생은 개명하여 암구대라 했고
> 퇴계 선생이 내린 이름은 수승대인데
> 유풍(遺風)으로 읊는 이름은 요수대더라

| **구연정사와 비석** | 구연정사 안에는 아주 거창한 비석 3기가 마당을 차지하고 있다. 서원의 분위기보다 가문의 위세를 강조한 데는 사연이 있다.

수승대의 미래

이처럼 유서깊은 명승지인 수승대는 한동안 잊혀져 찾아오는 사람의 발길이 뜸해졌다. 구연서원, 관수루(觀水樓), 요수정 건물들이 낡고 퇴락하여 을씨년스럽기도 했다. 그런 수승대가 크게 바뀌는 것은 1986년 8월에 국민관광휴양지로 되어 대대적 개발이 이루어지면서였다. 이때부터 수승대는 돌이킬 수 없는 상처를 받게 되었다.

사실 수승대뿐 아니라 국민관광휴양지로 지정된 전국의 명승지들은 그때 다 망가졌다. 수승대 초입에 온갖 상점과 여관이 들어서고 거창 국제연극제가 열리는 축제극장도 수승대 턱밑에 지었다. 하고많은 땅 중에 왜 수승대 앞에 극장을 지었는지 사람들은 이해하지 못한다. 수승대 넓은 계곡을 가로지르는 철교도 놓이고, 인공적인 돌다리처럼 없느니만 못한 것이 하나둘이 아니다.

| **수승대 축제거리** | 국민관광단지로 조성되면서 수승대 입구에는 거창 축제극장이 들어서서 예스러움이 사라져버렸다.

문화재청장 시절 이 수승대 문제를 어떻게 해결해야 할지 고민한 적이 있다. 사실 문화재청에서 하나의 계곡을 관리하는 일은 없다. 그래도 원래의 모습을 보아 기억하고 있고, 그 역사적 유래를 알고 있는 이상 그냥 외면할 일도 아니었다. 나는 이 문제를 문화재위원이자 우리나라 동천구곡(洞天九曲)을 연구한 경상대 김덕현 교수와 상의해보았다. 김교수는 어떤 식으로든 다시 원상복구해야 한다는 주장이었다.

그래서 길을 찾은 것이 수승대를 국가명승지로 지정하여 재정비하는 방안이었다. 보통명사 명승(名勝)이 아니라 국가의 자연유산으로서 명승이다. 결국 2008년 12월 수승대는 명승 제53호로 지정 고시되었다.

이제 수승대를 어떻게 가꿀 것인가는 거창 신씨, 은진 임씨, 거창군의 일이 아니라 나라의 일, 국민의 몫으로 되었다. 그러나 앞날의 수승대가 어떻게 변할지 기약할 수 없다. 이제 나야말로 백면서생 처사의 길로 들어섰으니 그저 국민의 한 사람으로서, 관심있게 지켜보면서 더이상 안타까운 일이 없기를 바랄 뿐이다.

2009. 10.

종가의 자랑과 맏며느리의 숙명

동계고택 / 종갓집 맏며느리 간담회 / 모리재 / 거창의 인문정신 /
신원면 가는 길 / 거창양민학살 / 명예회복과 추모공원

전통건축을 보는 눈

 1박2일이건 2박3일이건 답사의 행로에 아름다운 한옥 한 채를 만난다는 것은 커다란 기쁨이다. 서부 경남 답사에서 거창은 동계고택(桐溪古宅)이 있어 더욱 매력적인 코스가 된다. 동계고택은 안의, 거창과 삼각형을 이루는 위천면에 있다. 면소재지인 강천리 큰 마을에서 살짝 벗어난 강동마을 한쪽에 자리잡고 있다.
 강동마을 입구에 들어서면 풍요로운 넓은 논과 밭 저 멀리 낮은 동산을 등지고 옹기종기 모여 있는 소담한 마을이 그림 같은 풍경을 이루고 있는데 그 한복판 양지바른 곳에 동계고택이 홀로 우뚝하다. 높은 솟을대문과 긴 행랑채 위로 드러나 있는 사랑채, 안채, 별채의 고래등 같은 지붕머리는 내력있는 이 종갓집의 품위와 위용을 한눈에 보여준다. 이 위치

| **동계고택 전경** | 낮은 산자락을 등지고 시원스런 들판을 내다보며 자리잡은 동계고택은 풍수가들이 칭송하는 명당터로 이름 높다.

설정을 두고 풍수가들은 어찌해서 동계 정온 같은 인물을 길러내게 된 양택(陽宅)의 길지인가를 여러모로 따져보곤 하는데 나는 그보다도 우리 전통건축이 자연경관과 얼마나 잘 어울리고 있는가에 더 감동한다. 어느 나라 건축인들 자연과 건축이 교감하지 않으리오만 우리 전통건축에서 자연과 인공이 어울리는 방식은 아주 특별하다.

　같은 문화권이지만 중국과 일본의 저택들은 모두 울타리 안에서만 건축이 이루어진다. 그런 가운데 일본은 섬세하고 치밀한 인공의 손길이 강조되고, 중국은 높은 담장 속에 장대한 공간을 연출하는 데 힘쓴다. 비록 중국 전통건축에도 차경(借景)이라는 개념이 있어 자연풍광을 안으로 끌어들이는 효과를 말하고 있지만 그것은 우리처럼 자연과 인공이 혼연일체가 되는 것은 아니다.

그래서 이따금 우리나라를 방문하는 안목있는 외국인 건축전문가들은 한국의 전통건축을 보면서 이런 특징을 한눈에 알아보고 모두 저마다의 찬사를 보내곤 한다. 비근한 예로 몇해 전 우리나라를 방문한 프랑스 건축가협회장 로랑 쌀로몽(Laurent Salomon)은 한 신문과의 인터뷰에서 한·중·일 전통건축을 비교하면서 다음과 같이 말한 적이 있다.

한국의 전통건축물은 단순한 건축이 아니라 그 자체가 자연이고 또 하나의 풍경이다. 중국의 건축물은 장대하지만 마치 벽처럼 느껴지고, 일본의 전통건축물은 정교하지만 나약해 보여 건축물이 아닌 가구 같다는 인상을 준다. 이에 비해 한국의 건축은 주변 경관을 깎고 다져서 인위적으로 세운 것이 아니라 자연 위에 그냥 얹혀 있는 느낌이다. 그런 점에서 한국의 전통건축은 미학적 완성도가 높다고 생각한다.

동계고택의 구조

동계고택은 인조 때 문신인 동계(桐溪) 정온(鄭蘊) 선생이 사시던 곳으로 후손들이 순조 20년(1820)에 중건해 오늘에 이르고 있는 전형적인 종갓집 건물이다.

솟을대문을 들어서면 높직이 올라앉은 기역자집 사랑채가 이 집의 얼굴이 되고 사랑채 옆으로 난 중문으로 들어서면 안방·대청마루·건넌방과 부엌이 있는 안채가 단정한 일자형으로 자리하고 있으며, 안마당 좌우로는 아래채와 곳간채와 뒷간이 다소곳이 들어서 있다. 그리고 안채 뒤로는 낮은 기와돌담에 둘러싸인 정온 선생 사당이 있다.

평면구조 자체로 보면 여느 종갓집과 크게 다를 바 없다. 그러나 건물

| **동계고택 사랑채** | 고택 안의 사랑채는 누마루의 이중처마와 용마루의 눈썹기와로 여느 사랑채와 다른 멋과 힘이 느껴진다.

과 건물의 간격, 건물의 높낮이, 건물 안의 공간분할, 마루와 방의 유기적 연결, 이에 따른 공간운영의 효율적 기능 등이 아주 뛰어나다. 솟을대문에 들어서면 마주 보이는 사랑채가 여느 양반가옥보다 늠름하고 대단히 권위있다는 인상을 받게 되는데 그것은 두가지 이유 때문이다.

하나는 지붕의 용마루에 눈썹이 있기 때문이다. 한옥의 지붕에서 용마루는 기와를 5장, 7장 얹으면서 건물의 권위를 부여한다. 이 집에서는 용마루에 낙숫물받이 격의 긴 눈썹을 붙여 그 무게를 더욱 강조하고 있다. 돌출된 사랑채 누각의 처마가 좀 과장되었다 싶을 정도로 겹처마로 되어 있어 더욱 그런 인상을 받게 된다.

또 하나의 이유는 돌기단이 낮은 편이면서 툇마루가 성큼 높이 올라앉아 있기 때문이다. 이는 습기가 많은 남쪽 가옥에 많이 나타나는 예이기도 하지만 인간의 시각적 습관에서 올라앉았다는 느낌과 가라앉았다는

| 동계고택 뒷마당 | 고택 안의 뒷마당은 내력있는 종갓집의 가지런한 모습을 유감없이 보여준다.

느낌은 그 건물의 전체 인상에 아주 큰 차이를 남기게 된다. 안채와 사랑채가 대단히 권위적인 데 반해 중문채·뜰아래채·곳간채는 아주 소박하면서 단정해 집 전체에 조용한 건축적 리듬이 일어난다.

이런 구조는 어느 건축가의 창안이라기보다 오랫동안 유지되어온 사대부 집안, 특히 종갓집의 일상적 경험을 축적하면서 발전시킨 우리 한옥의 슬기이다. 동계고택은 건축뿐만 아니라 종갓집의 넉넉한 마음씀씀이가 그대로 살아있어 우리를 더욱 기쁘게 한다. 이 댁 종부는 경주 최부잣집 따님으로 외모부터 종갓집 맏며느리의 표상 같은 후덕함이 있다. 차종부는 현대여성이지만 시어머니로부터 물려받은 종갓집 며느리의 운명적인 덕성이 이미 몸에 배어 있다. 사실 나는 개인적으로 이 댁 종부와 특별한 인연이 있다.

종갓집 맏며느리 간담회

1990년대 들어서면서 우리 사회에 민주화의 기반이 다져짐에 따라 각 분야에서 시민단체가 우후죽순처럼 생겨나고 있을 때 나도 NGO를 하나 결성할 생각을 갖고 있었다. 실제로 '전국 종갓집 맏며느리협회'를 조직해 사무국장을 해야겠다고 맘먹고 많은 준비를 하고 나선 적이 있다. 답사를 다니며 종갓집 맏며느리를 만날 때마다 그분들의 삶을 보면서 이분들만큼 우리 문화재를 실질적으로 지키는 분이 없다는 생각을 해왔다. 종갓집 맏며느리들은 자부심으로, 사명감으로 또는 운명적으로 종가의 전통을 지키고 있다. 그러나 종갓집 맏며느리들에게는 안팎으로 당하는 공통된 두가지 고통이 있었다. 하나는 대부분의 종가들이 문화재로 지정되어 있어 무엇 하나 고치려고 해도 허가를 받아야 하는 과정에서 부딪히는 문화재청, 지자체와의 갈등이다.

또 하나는 집안 종친네들이 다 떠나고 종갓집에 홀로 남아 있어 겪는 어려움이다. 일손도 부족하고, 물질적으로도 감당하기 힘든 일이 너무 많이 생기는 것이다. 종친네들은 종갓집의 이런 고충은 모르고 옛날 종갓집은 그렇지 않았다고 손가락질을 했다. 나는 종갓집 며느리들이 안팎으로 정당하게 요구할 수 있는 것을 대변해주고 싶었다. 그때 맨 먼저 찾아가 내 뜻을 말씀드린 곳이 동계고택이었다.

나는 건축사를 전공하는 김동욱 교수(경기대), 문화지리학을 전공한 김덕현 교수(경상대)와 함께 이 일을 추진하기 시작했다. 그러나 만만치 않은 작업이었다. 우선 전국의 종갓집 실태를 조사하는 것부터 힘들었다. 나는 재단법인 아름지기의 신연균 이사장에게 부탁해 전국의 종갓집 목록을 만드는 작업부터 시작했다. 몇달 걸려 작업한 결과 189곳의 종가 주소록을 만들 수 있었다. 그러나 생각지 못한 문제가 있었다.

우선 어디까지를 종가로 보느냐는 문제였다. 불천위제(不遷位祭)를 지내는 명문가만 대상으로 할 경우 소외되는 종가의 문제가 있었다. 그리고 종가를 파악해보니 80퍼센트가 안동·예천·봉화 등 이른바 경북 북부에 집중되어 있는 지역적 편중이 있었다. 게다가 종가 중에는 이미 서울로 올라와 시골집을 비워둔 곳도 많았다.

결국 1년 가까이 검토하던 '전국 종갓집 맏며느리협회' 결성

| 동계고택 종부와 차종부 | 언제 찾아가도 접빈객의 예를 잃지 않는 넉넉한 마음을 보여준다.

은 포기했지만 그것은 내 마음속의 빚으로 오랫동안 남아 있게 되었다. 문화재청장이 되고 난 뒤 나는 정부 입장에서 종갓집 맏며느리들의 숨은 노고에 어떤 식으로든 감사의 마음을 표현하고 싶었다. 그래서 2006년 6월 9일 한국의 집에서 '종갓집 맏며느리 초청 간담회'를 열었다.

문화재로 지정된 종갓집만을 대상으로 하니 총 38개 종가였는데 종부, 차종부 등 64명이 참석했다. 안동의 농암 이현보, 퇴계 이황, 서애 유성룡, 보백당 김계행, 학봉 김성일, 고성 이씨 귀래정파, 봉화의 충재 권벌, 상주의 우복 정경세, 경주의 익재 이제현, 최부잣집, 서백당 손소, 대구의 백불암 최흥원, 매산 정중기, 고령의 점필재 김종직, 성주의 응와 이원조, 함양의 일두 정여창, 거창의 갈천 임훈, 동계 정온, 논산의 사계 김장생, 명재 윤증, 아산의 외암 이간, 당진의 남이홍 장군, 보은의 선병국, 대전의 동춘당 송준길, 담양의 미암 유희춘, 광주의 고봉 기대승, 해남의 고산 윤선도, 영암의 연촌공 최덕지, 남평 문씨 문익현, 고양의 율곡 이이, 서울의 심산 김

창숙, 광평대군 종가, 광명의 오리 이원익, 성남의 갈암 이현일, 시흥의 서평부원군 한준겸, 강릉의 연일 정씨 정응경 종가, 광주의 연안 김씨 종가.

이 명문가 맏며느리들이 고운 한복과 단정한 정장으로 한국의 집 마당에 모여드는 풍경은 일대 장관이었다. 간담회는 동계고택 차종부의 감사의 인사말로 정중히 시작됐다. 그러나 간담회가 시작되자 종부들의 항의, 건의, 하소연이 폭포수처럼 쏟아져나와 나는 정신을 차릴 수 없었다.

"집 하나 고치는 데 1년 걸리는 행정이 어디 있습니까?"
"부엌과 대청마루의 증·개축을 허가해주지 않아 불편해 못 살겠습니다."
"입식 부엌으로 고치는 것이 왜 안됩니까?"
"종갓집을 문화재로 지정했으면 종토세·종부세는 감해줘야 하지 않나요?"
"도난방지시설 설치를 지원해줄 수 없나요?"
"잡초 뽑는 것만이라도 국가가 도와주십시오."

나는 주문사항을 메모하느라 쩔쩔매고 있는데, "종갓집을 문화재로 지정했으면 관리권도 아예 가져가 지켜주십시오"라는 요구가 나오자 종갓집 맏며느리들은 일제히 우레와 같은 박수를 보내는 것이었다.

그때를 생각하면 해남 윤씨 차종부가 준비해온 메모지를 낮은 목소리로 읽어간 그 애잔한 호소가 들려오는 듯하다.

"종가의 개념이 날로 퇴색해가면서 종손, 종부의 위상도 추락하고 있습니다. 지금 우리는 숙명으로 알고 옛 어르신들 하신 대로 좇아가

| 종갓집 맏며느리 간담회 | 2006년 6월 9일 '종갓집 맏며느리 간담회'에 모인 각 문중의 종부와 차종부들.

고는 있습니다마는 머지않아 종부라는 것이 희귀동물처럼 천연기념물이 될 수도 있다는 위기감이 있습니다."

종갓집 맏며느리 간담회는 한국의 집에서 점심을 든 다음 창덕궁 연경당을 답사하는 것으로 끝났다. 종부들은 떠나면서 한결같이 예를 다해 인사를 하는데 어느 댁 며느님인지 아주 조용하게 생기신 분이 내 손을 잡고 이렇게 말했다.

"청장님, 우리들이 한 말에 너무 마음 상해하지 마십시오. 우리는 이렇게 불러준 것만으로도 고맙게 생각하고 있습니다. 우리가 이렇게 모여본 것도 처음이고 이렇게 속에 있는 말을 입밖에 내본 것도 처음입니다. 종부란 그런 것 아니겠습니까."

| 모리재 전경 | 모리재에서 올라온 길을 내려다보면 북상면 농산리 산골이 훤하게 내려다보인다.

간담회 이후 나는 행정적으로 조치할 수 있는 것은 찾아서 하려고 했다. 그리고 약소하나마 지원할 수 있는 것은 바로 했다. 그러나 행정적 틀은 마련하지 못해 지금은 어떻게 되고 있는지 알지 못한다.

모리재를 찾아서

동계고택 답사는 건축문화재만의 답사로 끝날 수 없다. 어떤 면에선 동계의 삶과 그 인문정신이 갖는 의미를 새기는 것이 더 중요하다고도 할 수 있다. 동계 정온은 진사 유명(惟明)의 아들로 본관은 초계(草溪)이고 별호로 고고자(鼓鼓子)라고도 했다. 어려서 말더듬이여서 고생이 심했는데 열다섯살 때 윗고을에 살고 있던 갈천 임훈의 문인으로 들어가 총명함을 인정받고, 서른한살에 내암(來庵) 정인홍(鄭仁弘, 1535~1623)을

| 모리재 현판 | 동계는 이 산중에 칩거하면서 내가 어디로 갔냐고 묻거든 '모리(某里)', 즉 이름없는 동네로 갔다고 대답하라고 했다. 훗날 사람들은 여기에 모리재를 세웠다.

찾아가 사사했다.

학통으로 보면 남명 조식, 일두 정여창, 내암 정인홍을 잇는 경상우도 영남학파의 거유다. 나이 마흔인 광해군 2년(1610)에 과거에 급제해 벼슬길에 올라 사간원 정언이 되었다. 이때 영창대군의 죽음이 부당함을 주장하고 또 때마침 일어나고 있던 폐모론을 강력히 반대하면서 이를 밀어붙이는 스승 정인홍과 갈라섰다.

광해군은 격분해 동계를 국문하고 제주도 대정(大靜)으로 귀양보냈다. 동계의 제주도 유배생활은 10년이나 계속됐다. 이 기간에도 동계는 옛 성현의 명언을 모아『덕변록(德辨錄)』을 지으면서 학문에 힘썼다. 그래서 제주시내 오현단(五賢壇)에는 5현의 한 분으로 동계가 모셔져 있다. 훗날 추사 김정희가 바로 이곳 대정에서 9년간 귀양살이하고 돌아가서는 일부러 동계고택을 찾아가 '충신당'이라는 현판을 써주었다고 하는데

| 동계고택 사당 | 동계 선생은 훗날 문간공(文簡公)이라는 시호가 내려지면서 고택 뒤에 사당을 모시게 되었다. 아주 단아하면서 엄정한 건물이다.

이 현판이 지금도 동계고택 사랑채에 걸려 있다. 1623년 인조반정이 일어나면서 동계는 유배에서 풀려나고 대사간·대제학 등 요직을 역임하게 되었다.

마침내 광해군 시절 전권을 휘두른 정인홍은 참수당했다. 이때 아무도 그의 시신을 돌보지 않았다. 그러자 동계는 주위의 위협과 냉소를 물리치고 초연히 옛 제자로서 장례를 치러주었다. 그리고 67세 때 병자호란이 일어나 청음(淸陰) 김상헌(金尙憲, 1570~1652)과 함께 끝까지 주전론(主戰論)을 주장했으나 결국 인조의 항복이 결정되자 대성통곡한 다음 국가의 수치를 참을 수 없다며 칼로 배를 갈라 자결을 시도했다.

그러나 너무 늙어 힘이 모자라 죽지 않고 기절했다가 의사의 구원으로 살아나게 되었다. 다시 목숨을 부지하게 된 동계는 고향 거창으로 내려가서는 곧바로 집을 떠나 남덕유산으로 들어가 몸을 숨겼다. 그곳에서

| **입춘대길** | 사당 문에는 '입춘대길'을 붙이면서 동계의 뜻을 기리는 뜻에서 아직도 "숭정 정축 후 OOO년"이라고 연호를 사용하고 있다.

조를 심고 고사리를 캐며 삶을 유지하다가 5년 뒤 세상을 떠났다. 세상사 람들이 어디로 갔냐고 물어오면 모리(某里), 즉 이름없는 동네에 들어갔 다고만 대답하라고 했다.

동계가 세상을 떠나자 인조는 문간공이라는 시호를 내리고 정려문(旌 閭門)을 세우게 했다. 그래서 지금도 동계고택 솟을대문에는 선홍색 바 탕에 흰 글씨로 '문간공동계정온지문(文簡公桐溪鄭蘊之門)'이라고 씌어 있다. 동계 선생이 세상을 떠나고 삼년상을 지낸 그 이듬해인 1645년, 유 림에서는 선생이 은거해 있던 곳에 영당을 세워 모리재(某里齋)라 하고 산 이름도 모리산이라 지었다.

모리재는 북상면 농산리 모리산 중턱에 있다. 농산리에는 아주 아름다 운 자태의 석조여래입상(보물 1436호)이 논두렁에 외로이 서 있어 한번 학 생들을 데리고 온 적이 있는데 모두들 양평동 불상보다 아름답다고 감탄

| 농산리 석조여래입상 | 농산리에는 아름다운 자태의 석조여래입상이 서 있어 눈길을 끈다.

하였다. 북상면 갈계리는 동계가 어려서 배운 갈천 임훈 선생 종택이 있는 곳으로 여기가 남덕유산 초입이며, 여기에서 서쪽으로 길을 바꾸면 월성계곡이 나오고 계곡을 따라 얼마만큼 가다보면 강선대(降仙臺) 마을이 나온다. 바로 여기서 내를 건너 산길로 40분 정도 올라가면 모리재가 나온다.

산중의 모리재는 제법 큰 규모를 갖추고 있다. 숙종 때(1704) 화재가 났으나 이내 다시 복원되었고 이것을 20세기 초에 중수한 것이라고 한다.

| **양평동 석조여래입상** | 통일신라의 거대한 석불로 거창의 대표적인 불교 유적이다. 거창에는 이외에도 많은 불상들이 남아 있다.

건물로서 모리재야 특별히 말할 것이 없지만 누마루에 올라 동계 당년을 생각해보면 백세청풍(百世淸風)의 충절과 절개를 몸으로 실천한 지조있는 옛 선비의 그 고고한 정신만은 먼 산빛에 그대로 남아 있는 것만 같다.

동계의 충절은 두고두고 후대에 기리는 바가 되었다. 숙종은 동계의 절의를 높이 재평가해 영의정을 추증했다. 그리고 정조대왕은 동계의 지조를 높이 사 손수 제문과 함께 시를 지어 보냈다. 이 제문과 시는 현판에 새겨져 지금도 동계고택 사당에 걸려 있다.

세월 흘러도 푸른 산이 높고 높듯
　　천하에 떨친 바른 기상은 여전히 드높아라
　　북으로 떠난 이나 남으로 내려간 이나 의로움은 매한가지
　　금석같이 굳은 절개 가실 줄이 있으랴

여기서 "북으로 떠난 이"는 청나라로 끌려간 청음 김상헌, "남으로 내려간 이"는 낙향한 동계 정온을 가리킨다. 2009년 가을 동계고택에 들렀을 때는 역사학자 강만길(姜萬吉) 선생이 답사에 함께했다. 정조의 시가 걸려 있는 사당을 참배하고 나오는데 사당 문에 붙어 있는 입춘첩에 놀랍게도 2009년이 동계 당시 표기법으로 씌어 있었다.

'숭정(崇禎) 정축(丁丑) 후(後) 372년'. 숭정 정축년은 1637년, 즉 인조가 항복한 해를 말하는 것으로 그때를 기원으로 삼아 오늘날까지 숭정 연호를 쓰고 있는 것이다. 강만길 선생은 빙그레 웃으면서 이렇게 말씀하셨다.

　　"남이 이렇게 쓰면 웃음거리겠지만 동계 집안이니까 이렇게 쓸 수 있어. 벌써 372년이나 되었단 말이지."

동계 이후의 초계 정씨

동계 같은 인물이 나오면 그 후광은 집안과 고을에 두루 미치게 된다. 그러나 동계의 후광은 정신적으로만 이어졌을 뿐 후손의 현실적인 출세에는 오히려 막힘이 되는 역류가 일어났다. 세상의 주도권이 노론에게 돌아가면서 청음 김상헌, 안동 김씨 후손은 대대로 출세와 영광을 누렸지만 당색(黨色)이 북인(北人)인 동계의 후손은 그렇지 못했다.

대북의 영수인 정인홍이 인조반정으로 참형된 이후 북인의 후예들은 거의 중앙진출이 봉쇄됐다. 동계가 비록 스승과 갈라서 나오기는 했지만 예외가 아니었다. 영조 4년(1728) 이인좌(李麟佐, ?~1728)가 영조와 노론을 제거하고자 난을 일으켰을 때 동계의 고손자인 정희량(鄭希亮, ?~1728)이 이에 동조해 경상도 지역에서 봉기한 것은 이런 누적된 정치적 소외 때문이었다.

그러나 결국 정희량이 참형을 당하면서 초계 정씨 집안은 삼족이 멸할 위기에 있었다. 그러나 충신 동계의 후손이라는 점을 감안해 멸족만은 면할 수 있었으니 이것이 동계의 후광이라면 후광인 셈이었다. 이런 동계 집안을 다시 일으킨 분은 9대손인 정기필(鄭夔弼, 1800~60)이다. 그는 헌종·철종 연간에 영양현감을 지내면서 청렴한 인품과 덕망으로 명망이 드높았다.

그가 관직을 사양하고 고향으로 돌아왔을 때는 거처할 곳조차 없었다. 이에 안의현감과 고을사람들이 뜻을 모아 집을 지어주었으니 그것이 바로 동계고택 바로 곁에 붙어 있는 '반구헌(反求軒)'이다. 반구헌은 반구제심(反求諸心), 즉 뒤돌아보면서 마음을 바로잡는다는 뜻에서 나온 당호다.

거창의 문화유산과 인문정신

나는 지금 거창답사기를 쓰면서 건계정, 수승대, 황산마을, 동계고택 등을 둘러보고 있지만 거창에는 이외에도 실로 많은 문화유산이 있다. 불교 유적으로 치면 이렇다고 내세울 사격(寺格)을 갖춘 절집은 남아 있지 않지만 아주 중요한 불상이 서너 점 전한다.

간송미술관에 소장돼 있는 '거창 출토 금동보살입상'(보물 제285호)은 삼국시대 불상조각에서 아주 독특한 위치를 차지하고 있어 미술사 시험에 자주 출제되는 유물인데 아마도 거창에 있는 많은 폐사지 어딘가에서 나온 것 같다.

문화재로 지정된 것만 보아도 읍내에는 양평동의 '석조여래입상'(보물 제377호)과 상동의 '석조관음입상'(보물 제378호)이 있고, 금원산 가섭암터에는 '마애삼존불상'(보물 제530호)이 있다.

이것만으로도 한차례 답사처가 되고도 남음이 있다. 또 둔마리에는 고려시대의 아주 드문 벽화고분(사적 제239호)이 있다. 그러나 거창 문화유산의 아이덴티티는 역시 동계 이후에도 이어진 굴지의 선비고을이 남긴 유산들이다.

거창 곳곳에 무수히 남아 있는 향교, 서원, 향사, 고가, 누정, 재실, 정려 각이 이를 증언하고 있다. 하종한이 지은 『거창의 문화유산』(전3권, 거창문화원)을 보면 현재 남아 있는 서원 향사는 용원서원, 병암서원, 포충사, 원천사 등 13곳이고, 이름있는 누정만 골라도 관수루, 자전루, 만학정 등 24곳을 헤아리며, 고가와 재실은 그 수를 헤아리기도 힘들다. 그래서 거창 지역을 다니다보면 낡고 오랜 기와집이 신기할 정도로 눈에 많이 띄는 것이다.

거창읍의 상징적 건물은 상림리의 침류정(枕流亭)이다. 조선 명종 때(1552) 처음 세워지고 선조 때(1602) 중수한 잘생긴 2층 누각이었는데 1936년 대홍수로 유실되고 만 것을 20년 전에 복원해놓은 것이다. 침류정 뜰에는 두개의 비가 서 있다.

하나는 1919년 1월 31일 거창의 선비 이주환(李柱煥) 선생이 일제에 나라를 빼앗긴 것에 항의해 이곳에서 서울을 바라보고 한 차례 통곡하고는 자결한 곳임을 알리는 사적비다. 또 하나는 '파리장서(巴里長書)'비다. 파리장서는 1919년 3·1운동이 일어나자 거창의 거유인 면우 곽종석을 비롯해 전국의 유림대표 137명이 조선의 독립을 호소하는 탄원서를 작성

| **파리장서비** | 3·1운동 후 거창의 곽종석이 전국 유림을 대표하여 조선 독립을 호소하는 탄원서를 빠리 만국평화회의에 보내려다 많은 분들이 고초를 겪게 된 독립정신을 기린 비다.

서명해, 이를 김창숙(金昌淑, 1879~1962)이 샹하이에서 빠리의 만국평화회의에 우송한 것이다. 이것이 일경에게 발각되어 곽종석 이하 대부분의 유림대표가 체포됐으며 일부는 국외로 망명했고, 곽종석은 감옥에서 순사했다. 바로 이 파리장서운동이 거창에서 일어났고 그 문장은 곽종석이 쓴 것을 기린 사적비이다. 이것이 역사의 고장 거창의 이력이다.

전통이란 무서운 전승력을 갖고 있다. 거창의 이런 옛 선비고을의 면면은 그것이 하나의 전통으로 되어 지금의 이 지역 인문정신에 그대로 나타나 있다. 근래에 들어와 거창이 세상사람들에게 신비한 고장으로 다시 보이게 된 것은 높은 일류대학 진학률 때문이었다.

인구 4만명의 거창읍에 거창고등학교, 거창대성고등학교 등 무려 여섯개의 인문계 고등학교가 있다는 것 자체도 신기한 일인데, 어떻게 교육하기에 대도시의 명문들을 제치고 그런 교육성과와 높은 진학률을 내는지 모두 신기해하고 또 궁금해한다.

1997년 거창의 교사 몇분이 나를 찾아와 거창문화회관에서 강연회를 해달라고 부탁했을 때 나는 주로 고등학생을 상대로 하는 작은 강연회일 것으로 생각했다. 그러나 막상 강연장에 가보니 500명을 수용하는 넓은 공간에 고교생은 하나도 없고 일반 청중으로 이미 꽉 차 있었다. 그리고 강연장 밖에는 교복을 입은 고등학생들이 서성이고 있었다.

주최한 교사에게 사정을 물으니 고교생까지 오면 공간을 감당할 수 없어 '고교생 입장 불가'를 학교마다 사전에 알려주었는데 혹시나 하고 와본 '말 안 듣는 애들'이라고 했다. 그래서 고교생 상대로 한번 더 강연회를 해주면 고맙겠다는 것이었다.

군단위의 강연회에 대도시에서도 없는 이런 일이 있다는 사실은 직접 보지 않으면 믿기 어려울 것이다. 그렇다면 '노찾사'(노래를 찾는 사람들)가 전국순회공연을 떠나면서 첫번째 도시로 택한 것이 거창이었다면 믿음에 조금 도움이 될까. 거창에는 이런 인문정신이 거의 생활 속에 스며들어 있다.

신원면 과정리로 가는 길

나의 거창답사는 위천, 갈천, 읍내의 유적을 두루 돌아본 다음 합천 황매산 영암사터로 이어진다. 그리고 영암사터로 가는 길은 신원면 깊은 산골을 넘어가는 길을 택한다. 바로 여기는 많은 사람이 거창의 불행한 이미지로 알고 있는 거창양민학살사건의 현장이다.

1951년 2월 10일 한국전쟁중 신원면에서 일어난 이른바 거창양민학살사건은 1995년 12월 18일 국회에서 '거창사건 등 관련자의 명예회복에 관한 특별조치법'이 통과되고 법률 제5148호에 의거해 거대한 규모의 추모공원을 지어 2004년에 완공함으로써 국가가 잘못을 공식적으로 인정한 비극적인 사건이다.

이는 2005년 12월에 출범한 '진실·화해를 위한 과거사 정리위원회'가 적극적으로 과거사 문제들을 해결하고 나서기 이전에 피해당사자들이 무려 45년간 대를 이어가며 끈질기게 요구하고 저항하고 호소해 결국 국가로부터 사과를 받아냈다는 점에서 여느 과거사 정리와 다른 의의를 지닌다. 그 끈질긴 호소 때문에 거창 하면 양민학살이 먼저 떠오르게 되기도 했다.

거창군 신원면 과정리, 거창양민학살의 현장으로 가는 길은 오늘날 아주 잘 닦여 있어 속내를 모르고 가면 환상의 드라이브 코스라고 말하고 싶을 정도로 운치있는 길이 되었다. 그러나 10여년 전만 해도 과정리로 가는 길은 멀고도 험했다. 거창분지 남쪽을 가로막고 있는 검고 육중한 감악산(해발 951미터) 너머에 있는 신원면은 해발 700~800미터의 월여산, 바랑산, 갈전산 등으로 촘촘히 둘러싸인 깊은 산골이다.

그 첩첩산맥 너머는 영암사터가 있는 황매산이 가로막고 있었는데 요즘은 질러가는 길이 생겼다. 행정구역으로 보아도 거창군 신원면, 합천군 가회면, 산청군 차황면, 3개군이 맞대고 있다는 사실만으로도 여기가 얼마나 오지인지 짐작할 수 있을 것이다.

신원면은 오늘날 거창군에 속해 있지만 조선시대에는 삼가현(三嘉縣)의 마을이었으니 신원면의 입장에서 보면 감악산을 넘어 거창으로 가든, 황매산을 돌아 삼가로 가든 멀고 험하기는 마찬가지였다.

거창에서 가회로 가는 1089번 지방도로를 타고 남상면 임불이라는 마을을 지나 밤티재를 넘어서면 갑자기 산그림자가 짙게 드리워진 음습한 계곡길이 나온다. 차창으로는 냉기가 깊이 스며들고 아무리 둘러보아도 집 한 채 없는 침묵의 길이다. 그렇게 40여분을 가야 나오는 산중의 오지이고 신원면 과정리는 얼마 전까지만 해도 이 길의 막다른 끝이었다.

거창양민학살의 시말

1950년 6월 25일 발발한 한국전쟁 당시 유엔군의 인천상륙작전이 시작되자 인민군은 급히 퇴각했다. 이때 낙동강 전선까지 진출해 있던 인민군 중에는 미처 후퇴하지 못하고 깊은 산속으로 들어간 병력이 많았다. 이들은 전쟁 발발 전인 1948년 10월 여순반란사건 이후 지리산 일대에 숨어들었던 빨치산과 합세해 게릴라전을 벌였다.

이런 상황이 벌어지자 국군은 빨치산 토벌을 전담하는 제11사단(사단장 최덕신 준장)을 창설해 남원에 사령부를 두었다. 그러나 빨치산 세력이 만만치 않았다. 1950년 11월 중공군이 전쟁에 개입하면서 빨치산의 게릴라전은 더욱 적극성을 띠었다. 12월 5일에는 약 50명의 빨치산이 신원면 경찰지서를 습격해 경찰과 청년의용대 40여명이 죽었고 신원면 일대는 빨치산의 세력권에 들어가버렸다.

그러자 1951년 2월 국군은 대대적인 빨치산 소탕작전에 들어갔다. 이 작전의 이름은 견벽청야(堅壁淸野)라고 했다. 이는 『손자병법』에 나오는 전술로 '성을 견고히 지키기 위해서는 적이 이용할 수 있는 물적·인적 자원을 말끔히 없앤다'는 뜻이다. 이때 내려진 작전명령 부록에는 "작전지역 안의 인원은 전원 총살하라" "공비들의 근거지가 되는 건물은 전부 소각하라"는 지침이 있었다고 한다.

거창에 있던 11사단 9연대 3대대(대대장 한동석 소령)는 신원면 일대의 빨치산을 토벌하고 산청으로 집결하라는 명령을 받고 2월 8일 출동했다. 그런데 3대대는 이 지역을 별 저항 없이 쉽게 수복했다. 빨치산이 사전에 정보를 입수하고 일단 철수했던 것이다. 신원면에 별다른 적의 동태가 보이지 않자 대대장은 신원면 소재지인 과정리에 경찰병력 1개 중대만 남기고 산 넘어 산청 방면으로 진군했다.

이 틈에 빨치산은 과정리를 기습공격해 경찰병력에 막대한 타격을 가하고는 또 산으로 도망갔다. 산청에 가서야 이런 사실을 알게 된 3대대장은 연대장에게 심한 질책을 받고 다시 신원면으로 돌아왔다. 바로 이날(2월 9일) 밤 빨치산이 또 쳐들어와 새벽까지 치열한 공방전을 벌여 쌍방 모두 수십명씩 사상자를 냈다.

이에 대대장은 견벽청야의 명령을 그대로 수행하게 되었다. 날이 밝자 통비분자를 색출한다며 과정리, 중유리, 와룡리, 대현리 주민을 한명도 빠짐없이 과정리 신원초등학교로 집결시켰다. 그리고 와룡리 주민 100여명을 집결지로 데려오는 도중 탄량골에 몰아넣고 집단사살했다. 덕산리 청연마을에서도 70여명을 학살했다.

학교에 모인 사람들은 교실 네개와 복도에 꽉 차 있었다고 한다. 이튿날 날이 밝자 군인·경찰·공무원 가족만 가려낸 다음 모두 박산골로 끌고가 무차별 사격하고 죽은 시체 위에 솔가지를 덮고 휘발유를 뿌린 다음 불을 질렀다. 동시에 마을집도 모두 불살라버렸다. 총 814가구의 1,583채가 불에 탔고 719명이 목숨을 잃었다. 대부분 노약자와 부녀자였다. 1951년 2월 11일 신원면의 하루는 그렇게 부참하게 지나갔다.

양민학살 그후

군인들은 이 사실을 은폐하기 위해 외부 왕래를 모두 끊었다. 그러나 하늘 아래 비밀은 없었다. 탄량골 학살 때 문홍한씨는 군경 가족이라고 속이고 탈주하는 도중 만삭인 아내가 산통을 시작해 신음하는 아내를 돌보고 있었는데, 이 딱한 사정을 본 충청도 말씨의 앳된 군인의 눈짓으로 교장 사택으로 옮겨 그 와중에 아들을 낳고 죽음을 면하게 되었다(그때 태어난 아들이 훗날 진상규명위원회 일을 맡아본 문명주씨다).

신원면 양민학살은 입에서 입으로 전해져 결국 1951년 3월 29일 거창 출신 국회의원 신중목씨가 국회에서 폭로했고 국회와 정부의 합동조사단이 꾸려졌다. 진상조사단은 4월 7일 현지조사를 나가기로 돼 있었다.

그러나 당시 경상남도 계엄사령부 민사부장이던 김종원 대령은 국군 1개 소대를 빨치산으로 가장하여 신원면 입구에 매복시켜두고 총을 쏘게 하여 조사단은 현지에 들어가보지도 못하고 아무 성과도 내지 못하고 말았다. 그러나 이 위장총격마저 들통나면서 정부는 더욱 궁지에 몰렸다. 이승만 대통령은 4월 24일 거창사건에 대한 담화문을 직접 발표하며 '공비와 협력한 187명을 군법회의에 넘겨 처형한 사건'이라고 거짓 해명했다. 그러나 『워싱턴포스트』를 비롯한 외국 언론들이 이 사실을 대서특필하면서 국제적인 비난이 쏟아지기 시작했다.

이에 정부는 사건 발생 5개월 만에 진상조사를 다시 실시하고 학살혐의자를 군법회의에 부쳐 연대장 오익경에게 무기징역, 대대장 한동석에게 징역 10년, 경남 계엄사령부 민사부장 김종원에게 징역 3년을 선고했다. 이로써 사건은 종결됐다. 그러나 이들은 1년 뒤 모두 특사로 풀려나 현역으로 복귀했고, 경찰간부로 기용됐다. 학살 피해자나 유가족에게는 어떤 조치도 취해지지 않았다.

한국전쟁이 끝난 이듬해인 1954년 신원면 주민은 박산골에 방치돼 있던 학살현장의 유골을 수습했다. 이미 누구의 유골인지 구별할 수 없어 어른 남자, 어른 여자, 아이로만 구분해 뒷산에 묻어두었다. 그러나 자유당정권하에서 거창학살사건은 공비와 내통한 불온분자들을 숙청한 사건으로 인식돼 유가족조차 이 사건을 함부로 입에 올릴 수 없었다.

1960년 4·19혁명이 일어나자 민주화의 열풍 속에서 유족은 비로소 원혼에 대한 위령제를 지낼 수 있었다. 5월 11일, 박산 합동묘역 석물 운반작업중에는 참았던 분노가 폭발한 주민들이 면장을 살해하는 또다른 비극

| **박산 합동묘소 위령비** | 박산골 양민학살로 방치되었던 시신을 한국전쟁이 끝나고 나서 남자, 여자, 어린아이로만 구분하여 매장하고 위령비를 세웠다. 그러나 위령비조차 파괴되어 매몰되는 수난을 겪고 지금은 비석 받침대에 비스듬히 뉘어 있다.

이 생기기도 했다. 그러다 11월 18일, 박산 뒤 야산에는 남자합동지묘(109구), 여자합동지묘(183구) 두개의 봉분을 만들고 아이들 유골(235구)은 봉분 없이 소아합동지지(小兒合同之地)라고 표지해두었다. 나라에서 40만환을 지원해 묘소 앞에는 노산(鷺山) 이은상(李殷相, 1903~82)이 쓴 위령비를 세웠다.

그러나 이듬해 5·16군사쿠데타가 일어난 지 3일 만인 5월 18일, 유족회는 반국가단체로 지목돼 간부 17명이 투옥됐다. 그리고 박산합동묘소의 개장 명령이 내려지고 묘역에 세운 위령비는 글자 한자 한자를 정으로 쪼아서 뭉갠 다음 땅에 파묻어버렸다.

그리고 또 26년이라는 세월이 흘렀다. 1987년 민주화 열풍이 일어나자 유족회는 땅속에 묻혀 있던 파괴된 위령비를 꺼내 비석받침대 위에 걸쳐 놓았다. 그리고 정부를 향해 공식적으로 사과하고 이 위령비를 다시 똑

바로 세워놓으라고 요구했다. 포클레인 한 대면 10분도 안 걸려 세울 수 있는 일이건만 비석은 언제나 그렇게 누워 있었다. 묘소 옆에 있는 허름한 게시판을 세우고 사건의 진상을 알리는 각종 자료를 대자보식으로 붙여놓았다. 그리고 명예회복을 호소하는 플래카드를 2004년 추모공원이 생길 때까지 길가에 걸어놓으며 피눈물로 호소했다.

명예회복과 추모공원

거창학살사건 희생자에 대한 명예회복은 1988년 13대 국회 때 김동영 의원 발의를 비롯해 여러번 제출됐으나 번번이 보류되다가 마침내 1996년 '거창사건 등 관련자의 명예회복에 관한 특별조치법'이 제정됐다. 이로써 사건 발생 45년 만에 희생자들은 공비와 내통한 자가 아니라 선량한 국민으로 억울하게 희생됐음을 공식적으로 인정받게 된 것이다.

박산의 학살현장 건너편 산에는 1998년에 거대한 추모공원이 착공돼 2004년에 완공됐다. 약 5만평(16만 제곱미터)의 거대하다 못해 으리으리한 규모의 일주문, 위패봉안각, 위령탑, 부조벽, 위령묘지, 역사교육관 등으로 구성되어 있다. 그러나 이 추모공원은 규모·건물·조각·교육관 모두가 거창의 진실과 아픔을 담아내는 진정성과 너무도 거리가 멀다. 이처럼 방대하고 화려한 추모공원을 세움으로써 희생자 가족이 얼마나 위안을 받았는지 모르지만 우리가 기대한 것은 절대로 이런 것이 아니었다. 그것은 우리 시대에 아주 잘못 지은 유적으로 되고 말았다.

거창사건이 추모공원의 건립으로 마무리된 것도 아니었다. 희생자 피해가족에 대한 보상문제는 전혀 해결되지 않았다. 유족회는 국가를 상대로 손해배상청구소송을 냈지만 2001년 대법원은 현행법상 국가에 배상책임이 없다는 판결을 내렸다. 그리하여 이 문제는 다시 국회로 옮겨져

| 거창양민학살 추모공원 전경 | 거창양민학살에 대한 명예회복이 특별조치법에 의해 이루어지면서 국가에서는 이처럼 거대한 추모공원을 세웠다.

'거창사건 관련자의 배상 등에 관한 특별조치법'이 제출되었다. 2004년 3월 2일 이 특별법은 국회에서 가결됐다. 그러나 같은 달 23일 고건 대통령권한대행(당시 노무현 대통령은 탄핵중)이 주재한 국무회의는 거부권을 행사해 국회로 되돌려보냈다.

그 이유는 한국전쟁중 민간인 희생자는 '진실·화해를 위한 과거사 정리위원회'에 신고된 것만 약 8천명인데 이들을 모두 거창의 예에 따라 보상해주려면 그 금액이 약 25조원에 달해 정부로서는 감당할 수 없다는 것이었다. 이리하여 국회로 되돌아간 이 보상법안은 17대 국회에서 더이상 논의되지 않았고 2008년 2월 임기가 만료됨에 따라 자동폐기되었다. 18대 국회에 들어와 또 이 보상법안이 법사위에 상정되었다. 그런데 인근 지역인 함양·산청에서도 거창과 똑같은 피해가 있었다며 함께 다루자는 법안이 별도로 상정되어 사안이 복잡해졌다. 그러나저러나 두 법안 모두 지금껏 논의 한번 없이 몇년째 표류하고 있다.

지난번 답사 때 나는 추모공원으로 내려가지 않고 합동묘역의 깨진 위령비 앞에서 함께한 답사객과 묵념을 올렸다. 눈을 감으니 추모공원이 세워지기 전인 10여년 전 박산골의 처연했던 모습이 떠올랐다. 그때가 정말로 역사의 현장으로, 이 자리에 선 사람은 누구든 눈시울을 붉히지 않을 수 없는 진정성이 있었다. 그 당시엔 한맺힌 구호로 억울함을 호소하는 빛바랜 플래카드가 길가에 가득했다. 그중에서도 합동묘역 돌축대에 붉은 페인트로 굵게 써놓은 처절한 구호 하나가 지금도 내 가슴에 깊이 박혀 있다.

"울리고, 울리고, 또 울리고, 울리고."

2009. 10.

거창·합천 3

쌍사자석등은 황매산을 떠받들고

영암사터 가는 길 / 단계마을 돌담길 / 황매산 / 화강암 예찬 / 쌍사자석등 / 무지개다리와 석축 / 두 마리 돌거북 / 합천 촌부의 회상

오지로 가는 길

차를 타고 답사를 다니다보면 나라에서 자동차도로 하나는 잘 닦아놓았다는 찬사가 절로 일어난다. 거미줄 같은 고속도로에, 능숙한 터널공사로 질러가는 길을 척척 뚫어낸 솜씨에는 감탄마저 나온다. 그러나 국토의 운영에서 심심산골의 오지는 오지대로 남겨두어야 했던 것 아닐까? 자연의 원래 모습을 간직한 첩첩산골은 문명에 찌들어 살아가는 현대인을 달래줄 수 있는 심신의 위안처이다. 살다보면 그런 오지에 한번 다녀오고 싶은 마음이 일어날 때가 있다. 강원도 인제군 기린면의 내린천은 그런 오지의 대명사 격이었다. 인제에서 소양강 상류를 따라 비포장길로 한시간은 족히 들어가는 깊은 산, 깊은 계곡이었다.

그런데 지금은 인제군 상남면에서 뒤로 타고 넘어 들어가는 길이 생겨

오지의 깊은 맛이 사라져버렸다. 막다른 오지로 들어간 처연한 느낌을 주지 못하는 것이다. 거기에 뭐 그리 급한 일이 있다고 길을 뚫어낸 것인가? 설악산과 오대산 사이 선림원지(禪林院址)가 있는 양양군 미천골은 정말 오갈 데 없는 '하늘 아래 끝동네'였다. 그러나 여기는 새 길이 뚫려 허리를 가로질러 들어오듯 이쪽저쪽으로 가는 중간길목이 되었다. 이렇게 되어서 과연 무엇이 좋아진 것인가? 여섯시간 걸리던 길을 네시간 만에 도달할 수 있게 되었다지만, 그래봤자 덤벼드는 것은 도회지 사람들이고 생기는 것은 '파크'라는 이름의 모텔과 '가든'이라는 이름의 숯불갈비집뿐이다.

지난 세월 비장의 오지들을 그렇게 하나씩 잃어버렸고, 가뜩이나 좁은 땅덩이가 더 좁아져버렸다는 느낌을 받는다. 이런 발상은 오지를 마치 벗어버리고 싶은 불명예로 여기며 서울에 도달하는 시간이 짧을수록 좋다는 생각에서 나온 현상이다. 본래 시·군이란 높은 산으로 가로막혀 일일생활권이 시내·읍내로 형성되었던 것에서 유래한다.

그런데 그 경계로 삼던 산을 뚫어 사통팔달로 길을 내고 보니 군청·시청 소재지가 갖고 있는 고유의 도시기능이 사라져버렸다. 경상남도 함양에 대전—통영간 고속도로의 중간 나들목이 생기자 외지 사람들이 함양으로 많이 들어오는 것이 아니라 함양 사람들이 대전 '홈에버'에 가서 장을 보는 현상이 일어났다. 이 역류현상을 어떻게 해석해야 할 것인가?

영암사터로 가는 길

거창군 신원면 과정리 박산골 '거창양민학살'의 현장은 깊은 산중의 막다른 마을이었다. 월여산(해발 863미터), 황매산(해발 1108미터)이 가로막아 남쪽의 산청군 차황면, 동쪽의 합천군 가회면과 서로 등을 지고 있었

| **영암사터 전경** | 화강암으로 이루어진 황매산을 뒤로한 영암사터에 오면 누구나 그 황홀한 아름다움에 넋을 잃고 만다.

다. 그런데 지금은 이 길이 국도 59번 도로로 연결되어 차로 20~30분 안에 넘어갈 수 있게 되었다. 그래서 신원이고 차황이고 가회고 이제는 오지라는 말이 무색해졌고, 나의 답삿길은 아주 편하고도 자연스럽게 황매산 영암사터로 이어지게 되었다. 문명의 편리함을 그렇게 누리지만 역사의 향기, 답사의 그윽함은 그만큼 잃었다.

황매산 영암사(靈岩寺)의 입장에서도 똑같이 말할 수 있다. 여기는 서부 경남의 오지 중 오지였다. 행정구역으로는 합천군 가회면 둔내리에 있지만 합천·산청·거창의 세개군을 갈라놓은 황매산 깊은 산중의 폐사지인지라 영암사터에 한번 가본다는 것은 정말 큰맘 먹기 전에는 불가능했던 곳이다.

1985년 동아대학교 박물관에서 발행한 「합천 영암사지 고적조사보고

서」에는 이곳의 위치와 환경을 다음과 같이 말하고 있다.

여기는 서부 경남의 가야산과 지리산을 연결하는 중간지점에 있는 황매산의 남쪽 기슭으로 주위는 모두 산으로 둘러싸인 첩첩산중이다. 부산에서 영암사지를 가려면 합천군에서 삼가면으로 가 거기에서 버스를 갈아타고 가회면으로 가서는 다시 버스를 이용해야만 겨우 2킬로미터 전방인 대기(大基)국민학교 앞에 이르고, 여기서 도보로 올라가야 한다.

20년 전, 내가 답사회원들을 이끌고 이곳 영암사터에 왔을 때 김해에 사는 한 회원은 "강원도 깊은 산골오지의 문화유산을 볼 때면 경상도 사람으로서 마냥 부러웠는데, 이제는 그런 열등의식을 말끔히 씻게 되었다"면서 "여기는 '서부 경남 자연과 문화유산의 자존심'"이라고 기뻐했다.

그러나 이제 영암사터로 들어가는 길은 네가지 선택이 가능해졌다. 삼가에서 가회로 들어가는 동쪽 길, 산청군 단성에서 단계마을을 거쳐 가회로 들어가는 남쪽 길, 합천댐을 돌아 대병면에서 들어가는 북쪽 길, 그리고 지금 우리가 가는 거창 신원면에서 가회로 들어가는 서쪽 길이다.

옛날에는 영암사터에 오면 막다른 곳에 다다른 마음의 안정이 있었다. 아름답고 거대한 황매산 양지바른 곳에 자리잡은 이 오지의 폐사지에 다다르면 처연하면서도 따뜻한 서정의 분위기가 있어 좀처럼 떠나고 싶지 않았다. 그러나 지금의 영암사터에는 그런 느긋함이 없다. 빨리 둘러보고 어디론지 가야만 할 것 같은 부산스러운 분주함이 일어난다. 아! 정말 싫다. 옛날의 영암사터로 돌아가고 싶다. 물어내라고 소리치고 싶다.

단계마을의 돌담길

그러나 너무 실망할 필요는 없다. 깊은 산골의 저력만은 여전하다. 어느 길로 가든 영암사터로 가는 길은 황매산이 펼쳐놓은 산자락을 돌아가면서 전형적인 서부 경남 산골의 우람하면서도 넉넉한 풍광을 만끽하게 된다. 강파른 강원도의 궁벽한 산골과 달리 산자락이 넓고 길게 퍼지면서 계단식 천수답이 층층이 펼쳐져 있고, 손등에서 다섯손가락 퍼지듯 산마다 물줄기를 흘러내리면서 적지 않은 논밭을 일구어 산골마을들이 넉넉해 보인다.

특히 단성에서 단계마을을 거쳐가는 길은 옛 마을을 지나는 향토적 서정이 물씬 배어 있다. 산청군 신등면 단계마을은 참으로 정겨울 정도로 묵은 동네다. 이런 산골에 이처럼 아름다운 옛 마을이 있다는 것이 신기로울 정도다. 이 마을의 역사를 보면 고려 때는 단계현으로 독립했다 조선 세종 때 단성현에 편입되었다고 하니 예사롭지 않은 것에는 충분한 이유가 있다.

단계리는 산청군 신등면 소재지다. 면사무소·우체국·파출소·교회·천주교공소·마을회관·장터·학교가 있어 작은 읍내 같은 분위기다. 이 마을의 형성과정을 보면 전형적인 씨족마을이다. 고려 때 입향조(入鄕祖)는 자세히 알려진 바 없으나, 조선 세조 때는 진양 유씨가 먼저 자리잡았다고 한다. 그리고 이 집안에 안동 권씨가 사위로 들어오면서 줄곧 두 씨족이 같이 세거해왔으며, 인조 때는 대사간을 지낸 권도(權濤, 1557~1644)라는 인물을 배출하기도 했다. 그러다 이 안동 권씨 집안의 외손인 순천 박씨가 들어오면서 세 성씨가 반촌(班村)을 형성했는데, 순천 박씨 집안은 부농으로 성장했다.

그래서 이 마을에는 진양 유씨, 순천 박씨, 안동 권씨의 당당한 고가가 곳곳에 널찍이 자리잡고 있고, 그중 예닐곱 채가 지방문화재로 지정되어

| 단계마을 돌담길 | 이 마을의 돌담길은 전국의 돌담길 중 가장 먼저 문화재로 등록되었다. 집집마다 돌담길로 이어져 있어서 골목 풍경이 아주 정겹다.

있다. 1862년 진주민란으로 불리는 농민항쟁 때 안핵사로 내려온 박규수(朴珪壽, 1807~76)가 민란의 배후로 지목한 요호부민(饒戶富民)은 바로 이런 세력가들을 지칭한 것으로 생각된다.

마을의 자리앉음새를 보면 한쪽으로는 부암산(해발 696미터)·둔철산(해발 812미터)의 높은 산이 둘러싸고, 반달 모양으로 흐르는 단계천을 따라 마을이 들어서 배(舟) 모양을 하고 있다. 마을에는 돛대가 있을 만한 자리에 해묵은 느티나무가 있어 그 연륜과 풍수를 말해준다. 내가 영암사터로 가던 길에 아무런 예비지식 없이 이 마을에 들르게 된 것은 돌담길이 너무나 아름다워서였다.

집집마다 호박돌이라고 불리는 냇돌을 이 맞추어 쌓은 것이 여간 보기 좋은 것이 아니었다. 다만 새마을사업, 소읍 가꾸기사업을 하면서 간간이 시멘트블록 담장이 둘러 있어 옛 돌담길의 정취가 물씬 풍기지는 못

| **삭비문** | 단계초등학교 정문에는 삭비문(數飛門)이라는 현판이 걸려 있다. 어린 새가 날갯짓을 수없이 반복하는 모습처럼 열심히 배우고 익히는 곳이라는 뜻을 갖고 있다.

했지만, 그래도 돌담이 남아 있는 이 골목 저 골목을 한참 돌아다녔다. 마을 남쪽 끝에는 단계초등학교가 있는데 학교 담장도 돌담이었다.

더욱이 학교 정문은 옛날 서원에서 볼 수 있는 세 칸 솟을대문이다. 얼마나 고맙고 반가웠는지 모른다. 전통을 살린 대문 형식도 멋스러웠지만 현판이 아주 재미있었다. 양쪽 곁문에는 '즐거운 학교' '꿈을 심는 교육'이라는 의례적 플래카드가 걸려 있었지만, 가운데 대문 위로는 한자로 '삭비문(數飛門)'이라고 쓴 현판이 높직이 걸려 있었다.

뜻을 새기자면 '자꾸(數) 날갯짓하는 문'이라는 뜻이다. 즉 어린 새가 나는 것을 배우기 위해 날갯짓을 하는 것이 곧 배움이라는 것이다. 본시 배우고 익힌다는 '습(習)'자에 '날개 우(羽)'자가 들어가는 데도 이런 내력이 있다. 옛사람들은 이렇게 자연을 통해 인생의 교훈을 많이 담아냈다.

내가 문화재청장을 지내면서 전국에 있는 돌담길 마을 18곳의 문화재

등록을 추진한 것은 이 단계마을에서 받은 깊은 인상 때문이었다. 단계마을 돌담길은 2006년 대한민국 등록문화재 제260호로 등재되었고, 이후 시멘트담을 다시 돌담으로 복원하는 2.8킬로미터에 달하는 돌담길 복원사업이 계속 진행되고 있다.

그런데 문제가 생겼다. 돌담길을 복원하면서 외지에서 들여온 발파석으로 새 담장을 쌓은 것이다. 본래 각 마을의 돌담길은 그 동네 돌로 쌓은 것에 매력이 있는 법이다. 이 동네 사정천의 냇돌을 주워다 정성스레 쌓을 때 돌담길의 원모습이 살아나는 것인데, 사방(沙防)공사하듯 허름한 축대 쌓듯 해놓아 또다른 이질감이 생기고 만 것이다. 단계마을의 돌담길을 비롯하여 예천 금당실, 대구 옻골마을 등 많은 마을 돌담길 복원사업이 이런 시행착오를 불러일으켰다. 뒤늦게 강력한 시정명령을 내렸지만, 과연 지금 얼마나 본래의 취지에 따라 고쳐졌는지는 잘 모르겠다. 그리고 내게는 이제 이래라저래라 할 권한도 없다. 나라에서 고쳐줄 수 없다면 집주인이 담쟁이나 하눌타리 같은 넝쿨이라도 올려 이질감을 감추어주었으면 하는 바람이다.

황매산 화강암 연봉들

입소문이라는 것이 무서워, 영암사터가 환상적인 폐사지이고 황매산의 철쭉꽃이 아름답다는 것이 입에서 입으로 전해지면서 이제는 합천군이 내세우는 계절축제의 명소가 되었다. 그 덕에 이제는 절터 초입에 넓은 주차장이 마련되어 있다. 주차장에서 영암사터까지는 산자락 두어 굽

| 쌍사자석등 | 황매산 준봉을 배경으로 하고 있는 영암사터의 가람배치에서 핵심은 이 돌출된 축대 위에 우뚝 서 있는 쌍사자석등에 있다.

이를 돌아가는 편안한 등산길이다.

　얼마만큼 가다 황매산으로 오르는 길을 버리고 영암사터로 향하면 이내 해묵은 느티나무가 있어 절터 초입임을 알려준다. 여기서 사람들은 대부분 왼편으로 난 길을 따라 절마당으로 곧장 들어간다. 그러나 나는 항상 오른편 아랫길로 내려가 석축 아래에 서서 삼층석탑과 쌍사자석등이 황매산을 병풍삼아 오롯이 서 있는 것을 보고 나서야 절마당으로 돌아 들어간다.

　영암사터는 장대석으로 쌓은 석축으로 절터가 3단으로 나뉘어 있는데, 그 아랫단부터 경내로 들어가는 동선을 유지하려는 뜻이다. 사찰이든 궁궐이든 살림집이든 모든 건축에는 진입 동선이 있어 그 동선을 따라갈 때 건축의 자리매김(site)을 제대로 알 수 있는 법이다.

　누구든 영암사터가 등진 황매산을 처음 보게 되면 그 환상적인 아름다움에 넋을 잃고 만다. 삼각형으로 뾰족이 솟아오른 산봉우리가 예닐곱 굽이로 길게 펼쳐져 있는 눈부신 하얀 빛의 화강암 골산이다. 병풍처럼 둘러선 이 배산(背山)의 아름다움은 차라리 신령스럽다고 해야 할 것 같다. 오죽했으면 절집 이름을 불교적 이미지가 아니라 영암사(靈巖寺)라고 했겠는가.

화강암 예찬

　지난번 영암사터 답사 때는 내 친구인 경상대 김덕현 교수가 같은 지리학과 기근도 교수와 함께 와서 숙소에서 밤새 놀았다. 이튿날 아침 그들은 학교에 일정이 있어 같이 가지 못하고 헤어지게 되었는데, 만난 인사값으로 버스 안에서 청해 들은 기근도 교수의 즉석강의에 모두 큰 감동을 받았다.

"저는 문화유산으로서 영암사터보다 배산을 이루는 황매산의 화강암에 대해 간단히 말씀드리겠습니다. 우리나라 자연에는 너무 흔해서 귀한 줄 모르고 귀한 대접을 받지 못하는 것이 두가지 있는데, 하나는 갯벌이고 또 하나는 화강암입니다. 지금 가시는 영암사터 황매산은 대표적인 화강암 산입니다.

우리나라는 화강암의 나라입니다. 화강암은 땅속에서 마그마가 굳어져 지표로 올라와 침식당하면서 노출된 것입니다. 이 화강암이 석영(石英)·장석(長石)·운모(雲母)로 구성되어 있음은 중고등학교 때 배워서 잘 알고 계시겠지요? 화강암에 물이 들어가면 알갱이가 풍화하는데, 석영은 우리가 모래사장에 누웠다 일어날 때 등에서 바로 떨어지는 것이고, 운모는 필름처럼 반짝이는 것으로 금모래라고도 하고, 장석은 뽀얗습니다."

슬슬 시작한 기근도 교수의 즉석강의 내용은 자연과학인데도 인문학적인 해설로 이어지면서 이해하기도 쉽고 묘미도 더했다. 나는 노트에 받아적기 시작했다.

"이 화강암이라는 녀석은 참으로 고마운 존재입니다. 첫째, 화강암은 하천에 모래사장을 만들어줍니다. 화강암이 심층풍화한 것이 모래입니다. 서울 상계동에 블록공장이 많았던 것은 도봉산·아차산에서 내려온 모래를 중랑천이 범람하면서 공급해주기 때문이었죠. 속초 바닷가의 모래는 설악산 쌍천계곡에서 흘러내린 것입니다.

둘째, 화강암이 땅속에서 오랜 세월 풍화하면 비옥한 들판을 만들어줍니다. 호남평야가 바로 화강암지대입니다. 셋째, 화강암지대는

지하수가 맑고 깨끗해 우리나라 돌산의 물은 독일의 비델이나 프랑스의 에비앙은 따라올 수 없는 생수입니다. 넷째, 화강암지대는 배수가 잘됩니다. 도시를 형성시킨 분지를 보면 서울·춘천·안동·거창·충주 등이 모두 화강암지대입니다.

그리고 화강암은 수직절리와 수평절리가 발달해 여러 형태의 바윗덩어리로 나타나면서 아름다운 산봉우리를 형성합니다. 금강산처럼 판구조가 큰 것도 있고, 인수봉처럼 솟아오르기도 하고, 설악산 울산바위처럼 흔들바위로도 나타납니다. 여러분은 이제 황매산에 가셔서 화강암의 또다른 아름다운 모습을 보게 될 것입니다."

기근도 교수의 설명에는 자기 전공에 대한 사랑과 자랑이 흠뻑 들어 있었다. 그 내용도 내용이지만 저토록 자기 일에 몰입해 사는 그 모습이 더욱 아름다워 보였다. 이렇게 생각하며 빠짐없이 그의 말을 적어가는데 갑자기 기교수는 힘을 주어 이렇게 즉석강연을 끝맺었다.

"그리고 마지막으로 화강암의 성정(性情)을 말씀드리겠습니다. 여기에는 두가지 중요한 특징이 있습니다. 화강암은 무엇보다 단단하다는 특징이 있습니다. 굳게 뭉쳐 있을 때는 아름다운 바위와 산봉우리로 나타납니다. 그리고 두번째 특징은 분해될 때는 확실하게 부스러져 모래사장을 만들어주고, 물을 빨아들여 맑게 걸러주고, 비옥한 농토를 만들어줍니다. 이것이 화강암입니다."

버스 안이 떠나갈 듯한 박수소리를 들으며 기근도 교수는 학교에 늦을세라 황급히 버스에서 내렸고 우리는 그가 보이지 않을 때까지 감사의 손을 흔들었다. 현장에서 듣는 강의는 이렇게 학습효과가 뛰어나다. 우리는 화강암의 그런 성질과 성정을 생각하며 다같이 신령스러운 황매산을 더욱 오래 바라보았다.

영암사터의 석축과 가람배치

영암사는 대단한 절이었던 것 같다. 지금 남아 있는 유물들을 보면 모두 나말여초에 만들어진 것으로 삼층석탑(보물 제480호)·쌍사자석등(보물 제353호)·영암사지귀부(보물 제489호) 등 보물이 석 점이고, 영암사터 자체도 사적 제131호로 지정되어 있을 정도다. 영암사터는 두 차례의 발굴조사 결과 황매산 자락의 비탈을 이용해 아래쪽에서부터 석축을 쌓아 3단의 권역을 형성하며 계단식으로 올라서 있음이 확인되었다. 맨 윗단에 금당과 쌍사자석등이 있고, 그 아랫단에는 삼층석탑, 그 아랫단에는 회랑식 건물의 승방, 그리고 그 아래로는 요사채가 있었던 것으로 추정된다.

가람배치가 자연적인 지형을 살리면서 불(佛)·법(法)·승(僧)의 정연한 질서를 갖추고 있음을 알 수 있다. 영암사터가 모든 목조건물을 잃어버렸음에도 우리에게 화려한 폐사지라는 인상을 주는 것은 황매산도 황매산이지만 석탑·석등·석축 등이 옛 모습을 남김없이 전해주기 때문이다.

특히 가지런히 쌓아올린 석축은 다른 절집에서는 볼 수 없는 독특한 아름다움을 전해준다. 영암사터에 들어서면서 바로 만나는 승방권역의 석축을 보면, 긴 직사각형의 장대석을 이 맞추어 쌓으면서 높은 곳은 열한개의 단으로 이루어졌는데, 아홉째 단과 다섯째 단에는 일정한 간격으로 네모난 쐐기돌이 돌출해 있는 것이 아주 멋스럽다. 그 자체로 현대건축의 디자인 같다는 감동을 준다. 그런데 사람들은 대부분 이것을 일종의 장식으로 알고 있다. 어느날 봉은사 주지 명진스님이 뜬금없이 나에

| **영암사터 석축** | 영암사터 석축 곳곳에는 네모난 사각돌이 장식처럼 달려 있다. 그러나 이는 장식이 아니라 대못 모양의 긴 팔뚝돌을 박아 석축을 단단하게 고정시키는 역할을 하고 있다.

게 이렇게 물어왔다.

"영암사터 석축을 보니 네모난 돌들을 멋지게 붙여놓았던데, 그게 무슨 법식이 있는 겁니까?"

"갑자기 그건 왜 물어봐요? 스님한테도 그런 섬세한 면이 있었어요?"

"주지를 맡고 보니 절집의 돌 하나하나를 다시 보게 되는구먼. 그게 생각나 우리 절에도 축대를 쌓으면 벤치마크해보려고."

"그러나 그건 겉보다 속이 더 멋있는 거여."

"속이라니?"

"그건 장식으로 붙여놓은 것이 아니라 속에 깊이 박혀 있는 팔뚝만 한 긴 돌의 머리가 그렇게 나와 있는 것이지요. 그래서 축대가 튼튼해

지죠. 경주 불국사 석축에도 이 팔뚝돌이 있고, 석굴암 천장에 돌출해 있는 것도 똑같은 것이에요."

"아하, 그런 거로구먼. 우리 선조들은 뭐가 달라도 다르단 말이야. 그러니까 장대석 사이에 돌로 만든 대못을 박아놓은 셈이군."

아! 바로 그거였다. 나는 평소에 이 쐐기돌을 보고 팔뚝돌을 '끼워넣은 것'으로 알았는데, 스님 말을 듣고 보니 땅에 대고 '대못질'하듯 박은 개념이었다. 가르쳐주려다 오히려 한 수 배운 셈이었다.

돌출된 석축 옆 무지개 돌계단

영암사터의 석축에서 선조들이 뭐가 달라도 다르게 한 것은 금당의 석축을 쌓으면서 석등 자리를 앞으로 돌출시키고 양옆으로 무지개 돌계단을 놓은 것이다.

영암사터는 비탈을 고르면서 권역을 나누었기 때문에 터를 넓게 쓸 수 없었다. 간신히 금당 자리를 앉혀놓았지만 석등을 세울 만한 공간이 없었던 모양이다. 그렇다고 석축을 앞으로 내쌓으면 승방권역이 그만큼 좁아질 수밖에 없는 일이었다. 이 문제를 선조들은 아주 간단히, 그러나 아주 슬기롭게 해결했다. 다름아니라 석등을 앉힐 만큼만 철(凸)자 모양으로 내쌓은 것이다. 그리고 돌출된 석등 자리 양옆으로는 승방권역에서 금당으로 오르는 돌계단을 설치했다. 이 돌계단 또한 영암사터의 빼놓을 수 없는 걸작이다. 통돌을 깎아 무지개 곡선으로 여섯 단의 디딤돌을 새겨놓아 조심조심 오르게끔 되어 있다.

우리나라 절집의 구조를 보면 부처님을 뵈러 걸어가는 동안 어떤 식으로든 자신도 모르게 몸가짐을 바르게 하고 몸을 숙이게 하는 건축적 장치가 들어 있다. 대부분은 만세루(萬歲樓) 아래를 통해 몸을 숙이고 들어 가게 되어 있거나 대웅전 앞은 축대로 막아놓고 양옆으로 에돌아 들어가 게 해놓은 것이다.

관촉사 해탈문은 몸을 숙이지 않고는 들어갈 수 없게 해놓았고, 개심 사는 거울못에 외나무다리를 걸쳐놓아 조심하지 않고는 법당으로 오르 지 못한다. 그런데 영암사터에서는 좁다란 계단에 디딤돌을 얕게 새겨 발뒤꿈치를 허공에 매달고 오르게 되어 있는 것이다. 그것도 그냥 사다 리 모양으로 곧게 뻗어 있는 것이 아니라 무지개 모양으로 호를 그리며 휘어져 있다.

그 곡선의 아름다움을 무어라 표현해야 좋을지 모르겠다. 고작해야 무 지개의 한 자락을 오려놓은 것 같다는 표현을 할 수 있을 뿐이다. 나는 '한국의 자연과 건축'이라는 주제로 강연할 때면 영암사터를 빼놓은 적 이 없다. 한번은 포항공대 교수연수회에 초청강연을 가서도 이 돌계단을 보여주면서 무어라 표현해야 좋을지 모르는 예쁜 곡선이라고 말하고 지 나갔다.

강연이 끝난 다음 교수들과 차를 마시는 자리에서 토목과 교수 한 분 이 내게 한 수 가르쳐줄 듯이 말을 걸어왔다.

"아까 슬라이드로 보여준 영암사터 돌계단 정말 멋있습디다. 토목 공학도 입장에서도 감탄이 절로 나오던데요. 그런데 다른 건축은 아 름다움의 특징을 다 잘 표현하면서 이 멋진 돌다리에 대해서는 왜 그 냥 지나갔습니까?"

| **쌍사자석등과 무지개다리** | 돌출된 석축 양옆으로는 절 마당에서 올라가는 돌계단이 있는데 아름다운 곡선을 그 리는 무지개다리로 되어 있다.

"좀처럼 표현할 문구가 잡히지 않아서 그랬어요."
"그러면 이렇게 정직하게 말하면 어떨까요?"
"어떻게요?"
"싸인(sine) 12도의 각도를 유지하고 있다."

'싸인 12도!' 그것은 내가 고등학교를 졸업한 뒤 처음 듣는 감격스러운 단어였다.

쌍사자석등과 금당 기단부의 돌사자

영암사터가 폐사지면서도 화려한 환상의 나라 유적지라는 느낌을 주는 것은 다름아닌 쌍사자석등이 있기 때문이다. 쌍사자석등은 중국이나 일본에서는 볼 수 없는 통일신라시대 석공의 창작으로 현재 법주사 쌍사자석등(국보 제5호), 중흥산성 쌍사자석등(국보 제103호)과 함께 우리 불교미술의 정수를 보여준다. 그중에서도 병풍처럼 둘러선 황매산을 향해 우뚝 서 있는 이 쌍사자석등은 폐허가 되어 모든 것이 사라진 폐사의 잃어버린 가치를 남김없이 복원해준다. 쌍사자석등은 영암사터의 중심이고 핵이고 꽃이다. 그 자체로도 아름답지만 놓인 위치가 이 유물을 더욱 빛나게 한다.

앞으로 돌출해나온 사람 키보다 훨씬 높은 석축 위에서 마치 호령하는 사령관처럼, 또는 교향악단의 지휘자처럼 홀로 우뚝한 것이다. 본래 석등은 받침대·간주석(間柱石)·화사석(火舍石)·지붕돌로 구성되어 형식상 변화의 여지가 많지 않다. 화사석에 조각장식을 넣거나 간주석을 고복형(鼓腹形)이라고 해서 장구 몸통처럼 형상화하는 정도이다. 그러나 더욱 아름답고 화려한 석등을 만들겠다는 조형의지는 통일신라시대에 쌍사

| **금당의 아기자기한 조각들** | 금당 중앙에 자리한 불대좌 지대석에 새겨진 팔부중상은 화강암 돋을새김에서도 갖은 기교를 보여준다.

자석등이라는 기발한 구성의 석등을 낳았다. 영암사터 쌍사자석등은 두 마리의 사자가 가슴과 앞발을 맞대고 화사석을 받친 모양으로, 사자들의 뒷다리에 한껏 힘이 모여 있다. 그만큼 역동적인데, 발돋움을 하느라 슬쩍 올라간 사자의 궁둥이가 귀엽기 짝이 없다. 그런 중 쌍사자의 뒷다리와 앞발 사이를 공허공간(空虛空間)으로 깎아낸 것은 조각적으로 대성공이었다.

만약 이 공허공간이 없었다면 이 쌍사자석등은 아주 답답한 느낌을 주었을 것이다. 이 공허공간으로 인하여 우리는 시점을 옮길 때마다 쌍사자의 다른 모습을 보게 된다. 이처럼 쌍사자의 조각이 덩어리(mass)의 양괴감을 이용하는 데 머무른 것이 아니라 공허공간을 창출했다는 것은 놀라운 일이다. 서양 근현대조각사에서도 이런 공허공간을 적극 이용한 것은 헨리 무어(Henry Moore, 1898~1986) 때에 와서야 나타나는 기법인데, 우리 석공은 이미 9세기에 그 기법을 이용한 것이다.

기단부 석축의 조각새김

영암사터는 화강암 돋을새김에서도 갖은 기교를 다 보여준다. 쌍사자 석등이 올라앉은 금당의 기단부는 아름다운 곡선의 안상(眼象)을 장식해넣고, 북쪽을 제외한 동·서·남 3면에 각각 한쌍씩 여섯 마리의 사자를 돋을새김으로 새겨넣었다. 한결같이 배를 바닥에 대고 넙죽 엎드린 자세를 하고 있지만, 어떤 사자는 송곳니를 내민 채 눈웃음을 치고, 어떤 사자는 고개를 젖히면서 당찬 기세로 뒤를 돌아보는 모습을 하고 있다.

돋을새김을 강하게 하여 밖으로 뛰쳐나올 것 같은 사실성이 있다. 무서운 짐승을 새겨 불법(佛法) 수호의 상징성을 부여하는 것이 이 조각장식의 본뜻이지만, 아무리 보아도 사나운 기가 느껴지지 않는다. 사자라기보다 털북숭이 삽살개 같기만 하다. 이는 세계 각국마다 도깨비가 있지만 우리나라 도깨비만은 인간적인 면이 강한 것과 마찬가지다. 이 점이 우리 미술에 나타난 한국인의 심성이다.

영암사터 금당 자리를 둘러보면 돌계단 난간석에 '가릉빈가(迦陵頻伽)'를 조각해놓은 것을 볼 수 있다. 가릉빈가는 사람 머리에 새의 몸을 하고 한없이 아름다운 소리를 내며 하늘을 날아다닌다는 천상의 새다. 이 가릉빈가가 날개를 활짝 편 모습으로 난간석을 조각하였는데, 쌍사자 석등처럼 공허공간을 만들며 맞뚫림을 했다.

금당터 위로 올라가보면 불상을 모셨던 자리의 지대석에도 아주 작은 팔부중상(八部衆像) 조각들이 남아 있다. 이 또한 돋을새김으로 아주 사실적이다. 도대체 영암사에 어떤 석공이 있었기에 이 좁은 공간까지 손길을 아끼지 않았는지 존경과 감사의 마음이 절로 일어난다. 이런 조각들로 인하여 영암사터 전체를 국가 사적 제131호로 지정했던 것이다.

| **금당 석축의 돌사자 조각** | 금당의 기단을 이루는 석축 사방엔 지킴이로 사자가 조각되어 있다. 어떤 사자는 넙죽 웅크리고, 어떤 사자는 고개를 돌려 뒤를 보고 있다. 묘사가 정확하고 조각이 아주 정교하여 뛰어난 석공의 솜씨임을 알 수 있다.

조사당터 돌거북 한쌍

영암사터의 가람배치는 금당에 이르는 3단의 석축 외에 조사당(祖師堂)터로 생각되는 독립된 건물터가 있다. 금당 바로 오른쪽 위편에 조사당터가 나오는데 여기에는 건물터 양옆으로 비석을 잃은 돌거북 한쌍이 있다. 이 두 마리의 돌거북은 고승의 사리탑과 함께 세워진 비석의 받침돌이다.

승탑은 절 서쪽 1.5킬로미터 떨어진 곳에 모셔져 지금도 깨진 조각들이 여럿 있다. 승탑은 절 뒤로 모시고 그분의 공적을 담은 비석은 이 조사당 앞에 모셨던 것이니, 이 돌거북은 분명 영암사를 창건한 스님과 그뒤를 이은 고승의 비석을 받치고 있었을 것이다. 그렇다면 한 마리는 하대

| **조사당터 동쪽 돌거북** | 조사당터 좌우에는 비석을 잃은 돌거북이 한 마리씩 놓여 있다. 두 마리 모두 제법한 솜씨로 생동감이 넘치는데 동쪽 돌거북이 훨씬 조형적 밀도가 있어 영암사 개창조의 것으로 생각되고 있다.

신라의 작품이고, 한 마리는 고려초기의 작품임에 틀림이 없다.

그러면 어느 것이 앞선 양식일까? 이것을 양식사적으로 분석하면서 판별해보는 것은 미술사학도들의 좋은 현장학습이 된다. 먼저 두 마리 거북의 모습을 보면 비슷하면서도 세부에서는 많은 차이를 보인다.

건물 왼쪽(동쪽) 거북은 머리를 약간 아래로 향한 얌전한 자세로 등에는 여섯모난 귀갑무늬 위에 구름이 꽃처럼 피어 있다. 비좌(碑座) 양쪽에는 물고기 두 마리가 새겨져 있는데, 한쪽은 서로 꼬리를 물고 돌고 있고, 다른 한쪽은 연꽃봉오리를 서로 차지하려는 듯 다투고 있다. 조각을 깊이 해서 형상이 또렷하다.

이에 비해 건물 오른쪽(서쪽) 거북은 목을 곧추세우고 여의주를 물고 있는 입을 크게 벌리고 있어 우람함을 강조한 듯한 과장이 있다. 살짝 옆으로 비튼 네발은 앞으로 나아가려는 듯한 동감(動感)이 일어난다. 등에

| 조사당터 서쪽 돌거북 | 반대편에 있는 돌거북에 비해 디테일이 약하지만 형태의 과장이 있어 우람한 느낌을 준다. 개창조의 그것을 모방한 중창조의 비석받침으로 보인다.

는 귀갑무늬가 새겨져 있지만 각을 얕게 새겨 정교한 맛은 없다.

어느 것이 먼저일까? 영암사를 비롯하여 유서깊은 선종 사찰을 보면 하대신라의 개창조 사리탑과 고려초 중창조의 사리탑이 공존해 있다. 고달사·연곡사·태안사·봉암사 등에서 똑같이 볼 수 있는 현상이다. 이 경우 사리탑이든 사리탑비이든 중창조의 것은 개창조의 그것을 모델로 하면서 약간의 변형이 가해져 있다. 그래서 후대 것에는 매너리즘 현상이 나타나 긴장의 이완이 있고 또 형식적 과장이 들어간다. 조형적 밀도를 보면 단연 개창조의 것이 야무지고, 중창조의 것은 섬세함이 약하다. 이런 관점에서 볼 때 영암사터 돌거북의 경우 왼쪽 것이 개창조의 것이고, 오른쪽이 중창조의 것이 된다.

사실 이와같은 것은 양식사적 훈련이 없다 하더라도 미술에 안목이 있는 사람이면 생래적 감각으로 둘을 비교해 조형적 밀도만 따져본 다음 바로 알아낼 수 있다. 오래전의 일이다. 누님뻘 되는 분들의 점잖은 모임에서 답사 인솔을 부탁해 이곳에 온 적이 있다. 그때 나는 버스 안에서 영암사터에 대해 설명하고 나서 시험문제를 내듯 이 돌거북의 시대적 선후관계를 맞혀보라고 했다.

그리고 일행이 쌍사자석등을 둘러보고 나서 조사당터에 와서 돌거북 한쌍을 바라보게 되었을 때 갑자기 나와 친한 누님 한 분이 큰 소리로 외치는 것이었다.

"유교수님, 이렇게 쉬운 것을 시험문제로 냈어요? 북쪽에 있는 것이 오래된 것이고, 남쪽 것은 그것을 흉내내면서 변형시킨 것이라는 걸 한눈에 알겠구먼!"

순간 나는 실수를 저질렀다는 것을 알아챘다. 나는 가벼운 마음으로 문제를 내면서 재미있게 보자고 한 말이었지만, 막상 듣는 사람은 시험을 치듯 긴장을 하게 되는 것이었다. 또 맞히지 못한 사람은 어떤 식으로든 상처를 받을 수 있다는 점은 생각하지 못했던 것이다. 그러나 그 영리한 누님이 회원들을 곤경에 빠뜨리지 않게 하려고 나에게 닦달하듯 큰 소리로 외쳤던 것이다.

참으로 고마웠다. 나중에 그 누님께 사과드리고 나서 어떻게 그리 빨리 알아냈느냐고 물었더니, 그 대답이 더더욱 명답이었다.

"알기는 뭘 알어. 둘 중 하나를 찍어 말한 것이지. 그게 틀렸다면 나 혼자만 틀린 것이 되잖아?"

영암사터의 내력과 미래

영암사터는 남아 있는 유물로 보아 하대신라에 창건된 절이고, 발굴 결과 고려말까지 유지되었던 것까지는 확인할 수 있다. 그러나 이 깊은 산중의 오지에 어떤 인연으로 누가 창건했는지에 대해서는 전혀 알려진 것이 없다. 『삼국유사』 『삼국사기』 『삼가현 읍지(邑誌)』 어디에도 영암사라는 절에 대한 언급은 나오지 않는다.

더욱 이상한 것은 『신증동국여지승람』을 보면 황매산 아래에 몽계사(夢鷄寺)·사라사(舍羅寺) 터가 있었다는 것은 명확히 기록되어 있는데 유독 영암사에 대한 언급만 없다. 폐사지의 절 이름이 영암사였다는 것은 마을에 구전되어온 것일 뿐, 기록으로 고증된 것도 아니다. 그러던 중 서울대도서관에서 '합천 영암사 적연국사비'의 옛 탁본이 발견되어 영암사라는 속전이 사실인 것을 확인하게 되었다.

비문에 의하면 적연국사(寂然國師, 932~1014)는 경상도 성주사람으로 13세 때 전라도 장흥 천관사에 들어가 중이 되고 37세에 중국에 유학하고 귀국했다. 성종이 스님을 대사로 봉했고, 목종은 대선사로 승진시키며 임금의 곁에서 불법을 전하게 하였다. 그러다 80세가 되었을 때 가수현(嘉壽縣, 오늘날 삼가면과 가회면) 영암사에서 조용히 주석(駐錫)하다 현종 5년(1014) 입적하니 향년 83세였다. 이에 영암사 서쪽 산중에 장사지내고 나라에서는 적연국사라는 시호와 함께 자광탑(慈光塔)이라는 탑호를 내려주었다고 한다. 이 적연국사의 비는 조사당 남쪽에 있는 돌거북 위에 세워져 있었던 것으로 추정된다. 영암사가 언제 폐사되었는지 확실하지 않지만 조선초였을 것으로 생각된다. 절터 발굴 때 나온 도편(陶片)이 조선초 분청사기까지만 있기 때문이다. 이후로는 폐허가 되어 발굴 전까지만 해도 석축 아랫단은 밭이었다.

이런 영암사터의 유물을 오늘날까지 이나마 지켜낸 것은 전적으로 마을사람들이었다. 1933년 일본인이 몰래 쌍사자석등을 훔쳐가는 것을 막아 면사무소에 보관해두고, 1959년에는 석등을 절마당으로 옮겨놓았다. 그리고 주민들은 무너진 삼층석탑을 바로세우고 마을의 헌 집 두 채를 옮겨지어놓고 이 절터를 지켰다.

지금 영암사터 삼층석탑 양옆에 있는 허름한 건물이 바로 그것이다. 나라에서는 1984년 동아대학교 박물관에 발굴을 의뢰하였고, 1999년 복원정비사업을 벌인 다음 2002년 3차 조사를 실시하기에 이르렀다. 그사이 절터 안쪽 저편에 새 절이 들어섰다.

문제는 볼썽사나운 허름한 집이다. 이것을 빨리 철거하고 그곳마저 발굴조사를 해야 영암사터는 더욱 아름답고 환상적인 절터로 각광받을 수 있을 것이다. 다만 지난 세월 나라에서 거들떠보지도 않던 시절 마을사람들이 관리소 격으로 지어 이곳을 지켜온 것인데 이제 와서 불법건물이라고 철거할 수만은 없는 일이다.

나는 청장 시절 이 문제를 슬기롭게 해결해보려고 노력했지만 뜻을 이루지 못하고 자리를 떠났다. 그것이 내내 마음에 걸렸다. 그래도 언젠가는 해결될 것으로 믿고 기다려왔는데, 이 글을 쓰기 위해 문화재청 담당부서에 문의하니 마침 청장 시절 나의 비서였던 여규철씨가 그 실무를 맡고 있었다. 영암사터가 어떻게 되었느냐고 채 묻기도 전에 그의 대답이 먼저 나왔다.

"청장님, 잘됐습니다. 그 허름한 집들 철거하기로 합의했습니다. 새 절 쪽으로 옮겨주기로 했습니다. 올해 철거하고 발굴에 들어갈 겁니다."

이렇게 기쁜 소식이 또 있을까 싶다. 그때 가면 영암사터는 완벽한 국가 사적으로 면모를 갖추게 될 것이다.

| 합천군 가회면 오도리 이팝나무 | 꽃이 필 때 나무 전체가 하얀 꽃잎으로 뒤덮인 모습이 이밥 즉 쌀밥과 같다 하여 이팝나무라고 불린다고도 한다.

합천 촌부의 회상

영암사터가 있는 합천 가회면에는 시도기념물로 지정된 거대한 이팝나무 고목이 있어 어느 핸가 5월달 답사 때는 만발한 이팝나무 꽃을 보기 위해 찾아갔다. 해묵은 고목 전체가 하얀 꽃잎으로 뒤덮여 있는 것은 그야말로 장관이었다. 이팝나무란 이름은 꽃이 필 때 나무 전체가 하얀 꽃잎으로 뒤덮인 모습이 이밥, 즉 쌀밥과 같다 하여 붙여진 것이라고 한다. 또 전하기로는 여름이 시작될 때인 입하에 꽃이 피기 때문에 '입하목(入夏木)'이라 부르던 것이 입하나무를 거쳐 이팝나무가 되었다고도 한다.

합천군 가회면 오도리 길가에 있는 이 이팝나무는 높이가 15미터, 둘레가 2.8미터나 된다. 마을에서는 이 나무를 신성스런 나무로 여기며, 이

나무에 꽃이 활짝 피면 풍년이 온다는 전설이 전해오고 있다. 여기뿐만 아니라 오래된 이팝나무가 있는 동네에는 한결같이 이런 이야기가 전해지고 있는데 그것은 이팝나무는 물이 많은 곳에서 자라는 식물이므로 꽃이 활짝 피었다는 것은 가물지 않았다는 것을 뜻하니 벼농사와 관련지어 이와 같은 전설이 생긴 것이다. 그런 전설이 아니더라도 이팝나무 흰 꽃이 만발할 때 이 신령스런 고목을 보는 것은 어느 문화유산을 만나는 것 못지않은 감동을 준다.

그러나 영암사터를 답사하고 난 뒤 나의 답삿길은 대개 해인사로 향한다. 해인사로 갈 때는 합천댐을 끼고 돌게 된다. 호수는 언제나 사람의 마음을 편하게 가라앉혀준다. 그래서 여기를 지날 때면 답사객들이 차창 밖으로 합천댐 너른 호수를 무심히 바라보곤 한다. 그러다 어느만큼 지나면 나는 내가 정말로 잊을 수 없는 한 합천 촌부(村夫)의 이야기를 들려준다.

내가 근무했던 영남대학교 박물관에서 합천댐 수몰지구를 발굴했다. 그때 봉산면 개포리 수몰지구에 살던 박삼수라는 촌부가 집을 잃고 발굴단의 인부로 일했다. 그는 참으로 순박하고 부지런한 분이었다. 농사꾼 또는 촌부가 갖고 있는 미덕을 모두 갖고 있는 진국이었다. 고 권이구 관장은 합천 발굴이 끝나고 돌아올 때 출토유물과 함께 그를 '신고 와' 박물관 주사로 일하게 했다.

내가 박물관장이 되어 정원을 손보려고 하면 그는 얼른 삽을 빼앗아 내가 생각했던 것보다 훨씬 깔끔히 일을 해치웠다. 박물관에는 궂은 일, 힘든 일, 지저분한 일이 많다. 전시실, 유물창고 정리뿐 아니라 특별전이라도 하려면 잡역부 일이 아주 많이 필요하다. 또 정원도 관리해야 한다. 더욱이 영남대 박물관의 민속원에는 안동 수몰지구에서 옮겨온 구계서원, 의인정사를 비롯하여 한옥이 여섯 채에다가 넓은 논과 밭이 있어 그것이 민속원의 화단 내지 정원 구실을 한다. 박주사는 그 모든 걸 관리했다. 관장을 지내면서 누구에게 무슨 일을 시키든 마지막에 망치, 삽, 곡괭이, 도끼 같은 연장을 쥐고 있는 것은 언제나 박주사였다.

한번은 '오래된 카메라' 특별전을 하는데 오픈 전날에도 플래카드가 걸리지 않았다. 나는 직원들에게 밤을 새워서라도 내일 아침 학생들 등굣길엔 볼 수 있게 하라고 지시하고 들어갔다. 이튿날 아침에 나오니 4층 건물을 꽉 채운 플래카드가 정말로 보기 좋았다. 한쪽이 약간 기운 듯하지만 사다리차도 없이 그만큼 달아놓은 것이 장했다.

기꺼운 마음으로 플래카드를 보고 있는데 박주사가 냉큼 달려와 무슨 지시를 받을 자세로 내 옆에 섰다. 밤새 일시킨 것이 미안하기도 하고 칭찬도 해줄 겸 박주사에게 "이렇게 해놓고 보니 어때요?"라고 하자 그는 주춤하면서 짧게 "예" 하고 물러서는 것이었다. 그래서 다시 "멋있지 않아요?"라고 하자 이번에는 "예에, 멋지긴 멋지죠……" 하고 대답을 길게 빼는 것이었다. 그래서 "근데 박주사 아까 왜 놀란 것처럼 대답했어요?" 하고 물으니 그는 멋쩍어하면서 이렇게 대답했다.

"예에, 지는예, 다시 달라고 하는 줄 알고예."

영남대 시절 나는 승용차를 학교에 두고 다녔다. 주말이면 박주사가 쓰게 하기도 했다. 그래서 항시 떠날 때는 기름을 채워놓고 갔다. 영남대는 자체 주유소가 있어 기름을 몇리터 넣었는가 표시해두면 나중에 월급에서 공제하곤 했다. 어느날 박주사에게 내 차 기름을 가득 넣어오라고 했더니 돌아와서는 내게 확인을 받는 것이었다.

"관장님예, 기름 다 넣었어예. 35.8리터 넣었어예."

내가 수고했다며 고개를 끄덕이고 결재서류를 검토하고 있으니까 다시 확실하게 확인받아두려는 듯 말했다.

"그러니까 두 말 넣은 택이라예."

올해도 개복숭아가 피었습니다

나는 나무꽃을 좋아한다. 특히 매화와 복숭아꽃을 좋아하여 영남대 시절 3월이면 개학하자마자 학생들과 함께 임업시험장에 무리지어 피어나는 매화밭을 거닐었다. 4월이면 수업이 끝나자마자 경산 상대온천 가는 길 산비탈에 있는 복숭아 과수원에 잘 놀러가 학생들이 '쌤 과수원'이라고 부르곤 했다. 나는 나무꽃 중에서도 산벚꽃, 산목련, 산동백처럼 '산'자 들어가는 얇은 홑꽃을 좋아하고, '겹'자 들어가는 겹벚꽃, 개복숭아 겹꽃처럼 요란한 것은 싫어한다. 그런데 영남대 박물관장실 창밖에는 늙은 개복숭아 한 그루가 있어 해마다 꽃이 만발하는데, 어찌나 그 모습이 요란한지 시골 할머니들 말대로 '지랄같이' 핀다.

그러던 차 식목일날 민속원 앞 비탈밭에 복숭아밭을 만들게 되었다. 나는 직원 40명에게 각자 한 주씩 심게 해 나무에 대한 정을 갖게 하려고 회식자리를 마련하여 내 뜻을 말했다. 박주사에게 내일 경산장에 가서 묘목을 사오라고 했더니 "백도, 천도, 수밀도가 있는데 어떤 것을 사옵니꺼?" 하고 물었다. 나는 거기까진 생각하지 못해서 잠시 고민하고 있는데 박주사와 함께 일하는 민주사가 "관장님예, 꽃을 볼라 함니꺼, 열매를 먹을라고 함니꺼?" 하고 묻는 것이었다. 내가 당연히 꽃을 보려고 한다고 대답하자 그는 "그라믄 문제없심더, 박주사가 길리논 묘목이 많심더" 하

| 민속원 개복숭아 | 같은 복숭아꽃이지만 개복숭아꽃은 너무도 요란하게 피어 나는 별로 좋아하지 않는데 이상하게도 이 꽃은 내가 가는 곳마다 따라 붙는다.

여 우리는 박주사가 가져온 복숭아 묘목 40주를 심게 되었다.

묘목은 박주사가 잘 관리하여 한 그루도 죽지 않았다. 이듬해는 제법 컸지만 꽃은 몇송이 피지 않았다. 꽃망울이 실하게 달리려면 이듬해 봄까지 기다려야 했다. 나는 이제나저제나 민속원 복숭아밭에 꽃이 피기를 기다렸는데, 4월 어느날 주말을 서울에서 보내고 박물관으로 출근하자 박주사가 달려와 민속원 복숭아밭에 꽃이 피었다는 것이다. 나는 곧바로 박주사와 함께 민속원으로 달려갔다. 멀리서 보니 제법 빨갛게 피어난 것이 복숭아꽃 핀 마을을 아름답게 연출하고 있었다. 복숭아밭으로 들어가보니 아뿔싸! 이게 웬일인가. 온통 개복숭아꽃이었다.

내가 하도 어이없어 "박주사, 이 묘목들 어디서 기른 것이었어요?"라고 물으니 그는 "관장님방 창 앞에 있는 늙은 개복숭아 씨를 뿌려 3년 키운 겁니다. 그래서 튼튼하지예. 장에서 사면 약해서 못써예. 그리고 꽃이

홑겹이라 색이 약해예."

나는 빨리 포기했다. "고마워요. 이렇게 좋은 꽃을 잘 키워서."

이 사실을 알고 나의 학생들은 "쌤이 편견이 많아 괜히 미워하니까 개복숭아가 뭐가 어때서 그러냐고 덤벼든 겁니다"라며 나를 놀려댔다.

그리고 이듬해 나는 영남대를 떠나 명지대로 자리를 옮겼다. 그해 4월 어느날 영남대에 두고 온 제자가 이메일을 보내왔다.

"쌤, 올해도 민속원엔 개복숭아가 '지랄같이' 피었습니다. 그리고 박주사님이 개복숭아꽃 보니까 쌤이 무척 좋아했다며 더 생각난대요."

이후 나는 더이상 개복숭아를 미워하지 않게 되었다. 부여 시골집 뒤란에 한 그루 심어 정을 붙이고 있다. 그리고 10년이 지났다. 지난봄 합천 영암사터를 다녀오면서 합천댐을 지나게 되니 박주사 생각이 났다. 모처럼 전화를 걸었다.

"박주사, 잘 지내요?"

"예, 관장님도 잘 계시지예. 신문에 글쓰는 거 보면 반가워예. 오늘도 났데예."

"그랬군요. 개복숭아는 잘 커요?"

"잘 큽니다. 한번 오시이소. 근데예, 관장님방 창밖에 있던 늙은 개복숭아가 저작년에 죽었다 아닙니까. 가물어서예."

"그래요? 그 앞이 허전하겠네."

"어데예(아뇨), 제가 민속원에 심을 때 세 그루 심어놓은 게 잘 커서 꽃이 이뻐예."

그는 그렇게 후계목을 키워둔 것이었다. 나 같은 서생은 절대로 생각지 못하는 일이다. 박주사의 이런 모습 때문에 박물관의 젊은 학예사들은 그를 '도사님'이라고 부른다.

 박주사의 고향은 합천군 봉산면 개포리 골마마을이다. 지금은 합천댐 깊은 곳에 수몰되었고 동네 이름도 지도에서 지워졌다.

2009. 10.

내 고향 부여 이야기

5도2촌 / 외산면 소재지 / 휴휴당 / 반교리 청년회원 /
반교리 돌담길 / 무량사 사하촌 / 만수산 산나물 / 마늘쫑

5도2촌, 2도5촌

　농업, 농민, 농촌의 몰락이라는 것이 어제오늘의 일이 아니지만 날로 가속화하여 그 끝이 어디인지 가늠하기 힘들다. 우리나라 인구 5천만명 중 농민의 수는 점점 줄어 현재는 350만명에 불과하다. 부여군의 경우 10년 전만 해도 9만명이던 것이 해마다 2천명씩 줄어 지금은 7만명을 유지하고 있다.

　한 연구에 의하면 앞으로 20년 안에 농민 100만명만 유지할 수 있다면 그나마 다행이라고 한다. 기존의 나이든 농민이 세상을 떠날 뿐 새 농군은 태어나지 않는다. 10여년 전 경상도 답삿길에 어느 면소재지에서 동네잔치가 벌어져 무슨 잔치냐고 물었더니 그해는 면에서 세명(!)이나 출생신고를 한 경사가 있었다는 것이다. 그 전해에는 한명도 없었다고 한

다. 이 아이들이 자라 초등학교에 가게 되면 입학생이 많아야 세명밖에 없어 면단위조차 초등학교 한 곳을 유지할 수 없게 된다.

농업과 농민 문제는 나의 전공이 아니라 무어라 말하기 힘들다. 그러나 날로 폐가가 늘어가는 농촌마을을 저렇게 방치해둘 것인가는 문화적인 문제이고 국민 모두가 고민하고 해결해야 할 과제다. 농촌마을이 사라진 우리의 자연풍광은 상상이 되지 않는다. 답사를 다니면서 방치된 문화유산보다 내 가슴을 더 아프게 하는 것은 을씨년스러운 폐가가 늘어나는 시골마을의 모습이었다. 저 폐가들을 누가 어떻게 채울 것인가. 나는 이런 문제의식을 갖고 외국의 사례를 검토해보았다.

그러던 중 10년 전 러시아를 방문해서 작은 실마리를 얻었다. 소련이 해체된 후 이들은 시골에 있는 협동농장을 도시인에게 분양했다. 그것을 '다차'(Dacha)라고 했다. 그 결과 모스끄바, 쌍뜨뻬쩨르부르끄에 사는 도시인이 주말이면 괭이를 차에 싣고 시골집 다차로 가서 자연과 함께 사는 것이었다. 나는 저것을 벤치마킹해 한국형으로 개발하면 우리 시골 마을이 살아날 수 있겠다는 생각을 했다. 도시를 떠나 귀향, 낙향한다는 것은 인생의 중요한 결단을 요구하는 일이다. 그러나 도시의 삶을 유지하면서 시골생활을 곁들이는 것은 즐거운 선택일 수 있다. 그리하여 시골의 즐비한 폐가에 도시인이 들어가 살면 도시인도 시골마을도 함께 윈윈할 수 있다는 생각이 들었다.

도시에서 닷새, 시골에서 이틀을 지내는 5도2촌(五都二村)의 생활을 하다가 은퇴 뒤에는 2도5촌을 하며 산다면, 그것이 곧 우리나라 농촌 리모델링의 한 기본개념이 될 수 있다고 생각했던 것이다. 나는 기회 있을 때마다 이 5도2촌론을 폈다. 많은 사람이 내 주장에 공감했다. 공주시는 아예 '5도 2촌의 도시'라는 기치를 내걸고 도시인을 불러모으고 있다. 나는 5도2촌을 나부터 실천하기로 마음먹었다. 집사람도 묵시적으로 동의했다.

제2의 고향, 부여

나는 서울사람이다. 때문에 사실상 내 가슴속에는 고향이라는 정서가 없다. 영남대 교수생활을 10년 넘게 해서 대구는 나의 제2의 고향이지만, 오랜 숙원인 시골생활을 해볼 요량으로 또다른 제2의 고향을 찾았다. 시골집 고향을 갖고 있는 사람들을 늘 부러워했는데 이제는 나도 고향을 가질 수 있게 된 기분이다. 더욱이 남들은 싫든 좋든 거기가 자신의 고향일 수밖에 없지만 나는 이제 내 맘대로 선택할 수 있게 된 것이다. 그러면 어디로 갈 것인가? 이것은 참으로 즐거운 고민이었다.

제주도 대정 추사 유배지 근처도 가보았고, 경주 괘릉 뒤 감산사터가 있는 묵은 동네도 가보았다. 일찍이 마음에 두었던 청도 운문사 근처도 생각해보았다. 그러나 집사람이 서울에서 좀 가까운, 차로 세시간 안에 갈 수 있는 곳을 찾자고 했다. 그래서 나보다 먼저 시골집을 마련한 친구의 평창집, 금산집도 가보았다. 그러나 시골집 하나 갖는 것도 만만치 않은 일이었다. 돌아다녀보았자 맘에 드는 폐가가 있다는 보장도 없었다.

나는 기준을 먼저 세우기로 했다. 내가 그리는 시골집은 듬직한 산자락 아래 양지바른 곳에 옹기종기 모여사는 동그만 마을이 있고, 마을 앞에는 실개천이 흐르며 개울 건너로는 대를 이어 농사짓는 논과 밭이 있어 철 따라 곡식과 채소가 자라는 농촌마을이다. 마을 집집에는 앞마당 뒷마당에 복숭아, 살구, 감, 대추 같은 유실수가 있어 봄이면 화사하게 꽃을 피우고 가을이면 탐스럽게 열매를 맺는 그런 곳이다.

그러나 그보다 내게 중요한 것은 집 가까이에 아름다운 절집이 있어 내 집 정원인 양 거닐 수 있는 곳이다. 이것은 필수조건이다. 그리고 문화유산의 전통이 있는 고장으로, 집에서 차로 이삼십분 거리에 박물관이 있는 곳이면 좋겠다고 생각했다. 그래야 은퇴 후에는 문화유산 해설사라도 할 수 있을 것 아닌가. 그래서 생각난 것이 부여였다. 부여라면 훗날 남들이 유아무개 요즘 뭐 하냐고 궁금해할 때 "요즘 부여에서 산다지"라고 하면 "역시 문화유산 공부하고 있구먼" 하고 나를 좋게 볼 것 같았다. 금산에 산다면 인삼 먹으러 간 것 같고, 평창 산다면 스키 타며 놀고 지내는 것 같은 이미지를 주겠지만 부여라면 사뭇 격이 높아 보일 성싶었다.

마음을 부여로 정하고 나니 내가 가까이 둘 절집으로는 부여 외산면의 무량사(無量寺)가 떠올랐다. 이미 지난 30년간 10여 차례 가본 바 있고 무량사만큼 고즈넉한 산사의 옛 모습을 지닌 곳도 없다.

나는 평소부터 잘 알고 지내는 부여군수에게 전화를 걸었다. 당시 부여군수 김무환씨는 호인인데다 유머도 넘치는 인간미 있는 분이어서 부담없이 상담할 만했다.

"군수님, 내가 부여사람이 되고 싶은데 어떻게 생각하세요?"
"아, 정말입니까?"
"정말이고말고요. 부여에 폐가 하나 사서 주말에 지내려고요."
"정말 고맙습니다. 백제가 부흥하는 것 같습니다. 제가 전망 좋은 곳을 추천해드리겠습니다."
"저는 외산 쪽을 생각하고 있는데요."
"외산요? 거기는 전망이 안 좋은데요."
"왜요? 무량사가 있고 좋잖아요."
"아…… 좋기야 하지요."

군수와 나 사이의 대화가 어딘가 어긋나고 있었다. 그가 말하는 '전망'이라는 것은 풍광이 아니라 '투자전망'이었던 것이다. 군수는 내 취지를 듣고는 그런 뜻이 있는 줄 모르고 속물로 생각해 미안하다며 외산에 매

| **외산면 반교리 전경** | 부여군 내산면과 외산면의 경계를 이루는 지티고개를 넘어서면 아미산 아래 다소곳이 들어앉은 반교리가 한눈에 들어온다.

입 가능한 폐가가 있는지 알아보겠다고 했다.

그리고 한 열흘 뒤 외산면 반교리에 딱 한 채가 매물로 나와 있는데 좀 지저분하지만 냇물과 붙어 있어 고치면 쓸 만할 거라고 했다. 이튿날 집사람과 그 폐가에 가보았다.

반교리는 부여 서쪽 끝, 보령시와 맞붙은 산골이다. 외산 무량사, 보령 성주사터를 답사할 때면 항시 지나던 길인데 막상 내 집을 보러 간다니까 길들이 새롭게 보였다. 부여 읍내에서 백마강을 건너 사뭇 서쪽으로 달리니 규암면 지나 구룡면, 구룡면 지나 내산면, 내산면 지나야 외산면이 나왔다. 생각보다 멀게 느껴졌다. 내산면을 지나 외산면과 경계를 이루는, 가파르지는 않지만 아주 지루한 전형적인 충청도 고개인 지티고개에 올라서자 멀리 높은 산자락 아래 노란 교회당 건물과 유스호스텔로 바뀐 폐교된 초등학교가 있는 동그만 마을이 보였다. 이 동네가 바로 반교리(盤橋里)였다.

이름과 달리 별로 반반하지 않은 다리를 건너 마을로 들어서니 돌담길 옛 담장과 새마을 블록담들이 낮게 쳐진 전형적인 시골동네였다. 내가 보러 가는 폐가는 큰길에서 500미터나 들어가 있는 외딴집이었다. 마을 속에 있으면서도 마을 집들과 적당히 떨어져 있어 쓸쓸하지도 않고 번거롭지도 않아 보였다. 폐가는 들은 대로 버려둔 지 오래되어 황폐했지만 냇물이 맘에 들었다. 그리고 무엇보다 집터에서 바라다보이는 아미산이 곱고 예뻤다. 농지법에 위배되지 않는 면적이고 작은 텃밭도 나올 수 있었다. 나는 당장 계약했다.

반교리 우리집

그날 나는 집사람과 반교리 마을 입구에 있는 자연부여유스호스텔에서 하루를 묵었다. 잠자리가 바뀌어서인지 잠이 오지 않아 밖으로 나왔다. 하늘에 별이 제법 초롱초롱했다. 냇가로 나가 다리 난간에 걸터앉아 담배 한대를 피우다보니 참으로 묘한 인연이라는 생각이 들었다.

나는 아직 호(號)를 갖고 있지 않다. 서울집을 수졸당(守拙堂)이라고 한 것은 승효상의 건축 이미지에 맞추어 지은 당호이고, 내가 언젠가는 지을 호에는 반드시 다리 교(橋)자를 넣을 생각이었다. 그럴 이유가 있었다.

20대 청년시절, 나도 작가를 꿈꾼 적이 있었다. 그때 나의 예술적 고민은 지식인이 어떻게 작품 속에 민중적 삶을 담아낼 수 있느냐는 문제였다. 노력한다고 해결될 문제 같지 않았다. 나는 이 고민을 진심으로 존경해온 선배 김지하 시인에게 편지로 털어놓았다. 그러자 지하형은 곧바로 장문의 답장을 보내주었다.

| 휴휴당 돌기와집 | 작은 기와집을 지으면서 이 동네 특성을 살려 기둥을 세우지 않고 돌담으로 4면 벽체를 돌렸다.

　홍준아…… 막연한 민중이란 기만이기 쉽다. 특히 손이 흰 인텔리에겐 민중과 관련된 생존이 증발해버린, 냉랭히 그것만인, '고도의 집중'도 허망이기 십상이다. 그것은 작가 자신에게 불모요 미망이 된다. 민중적 생존의 구체적인 싸움의 과정에서 살지 않으면 피 없는 혁명의 시가 된다는 말이다.

　인텔리 출신의 작가에겐 이때 '다리'이되 훌륭한 '다리'이고자 하는, 즉 제약을 오히려 적극적으로 접수하려는 자세가 필요하다. 훌륭한 '다리'는 상승욕에 좀먹힌 피안보다 우수하고 아무리 탁월한 다리라도 투박하고 진실된 피안의 이름없는 풀 한 포기보다 나은 것은 아니라는 것을 명심해두어라.

　그런 '다리'이고 싶었는데 이 동네 이름이 반교리다. '반듯한 다리'라!

이후 나는 전각가(篆刻家)에게 '외산(外山)' '반교(盤橋)' '외산인(外山人)' '반교노인(盤橋老人)'이라는 도장을 새겨 내가 즐겨 사용하는 유성 붓펜으로 붓장난(墨戱)한 뒤에 낙관하고 있다. 그러나 아직 '반교노인' 도장은 사용하지 않고 있다.

외산면 소재지

반교리에서 외산면 소재지인 만수리까지는 차로 4분, 무량사까지는 5분이 걸린다. 그렇게 따지면 바로 이웃마을 같지만 거리로 치면 4킬로미터, 십릿길이다. 그래서 우리 동네 사는 서예가 소방 선생은 장날이면 할머니 네 분을 모시고 장에 다녀오는 자원봉사를 5일마다 한다.

만수리에는 외산면사무소, 하나로마트, 농협, 우체국, 경찰지구대, 병원, 약국, 초등학교, 중학교, 천주교 성당이 있다. 자연지형으로 보면 산골이어서 보령시 미산면, 청양군 남양면과 경계를 이루고, 부여군에서 보자면 내산면 너머 산속에 있어 외산면이라는 이름을 얻은 오지다. 그러나 날이 갈수록 찻길이 사방으로 뚫리다보니 지금은 오히려 교통의 요지가 되었다. 여기서는 부여, 청양, 웅천, 무창포, 보령으로 가는 버스가 있고 모두 20분 안짝에 갈 수 있다. 왕년에 탄광이 잘나가던 시절엔 현찰이 꽤나 돌았다고 한다. 그래서인지 만수리 사람들은 대처에 산다는 자부심도 있다.

온 김에 집사람에게 외산면 소재지도 보여주고 무량사도 구경시켜주려고 택시를 불러 타고 가면서 기사양반에게 슬며시 동네 인심을 물어보았다가 야단만 맞았다.

"반교리가 살기 어때요?"

"뭐 말유?"

"여기 와서 살아보려고 하는데 어떻게 생각하세요?"

"소용읎슈. 사람이 살려면 그래두 소재지(면사무소 소재지)쯤엔 살아야지."

소재지엔 식당도 많다. 이것저것 다 하는 구식 식당, 중국집부터 한우숯불갈비, 오리구이, 올갱이, 밴댕이, 칼국수 등 단품요리집도 있다. 그런데 상호들이 아주 재미있다. 둥지식당, 두리두리식당…… '며느리도 알아버린 맛'이라는 야식집도 있다. 그중에는 충청도식 개그도 있다. 요즘 어디나 가면 볼 수 있는 한우숯불고기집들이 수리바위 가든, 무슨 가든 하고 붙어 있는데 외산 버스주차장 앞에 있는 돼지삼겹살집 이름은 "그냥 고기집"이다.

휴휴당을 짓고

이듬해 나는 폐가를 헐고 작은 나의 집을 지었다. 방 하나, 부엌 하나 있는 8평(26제곱미터)짜리 세 칸 기와집과 헛간과 뒷간을 붙인 4평(13제곱미터)짜리 플라스틱 기와집 두 채다. 집에 대해서는 나의 고집이 있다. 집은 절대로 크면 안되고 특히 시골집은 크게 지으려면 집채를 나누어야 한다. 그래야 우리나라 풍광에 어울린다. 그리고 한옥은 무조건 세 칸 집이 예쁘고 툇마루가 놓여야 멋도 운치도 기능도 살아난다. 그런 집을 지었다. 지붕을 기와로 올린 것도, 우리 자연과 어울리는 것은 역시 기와 아니면 초가이기 때문이다.

그런 중 우리집이 일반 한옥과 다른 점은 나무기둥을 쓰지 않고 돌담으로 뼈대를 올린 것이다. 그것은 이 동네 자연조건에 맞춘 것이었다. 에

| **휴휴당의 겨울** | 외산면은 해발 150미터 되는 산중이어서 눈이 많이 내린다. 한겨울의 집 모습이다.

 게해 싼또리니섬에서는 그 섬에서 나오는 자재 외에는 집을 짓지 못하게 함으로써 그처럼 향토적이며 아름다운 풍광을 갖게 되었다. 반교리는 땅 밑이 모두 돌이다. 그래서 이 동네 집집이 다 돌담인 것이다. 집터를 고르면서 나온 돌로 집을 지었고 돌담을 둘렀다. 이것이 지금 나의 반교리 시골집이다.

 당호를 무어라 할까 고민하다가 일단 휴휴당(休休堂)이라고 했다. '쉬고 쉬는 집'이라는 뜻이다. 조선시대에 포도를 잘 그린 이계호(李繼祜, 1574~?)의 아호가 휴휴당인데 그걸 빌려와 나도 쉬고 쉬는 집으로 삼은 것이다. 그러나 막상 5도2촌이 시작되니까 쉴 시간이 없다. 여름이면 풀 뽑아야지, 봄 가을로 밭에 나가 살아야지, 나무 가꾸어야지, 겨울이면 장작 패야지, 해가 지고 나야 책 볼 시간이 생긴다. 집사람은 더 바쁘다. 그래서 집사람이 하루는 길게 투정하면서 하는 말이 있었다.

"젠장, 쉬러 왔다고 휴휴당이라고 하더니, 이건 쉬는 걸 쉬는 집이 됐네."

반교리 청년회원

이리하여 나는 반교리 주민이 되었다. 외산면사무소에 가서 아내의 주민등록을 이곳으로 옮겼다. 이전절차를 마친 뒤 마을 이장님을 찾아가 입주신고를 하고 마을회비를 봉투에 넣어 건넸더니 이장님은 내 얼굴을 한참 들여다보고는 묻는 것이었다.

"아직 환갑은 안됐지유?"
"안되고말고요."
"그럼 청년회로 들어가슈."

이리하여 나는 반교리 마을청년회원이 되었다. 그래서 내가 파놓은 '반교노인'이라는 도장은 쓰지 못하고 있다. 우리집 집들이 때는 집마당에 흰 차일을 치고 온 동네 사람을 다 모시고 한판 잔치를 벌였다. 출장뷔페를 시켰지만 돼지도 한 마리 잡아 삶았다. 이장님께 "뷔페는 몇인분이나 할까요" 하고 물으니 100명은 올 거니까 120인분 하라는 것이었다. 넉넉히하는 것은 좋으나 음식물쓰레기 나오면 어떡하냐고 되물으니 "그런 건 염려 마유"라는 것이었다. 나중에 보니 주민들, 정확히 말해서 할머니 할아버지들이 돌아갈 때 모두 비닐봉지 두개씩을 손에 쥐고 있었다. 마른 음식 한 봉지, 젖은 음식 한 봉지.

내가 기념타월을 한 장씩 선물하니 반교리 마을청년회에서는 '증 반교

| **전국 돌담길 8컷** | 전국에는 아직도 정겨운 돌담길 마을이 남아 있는데 그중 열 곳이 등록문화재로 지정되었다.
1) 고성 학동마을 2) 제주 하가리마을 3) 담양 삼지천마을 4) 강진 병영성마을 5) 산청 남사마을 6) 영암 죽정마을 7) 여수 추도마을 8) 대구 옻골마을

리청년회'라는 흰 활자가 새겨진 큼직한 전자시계를 기념품으로 답례했다. 이 시계는 지금도 우리집 부엌에 걸려 있다. 잔치가 끝나자 한 청년회원이 차일을 걷으면서 "이제 이 차일 칠 일 읎을끼유"라며 한숨을 내뱉듯 말한다. 내가 "왜요?" 하고 물으니 걷던 차일을 한쪽에 쌓으면서 이렇게 말한다.

"결혼식은 웨딩홀 가쥬. 장사는 장례식장서 하쥬. 환갑잔친 부페

식당 가서 하쥬. 칠 일이 어디 있간유. 그리구 이거 칠 청년은 있디유?"

그렇게 반교리에서 지낸 지 5년이 되었다. 그새 내 나이도 환갑을 지났다. 나는 이장님께 마을회비를 내면서 올해에는 청년회를 졸업하게 되는 것이냐고 물었더니 그는 특유의 충청도말로 이렇게 대답했다.

| 반교리 돌담길 | 반교리 돌담은 동네 밭에서 나오는 둥그스럼한 호박돌을 낮게 쌓아 더욱 정겨운 맛이 있다.

"아뉴, 올부턴 청년회 나이를 65세로 늘렸시유. 너무 염려 마유."

다른 동네 사정을 알아보니 대개 비슷했다. 한 동네에서는 65세 된 분이 마을 청년회장과 노인회 유사(총무)를 겸하고 있단다. 이리하여 나는 아직도 당당한 반교리 청년회원으로 지내고 있다. 아예 '반교청년'이라는 도장을 새로 팔까 싶다.

반교리 돌담길

반교리 돌담길은 '부여 반교마을 옛 담장'이라는 이름으로 대한민국 등록문화재 제280호로 등재되었다. 내가 문화재청장을 지내면서 전국에 있는 돌담길 마을 18곳을 문화재로 등록한 것은 지난 시절 답사를 다니

| **반교리 돌담길 공사** | 반교리 돌담길 복원공사는 마을 주민들이 돌담길보존회를 조직하여 옛 방식 그대로 시멘트를 사용하지 않고 쌓아올려 자연미가 돋보인다.

면서 돌담이 아름다운 마을에서 깊은 향토적 서정을 만끽했던 경험에서 나온 것이었다. 특히 군위 한밤마을, 고성 학동마을, 예천 금당실, 산청 단계마을, 산청 남사마을, 강진 병영성 마을, 영암 구림리 마을의 돌담길은 명작이다. 제주도는 모든 마을이 돌담길인데 그중 하가리 돌담길이 장관이다.

그러나 이 돌담이 새마을사업 때 많이 시멘트블록으로 바뀌기도 했고, 어느 집 돌담은 서울에서 누가 자기 별장에 쓰겠다고 통째로 헐어 사간 경우도 있었다. 평소 이건 잘못된 일이라 생각하던 차에 청장이 되면서 전국의 아름다운 돌담길 마을을 조사하게 하여 전문가들의 보고서를 토대로 일차로 열 곳을 돌담길 문화재로 지정하고, 이를 옛 모습으로 복원하는 사업을 추진하고자 했다.

그런데 문제가 생겼다. 군위 한밤마을, 제주 하가리 등 몇개의 마을은

| 반교마을 옛담장 빗돌 | 반교리 돌담길보존회가 자체적으로 세운 이 기념비는 돌담길 같은 순정이 깃들어 있는데 '옛'자를 너무도 강조한 나머지 '옜'으로 표기한 그 오자가 더 순구한 정감을 자아낸다.

주민들이 문화재 지정을 반대하여 결국 등록하지 못했다. 이유인즉 문화재로 지정되면 집을 수리하거나 증축할 때 문화재청 허가를 받아야 하기 때문에 생활의 불편은 물론이고 집값 떨어진다는 것이었다. 더욱이 문화재로부터 100미터가 다 보호구역에 들어가기 때문에 절대로 안된다는 것이었다.

이것은 문화재 행정에 큰 걸림돌이었다. 그래서 문화재청은 지정문화재와 별도로 등록문화재 제도를 만들어 등록문화재는 당해 문화재만 보호하고 주변환경에 영향을 주지 않는 것으로 했다. 특히 근대문화재의 경우 시내에 위치한 건물이 많아 주변을 함께 보호구역으로 할 수 없었다. 돌담길은 돌담만 유지하면 되는 것이었다.

전국의 돌담길 조사결과, 대부분이 경상남도와 전라남도에 남아 있었고 충청도에서는 오직 반교리 하나만이 등록대상으로 되었다. 그러자 반교리에서도 난리가 났다. 문화재청장이라는 자가 마을에 들어오더니 우리들 생활을 망치게 한다며 휴휴당으로 쳐들어왔다. 나는 지정문화재와 등록문화재의 차이를 자세히 설명했지만 통하지 않았다. 한 사람을 기껏 설득해놓으면 그다음 사람이 처음부터 다시 시작한다.

"돌담을 문화재로 지정하면 장독도 못 묻는다는디유."
"글쎄, 지정문화재하고 등록문화재는 다르다니까요."
"아. 안 그렇다는데유. 우리가 다 알아봤시유."
"어디다 알아봤어요?"
"이따만케 뚜꺼운 책에 나와 있시유. 껍데기가 시꺼메유."

'뚜꺼운' 법령집에 나온단다. 이런 먹통 같은 고집을 겪어보지 않은 사람은 이 상황을 다는 모를 거다. 그러나 나도 간단한 사람이 아니어서 반대하는 집은 빼고 반교리 돌담길을 문화재로 등록시켰다.

이리하여 전국 돌담길 마을의 돌담 복원사업이 시작되었다. 시멘트블록을 다시 돌담으로 환원하는 사업이 진행되었다. 그런데 또 문제가 생겼다. 문화재 보수는 전문 등록업체에서 하게 되어 있는데 이들이 돌담을 시골집답게 복원하는 것이 아니라 성곽 보수하듯 채석장의 발파석으로 새 담장을 쌓는 것이었다. 그것도 작은 돌이 아니라 성채에나 쓸 그런 돌로 복원하니 볼썽사납게 되기도 했다.

나는 반교리 돌담길 복원사업에서는 마을에 돌담길보존회를 두어 여기에 예산을 주고 마을사람들이 직접 쌓게 했다. 사실 이것은 청장의 직권지시였다. 이런 예가 없었기 때문에 실무자들의 고민이 많았다. 공무원들이 가장 싫어하고 두려워하는 것은 전례가 없는 일이다. 전례가 없던 일을 하면 거의 반드시 감사를 받기 때문이다.

그래도 청장의 지침이었기 때문에 반교리는 돌담길보존회가 사업의 주체로 되었다. 그 결과는 대성공이었다. 업자에게 돌아갈 이익이 마을로 돌아왔다. 돌담도 공짜로 고쳐주고 해마다 봄 가을로 농번기를 피해 보름씩 돌담을 쌓으니 농가 부업이 되었다. 더욱이 마을사람들에겐 내 동네를 단장한다는 기꺼운 마음이 있었고 30여명이 모여 일을 하다보니 마을축제가 되었다. 그렇게 4년을 고쳐쌓은 것이 지금의 반교리 돌담길이다. 내가 청장에서 물러난 뒤에도 문화재청에서는 반교리 돌담길을 가장 모범적인 문화재 복원사례로 꼽고 있다. 올해(2011)로 반교리 돌담길은 전장 2킬로미터의 복원사업이 마무리된다. 얼마 전 돌담길보존회장과 이장이 나를 찾아왔다. 동네사람들은 아직도 나를 청장이라고 부른다.

"청장님, 감사하구 미안하구먼유."
"뭐가요?"
"살다보니 우리는 나라에서 돌담을 다 고쳐주는 혜택을 받았는데 청장님네는 사비로 했으니 미안헌 거쥬."
"우리집은 외딴집이라 문화재구역이 아니라서 내가 한 건데 뭘 그러세요. 동네 훤해진 거 보는 것만으로도 좋아요."
"그래서 허는 말인디 그때 빼놓은 돌담두 다시 하게 해줄 수 읎시유?"
"이젠 청장이 아닌걸요."
"그래두 전관예우라는 것이 있다구 방송에서 하데유."
"그건 법조계 얘기죠."
"같은 공무원인디 그래두 뭔가 조금은 있갔지유."
"아, 전관예우 받다가 혼나는 것은 방송에서 못 보셨어요?"
"그래두 결국은 다 무사하더구먼유 뭘."

무량사 사하촌 식당

반교리 생활을 하면서 나는 농사일이 엄청 바쁘다는 걸 알았다. 이틀만 지내다보니 여름에는 잡초 뽑고 일주일 만에 오면 또 그만큼 자라 있다. 시간을 아끼기 위해 밥은 무량사 앞 식당에 대놓고 먹기로 했다. 이틀 지내는 동안 집사람은 세끼 밥하느라고 일할 시간도 쉴 시간도 없어 취한 조치였다.

무량사 입구에는 여느 명찰과 마찬가지로 기념품가게와 식당들이 있다. 그러나 찾아오는 이가 많지도 적지도 않아 해인사, 송광사, 법주사 앞처럼 성시를 이룬 것이 아니라 오붓한 사하촌 마을과 이어져 있다. 기념품가게는 장춘상회 형제상회 둘이 있고, 식당은 광명식당 삼호식당 은혜식당 셋이 있다. 주말 낮에만 북적거릴 뿐 평일에는 한적하고 저녁나절에는 가게도 식당도 일찍 문을 닫는다. 외지 사람이 장사하는 관광식당이 아니라 동네사람이 하는 식당인지라 시골밥집의 정서도 살아있다. 그래서 만수리 사하촌은 여느 관광지와 달리 아직 향토적 서정이라는 시골 내음이 있다.

세 집 모두 장맛이 좋고 밑반찬이 아주 토속적이다. 식당마다 나오는 이 동네 동치미는 진짜 일품이다. 물이 좋아 그런지, 무가 맛있어 그런지, 보관에 비법이 있어 그런지 겨울철뿐 아니라 여름철 밥상에도 동치미가 오른다.

식당 메뉴는 일정한 것이 아니라 집에서 먹듯 제철에 맞추어 아욱국 근대국 쑥국 오이냉국 호박국을 끓여주고, 갓 담근 열무김치를 내놓기도 하고 호박잎을 쪄주기도 한다. 이곳 특산물은 도토리묵과 표고버섯이어서 손님치레가 있을 때면 별식으로 묵무침과 버섯전골로 상을 차려달라고 주문한다.

| **무량사 사하촌 식당가** | 무량사 앞에는 넓은 주차장 옆으로 식당 셋, 가게 둘이 오순도순 붙어 있다.

   우선은 우리 답사회의 20년 단골집인 삼호식당에서 아침식사를 대놓고 먹기로 했다. 그러나 매끼를 한 식당에서 먹을 수는 없는 일이어서 점심 저녁은 광명식당이나 은혜식당에서 먹고, 기분날 때는 대천이나 무창포로 나가 바닷가에서 생선을 먹었다.

   은혜식당 아주머니는 얘기를 아주 잘한다. 친해지면 더 잘한다. 한번은 식당 아주머니가 화가 나서 내게 하소연 겸 화풀이를 하는데 들을 만했다.

   "뭔 일 있었어요?"
   "교수님, 내 말 좀 들어봐유. 군(郡)에서 요식업하는 사람 교육이 있으니 오라고 해서 갔쥬. 나는 내가 식당 하는 줄로만 알았는데 이게 요식업이래유. 요식이라구 유식하게 말해 뭔가 맛있는 요리법이라두 가르쳐주는 줄로만 알구 역부러(일부러) 시간내 가지 않았겠슈. 갔더니, 젠장! 한다는 소리가 요즘 음식점은 김치부터 밑반찬을 다 납품업자들한테 사서 내놓으니까 맛이 똑같을 수밖에 없다는 거여. 그러니 청결과 친절이 성패를 가름한다나. 그걸 교육이라구 하는 거여. 교수님, 그게 말이 되는 거여? 식당은 무엇보다 음식맛이 중요하니 장사한테 산 반찬 내놓지 말구 내 식구 먹듯이 정성껏 해서 차리라고 해야 되는 거 아녀. 아이고, 그런 게 요식업이라면 나는 식당이나 하구 말 꺼여."

나는 무량사 사하촌 식당들의 이런 전통이 오래오래 가기를 축수하듯 바라고 있다.

이렇게 식사문제를 해결하니 집사람도 좋고 나도 좋다. 교수는 강의만 안하면 할 만하고, 기자는 기사만 안 쓰면 할 만하다더니, 가정주부가 부엌일 안하면 살 만하다고 한 것은 예나 지금이나 마찬가진가 보다.

만수산의 봄나물

새봄이 와 3, 4월로 들어서면 무량사 사하촌 식당에는 봄나물도 오른다. 이곳에서는 나물을 참기름이 아니라 반드시 들기름에 무쳐준다. 나물이란 봄철에 새순을 따서 먹는 것이기 때문에 3월말부터 5월초 사이에만 있고 그 순간을 지나면 잎이 다 피어 나물이 되지 않는다. 그 무렵이면 무량사 입구에 나물 파는 할머니가 있다. 나물의 종류는 수십가지로 주말마다 다른 것을 갖고 나온다. 할머니 하시는 말씀이 봄철 산에 널려 있는 풀은 죄다 돈이라며 "봄산은 사촌보다 낫다"고 했다. 나는 나물 할머니와 식당 아주머니들에게 나물에 대해 많은 것을 배웠다.

나물은 기본적으로 두가지가 있다. 하나는 음나무순 두릅나무순 같은 나무의 새순이다. 음나무순은 두릅보다 맛이 더 싱그러운데 이름은 개두릅이다. 이외에도 오갈피나무 가죽나무 고추순나무 빗새나무 노린재나무 산초나무 왕초피나무 삿갓나무 참빗살나무(화살나무) 우산대나무 다래넝쿨의 새순은 다 나물이 된다.

또 하나는 다년초, 즉 풀의 새잎이다. 쑥을 비롯해 달래 냉이 씀바귀는 나물의 고전이고, '취'는 나물의 대종으로 취자가 붙은 풀은 다 나물로 먹는다. 곰취 참취 미역취 단풍취 바위취(범의 귀) 전대취 각시취 분취 수리취. 이외에도 많다. 고사리 고비 개발자국 백지 장녹(자리공)순 미남지 싹 얼레지 비비추 엉겅퀴 민들레 쇠비름 콩고투리 청침 부지깽이나물 꿩나물 복주머니나물 벌통나물 기름나물 비름나물 멸구나물 산마늘 는쟁이나물(명아주) 으아리(위령선).

그냥 자라면 풀이고 잡초지만 새순을 따면 다 나물이 된다. 돌보지 않아도 산비탈 양지바른 곳, 그늘진 곳은 물론이고 논둑, 밭둑, 개울가에 즐비하다. 나물 중엔 집에서 기를 수 있는 것도 있어 당귀 잔대 창출 머위 둥굴레 돌나물은 나도 반교리 텃밭에서 기르고 있다.

한번은 나도 나물을 캐볼 요량으로 은혜식당 아주머니에게 물어봤다.

"백지는 어디 많아유?"
"개울가 묵밭(묵은 밭)에 많지유."
"으아리는 어디 있슈?"
"그건 산소 곁에 가야 있슈."
"기름나물은유?"
"그건 왜 자꾸 물어유?"

아주머니는 이 대목에서 잠시 망설이며 대답을 잘 안 한다. 내가 눈치

| 만수산의 나물 | 1) 참나물 2) 당귀 3) 곤드레 4) 잔대 5) 냉이 6) 곰취 7) 고들빼기 8) 돌나물 9) 으아리

채고 다시 물었다.

"비밀이유? 아따, 내가 캐갈까봐 그래유?"
"아뉴, 일러준다구 교수님이 캘 줄이나 알겠슈. 무량사 극락전 뒤에 많아유."

나물은 세계에서 우리나라밖에 없다고 한다. 실제로 프랑스 이딸리아 등 서양요리에는 쎌러드로 먹는 야채가 있을 뿐이다. 중국식 일본식 요리에도 나물이라는 것이 없다. 고사리를 비롯해 우리가 나물이라고 하는 것이 서양에서는 독초로 분류되는 것이 많다고 한다. 그러나 우리 조상들은 그 독초를 삶아서 독을 빼내고 나물로 무쳐먹는다. 어떤 것은 삶아먹고, 어떤 것은 데쳐먹고, 어떤 것은 생으로도 먹는다. 이 모든 것은 우리 조상들이 수많은 시행착오 속에서 찾아낸 삶의 방편이자 슬기이다.

그런데 만수리 나물 할머니가 지난봄에 갑자기 세상을 떠나셨다. 나는 누가 이 할머니를 대신해 만수산 나물의 맥을 이어갈지 은근히 걱정이 된다. 이런 것이 기록으로 남아 있을 리 없으니 캐지 않는 나물은 풀일 뿐이 아닌가. 더구나 꽃가꾸기 같은 원예작물에 관한 책은 많아도 나물에 관한 책은 눈 씻고 보아도 없다. 한국토종약초연구소(회장 최진규)가 있어 위안이 되기는 하지만 내가 지금 말하고 있는 것은 약초나 꽃이 아니라 대대로 조상들이 가르쳐준 봄나물이다.

이런 생각을 하다가 나는 직업병처럼 문득 만수산 무량사 입구에 자그마한 나물박물관을 하나 세워도 좋겠다는 생각을 갖게 되었다. 나물의 종류와 가치를 가르쳐주면서 외산장(4, 9일)에 내다파는 할머니들의 나물을 봄철 내내 사갈 수 있는 살아있는 박물관 말이다. 내 딴에는 좋은 생각이라고 집사람에게 의기양양하게 말했더니 반응이 시큰둥하다.

"그러다 산나물 씨가 마르면 당신이 책임질 튀유?"

마늘쫑은 어떻게 뽑나

나물뿐만이 아니다. 반교리로 내려와 살면서 내가 알게 된 참으로 안타까운 사실의 하나는 농사짓는 법을 기록한 교본이 없다는 사실이다. '꽃밭 가꾸기' '야생초 기르기' 같은 원예서적과 '텃밭 가꾸기' '유기농 재배법' 같은 반은 취미로 농사짓는 가이드북은 있어도 나물 캐는 할머니의 경험이나 진짜 농사꾼이 일년 열두달 논밭에서 하고 있는 일을 기록해둔 농업교본이 없다는 것은 거짓말 같지만 사실이다.

5도2촌 생활을 하는 주제에 내가 농사를 지으면 얼마나 짓고 작물을 심으면 몇가지나 심겠느냐마는 고구마는 언제 심고 고랑은 어떻게 만들고 얼마 간격으로 심고 언제 캐는가를 옆집 반교리 청년회원이 알려주듯 써놓은 책이 없다.

고추는 밭을 옮겨가며 심어야 병이 적지만 마늘은 심은 데 심어야 잘 되고, 옥수수는 일찍 심으면 일찍 따먹고, 늦게 심으면 늦게 따먹으니 모종을 심거나 씨를 뿌릴 때 일주일 간격으로 해야 맛있게 먹는다고 한다. 고라니는 근대를 좋아하여 산밭에 심으면 안되고 들깨는 안 먹으니 심어도 된다고 한다. 우리 밭에 고구마줄기가 무성하게 퍼져나가는 것을 보고 아랫집 아주머니가 안타까운 듯 고구마줄기를 뒤집어주라고 일러주었는데, 줄기가 퍼져나가 뿌리를 내리면 잎만 무성해지고 결실을 잘 맺지 못한다는 것이다.

송시열(宋時烈) 선생이 제주도 유배왔다가 죽는 당년에도 생강을 심었다는 얘기를 듣고 추사 김정희가 감동의 시를 쓴 게 있어, 나도 생강을 조금 심어보았더니 일 나온 아주머니가 생강 고랑은 평평해야 한다며 다시 심어주셨다.

어느날 삼호식당에서 아침을 먹는데 밥상에 마늘쫑(마늘종)이 나왔다. 나는 마늘쫑을 어떻게 빼는지 몰라 쫑 머리만 톡톡 잘라 먹었다. 생각난 김에 삼호식당 아주머께 물었다.

"마늘쫑은 어떻게 뽑아요?"
"바늘로 뽑아유."
"바늘로 뽑다뇨?"

"그냥 잡아당기면 모가지만 끊어져유. 그러니까 마늘대 밑에서 서너번째 마디를 바늘로 콕 찌르고 잡아당기면 쏙 빠져나와유. 바늘 빌려드릴까유?"

왜 세번째 마디를 찌르냐 하면 나중에 마늘을 묶을 때 쫑이 남아 있어야 하기 때문이라는 것이다. 집에 와 가르쳐준 대로 하니 신기하게 쑥쑥 뽑힌다. 알고 보니 본래 연약한 부위를 손톱으로 눌러 마늘대 속에서 쫑의 끄트머리를 끊어놓고 잡아당기던 것을 어느 '위대한' 농부가 슬기롭게도 바늘로 빼는 아이디어를 내놓아 언제부턴가 전국으로 퍼진 것이다.

나는 이것이 너무 신기해 이 신묘한 기법이 언제부터 생겨 어디까지 퍼져나갔나 지방에 답사갈 때마다 물어봤다. 고창에서도 여수에서도 포항에서 김해에서도 다 바늘로 뽑는다는 것이다. 다만 정읍에서는 옷핀으로 뺀다고 했다. 한 할머니에게 언제부터 바늘로 뽑았느냐고 물었더니 며느리가 시집오면서 그렇게 하더라는 것이다. 며느리 나이가 몇이냐고 물으니 올해 환갑이란다. 참으로 오래된 비법이다. 그런데 농작물 재배법 어느 책에도 마늘쫑을 바늘로 뺀다는 얘기는 안 나온다.

그런데 그 원리가 무엇인지를 아는 농사꾼은 없었다. 왜 거기를 바늘로 찌르면 그 자리가 쏙 빠질까? 그 물리적 현상의 원인을 알 턱이 없다. 농과대학보다 공과대학 선생에게 물어보고 싶었다. 어느날 연세대 공과대학 기계과의 민옥기 교수와 밥먹으면서 이 얘기를 했더니 이분이 무릎을 치면서 감탄했다. 민교수는 5도2촌이 아니라 아예 양평에 시골집을 짓고 거기에 살며 텃밭도 일구고 있었다.

"아! 그걸 응력집중(應力集中)이라고 해요. 영어로 말하면 stress concentration이라고 하죠. 예를 들어 백짓장을 맞잡고 잡아당기면 어디가 찢어질지 모르죠. 그러나 가운데에 약간 흠집을 내어 살짝 찢어놓고 당기면 그 자리가 찢어지는 것이죠. 나도 마늘쫑을 좋아해서 해마다 빼먹는데 그게 안 빠져 대가리만 잘라 먹었거든요. 올해는 바늘로 쏙 빼먹게 생겼네요. 아이쿠, 내가 응력집중은 가르치면서 마늘쫑을 응력집중으로 뺄 줄은 몰랐네요. 이거야 정말."

이런 사실을 알려주는 책은 없다. 농사지은 경험으로 책을 쓰는 것이 아니라 공부 많이 한 사람들이 책을 쓰니까 그런 것은 나오지 않는다. '농자천하지대본(農者天下之大本)'이라는 말이 맞다면 『농정촬요(農政撮要)』는 나라의 기본도서인 셈인데 그런 것이 없다. 이러다가 정말로 농사꾼 중에서도 인간문화재를 지정하는 날이 올지도 모르겠다는 슬픈 생각이 든다. 반교노인이 되면 영농일기라도 써볼까 싶다.

2011. 3.

부여·논산·보령 2

그 많던 관아는 다 어디로 갔나

백마강 전설 / 왕흥사 사리함 / 송국리 청동기유적 / 조선의 관아 /
홍산관아 / 홍산 문루기 / 홍산의 근대건축 / 홍산장 / 지게의 회상

백마강 전설의 허망

주말이면 반교리에 있다는 소문이 나면서 찾아오는 사람 맞이하는 것도 애들 말로 장난이 아니었다. 그중 가장 많이 찾아온 분은 김무환 부여군수였다. 그러던 3년 전(2009) 어느날 김군수가 반교리 우리집에 찾아와 하소연부터 시작했다. 너무 억울해서 찾아왔다는 것이다.

"세계역사도시 시장군수대회가 있어 참가했는데 내가 부여에서 왔다고 하니까 죄다 멸망한 나라의 수도에서 왔다고들 하는 거 아닙니까. 그래서 나는 화가 나서 '멸망하지 않은 고대국가가 어디 있습니까? 그러니까 역사도시라고 하는 거 아닙니까'라고 응수했죠. 꼼짝들 못하데요."

| **낙화암에서 본 백마강** | 낙화암에서 바라본 백마강은 대단히 서정적인데 의자왕과 소정방의 전설이 산란하여 오히려 그 풍광 그대로를 즐기는 것을 방해한다.

"잘하셨습니다."

"교수님! 고구려·신라를 이야기할 때는 석굴암이 어떻고, 고분벽화가 어떻고 하면서 전성기 문화를 말하면서, 백제에 대해서는 왜 멸망의 순간만 기억하려고 합니까?"

우리에게 백제의 이미지가 그렇게 남아 있게 된 데에는 계백장군과 의자왕의 이야기가 너무 강하게 박혀 있는데다 백마강과 낙화암의 비뚤어진 전설이 한몫했다. 낙화암에서 의자왕의 3천궁녀가 떨어져 죽었다고 하지만 의자왕에게 궁녀가 3천명이 있을 수도 없는 일이고 또 3천명이 떨어져내릴 정도로 낙화암의 스케일이 크지도 않다.

같은 전설이라도 "백제의 궁녀들이 적군에게 육신을 농락당하느니 차라리 죽음을 택하겠다고 절벽 아래로 몸을 던졌다"고만 했으면 낙화암은 비극적인 정서로 긴장감있게 다가왔을 것이다. 또 백마강의 유래에 관한 전설은 더욱 황당한 것으로, 마땅히 폐기해버렸어야 할 것이다.

내용인즉 당나라 군사가 백마강을 건너려고 하면 맑았다가도 갑자기 안개가 끼어 도저히 건널 수 없었는데 소정방(蘇定方)이 백제의 한 도사에게 목숨을 위협하며 물어보니 의자왕(또는 무왕)이 용이 되어 백마강을 지키고 있기 때문이라고 했다. 그러자 소정방이 조룡대(釣龍臺) 바위에 앉아 백마의 머리를 미끼로 삼아 용을 낚아챘다는 것이다. 고란사(皐蘭寺)에서 백마강 상류 쪽을 바라보면 있는 바위가 조룡대라는 것이다.

이 전설은 고려시대 목은(牧隱) 이색(李穡)의 아버지 가정(稼亭) 이곡(李穀)의 백마강 유람기 『주행기(舟行記)』에도 나오는 것을 보면 꽤 오래된 것 같지만, 어차피 사실일 수 없고 무슨 상징적 교훈이 있는 것도 아니기 때문에 지워버리고 말하지 않으면 그만인 것이다. 그런데 지금도 백마강 유람선을 타면 녹음테이프로 길게 틀어주고 있다.

"군수님, 우선 백마강 유람선의 그 엉터리 전설 얘기나 바꾸라고 하세요."

"예, 그건 시정하겠습니다. 그것 말고 부여의 이미지를 바꿀 수 있는 방법이 없을까요?"

"있죠. 능사에서 발견된 백제용봉대향로와 규암에서 새로 발견된 왕흥사 사리함은 백제 아름다움의 극치예요. 그걸 자꾸 부각시켜야죠. 국립부여박물관에 가서 그것부터 보라고 해야죠."

백제미의 진수 왕흥사 사리함

2007년 10월 백마강 구드래나루터 건너편 규암에 있는 백제 고찰 왕흥사터에서 아름다운 금·은·동 사리함을 발견한 것은 한국미술사의 쾌거였다. 이 사리함은 백제 금속공예의 진면목을 보여주는 기념비적 명작이었고, 그런 명작이 백마강변의 절터에서 나왔다는 것은 백마강에 새로운 상징성을 부여해준다. 그래서 연전부터는 해마다 10월이면 열리는 백제문화제 때 부교를 놓아 강 건너 왕흥사터를 다녀오게 하는 행사도 벌어진다.

백제 왕흥사(王興寺)에 대해서는 『삼국사기』에 두번 기록이 나오는데 무슨 착오인지 두번 다 창건한 이야기다. 즉 법왕 2년(600) 정월에 왕흥사를 창건하고 도승(度僧) 30명을 두었다고 했으면서, 다시 무왕 34년(633)에 "왕흥사가 창건되었는데 이 절은 물가에 임하여 짓고 채색이 화려하고 장엄했다. 왕은 늘 배를 타고 절로 들어가 향을 피웠다"라는 기사가 나온다.

왕흥사터는 1934년에 '왕흥'이라 새겨진 기와편이 이 자리에서 발견되어 대충 짐작만 해오고 있었다. 그러나 세월이 너무 많이 지나 이미 유적지가 논밭으로 일구어져 있었고 민가도 들어서 있었다. 이것을 문화재청에서 사들여 국립부여문화재연구소에서 왕흥사터를 발굴하게 된 것은 2000년에 이르러서였다.

발굴단은 강비탈 위에서부터 조사를 시작했는데 좀처럼 백제 절터가 나타나지 않다가 마침내 강변 아래쪽에서 선착장 같은 구조와 함께 절터를 찾아내게 되었다. 그리고 2007년 10월, 목탑지 심초석(心礎石)에 있는 사리공(舍利孔)에서 금·은·동 사리함 한 쎄트를 발견하게 되었다. 이는 12년 전 백제용봉대향로 발굴 이래 백제 금속공예의 아름다움을 극명하게 보여주는 최대 성과였다.

| **왕흥사터 사리함** | 577년 위덕왕이 죽은 왕자를 위해 봉안했다는 이 사리함은 금·은·동 한 쎄트로 '검소하되 누추하지 않다'는 백제의 미학을 여실히 보여준다.

사리함의 가장 바깥 외함인 동제사리함 몸체에는 "정유년 2월 15일 백제 창왕(昌王)은 죽은 왕자를 위하여 사찰을 세우고 사리 2매를 묻었다"라는 명문이 있었다. 창왕은 위덕왕(威德王, 재위 554~98)의 생전 이름이고 정유년은 위덕왕 24년(577)이며 동제함 속에 은제함, 은제함 속에 금제사리함이 차례로 들어 있고 금제사리함 속엔 맑은 액체가 가득 채워져 있었다.

이 명확한 기록으로 우리는 『삼국사기』의 애매한 기록을 무시하고 왕흥사는 위덕왕이 죽은 아들을 위해 지은 절임을 알 수 있게 되었다. 왕흥사 사리함 금·은·동 한 쎄트를 보면 그 각각의 형태미가 아주 세련되고 아름다워 과연 백제의 공예품이라는 찬사를 보내게 된다. 나 자신 왕흥사 사리함 이후 백제에 대한 이미지를 새롭게 갖게 되었다.

백제 이전의 부여, 백제 이후의 부여

나는 군수에게 백제 이야기는 의자왕이 아니라 백제문화의 전성기인 성왕, 위덕왕, 무왕의 얘기가 자주 인구에 회자되어야 한다고 강조했다. 그러나 김군수는 만족하지 않고 또 얘기를 꺼낸다.

"그건 나도 알죠. 그런 건 교수님 같은 분이 열심히 강조해서 국민들에게 백제를 올바로 알려야 할 일이고, 나 같은 군수가 할 일은 따로 있지 않을까요?"

이렇게 나오는 것이 바로 충청도식 대화법이다. 지금 김군수는 나에게 무언가 요구할 것이 있는데 그 말을 할 수 있는 말꼬리가 내 입에서 나올 때까지 빙빙 돌리고 있는 것이 틀림없었다. 나는 단도직입적으로 들어갔다.

"제가 무얼 도와드릴까요?"
"교수님, 백제 이전에도 부여가 있고 백제 이후에도 부여가 있지 않습니까?"
"그렇죠. 백제 이전엔 송국리 청동기시대 유적지가 있고, 고려시대 유적지론 대조사, 무량사, 장하리석탑이 있고, 조선시대 유적지론 홍산관아가 있죠."
"바로 그겁니다. 부여에 온 사람들은 정림사 오층석탑, 낙화암만 보고 가면서 멸망한 나라의 유적이라 볼 것이 없다느니 실망했다느니 하는데 이런 곳까지 보고 가게 해야 하는 거 아닙니까?"
"그러면 좋죠."
"교수님, 이제 부탁 좀 드리겠습니다. 봄 가을로 교수님이 유적지를 안내하는 답사 프로그램을 갖고 싶습니다."

내 이럴 줄 알았다. 이 부탁 하려고 참 먼 데서부터 얘기를 꺼내온 것이었다.

"내가 그렇게 시간을 내기는 힘든데요."
"힘들다뇨. 교수님은 부여군 외산면 반교리 청년회원이 아닙니까?"

나는 지고 말았다. 뜻밖에도 은퇴 후 반교노인이나 되면 할 일이 너무도 빨리 찾아왔다. 그리하여 재작년부터 봄 가을로 두 차례씩 부여문화원이 주관하는 '유홍준과 함께하는 부여답사'에 차출되어 내 고향 부여의 문화유산을 자랑하는 일을 하고 있다.

부여문화원에서 주관하는 '유홍준과 함께하는 부여답사'는 4월, 5월, 10월, 11월 마지막 토요일에 열린다. 전국민을 상대로 인터넷으로 신청받아 아침 9시 30분에 정림사에 모이면 백제 이전의 부여와 백제 이후의 부여를 순회하고 오후 5시에 다시 정림사 주차장에서 해산하는 것이다.

답사일정은 그때마다 바뀌지만 대체로 송국리 선사유적지, 대조사, 홍산관아가 1코스이고, 장하리 삼층석탑, 무량사, 반교리 돌담길을 2코스로 하여 홀수달은 1코스, 짝수달은 2코스로 답사하고 있다. 그리고 시간이 허락되면 대조사답사는 논산 관촉사까지 연장되고, 무량사답사는 보령 성주사터까지 이어진다. 언제까지 이어질지는 모르지만 벌써 3년째다.

송국리 선사유적지에서

'유홍준과 함께하는 부여답사'의 첫 행선지는 송국리(松菊里) 청동기

| 송국리 전경 | 우리나라 청동기시대 최대 취락지인 송국리는 고고학에서 송국리문화라는 말을 사용할 정도로 다양한 유물이 출토되었다.

시대 유적지였다. 부여 동쪽 끝 논산과 경계를 이루는 초촌면 송국리는 낮은 구릉과 넓은 들판이 연이어 펼쳐지는 곡창지대다. 논산훈련소를 나온 분이라면 단번에 연산벌판과 아주 비슷한 풍광이라고 느낄 터인데 실제로 이 들판은 연산, 논산, 익산평야로 이어져 있다.

지금도 100여 호가 모여사는 송국리 마을 뒷산은 일제가 1940년 무렵에 산림녹화한다고 심어놓은 리기다소나무가 숲을 이루고 있는데, 바로 이 솔숲이 국가 사적으로 지정된 송국리 선사유적지다.

송국리는 남한 최대의 청동기시대 유적지다. 송국리를 모르면 사실상 우리나라 청동기시대를 모른다고 말해도 과언이 아니다. 그런데 답사온 분 대부분이 송국리는 처음 들어본다는 것이었다. 그래서 내가 "여러분들이 중고등학교 다닐 때는 아직 송국리가 발굴중이었기 때문에 교과서에

| **녹채** | 마을의 방어벽인 목채 아래에는 짐승들이 들어오지 못하도록 사슴뿔 모양의 나무 침을 꽂아놓았다. 이를 녹채라고 한다.

나오지 않아서 모를 수도 있겠습니다마는" 하고 말을 꺼내는 순간 답사에 함께한 역사교사가 "지금도 역사교과서에 안 나와요"라는 것이었다.

믿기지 않는 놀라운 사실이었다. 집에 돌아와 확인해보니 정말로 나오지 않았다. 그러면서도 중학교 『국사』 국정교과서에 청동기시대 사진 도판으로 실린 '민무늬토기'(충남 부여 출토), '청동기시대의 사각집터와 원형집터'(충남 부여)는 모두 송국리 유적지를 말하는 것이고, 고등학교 『국사』 교과서에 청동기시대 도판으로 실린 '비파형 동검' 역시 송국리 출토 유물이었다.

여기에서 우리는 국사 교육의 난맥상을 보게 된다. 청동기시대를 설명한 내용 자체도 불만이지만 왜 유물의 실체를 빼놓고 관념적으로 서술하고 또 고고학적 유물과 역사적 사실을 항시 따로 설명하는지 모르겠다.

그 결과 우리 학생들은 청동기시대는 알아도 송국리는 모르는 이상한 교육을 받고 있는 것이다.

송국리 유적지를 발굴하게 된 계기는 많은 우리 유적지가 그러하듯 역시 도굴꾼의 소행 때문이었다. 송국리 야산에는 이따금 도굴꾼이 나타나 쇠꼬챙이로 땅을 쑤시고 돌아다녔다. 그러던 1974년 어느날에는 세명이 나타나 무엇을 찾았는지 땅을 파고 있었다. 마을 주민이 이를 경찰에 신고해 도굴꾼은 붙잡혔고, 그들이 파헤친 곳에는 돌널무덤(石棺墓)이 있었다. 여기서 놀랍게도 비파형 동검이 출토되었다.

비파형 동검은 우리나라 전기 청동기시대 지배층의 상징유물이다. 랴오닝(遼寧)지방에서 많이 출토되어 랴오닝식 동검이라고도 불리는데 현재까지 한반도에서 출토된 것은 40자루 정도이며 이것이 후기 청동기시대로 들어가면 한반도에서만 출토되는 한국식 세형(細形) 동검으로 바뀐다. 이것이 우리나라 청동기시대의 흐름이다. 특히 비파형 동검은 대개 고조선의 영역에서 출토되어 탁자식(북방식) 고인돌, 미송리형 단지와 함께 고조선의 3대 상징유물의 하나로 꼽히고 있다.

이런 비파형 동검이 이곳 부여 송국리에서 출토된 것이다. 이는 고고학상 매우 중요한 발견이었다. 삼국시대로 치면 금관이 출토된 것에 비교할 만한 일이었다. 이리하여 1995년부터 국립중앙박물관에서 본격적으로 발굴에 들어가 1997년까지 모두 11차례 발굴조사를 벌였다.

발굴 결과, 송국리는 기원전 5,6세기에 사람이 살았던 방대한 취락지로 70여 기의 집터와 함께 마을을 둘러싼 환호(環濠, 마을 주변을 돌아가면서 깊게 파놓은 V자형 도랑)와 목책, 그리고 녹채(鹿砦, 사슴뿔 모양의 방어용 나무침)를 무수히 꽂아두었던 시설들이 확인되었다. 전체 둘레가 1.5~2킬로미터나 되었고 그 주위에선 여러 기의 널무덤, 돌널무덤이 나왔다.

이 송국리 유적에서는 많은 종류의 토기와 다양한 반달칼, 잘 다듬어

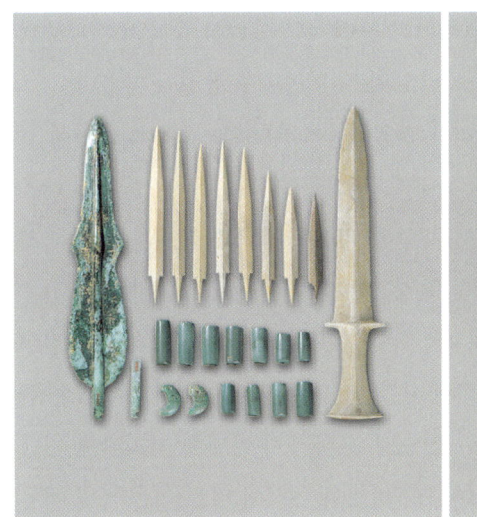

| 송국리 출토 비파형 동검과 단지 | 송국리 유적에서는 고조선의 상징 유물인 비파형 동검이 출토되어 고고학자들을 놀라게 했다. 고조선의 영향력이 남쪽까지 미쳤다는 증거이다. 송국리에서 나온 우아한 모습의 토기는 송국리형 단지라는 이름으로 불리고 있다.

진 돌칼, 돌화살촉, 대롱옥, 굽은옥 등이 출토되었다. 또 거친무늬 청동거울의 거푸집(鎔范)도 출토되어 청동야금이 직접 이루어졌음을 확실히 알 수 있게 되었다. 불에 탄 쌀이 395그램 수습되어 이들이 논농사를 지었다는 사실도 확인되었다. 이런 대규모 청동기시대 유적은 아직 남한땅에서는 나온 곳이 없다.

특히 여기에서 출토된 항아리는 동시대 다른 지역의 민무늬토기들과 달리 독특하고 아름다운 것이어서 고고학에서는 송국리형 단지라고 부른다. 기형(器形)을 보면 달걀 모양 혹은 고구마 모양으로 부풀어오른 몸체에 입술은 약간 밖으로 벌어지고 굽이 좁은 납작바닥을 하고 있어 전체적으로 우아한 곡선미를 자랑하는 맵시있는 모습이다. 이런 미감은 훗날 이 지역에서 일어난 백제 도기에 그대로 계승된 것으로 생각된다. 또 송국리 옆동네 산직리에는 덮개돌(남방식) 고인돌 2기가 파손된 채 남아 있다. 행정구역상 산직리 고인돌이라 불리지만 사실상 송국리 지배층의 무덤이다. 이를 송국리 고인돌이라고 부르지 못한 융통성이 아쉽다.

이처럼 청동기시대에 송국리에 살았던 사람이 삶과 죽음의 공간에 남긴 유물들은 고조선과 비슷한 것 같으면서도 질적으로 다른 문화의 내용을 갖고 있다. 이를 고고학에서는 송국리형 문화라고 부른다. 이 송국리형 문화는 남쪽으로 퍼져나가 낙동강 서쪽 지역에서도 나타나고 있다.

우리나라 청동기시대는 대체로 북쪽 지방에서 예(濊)족의 고조선이 먼저 일어나고, 뒤이어 북동쪽에서는 맥(貊)족의 부여, 남쪽에서는 한(韓)족의 진국(辰國)이 삼한(三韓)으로 분화하기 이전에 자리잡고 있었던 것으로 생각된다. 그 진국 이전의 대표적 유적이 바로 이 송국리 청동기시대 유적이며, 고고학상 청동기시대가 지닌 최대의 특징은 쌀농사와 마을의 형성인바 그것을 가장 명확히 보여주는 곳이 바로 이곳 송국리 유적이다. 국가의 사적이 되고도 남음이 있다.

일본 요시노가리 유적지의 경우

본래 선사시대 유적지란 크게 볼 것은 없고 황량한 터만 남아 있기 일쑤다. 그러나 우리가 문화재로 송국리 유적지를 보존·관리하는 태도 또한 자랑스러울 것이 못된다. 일본 큐우슈우(九州) 사가(佐賀)현에는 요시노가리(吉野ヶ里)라는 일본 야요이(彌生)시대(기원전 3세기~기원후 3세기 무렵) 최대 유적이 있다. 2007년 10월에 우리 국립중앙박물관에서 '요시노가리, 일본 속의 고대 한국'이라는 특별전을 개최한 적도 있다.

일본은 과감하게 요시노가리 유적지를 복원해놓았다. 이때 일본 고고학계의 반론이 만만치 않았지만, 끝내 움집과 창고 등 건물 98채와 환호, 목책, 옛날 논을 복원하여 2천년 전 모습을 재현해놓은 것이다. 복원 주

| 요시노가리 유적지 | 일본 청동기시대 유적지인 요시노가리는 "야요이인의 목소리가 들려온다"는 주제로 복원되어 교육적으로 많은 효과를 얻고 있다.

제는 '야요이인의 목소리가 들려온다'였다. 그리하여 1989년 발굴 이래 지금까지 매년 관람객이 170만명씩 찾아와 벌써 1,500만명이 다녀갔다고 한다. 또 그곳에선 움집 숙박, 고대 모내기, 옷감짜기 등 다양한 체험 행사와 교육 프로그램도 운영하고 있다. 이것이 산 교육이고 살아있는 문화재 행정이라고 생각한다.

2004년 가을, 문화재청장에 취임하고 얼마 안되어 나는 곧바로 송국리 유적지를 찾아갔다. 여기를 요시노가리처럼 복원할 복심(腹心)이 있었던 것이다. 그러나 내가 할 수 있는 일, 우선적으로 해야 할 일은 개인 소유로 되어 있는 유적지 16만평(52만 8926제곱미터)의 토지를 매입하는 일뿐이었다. 내 기억으로 10년간 500억원의 예산을 투입하는 계획을 세웠다. 이번 답삿길에도 이 쓸쓸한 유적지를 자원해서 지키고 계신 이 동네 토박이 주민으로, 1975년부터 11번 있었던 발굴에 모두 참여한 문화관광해설사 인국환씨(68세)를 만났다.

"인선생님, 토지 매입은 잘되어갑니까?"
"예, 이제 7만평 매입했습니다. 아직 9만평 남았습니다."

나는 멀리 느린 곡선을 그리며 멀어져가는 송국리 들판을 바라보면서 '아직도 많이 남았구나' 생각하고 잠시 멍하니 서 있었다. 함께한 답사객들은 그동안 송국리의 송자도 몰랐던 것이 죄스러웠는지 임시로 열어놓은 유적 안내실에 들어가 나올 줄 모르고 있었다.

건축은 답사의 몸통

답사는 물론이고 관광에서 우리가 만나는 옛 유물은 100퍼센트가 건축이다. 건축 이외에 우리가 보고 즐기며 배우는 것은 박물관의 미술품뿐이다. 비유해서 말하자면 한 시대, 한 민족의 문화는 건축이라는 나무에 미술이라는 꽃으로 남게 된다. 그 시대의 경제·정치·군사·인물·사상·문학은 모두 땅속에 묻혀 있는 뿌리이며, 보이지 않는 무성한 잎이 그 시대 사람이 살던 민속이다. 그러니까 답사란 결국 건축을 보면서 한 시대를 읽어내는 일이다. 그 건축이라는 줄기를 보면서 꽃과 잎과 뿌리를 감지하는 것은 또다른 일이다. 그런 의미에서 건축은 답사의 몸통인 셈이다. 송국리에 와서 우리가 무언가를 읽어내기 힘든 것은 건축이 없기 때문이며, 일본이 요시노가리 유적지를 복원해놓은 것은 그런 가시적인 건조물을 제공한 것이다.

이제 우리가 백제 이후 조선시대 유적으로 찾아가는 홍산관아는 그런 면에서 송국리 유적과 달리 우리에게 구체적이고도 확연한 이미지를 전해줄 것이다. 역사적 건축물의 유형은 아주 다양하다. 궁궐 건축인 고궁, 관공서 건물인 관아, 종교시설인 사찰과 사당, 학교시설인 서원과 향교, 군사시설인 성곽과 산성, 지배층의 저택인 양반가옥과 원림(정원과 정자) 그리고 서민주택인 민속마을이 있다. 거기에 또 죽음의 공간인 고분도 건축의 하나다.

그러나 우리는 불행히도, 어떤 면에서는 가장 중요한 건축 한가지가 없다. 그것은 옛 도시공간의 자취를 온전히 전해주는 곳이 한 군데도 없다는 사실이다. 유럽의 여러 나라를 답사할 때면 나는 그것이 가장 부러웠다. 왜 이렇게 되었을까? 그것은 일제강점기가 남긴 치유되지 않는 상처다. 옛 도시공간은 관아를 중심으로 형성되었는데 그 관아가 제대로 남아 있는 곳이 한 곳도 없기 때문이다.

조선시대에는 전국을 8도로 나누고 330여 곳에 지방관아를 두어 중앙의 관리를 파견해 다스리게 했다. 각 도에는 감영(監營)을 각기 두 곳씩 두고 관찰사는 종2품(차관급)에 봉했다. 지방조직은 수시로 바뀌었지만 기본적으로 도청소재지에 해당하는 고을은 목사(牧使, 정3품)가 관할하고, 그다음에는 도호부사(都護府使, 종3품), 군수(郡守, 종4품), 현령(縣令, 종5품), 현감(縣監, 종6품) 순으로 두었다. 그리고 오늘날의 특별시·광역시·수도권 등의 개념이 있어 서울은 한성부라 이름하고 특별히 판윤(判尹, 정2품)을 두었고, 수도권의 개성·수원·광주·강화부의 수령은 유수(留守, 종2품)라고 하여 관찰사와 동급이었다. 옛 왕도 경주와 평양, 이성계의 본관지인 전주와 탄생지인 함흥 그리고 외교·국방상 요지인 의주는 부윤(府尹, 종2품)을 두었다. 기본은 현감이 다스리는 현이었다.

조선 관아의 비극적 종말

이 많던 조선시대 군현의 관아는 일제 침략과 함께 비극적인 운명을 맞게 된다. 1905년 을사조약을 강제로 체결한 뒤 일제는 이른바 각 고을에 주재소를 두었고, 1910년 한일병합 뒤에는 대대적인 행정구역 개편을 단행해 1914년에 대개 4개의 군·현을 합쳐 시·군으로 바꾸었다. 일례로 부여군은 부여현, 홍산현, 석성현, 임천군 등 4개의 군·현이 합쳐져 만들어졌다.

일제는 새로 통합한 행정구역의 군청을 조선시대 관아에 두지 않고 자기네 풍으로 새로 지으면서, 관아를 중심으로 형성된 옛 도시공간을 의도적으로 파괴하고 신시가지를 만들었다. 오늘날 일부 남아 있는 관아 건물과 관아터들이 모두 시내 한쪽에 물러나 있는 것은 이런 이유다. 그리고 용도를 잃어버린 관아 건물은 대개 새로 등장하는 학교 건물로 이용되었다. 연풍초등학교, 고부초등학교, 안의초등학교, 거제중학교 등 지금 전국의 유서깊은 지방 초·중등학교들이 거의 다 옛 관아 자리에 있는 것은 그 때문이다. 그리고 관아의 권위를 보여주는 2층누각의 문루는 철저하게 파괴했다.

통문관 할아버지로 불렸던 고(故) 이겸노(李謙魯, 1909~2006) 선생이 쓴 『통문관 책방비화』에 나오는 자서전적 수필을 보면 평안남도 용강군의 시골에서 태어나 아홉살 되던 1918년에 용강관아에 설립된 삼화보통학교에 입학했다고 한다. 이때 당신은 관아의 문루를 보면서 처음으로 2층건물의 장대함을 보았고 거기서 시간만 되면 울리는 북소리에 가슴이 부풀곤 했단다. 그런데 여름방학이 지나고 2학기가 되어 다시 학교에 가니 그 문루가 헐려 없어져 너무도 허망했다고 한다. 더 서운한 것은 그 북소리를 들을 수 없게 된 것이었다. 그 북이 어디 갔을까 궁금하기만 했는데 그해 가을운동회 때 그 북이 나타나 100미터 달리기에 출발신호로 사용되어 무척 반가웠다고 했다.

| 홍산 전경 | 홍산은 산세가 마치 큰 기러기가 날아가는 모습이라고 해서 얻은 이름이다. 느린 동감을 보여주는 산세와 함께 아주 편안한 느낌을 주는 마을이다.

    8·15광복을 맞아 문교부에서 전국의 국민(초등)학교 건물을 획일화된 '현대식' 건물로 지으면서 그나마 일부 남아 있던 관아 건물들도 대개 철거되었다.
    어디 한 곳만이라도 복원할 수 없을까? 문화재청장으로 재직하고 있을 때 이 문제를 풀기 위해 각 지방자치단체에 현재 보유하고 있는 관아 건물의 실태를 보고하도록 했다. 이를 기초로 역사학자, 지리학자, 건축사학자, 도시공학전문가들로 자문위원단을 구성하고 현장조사를 실시케 한 뒤 복원 가능한 곳에 대한 장기적인 복원계획을 수립했다.
    그 결과 나주목 관아, 제주목 관아, 김제군 관아, 고창군의 무장읍성과 관아, 거제현 관아 그리고 부여군 홍산현 관아 등 6곳을 국가 사적으로 지정했다. 그중에서도 옛 도시공간까지 복원 가능한 곳은 부여군 홍산현 관아 한 곳뿐이었다.

홍산현의 자리앉음새

홍산현이 국가 사적으로 지정된 것은 현재의 건물이 갖고 있는 가치가 아니라 현청의 자리앉음새가 탁월하고 얼마든지 옛 모습으로 복원 가능하기 때문이었다. 홍산 고을은 서북쪽에 월명산(月明山)이 높이 솟았고 동남쪽으로 넓은 들판이 펼쳐져 평화롭고 풍요로운 고을 풍광을 보여준다. 마을의 진산인 서쪽의 비홍산(飛鴻山)은 낮은 산자락들이 진짜 '날아가는 기러기' 모양이다. 그래서 고을 이름이 홍산(鴻山)으로 되었다.

홍산은 백제시절엔 대산현(大山縣)이 설치되었고, 고려 태조 때 홍산이라는 이름을 얻게 되었으며, 역사상 주목받게 되는 것은 고려말 1376년에 왜구들이 창궐할 때 최영 장군이 여기에서 왜구를 크게 섬멸하면서이다. 그것이 홍산대첩이다. 지금은 전하지 않지만 임금이 「홍산파진도(鴻山破陣圖)」를 기록화로 그리게 하고 목은 이색에게 찬문을 짓게 할 정도로 국가적 쾌거였다.

조선시대 들어와 태종 13년(1413) 군현개편 때 홍산현이 설치된 후 1914년 일제의 시군 통폐합으로 부여군에 속하게 될 때까지 충청도의 한 고을로 자기 위치를 갖고 있었다. 홍가신, 이해, 장유, 이명한, 채팽윤, 조목 등 조선 중기의 많은 문사들이 홍산을 지날 때면 홍산의 아름답고 편안함을 시로 남기곤 했다. 홍산관아는 비홍산 아랫자락에 자리잡고 있다. 고을 한가운데로는 월명산에서 발원해 동쪽으로 흐르는 홍산천이 있

| 홍산관아 옛 지도 | 규장각에 소장된 19세기 홍산현 옛 지도에는 홍산관아의 배치가 아주 자세히 나타나 있어 이를 바탕으로 복원 계획이 세워졌다.

| 홍산객사 | 왕의 전패를 모신 객사는 중앙정부의 상징적 건물이다. 좌우에 날개가 달린 일직선 건물로 대단히 권위적인 모습을 보여준다.

고 읍내와 관아 사이에는 만덕교라는 돌다리가 놓여 있었다. 만덕교는 현재 하천 옆의 배수펌프장 안으로 옮겨졌고 만덕교비는 객사 앞마당에 이설되었지만 홍산 외곽도로가 개설되기 전에는 홍산읍내로 들어가는 관문 격인 다리였다.

이 만덕교를 지나면 관아를 알리는 홍살문이 있었다. 여기에서 관아를 바라보면 집홍루까지는 반듯한 비탈길이 거짓말처럼 옛 모습 그대로 남아 있다.

조선시대 330개 고을 중 오직 홍산현만이 복원 가능하게 된 것은 아이러니다. 궁벽한 오지여서 좀처럼 새 건물을 지어주지 않아 옛 건물을 쓸 수밖에 없었던 사정이 있었던 것이다. 홍산현 동헌은 1909년부터 부여헌병대 홍산파견소로 이용됐다. 그리고 광복 후에는 이곳을 부여경찰서 홍산지서가 이어받아 1970년까지 사용했다. 객사에는 사립학교인 홍산 한흥학교

(1909)가 건립됐다. 이 학교가 1949년에 공립초등학교로 개편되면서 지금 위치로 이전하고 이 건물에는 면사무소가 들어와 1984년까지 사용했다.

홍산현 관아 건물

『홍산현지(鴻山縣誌)』(1871)에 의하면 홍산관아에는 모두 20채의 건물이 있었는데, 현재는 객사, 동헌, 형방청, 대문루각 4채만 남아 있다. 『홍산현지』에 기록된 관아 건물은 다음과 같다.

건물명	편액	규모(間)	기능
객사(客舍)	飛鴻館	41	국왕을 상징하는 건물
동헌(東軒)	製錦堂	15	고을 수령의 집무공간
연융청(鍊戎廳)		5.5	활쏘기 등 훈련을 맡은 곳
내아(內衙)	道正堂	24	지방관아의 안채
책방(冊房)	遊翰堂	7	기록업무, 수령의 비서사무 담당
급창방(及唱房)		5	명령을 전달받던 곳
내삼문(內三門)	鴻山衙門	5	동헌으로 들어오는 문
사령방(使令房)	承鈴廳	12	사령의 막사
외삼문(外三門)	集鴻樓	2층, 12	현청의 대문
작청(作廳)	翰山椽房	23	공장(工匠), 영선(營繕)사무 담당
현사(縣司)	安逸司		아전 집무소
장청(將廳)	大山將廳	19	장교숙소
포수청(砲手廳)			화약무기 담당
향청(鄕廳)	槐竹軒	19	향리규찰, 풍기단속, 수령 보좌
관청(官廳)		7	음식을 맡은 아전이 있던 곳
공수청(公須廳)		7	회계사무 관장
유미고(油米庫)		4	기름과 쌀 등을 보관하던 곳
형청(刑廳)	飛鴻秋廳	10	형행을 맡던 곳
군기고(軍器庫)		4	무기보관소
홍살문(紅箭門)			현청 입구의 상징문

객사는 조선시대 관아의 중심 건물로 국가와 국왕을 상징하는 건물이다. 현감이 근무하는 건물을 동헌이라고 부르는 것은 객사의 동쪽에 있기 때문이다. 객사는 전패(殿牌)를 봉안하고 왕의 교지나 교서를 받을 때 의식을 거행하던 공간이다. 또 임금의 명을 받은, 즉 임금을 대신해서 내려온 관찰사나 암행어사가 현청에 와서 업무를 보고 송사를 처리할 때 사용하던 공간이다. 그러니까 이도령이 변사또를 심문하던 곳은 동헌이 아니라 객사였다. 그래서 객사 건물은 가운데 정당(政堂)을 두고 양날개에 관찰사와 수행원의 숙소로 쓰이던 건물이 달려 있다.

홍산객사에는 수령 500년이 넘는 은행나무 두 그루가 있어 그 연륜을 말해주는데 현 건물은 헌종 2년(1836)에 현감 김용근(金龍根)이 중건한 것으로, 기록에 의하면 목수 20여명이 5개월에 걸쳐 건립했다고 한다. 홍산동헌은 석축 위에 높직이 올라앉은 정면 일곱 칸, 측면 두 칸의 제법 당당한 규모다. 비스듬한 언덕 위에 자리잡고 아래에서 올려다보게끔 되어 있어 건물의 권위가 더 있어 보이고 위에 올라앉아 내려다보면 그 시계가 제법 시원스럽다. 이는 흥선대원군이 집권 후 지방관청의 위엄을 세우기 위해 전국의 관아 건물들을 중건하라는 지시를 내렸을 때 현감 정기화(鄭夔和)가 고종 8년(1871)에 새로 지은 건물이다. 당호는 제금당(製錦堂)이라 하였다.

동헌 양옆으로 20채나 되던 관아 부속건물들은 다 허물어지고 오직 아래쪽에 뚝 떨어져 이호예병형공(吏戶禮兵刑工) 중 형방청만 남아 있다. 디귿자형 열 칸 규모로 제법 큰 이 형방 건물만 남아 있는 것 또한 아이러니다. 일본 헌병대가 들어와 사용하면서 수감시설이 있는 이 건물만 살려둔 것이다. 그러다 1914년 이후에는 잠업전습소로 쓰였고 광복 후에는 개인 살림집이 되었다.

홍산관아의 문루인 집홍루(集鴻樓)는 그 팔자가 더 사납다. 관아의 외

| 홍산동헌 | 제금당이라는 이름을 갖고 있는 동헌은 현감이 근무하던 건물로 홍산 동헌에서 가장 옛 모습을 간직하고 있다.

삼문(外三門)인 이 문루는 고종 8년 관아 증축 당시 세워진 것으로 2층 누각에 팔작지붕이 마치 날아갈 것 같은 모양으로 당당하게 잘생겼다. 그런데 1964년 5월에 부여 부소산성에 영일루(迎日樓)를 복원한다고 이 문루를 헐어 이전해갔다. 그런 모진 세월이 다 있었다. 현재의 집홍루는 1995년에 복원한 것이다.

홍산 문루기

옛날에는 중요한 건물이 완공되면 기문(記文)을 지어 건축에 담긴 인문정신을 현판으로 새겨놓곤 했다. 그래서 기문 중에는 명문이 많다. 현감 정기화는 집홍루를 짓고는 그 감회를 이렇게 말했다.

비홍산 아래에 홍산현이 있고 현의 문에 집홍루가 있으니 여기는 홍산에서 제일 경치가 좋다. 『시경』「소아(小雅)」편에 '기러기가 날아 물가에 모이네'라는 구절이 있어 떠도는 백성들이 편안히 모여 집을 짓고 살게 했음을 노래한 시구에서 따온 것이다.

글은 이렇게 계속된다. 집홍루는 비록 화려하지는 않지만 아스라하게 솟아올라서 하늘로 올라가는 기상이 있고, 비 갠 아침과 따뜻한 저녁에 올라가 앉으면 벼 심은 들, 채소 이랑, 평평한 숲, 잔잔한 도랑들이 아득하게 펼쳐지며 홍산의 아름다운 경치를 한눈에 볼 수 있게 된다. 그리고 이렇게 글을 맺었다.

누각이란 고을에 있어서 사람 얼굴의 눈썹과 같다. 무릇 눈썹이란 얼굴에 보탬이 되지는 않지만 이것이 없으면 얼굴이 되지 못한다. 내가 이 누각을 세움은 경관을 탐내어 즐겨 노는 자리를 만들자는 것이 아니었다. 뒷날 이 누각에 오르는 자들은 모름지기 집홍루의 뜻을 헤아려 백성들을 편안하게 모실 줄 안다면 진실로 기러기가 깃들 곳을 잃지는 않으리라.

홍산현의 근대건물

관아로 이르는 길 양옆으로는 세월의 흐름에 맞춰 우체국, 보건소, 수리조합 등 관공서와 홍산교회가 들어서 있고 또 살림집과 가게가 줄지어 있다. 길 중간쯤에는 근대문화유산으로 등록된, 1920년에 지은 옛날 저포조합(苧布組合) 본점 건물이 그대로 남아 있다. 당시 홍산은 옆고을 한산에 버금가는 모시 산지였다. 당시 홍산 5일장에서는 3월에서 6월까지

| 저포조합 건물 | 우리나라 근대문화재의 하나로 등록될 정도로 예쁜 돌집이다. 한때 저포조합 건물로 사용되었고 지금은 가정집으로 사용되고 있다.

매 장마다 3,000필 정도의 모시가 거래되었다고 한다.

저포조합은 모시생산 농가를 위해 구매사업을 하던 곳이다. 지상 2층으로 연면적 50평(158.6제곱미터)의 아담한 붉은 벽돌집으로 창문 주변으로 벽돌로 된 반원 아치를 틀고, 이맛돌인 화강석으로 키스톤(keystone)을 설치한 고딕양식이다. 이런 멋쟁이 집이 홍산관아로 가는 길에 남아 있고 지금도 사람이 살고 있기에 홍산 옛 거리는 복원이 가능한 것이다. 이것이 홍산관아라는 건축의 나무줄기를 싱싱하게 만든 무성한 잎새들이다.

홍산천변 읍내 한쪽에는 홍산장터가 자리하고 있다. 이 장터 건물들도 일제강점기와 1960~70년대 모습을 그대로 간직하고 있다. 납작한 가게들이 다닥다닥 붙어 있고 일본식과 현대식이 절충된 점방은 활동사진에서 보던 모습 그대로다. 그중 '동아다실'이라는 간판이 달린 2층 목조건물은 1930년에 홍산에서 처음 지어진 2층집이란다. 홍산에서 가장 번화한 거리에 위치한 이 건물은 건립 당시는 비단점포였으나 30년 전부터 점포(1층)와 다방(2층)으로 사용되다가 지금은 노인회와 어린이회 합동건물로 쓰이면서 '홍산 경노애유회(敬老愛幼會)'라는 유식한 간판을 달고 있다.

홍산장

시골 사는 맛 중에는 장날 장보는 재미를 빼놓을 수 없다. 부여장(5, 10일)은 크기는 하지만 재래시장에서 열리기 때문에 장다운 맛이 적고, 외산장(4, 9일)은 너무 작아 빈약하다. 그러나 홍산장(2, 7일)은 물산도 비교적 풍부하고 옛 모습이 잘 남아 있다. 좌판을 벌이는 이들도 예전 모습 그대로의 장꾼이 많다.

어느 장을 가든 장꾼이라야 할머니 할아버지로 꽉 차 있고 팔 사람은 많아도 사주는 사람이 적어 장에는 돈이 오가는 풍성함이 없다. 거의 습관이 되어서 나오는 것 같기도 하고 심심해서 나오는 것도 같다. 나는 장에 가면 구경값으로 무얼 사도 산다. 다만 물건을 고르기보다 장꾼의 신수를 보고 사주고 싶은 할머니를 찾는 쪽이다.

한번은 홍산장에서 족히 여든은 되어 보이는 할머니가 넓은 비닐판에 달랑 작은 오이 다섯개를 놓고 쪼그리고 앉아 지나가는 나를 보면서 "다 해서 3천원에 가져가슈" 하는 것이었다. 이것만 팔면 댁으로 가시려고 그러나보다 생각하고 사드렸더니 검은 비닐봉지에 오이를 담아주고 돈을 움켜 치마 속 쌈지에 넣더니 뒤에 숨겨둔 포대에서 다시 전과 똑같이 오이를 다섯개만 꺼내 펴놓고 지나가는 사람을 올려다보고 있는 것이었다.

또 한번은 한 노인이 대장간 물건을 장하게 펼쳐놓고 연방 숫돌에 무언가를 갈면서 전문가임을 과시하고 있었다. 낫, 도끼, 칼, 괭이, 호미, 갈퀴 등이 모양대로 크기대로 쭉 늘어 있었다. 나는 호미가 그렇게 다양한 줄 그때 처음 알았다. 그중 3천원 주고 사온 삼각형 호미는 풀을 매면서 고랑을 긁기에 아주 편하고 좋았다. 하도 좋아 하나 더 사려고 그다음 장에 갔더니 똑같은 삼각형 호미인데 날에 가는 홈이 죽 패어 있어 훨씬 더 기능적일 것 같았다. 내가 3천원을 내고 싸달라고 했더니 노인이 딴소리를 한다.

"아녀, 3천5백원이여."
"지난번엔 3천원에 주셨는데요."
"아녀, 이건 달벼. 이건 홈이 있잖여. 이건 발명특허라구."

손잡이를 보니 진짜로 '발명특허'라는 딱지가 붙어 있었다. 이런 천진한 인생들이 좀더 오래 사셔야 시골 장날의 무형문화재적 가치가 살아남을 것인데……

지게에 대한 나의 추억

또 한번은 지게를 사러 홍산장에 갔었다. 나는 지게에 남다른 추억이 있다. 나는 서울 종로구 통인동에서 태어나 거기서 초등학교부터 대학까지 다닌 순 서울산이다. 그러나 외가는 경기도 포천 금동리라는 산골로 방학이면 언제나 외가에서 지냈고 외사촌형 두 분이 나를 보살펴주었다.

나는 큰형을 잘 따라다녔다. 그때 큰형은 어디를 가나 지게를 지고 다녔다. 심지어는 묵내기 화투를 치러 갈 때도 지게를 지고 갔다. 그 지게 등판에는 낫이 꽂혀 있어 집에 올 때는 삭정이 하나라도 지고 왔다. 당시

| **신학철**의 「**지게**」 | 일을 많이 하고 돌아오는 지게에 한짐 가득 지고 오는 농부의 모습을 느긋하고 즐거운 발걸음으로 표현했다.

농부들에게 지게는 거의 의관(衣冠) 같은 것이었다. 우리 학교 다닐 때는 지게를 노래한 아주 정겨운 동요 하나가 있었다.

> 할아버지 지고 가는 나무지게에
> 활짝 핀 진달래가 꽂혔습니다.
> 어디서 나왔는지 노랑나비가
> 지게를 따라서 날아갑니다.
> 뽀얀 먼지 속으로 노랑나비가
> 너울너울 춤을 추며 따라갑니다.
>
> ─신영승「지게꾼과 나비」

초등학교 4학년 겨울방학 때 이야기다. 나는 지게가 무척 지고 싶어 큰형에게 지게 하나 만들어달라고 졸랐다. 그런 어느날 큰형이―아마도 거치적거리는 나를 떼어놓고 빨리 다녀오려고―오늘은 멀리 움터골로 가서 내 지게발을 베어온다고 했다. 해질녘이 다 되어 큰형이 나무를 한짐 지고 오는데 한 손에 Y자로 갈라진 나뭇가지 하나를 들고 있었다. 한 짝은 어디 있냐고 물으니 내일 뒷산에 가면 있다고 했다.

다음날 나는 지게발 한 짝을 들고 큰형을 따라 뒷산에 갔다. 산중턱에 이르자 큰형은 소나무 가지 하나를 지겟대로 가리키며 이 가지가 내년에 더 굵어지면 어제 그것과 짝이 될 거라며 내가 가져간 지겟대와 대어보는 것이었다. 옛날 농부들은 자기 집 뒷산의 소나무가 어떻게 생겼는지까지 그렇게 다 알고 살았다. 나뭇가지가 굵어질 때까지 한해를 더 기다리라고 했던 큰형의 그 말은 지금껏 잊히지 않는다.

같은 외사촌이지만 작은형은 큰형과 아주 달랐다. 작은형은 도시인 체질이었다. 가정형편상 진학은 못했지만 한자도 많이 알고 글씨도 잘 써서 군대에서 행정병을 했다고 한다. 작은형은 농사에는 관심이 없어 시골을 떠날 궁리만 했다. 작은형은 빈 지게를 질 때면 멋을 내느라고 꼭 한쪽 어깨에만 걸쳤다. 큰형은 저건 농사꾼의 행실이 아니라며 불만을 말하곤 했다. 그러던 1961년 여름방학 때다. 마침내 작은형이 서울로 떠나게 되었고, 건넛동네 왕방말에서 작은형 친구들이 송별회를 열어주었다.

나는 마당에 멍석을 깔고 누워 별을 보면서 작은형이 돌아오기를 기다렸다. 달이 중천에 올랐을 때 술이 거나하게 취한 작은형이 개울 건너 집으로 오고 있었다. 내가 달려가 큰형이 여태 기다리다 들어갔다고 했는데 작은형은 내 말에 대답도 않고 곧장 헛간으로 가 지게를 꺼내 넓은 타작마당 한가운데 뉘어놓았다. 그러고는 고개를 높이 들어 달을 쳐다보고는 도끼로 힘껏 내리쳤었다. 지게는 '퍽' 소리를 내며 두 동강 나버렸다. 그 벼락 치는 듯한 소리가 지금도 내 귓가에 쟁쟁하다. 다시는 농사를 짓지 않겠다는 일종의 다짐 의식이었다.

　농사꾼에게 지게는 글쟁이의 펜과 같은 상징성이 있다. 그래서 나는 시골로 내려갔다는 표시로 지게부터 하나 장만하고 싶었던 것이다. 옆집 아저씨께 어디 가야 지게를 살 수 있냐고 물었더니 홍산장에 혹 있을지 모른다고 했다. 홍산장에 지게가 있기는 했다. 그러나 모두 각목으로 만든 것뿐이었다. 여기저기를 수소문하니 지게를 만들어 팔던 아저씨는 그러게 돌아가셨단다. 결국 나는 아직도 내가 원하는 지게를 구하지 못했다. 설령 구했다고 해도 헛간에 장식으로 걸어두었을 것이니 이번 주말에도 나는 외발이 밀차를 끌고 밭에 나가 생강을 심게 될 것이다.

2011. 3.

백제의 여운은 그렇게 남아 있고

충청도 기질 / 장하리 석탑 / 가림성 옛 보루 / 대조사 석불 /
복실이와 해탈이 / 산딸나무 / 관촉사 해탈문 / 은진미륵 / 관촉사 여록

충청도 기질

2010년 6·2 지방선거를 앞두고 『월간중앙』(2010년 6월호)에서 특집으로 꾸민 '충청도 기질 대해부'를 아주 재미있게 읽었다. 5년 전부터 부여로와 살면서 충청도의 기질·습관·풍습 때문에 혼자 웃고, 갸우뚱하고, 은근히 당하기도 하는 것들이 낱낱이 해부되어 더 실감나고 유익하기도 했다. 그러나 같은 특징이라도 외지 사람이 보는 것과 충청도 사람 입장에서 말하는 것에는 조금씩 뉘앙스 차이가 있는 것 같다.

충청도의 중요한 특징 중 하나로 누구나 느리다는 점을 꼽는다. 그러나 그것은 동작의 문제라기보다 마음의 여유에서 나오는 경우가 많다. 한번은 서울의 택시기사가 공주에 갔는데 앞에 있는 충청도 차가 너무 느리게 가는 바람에 신경질적으로 경적을 울렸다고 한다. 그랬더니 네거

리 빨간 신호등에서 앞차 운전사가 차에서 내려 느긋이 서울 차로 다가와서는 손짓으로 운전석 창문을 내려보라고 하더란다.

덩치가 우람해서 객지 와서 한 대 맞고 가나 싶어 마음이 조마조마했는데, 정작 그가 열린 창문에 대고 하는 말은 아주 느긋했다고 한다. "그러케 바쁘믄 어저께 오지 그랬시유."

충청도 사람들은 좀처럼 속을 보여주지 않는 더듬수가 있다는 것도 실상은 매사에 신중하다고 말하는 것이 옳을 것이다. 여론조사기관에서는 충청도를 '무덤'이라고 한다. 표준오차 ±5%를 넘는다는 것은 조사결과가 맞지 않을 수도 있다는 것을 의미하는데 충청도 여론조사에서는 ±12%를 제시하기도 한다. 출구조사조차 믿기 힘들다고 한다. 그도 그럴 것이 충청도 사람들은 자기 속을 직접적으로 말하는 경우가 드물다. 무얼 물어보면 바로 대답하는 법이 없다.

그 옛날엔 답사를 다니면서 길을 많이 물어보았다. 언젠가 경주 보문단지 안쪽 암곡동의 무장사터를 찾아가는데 암만 가도 보이지 않아 밭에 있던 아주머니께 물어보았더니 계곡 안쪽을 가리키면서 "잊아뿌고 가이소"(잊어버리고 가세요)라고 했다. 간다는 사실 자체를 잊어버리고 가라는 것이었다. 그게 경상도. 그런데 한번은 공주 탄천면 송학리의 장승이 장하게 잘생겼고 솟대의 오리는 물고기를 입에 물고 있다고 해서 거기를 찾아가는데 길을 돌고 돌아도 보이질 않았다. 마침 앞에서 자전거를 끌고 오는 아저씨가 있어 "이쪽으로 가면 송학리가 나옵니까?"라고 물었더니 나를 빤히 쳐다보고는 "거긴 왜 가유?"라고 되묻는 것이었다.

우리나라 개그맨의 반 이상이 충청도 출신인 것은 그들이 이런 맞받아치기와 돌려치기 화법에 익어 있기 때문이다. 한번은 옆집에 놀러갔다가 그 댁 주인이 여론조사 전화에 응하는 것을 보았는데 좀처럼 자기 속을 보여주지 않았다. 조사원이 대답을 유도하기 위해 "김○○ 의원이 좋습니까, 이○○ 장군이 좋습니까?" 하고 물었던 모양이다.

이에 옆집 아저씨 대답이 명답이었다. "다들 훌륭한 분이라고 하대유."

이 점 때문에 속타는 것은 사실 충청도 입후보 당사자들이다. 선거운동을 하면서 노인회관 같은 데를 찾아가 애절하게 호소해봤자 끝까지 아무런 언질을 주지 않는다. 시무룩해하며 신발을 신고 떠나기 전에 뒤돌아서 다시 한번 "이번에 꼭 부탁합니다"라고 애원하듯 말하면 대답으로 돌아오는 것이 "넘(너무) 염려 말어"라거나 "글씨유, 바쁜디 어여 가봐······"라고 한단다.

나는 충청도의 이 간접적인 표현이 지닌 속뜻을 심도있게 취재해보았다. 그 결과 "넘 염려 말어"는 찍어준다는 뜻이다. 그리고 충청도 사람 입에서 "글씨유" 소리가 나온다는 것은 틀렸다는 뜻이다. 더 큰 부정은 "냅 둬유"이고 완벽한 부정은 "절단나는겨"다. 충청도 사람들은 '아니다' '안된다'는 직접화법은 거의 쓰지 않는다. 부정적인 말을 나타낼 때는 꼭 "소용없슈" 아니면 "틀렸슈"다.

사람들이 이렇게 신중하다보니 충청도에서는 공연이 잘되지 않는다. 연극배우들은 관객 호응이 보이지 않아 죽을 맛이라고 하고, 대중음악에서도 좀처럼 반응을 보이지 않아 아무리 인기가수라도 충청도에 공연 왔다가는 번번이 울고 간다고 한다. 나도 비슷한 경험이 있는데, 문화재청장 시절 백제역사재현단지 개관식에서 축사를 하면서 "공주·부여를 유네스코 세계역사지구로 등재시키겠습니다"라고 말했다. 그때 나는 내심 박수가 나올 것을 기대했지만 박수는커녕 식장 안이 물 끼얹은 듯이 조용해지면서 시선이 갑자기 나에게 집중되는 것을 느꼈다. 나는 순간 당황하여 대충 마무리말을 한 다음 자리로 돌아왔다. 그러자 곁에 있던 도지사가 내 손을 잡아끌면서 "고마워유. 그런디 여기 사람들은 함부루 박수 같은 건 안 쳐유. 미안허구먼" 하는 것이었다.

사람들은 조심스럽게 말하지만 충청도는 핫바지고 멍청도라는 인식이 없지 않다. 그러나 이는 큰 오해다. 공주대 이해준 교수에게서 들은 이야기다.

한 전라도 사람이 정읍에서 장사하다 망하자 자살하려고 맘먹고 죽기 전에 장항에 사는 누님이나 한번 보겠다고 대전에 와서 버스를 탔단다. 한여름인데 이 버스가 만고강산 유람하듯 여기서도 손님 태우고 저기서도 손님 내려주고 하며 마냥 가더라는 것이다. 그러다가 갑자기 다리께에서 운전수가 시동을 켜둔 채 차에서 내려 무슨 일인가 싶어 내다보았더니 개울로 내려가 세수를 하고 올라오더라는 것이다. 그래도 어느 손님 하나 불평하는 일이 없더라는 것이다. 다시 한참 가다가 마주 오는 버스와 마주치자 두 기사는 창문을 열고 고개를 맞대고 "어휴 덥구먼" "왜 이리 찐댜" 하면서 아무 긴하지도 않은 얘기를 마냥 늘어놓는데 버스 두 대가 길을 막고 있어 뒤로 죽 늘어선 차들도 역시 누구 하나 클랙슨을 누르는 일 없이 느긋이 기다리더라는 것이다. 그는 무릎을 치면서 여기 와서 장사하면 되겠다는 생각이 들어 자살을 포기하고 홍성에서 판을 벌였단다. 그리고 800원 받을 것이면 900원 매겨놓고 흥정이 들어오면 100원 깎아줄 요량이었는데 "이거 얼마유?"라는 물음에 "900원유"라고 대답하면 느릿한 말씨로 "그래유"라며 주머니에서 돈을 꺼내주고 사가더라는 것이다. 그는 이렇게 장사가 쉬운 곳이 또 어디 있겠냐며 신이 났는데, 한 달이 지나자 손님이 한명도 안 오더라는 것이다. 그새 그 가게는 비싼 집이라는 소문이 다 나버린 것이다.

충청도 사람들은 일단 참고 당해주기는 하지만 두번 당하지는 않는다. 충청도 표심이 어디로 가느냐를 예측할 때 정치인들이 이 점을 계산에 두지 않으면 낭패를 보게 된다. 충청도의 이런 기질은 보령 출신 소설가 이문구가 『관촌수필』『우리동네』 같은 소설에서 말한 다음 한마디에 다

들어 있다.

"이런 디서 살아두 짐작이 천리구, 생각이 두바퀴 반이란 말여. 말 안허면 속두 읎는 중 알어."

장하리 삼층석탑의 매력

봄 가을로 인솔하는 부여답사에서 사람들이 의외로 좋아하는 곳이 장암면 장하리(長蝦里)의 고려시대 삼층석탑이다. 어쩌다 코스를 하나 줄여야 할 때도 부여문화원 이미영 팀장은 여기는 빼놓으면 안될 것 같다고 했다. 장하리는 고려시대에 한산사(寒山寺)라는 절이 있던 곳으로 지금은 언덕바지 양지바른 곳에 귀엽게 생긴 삼층석탑 하나만 남아 있는데 이 석탑의 모양새를 살피는 것이 여간 즐거운 일이 아니다. 부여 읍내에서 자동차로 불과 10여분밖에 안 걸리는 거리지만 길은 뱅뱅 돌아서 쉽게 가지지 않는 곳이다.

노인회관과 농협창고가 유난히도 커 보이는 장하리 큰동네에서 낮은 고개 한 굽이를 돌면, 꼭 삼태기 모양으로 아늑하게 펼쳐진 야트막한 언덕 자락에 서너 채의 개량농가를 한쪽으로 밀쳐두고 넓은 빈터에 앙증맞게 서 있는 삼층석탑 하나가 보인다. 큰길에서 내려 탑을 향해 걸어들어가면 멀리서 보기에도 작고 아담한 것이 막내딸 같은 귀염성조차 느껴진다.

한눈에 정림사터 오층석탑을 착실하게 본받았다는 양식적 동질성을 보여주지만, 그것을 맥없이 베낀 것이 아니라 은근히 미적 변주를 가해 자기만의 독특한 미감을 갖추고 있다. 그것은 결코 재탕이 아니라 경쾌한 변주이고 익살조차 느껴지는 일종의 패러디라는 생각이 들게 하며 이것이야말로 백제의 여운이라는 느낌을 준다.

그러나 나는 장하리 석탑에서 왜 그런 매력을 느끼는가를 건축적으로 분석해보지 못하고 관객의 한 사람으로서 즐기기만 해왔다. 그러다 10여 년 전, 서울건축학교의 선생과 학생이 함께 참여하는 부여답사 때 비로소 그 비밀을 알게 되었다. 이 한 무리의 건축가, 건축생도들은 장하리 삼층석탑에 당도하자 모두가 재미있는 건축물을 보아 기분이 좋다는 듯 희색이 만면하여 탑을 뱅뱅 돌면서 요리조리 사진을 찍고 있었다.

이 탑은 보호철책이 여느 탑과 달리 넓게 둘러져 있어서 감상환경도 좋았다. 동네 개가 요란히 짖는 것만 빼면 만점에 가까웠다. 그런 중 건축가 백문기가 석탑의 3층 몸돌을 가리키면서 "야! 저 3층 몸돌은 가운데를 반만 깎았다!"라고 큰소리로 외쳤다. 바로 그것이었다.

이 탑의 전체 구성을 보면 얇은 지붕돌의 경쾌함과 훤칠한 몸돌의 상승감에서 그 조형적 특징을 찾을 수 있다. 그에 걸맞게 1층과 2층의 몸돌은 네 귀퉁이에 긴 기둥을 새기고 그 가운데를 가늘게 홈을 파서 경쾌함과 상승감을 살려내고 있다. 그런데 3층 몸돌만은 이런 구성을 포기하고 홈을 위쪽으로 반만 깎아놓은 것이다. 그것이 바로 이 탑의 매력포인트였던 것이다. 이럴 때 쓰는 말이 바로 교시(敎示)다.

백문기의 교시에 따라 일행은 모두 이 기묘한 구성을 더욱 즐겁게 음미하며 "절묘하다, 절묘해!" 하고 감탄에 감탄을 더하는데, 조성룡이 서울건축학교 교장답게 권위있는 해석을 내렸다.

"아마도 설계자의 애초 도면에는 3층 몸돌도 1층, 2층과 마찬가지로 면석을 깊이 파도록 해놓았을 거야. 그런데 그렇게 시공하다보니까 길쭉하기만 하고 무슨 긴장, 말하자면 조형적인 텐션 같은 것을 못 느끼겠으니까 새로 반만 깎아 끼워봤을 거다. 반만 깎은 것을 처음에는 아래쪽이 뚫리고 위쪽을 막히게 했겠지. 그래야 논리가 맞거든. 그

| 장하리 삼층석탑 | 고려시대에 정림사 오층석탑을 본받아 세운 아주 앙증맞게 귀여운 석탑이다. 3층 몸돌의 가운데를 반만 깎은 것이 더욱 멋있어 보이게 한다.

| 장하리 삼층석탑 출토 사리장치 | 장하리 삼층석탑에서는 탑만큼이나 귀여운 사리장치가 발견되어 지금 국립부여박물관에 전시되고 있다.

런데 그렇게 하니까 답답하다고 느꼈을 거야. 그래서 이번엔 '어디 한 번 뒤집어보자' 하고 세운 것이 이 탑이 완성된 프로쎄스 아니겠어?"

웃음을 섞어가며, 창작의 심리를 헤아리듯 풀어가는 그 해석은 역시 이론가가 아니라 창작자의 사고에서나 나오는 탁견이었다. 실제로 예술의 세계에서는 창작의 진행과정에서 애초의 계획을 바꿈으로써 더 훌륭한 결론에 도달하는 계기를 자주 만나게 된다. 그런 것은 이론이 아니라 실천, 도면이 아니라 현장에서만 체득되는 것이다.

장하리 삼층석탑에서는 탑만큼이나 귀여운 사리장치가 출토되어 지금 국립부여박물관에 전시돼 있다. 고다리가 달린 사리병은 아무리 보아도 백제 왕흥사 사리함의 금사리병과 닮았다. 이 탑을 보고 난 뒤 박물관에 가서 이 사리함을 보면 누구든 "그 탑에 그 사리함이다"라고 말하게 된다.

그런데 사리함을 먼저 보고 이 탑에 와서는 그런 감동을 말하는 사람은 적다. 왜 그럴까. 그것은 건축에서 전달되는 느낌이 더 크기 때문일 것이다. 그래서 이미지의 전달은 공예보다 건축이 먼저라는 얘기도 있다.

가림성 옛 보루에 올라

충청도의 기질은 비산비야(非山非野)의 산하 모습에서 찾곤 한다. 실제로 부여·논산의 들판이나 예산·서산의 내포평야에는 타지역에서 볼 수 없는 느릿한 여유로움이 있다. 부산스러움이 없고 치달리고 싶은 기상 같은 것도 나오지 않는다.

장하리 삼층석탑을 뒤로하고 오던 길을 되돌아 다음 답사처인 대조사(大鳥寺)가 있는 임천의 성흥산성(聖興山城)으로 향하면, 길이란 언제나 그렇듯이 들어갈 때보다 나올 때가 더 가깝게 느껴지고, 그사이 초행길을 면했다고 아까와는 달리 정겹게 다가온다. 본래 장하리로 가는 길은 부여 나성(羅城)을 돌아 강경으로 내달리는 백마강 물줄기와 나란히 뻗어 있다.

찻길이 낮은 곳으로 나 있어 강줄기를 볼 수는 없지만 아침나절에 오면 짙게 깔린 강안개가 펼쳐 보이는 환상적인 수묵의 산수화를 만나게 된다. 그런가 하면 부여군에서도 변두리에 속해 이 여로에는 고속도로 시대에는 좀처럼 맛보기 힘든 옛길의 정취가 춘삼월의 잔설처럼 남아 있어 색다른 풍광이랄 게 없는데도 사뭇 차창 밖으로 시선을 두게 된다.

어느 해 아침이었다. 한시간에 한 대꼴로 다니는 시골 버스가 동네 입구마다 서면서 교복을 입은 학생 두세명과 읍내로 출근하는 사람을 태워가는 광경이 마치 1960년대 흑백영화의 한 장면 같아 나는 버스가 보이지 않을 때까지 넋놓고 바라보았다. 또 어느 가을날이었다. 한 굽이 한 굽이가 예사로울 것 같지 않아 가던 길을 멈추고 길가의 정려각에 세워진 효자비도 읽어보고, 백제시대 가마터가 있는 정암리 언덕배기에서는 행여 깨진 도편이라도 있을까 발부리에 닿는 것마다 뒤집어보며 밭고랑을 헤치고 다니기도 했다. 내 인생에 그런 한가한 때가 있었음이 지금은 믿기지도 않는 추억의 파편이 되어 성흥산성으로 가는 길 곳곳에 서려 있다.

임천면 면사무소가 있는 군사리(軍司里) 뒷산인 성흥산은 해발 268미터밖에 안되는 낮은 산이다. 그러나 높고 낮다는 것은 상대적인 것으로 이 일대에는 이만한 높이의 큰 산이 없다. 그래서 성흥산에 오르면 부여, 논산, 강경, 한산, 홍산 일대가 한눈에 들어오고 날이 좋으면 익산의 용화산과 장항제련소까지 바라볼 수 있다.

드넓은 전망을 갖고 있는 곳에는 어김없이 그 옛날의 성터가 있다. 그것이 백제시대부터 내려오는 성흥산성인데, 당시 이름은 가림성(加林城)이었다. 『삼국사기』에 의하면 백제 동성왕 시절은 여러가지로 어려웠다. 황급히 웅진으로 도읍을 옮긴 뒤인지라 국정이 어지럽고, 외침의 위협이 계속되었으며, 흉년에 한재(旱災)가 끊이지 않았다.

그때도 주민 망명이라는 것이 있어 동성왕 21년(499)에는 국경지대 주민 2천명이 고구려로 도망해 들어가는 일도 일어났다. 그래서 동성왕은 남쪽을 공략할 거점을 확보하기 위해 501년 8월에 가림성을 쌓고 요즘으로 치면 장관급인 좌평 백가(苩加)에게 지키도록 했다. 백가는 병을 핑계삼아 가지 않으려 했으나 동성왕이 허락하지 않아 할 수 없이 불만과 앙심으로 가득한 채 가림성으로 가게 됐다.

이해 동짓달에 왕은 사비성 서쪽 들판에서 사냥을 하다가 큰 눈을 만나 길이 막히는 바람에 마포촌이라는 곳에서 유숙하게 되었다. 이때 백가가 자객을 보내 왕을 죽이고, 가림성을 거점으로 모반을 일으켰다. 동성왕의 둘째아들인 무령왕은 즉위하자마자 가림성의 백가를 토벌하고

| 성흥산성 | 성흥산성은 백제시대 부여를 수호하기 위해 축조된 산성으로 옛 이름은 가림성이며, 지금은 높이 3~4미터에 길이 800여미터의 성벽만이 남아 있다.

항복한 백가의 목을 베어 백마강에 던져버렸다. 그것이 502년 정월의 일이었다. 이후 백제가 사비(부여)로 천도(538)하면서 가림성은 성왕·위덕왕·무왕 시대에 백제 안보전략에 더없이 중요한 고지가 되었다. 서울로 치면 남한산성에 해당하는 요새였다.

그뒤 성흥산성이 역사에 다시 나타난 것은 백제 유민들이 일으킨 부흥운동 때였다. 백제 멸망 2년 뒤인 662년 무왕의 조카인 복신(福信)이 승려 도침(道琛)과 함께 한산 주류성(周留城)에서 왕자 부여풍(扶餘豊)을 왕으로 삼고 백제부흥의 깃발을 높이 들었다. 이때 당나라 군사작전 회의에서 모든 장수가 "가림성은 수륙의 요충이니 이를 먼저 공격하자"고 했으나, 사령관 유인궤(劉仁軌)는 반대로 "가림성은 험하므로 이를 공격하면 군사만 상하고 날이 오래 걸릴 것이니 주류성을 곧장 치자"고 했다는 것이다.

그런 험한 난공불락의 성이 가림성이었다. 이 가림성은 통일신라 경덕왕 때 전국의 지명을 개편할 당시 더할 가(加)자를 아름다울 가(嘉)자로 바꾸었고, 고려 성종 때 와서는 고을 이름을 임주(林州)라고 했으며, 조선 초에 다시 임천(林川)의 성흥산성으로 고쳐 부르게 되었다. 그리하여 『신증동국여지승람』에 의하면 성흥산성은 "주위가 2705척, 높이가 13척으로 험준하게 막혀 있으며, 성안에 세개의 우물과 군창(軍倉)이 있다"고 했다.

지금 남아 있는 성벽은 높이 3, 4미터에 길이 800미터 정도다. 하지만 근래에 조사·발굴·보수한 결과에 의하면 토성으로 시작해서 석성으로 발전했고 내성과 외성에 수구(水口)까지 제대로 갖추었음이 확인되었다. 성안에 아직도 우물이 건재해 답사객의 목을 축이기에 충분하다. 또한 이곳 주민이 중군(中軍)터라고 부르는 토축 보루는 1개 중대 병력이 모이고도 남을 정도여서 자못 전장터의 긴장감도 서려 있다.

산성의 돌벽엔 포도줄기보다 더 굵은 담쟁이덩굴이 푸르다 못해 검게 바랜 돌이끼와 어우러져 아름다움에 아름다움을 더하고, 중군 연병장에서는 은행나무·느티나무와 큰 바위 위에서 잘도 자란 노송이 서로 나이를 자랑하고 있다.

그리하여 성흥산성은 같은 산성이라도 공원 같고, 한여름에도 볕을 가릴 곳이 많아 산성에 오른 사람은 저마다 좋은 그늘, 좋은 전망을 찾아 돌부처럼 얼마간이고 꿈쩍도 않는다. 그래서 부여사람들은 매년 정월 초하루 새해 해맞이 행사를 이곳 성흥산성에서 갖는다.

대조사 돌관음의 매력

대조사는 성흥산성 못미처 산중턱 양지바른 자리에 있다. 성흥산성으로 오르다가 오른쪽으로 산모롱이를 돌아가면 산자락에 바짝 붙어 있는 대조사 당우(堂宇)가 한눈에 들어온다. 당우라고 해야 서너 채뿐이니 차라리 말사(末寺)의 고즈넉함이 있다고 해야 옳을 것 같은데 절집의 앉음새가 마치 새집처럼 포근하다.

근래 들어서는 성흥산 옆자락을 돌아 대조사로 올라가는 길이 새로 났고, 절마당 아래로는 버스 여러 대가 주차할 수 있는 공간까지 마련되어 접근성이 아주 좋아졌다. 여럿이 올 때는 할 수 없이 이 새 길을 택하지만 홀로 다닐 때면 나는 항시 옛길로 들어간다. 그래야 대조사의 탁월한 위치설정을 맛볼 수 있기 때문이다.

대조사는 그 이름부터 심상치 않다. 전설에 의하면 고려 때(이것이 과장되어 백제 때로 둔갑했다) 한 노승이 바위 아래에서 수도하던 중 어느날 큰 새 한 마리가 바위 위에 앉은 것을 보고 깜박 잠이 들었는데 일어나보니 어느새 바위가 석불로 변했더라는 것이다. 그래서 절집이 대조사(大鳥寺)라 불리게 되었다고 한다. 전설의 내용을 재해석해보면 불교 불모지대에 한 스님의 계시로 절집이 들어앉게 되었다는 것이다. 바로 이 때문에 이 절집은 불교와는 아무 인연 없는 이름을 얻었고, 석조관음상은 정통 불상이 아니라 어딘지 토속적인, 이를테면 장승 같은 이미지에서 발전했다는 인상을 준다.

대조사의 석조관음보살상을 보면 누구든 논산 관촉사의 속칭 은진미륵과 너무도 닮은 모습에 어리둥절해한다. 실제로 불교미술사가 중에는 같은 시기 한 사람의 솜씨로 추정하는 이도 있다. 높이가 10미터나 되는 독립된 바위 머리 위에 이중의 네모난 관(冠)을 쓰고 있는 보살상으로 조각했다. 얼굴은 사각형으로 넓적하고, 양쪽 귀와 눈은 크나 코와 입이 작아서 다소 기이한 느낌을 준다. 8등신은 고사하고 5등신도 안되는 변형인데다 입면체의 돌을 차라리 평면으로 다룬 것 같아 백제와 통일신라의

불상에서 보아온 모든 조화와 질서를 거부하고 있음을 알 수 있다.

대조사 보살상에는 근엄, 원만, 자비, 평온 같은 이미지는 없지만 무언가 신기(神奇)를 일으킬 것 같은 괴력이 느껴진다. 이 점이 사실상 고려시대 지방 양식으로 나타나는 불상들의 중요한 특징이다. 대조사의 전설에 걸맞은 모습인 것이다. 그렇다고 해서 대조사 돌미륵이 조형적 성실성을 포기했다거나 미숙함을 드러냈다는 것은 아니다. 햇살이 좋은 날 돌미륵 가까이에 가서 보면 얼굴에 표정을 살려내려고 애쓴 석공의 공력이 역력히 보인다. 양어깨를 감싼 옷자락은 두껍고 무거워 보이지만 팔은 몸통에 붙여 옷주름으로 드러내고 왼손은 연꽃 줄기를 잡고 있다.

보살상으로서 나타낼 것은 다 나타낸 것이다. 왜 같은 보살상이면서 대조사 석불은 이런 형상인 것일까? 그 점은 이와 똑같은 양식인 아랫마을 논산의 관촉사 석조관음보살상을 봐야 명확히 이해하게 된다. 그래서 부여 대조사 답사는 필연적으로 논산 관촉사 답사와 연결될 때 더욱 의의를 지니게 된다.

그런 중 대조사 석조보살상은 옆 바위틈에서 자란 늠름하고 아름다운 노송이 있어 우리의 눈을 황홀하게 하고 마음을 더욱 빼앗는다. 마치 이 보살상의 광배인 양 머리 뒤를 받쳐주고 있어 신비로운 마음이 일어날 정도다.

한국야구위원회(KBO)의 유영구 총재와 시인 신달자, 디자이너 박기태 등으로 이루어진 답사팀과 여기 왔을 때 누군가 이 소나무를 보면서 "이건 진짜 파라솔이네"라며 감탄했다. 솔이로되 태양을 의미하는 솔(sol)일 뿐만 아니라 소나무의 솔(松) 의미까지 합쳐졌다는 것이다. 저렇게 세월의 때를 입혀가면서까지 자연과 인공을 결합시키는 마음은 진실

| **대조사 석조관음보살상** | 대조사 석조관음보살상은 관촉사 은진미륵과 양식적으로 맥을 같이하는데, 옆 바위틈에서 자란 아름다운 노송과 조화를 이뤄 신비로움을 더해주고 있다.

로 이 땅의 문화가 만들어낸 가장 큰 미덕이다.

대조사의 해탈이와 복실이

　대조사의 큰 볼거리는 이 석조관음보살상과 '파라솔'이지만 근래에는 새로운 명물이 생겨 답사객은 오히려 거기에 매달려 많은 시간을 보낸다. 그것은 이 절집에서 키우는 꽃사슴 '해탈이'와 진돗개 '복실이'다. 3년 전 마을에서 갓 태어난 꽃사슴 새끼 한 마리를 절집에 시주하자 스님은 분유를 타서 젖병으로 먹이며 정성스레 키웠다.

　당시 세살배기였던 복실이도 이 꽃사슴을 동생처럼 귀여워해서 개집을 해탈이에게 양보하고 자기는 밖에서 자며 지켜주었다. 꽃사슴은 이런 성장과정 덕분에 풀어놓고 길러도 도망가지 않고 사람이 가도 낯을 가리지 않고 잘 따르게 되었다. 그 바람에 대조사의 명물이자 귀염둥이가 된 것이다.

　사실 이 귀엽고 신령스러운 동물을 멀리에서나 구경했지 이렇게 매만지며 교감할 수 있는 곳이 따로 없을 터이니 그것이 신기롭고 즐겁지 않을 수 없는 일이다. 해탈이와 복실이는 가끔 산에서 맘껏 뛰놀다 돌아온다. 꽃사슴은 된장을 좋아해 마을로 내려가 여러 집 장독을 깨뜨리기도 했단다.

　그런데 어느날 해탈이와 복실이가 산속으로 들어간 뒤 돌아오지 않은 일이 있었다. 결국 사흘이 지나 둘이 돌아왔는데 해탈이 목에 올무가 칭칭 감겨 있었다. 밀렵꾼이 고라니를 잡으려고 놓은 덫에 걸린 것이다. 그러나 복실이가 그 곁을 지키면서 끝내 올무를 끊고 함께 돌아온 것이었다. 동물들의 의로움이 이와같다.

　이번 답사 때 보니 해탈이가 새끼를 배어 불룩한 배를 땅에 깔고 길게

| 대조사 꽃사슴 | 해탈이라는 이름을 갖고 있는 꽃사슴으로 인해 대조사는 녹야원을 연상케 한다.

누워 있었다. 아랫마을로 시집갔다 돌아왔다는 것이다. 해탈이가 출산하면 이 절집에는 또 꽃사슴 식구가 늘어날 것이다. 그렇게 되면 석가모니가 성도하여 처음 설법했다는 녹야원(鹿野苑) 같은 곳이 될 듯하다(이 글을 쓰면서 대조사로 전화를 걸어 해탈이 안부를 물으니 출산이 오늘내일한단다).

산딸나무 예찬

대조사에는 동물뿐만 아니라 식물 중에도 명물이 하나 있다. 지난번 우리가 대조사를 찾아갔을 때는 5월 마지막 주말이었다. 화사한 꽃의 계절이 다 지나가고 바야흐로 녹음이 우거진 시절이어서 아무도 꽃을 기대하지 않았는데 절집에서 주차장으로 내려가는 돌축대에 산딸나무의 새하얀 꽃이 무리지어 피어 있었다.

산딸나무꽃은 나뭇잎 위로 피어나기 때문에 돌계단을 올라갈 때는 잘 보이지 않지만 내려오는 길에는 나무가 온통 흰 꽃을 뒤집어쓴 것 같아 누구라도 놓치지 않고 보게 된다. 서울에서 온 답사객들은 무슨 꽃이 이렇게 고우냐며 산딸나무 곁으로 모여들었다. 본래 산딸나무는 개울가에 가지를 길게 늘어뜨리며 조용히 피어나는 음지식물이다. 그러나 산딸나무 홀로 자랄 때면 이처럼 적당한 크기로 자라 아름다운 관상수가 된다. 연륜이 오랜 것으로는 우리가 가게 될 무량사 개울가와 요사채 우물가에 있는 것이지만 꽃잎을 위에서 내려다보기에는 대조사가 더 유리하다.

처음 이 꽃을 본 사람은 청순한 자태와 해맑은 빛깔에 반해 그 곁을 떠날 줄 모른다. 다른 꽃은 꽃잎이 다섯장이지만 이 꽃만은 네장이어서 짝수가 주는 가녀린 느낌이 있다. 엄밀히 말하면 꽃이 아니라 꽃받침이 변한 것이고 꽃은 그 속에 꼭 딸기처럼 동그랗게 뭉쳐 있어 가을이면 빨갛게 물든다. 생물학적 사실이야 어떻든 하트 모양의 흰 꽃잎이 십자를 그리며 무리지어 피어날 때면 산딸나무의 청신한 모습은 흰 모자를 쓴 간호사를 연상케도 하고 때로는 성모 마리아를 대하는 고결함이 느껴지기도 한다. 대패질한 나뭇결은 잡티 하나 없이 깨끗해 예수가 못 박힌 나무가 산딸나무(혹은 올리브나무)일 것이라는 이야기도 있다.

이리 아름다운 나무를 서양인들은 무슨 심사로 '개나무'(dogwood)라고 이름지었는지 모르겠다. 나는 답사를 다니고부터 나무를 무척 좋아하게 되었다. 서울사람이 나무를 알면 얼마나 알겠는가. 그래도 유적지에 가서 문화유산보다 먼저 만나는 것이 나무이고 감동을 주는 것도 나

| 대조사 산딸나무 | 산딸나무 하얀 꽃은 흰 모자를 쓴 간호사의 모습을 연상케 하는 청순한 아름다움이 있다.

무인 경우가 많아 자연히 관심을 갖게 되었다. 그 관심은 사랑으로 자랐고 이제는 답사객에게 나무까지 설명해주며 안 보이는 나무까지 알려주곤 한다. 나는 산딸나무에 모여 있는 답사객에게 먼 산을 가리키며 해설을 시작했다.

"순전히 내 느낌으로 말하는 것이지만 신록의 계절에 피는 꽃은 대개 흰색입니다. 산딸나무, 아카시아, 이팝나무, 층층나무, 귀룽나무, 백당나무, 불두화, 거기에 찔레꽃까지. 그래서 신록의 계절에 산이 더욱 싱그럽게 보이나봅니다."

내 이야기가 여기에 이르렀을 때 아까부터 내 곁에 붙어서 말하는 것마다 노트에 옮겨적고 있던 부여군 문화유산해설사 한 분이 "또 있슈!"라고 소리치며 내 말을 가로막고 나섰다.

"뭐가 있쥬?"
"망초꽃유. 개망초 말유. 을마나 히유."

관촉사 해탈문

비록 부여문화원이 주최하는 답사지만 우리는 행정구역을 넘어 논산 관촉사(灌燭寺)까지 가기도 한다. 부여에서 논산으로 가는 4번 국도는 고속도로나 진배없이 잘 뚫려 30분도 안 걸린다. 관촉사는 100미터 남짓한 야산인 반야산 중턱에 있다. 산이 낮은데다 길가에 나앉아 있어 그윽한 운치 같은 것은 없다.

그래도 연륜이 있는 절인지라 진입로에는 해묵은 나무들이 늘어서 있고 돌계단을 오르자면 나무그늘이 내뿜는 습한 기운이 온몸을 감싼다. 요즘 관촉사는 옛날에 비해 두배 이상 커져 왼쪽으로 거대한 새 법당이 생겼지만 돌계단이 끝난 지점에서 오른쪽으로 나 있는 공간만이 원래의 모습이다.

원래는 은진미륵이라 불리는 석조관음보살입상과 창문을 통해 이를 모시는 관음전 그리고 자그마한 요사채가 전부였다. 그래야 관촉사가 반야산의 스케일에 맞고 은진미륵은 더욱 위대해 보인다.

관촉사의 잘 알려지지 않은 명물은 돌계단이 끝나는 지점에서 절마당으로 들어가는 돌문인 해탈문이다. 해탈문은 많은 건축가들이 창덕궁의 불로문(不老門)과 함께 우리 건축에서 대표적으로 아름다운 돌문으로 꼽을 정도로 명작이다. 불로문은 궁궐 후원을 장식한 문이기 때문에 거대한 돌을 디귿자로 곱게 다듬어 품위있는 전서체로 머리 위에 이름을 새

| **관촉사 해탈문** | 관촉사 해탈문은 아주 작은 돌문으로, 우리나라 건축에서 뜰 안으로 통하는 문은 작아야 아름답다는 원칙의 시범을 보여준다.

졌지만 관촉사 해탈문은 성벽의 암거(暗渠)처럼 낮고 두껍다.

그러나 이 거친 듯 낮은 돌문 하나가 있어 그 안쪽이 성역임을 암시해주고, 절대자를 만나러 들어오는 자의 몸을 저절로 숙이게 만든다. 그것이 아주 작고 질박하게 만들어졌기에 은진미륵은 상대적으로 더욱 거대해 보인다. 그래서 이 절집 가람배치의 큰 매력이 되었다. 조선시대 생활의 지혜를 모은 『산림경제(山林經濟)』를 보면 "후원으로 통하는 문은 작아야 한다"는 가르침이 있다.

문이 작아야 밖에서 보면 겸손해 보이고 안쪽으로 들어오면 공간이 훤해진다는, 평범하면서도 차원높은 이 건축미학이 오늘날에는 사라지고만 것 같아 관촉사 해탈문에 이르면 자연을 경영한 조상의 정신에 다시 한번 깊은 경의를 표하게 된다.

은진미륵의 내력

관촉사 석조관음보살입상을 대할 때면 나는 심사가 뒤틀리기 시작한다. 학생시절 이 석불에 대해 배운 것이 두가지 있다. 하나는 높이가 18미터에 이르는 우리나라에서 제일 큰 불상이라는 점이고, 또 하나는 고려시대 제작된 불상조각으로 석굴암을 만든 신라에 비해 크기만 하고 조형성이 떨어진다는 점이다.

지금도 이런 내용이 교과서에 실려 있고 책마다 안내문마다 그렇게 설명하고 있다. 그렇다면 우리에게 감동하라는 것인가, 감동하지 말라는 것인가? 사람의 선입견이라는 것이 무서워서 이런 예비지식을 갖고 이 석불을 대하면 그 자체가 보이는 것이 아니라 얻어들은 지식과 맞추어보는 데 급급하게 된다.

몇해 전, 나는 논산시 초청을 받아 다른 곳도 아닌 이곳 관촉사에서 논산의 문화유산에 대해 강연한 적이 있다. 그때 논산사람들이 나에게 부탁한 강연내용은 무엇보다 은진미륵의 참 가치에 대해 말해달라는 것이었다. 논산사람들 입장에서 보면 은진미륵은 논산8경의 제1경으로 논산의 상징인데, 내놓고 자랑할 수도 없는 애물단지 같은 문화유산이니 이 애매한 가치를 명확히 해달라는 요청이었다.

그 불편한 마음이 얼마나 깊이 박혀 있었으면 이런 부탁을 할까 싶어 그날 나는 은진미륵에 담겨 있는 오해와 종교사적·미술사적 의의를 이야기하게 되었다. 불상 왼쪽에 있는 사적비에 따르면 고려 광종 19년(968)에 왕명을 받은 혜명(慧明)대사가 조성하기 시작해 37년 만인 목종

| 관촉사 은진미륵 | 관촉사 은진미륵은 파격적이고 토속적인 모습으로 민중을 불교세계로 끌어들이는 계기를 마련했다.

| 관음전에서 본 은진미륵 | 관촉사의 관음전은 창문을 통해 은진미륵을 모시고 있다.

9년(1006)에 완성했다고 한다.

전해지는 설화에 의하면 앞마을 사제촌에 사는 여인이 고사리를 캐다가 산 서북쪽에서 아이 울음소리가 들려 찾아가보니 아이는 없고 큰 바위에서 아이 우는 소리가 들려 이를 관가에 알렸더니 나라에서는 "이것은 큰 부처를 조성하라는 길조"라며 금강산에 있는 혜명대사를 불러 불상을 조성하게 했다고 한다. 혜명대사는 석공 100명을 거느리고 불상을 만들면서 솟아난 바위로 허리 아랫부분을 만들고, 가슴과 머리 부분은 30리 떨어진 곳에서 일꾼 1천명을 동원해 옮겨와 이어붙였다고 한다.

불상이 완성되자 찬란한 서기(瑞氣)가 삼칠일(21일) 동안 천지에 가득해 찾아오는 사람으로 저잣거리를 이룰 만큼 북적댔다고 한다. 그리고 머리 위 화불(化佛)과 백호(白毫)에서 내는 빛이 하도 밝아 바다 건너 송나라 지안(智眼)대사가 빛을 따라 찾아와서 예배하면서 "그 빛이 마치 촛

불을 보는 것 같다"며 절 이름을 관촉사(灌燭寺)라 지었다고 한다.

은진미륵의 조형목표

관촉사 석조관음보살상은 아닌게아니라 괴이하게 생겼다. 머리에는 원통형의 높은 관을 쓰고 있고, 그 관 위에 네모난 보개(寶蓋)가 얹혀진 것부터 파격이다. 체구에 비해 얼굴이 너무 커서 신체비례로 치면 4등신도 안된다. 몸은 거대한 원통형으로 굴곡이 없고 옆으로 긴 눈, 넓은 코, 꽉 다문 입, 이중턱 등 모두가 인체비례와는 아주 거리가 멀어 근엄한 것도 너그러운 것도 귀여운 것도 아니다. 괴이할 따름이다.

그것이 보살상이라고 하니까 보살상으로 보이지 '미스 백제' 같은 우아하고 유려한 보살상과는 너무도 거리가 멀다.

그러나 이 석조관음보살상을 통일신라시대 불상과 비교하면서 인체비례가 맞지 않는 졸작으로 말하는 것에는 문제가 있다. 이들이 인체비례를 나타낼 줄 몰라 4등신으로 조각한 것은 아닐 것이다. 의도적으로 했음이 분명하다. 그러면 혜명대사는 무슨 마음으로 이처럼 괴이한 보살상을 만든 것일까? 본래 불(佛), 보살상이란 절대자이다. 그리고 절대자란 그 시대의 이상적 인간상이며, 각 시대는 그 시대가 원하는 절대자의 상을 갖고 있다. 그래서 불상의 이미지는 계속 변해왔다. 삼국시대 불상은 절대자의 친절성을 보여주기 위해 얼굴에 미소를 머금고 있다. 통일신라시대 불상은 절대자의 권위를 나타내기 위해 근엄한 모습을 보여준다. 그리고 하대신라 호족들이 발원한 선종 사찰의 불상은 파워풀한 이미지로 마치 호족의 자화상을 보는 듯하다.

그리고 고려초 논산땅에 조성된 이 보살상은 그 어느 것도 아니고 무언가 신기(神奇)를 일으킬 것만 같은 괴력의 소유자로서 절대자상을 만

| 은진미륵의 발가락 | 대담하게 왜곡시킨 신체에 걸맞게 발가락 역시 투박하면서도 단순화시켰다. 이런 의도적 변형에서는 유머 감각을 느끼게 한다.

들었던 것이다. 마치 민간신앙으로 남아 있던 장승의 이미지를 불교적으로 변안한 듯한 토속성이 보인다. 이것은 고려시대 각 지방에 만들어진 석불상이 보여주는 하나의 경향이었다. 안동 제비원의 마애불, 파주 용미리의 석불, 월악산 미륵리의 석불입상, 운주사 천불천탑동의 불상에 이르면 관촉사 석조관음보살상보다 더 파격적이고 더 토속적이다. 그렇게 함으로써 이런 불상은 불교와 인연이 없고 토속신앙에만 젖어 있던 민중을 불교세계로 끌어들이는 계기를 마련했던 것이다.

애당초 무언가 신기하고 파격적이고 괴이하게 만들었던 것이지 조각 솜씨가 부족했던 것이 아니다. 어느 해인가 르네쌍스 미술사를 전공한 신준형 교수가 서울대로 자리를 옮기기 전에 나와 함께 명지대 미술사학과 학생들을 데리고 관촉사를 답사했을 때 달려와 다소 상기된 어조로 내게 소감을 털어놓았다.

"유선생님, 저 왼손 손가락 구부린 것 좀 보십시오. 절묘하게 표현했네요. 이 불상을 보니까 유럽 중세 조각들이 왜 이미지의 변형을 그렇게 심하게 했는지 이해되네요. 사실 저는 이 은진미륵을 처음 보는데 그동안 배워왔던 이미지하고는 전혀 다르네요. 이건 고전미학에서 일탈하려는 의도가 아주 역력합니다. 아주 감동적입니다."

| **연화무늬 배례석** | 은진미륵 앞에는 석등과 함께 배례석이 놓여 있다. 장방형의 화강암에 큼직한 연화무늬 3개가 높을새김으로 새겨 있다.

석굴암을 만든 분들이 추구한 것은 조화적 이상미요, 완벽한 질서였다. 그래야 중앙정부의 안정된 체제유지와 뜻이 맞아떨어진다. 그러나 고려시대에 백제 고토(故土)라는 지방에 살고 있던 사람들은 그런 숨막힐 듯 완벽하게 짜인 질서가 아니라 차라리 그 질서를 파괴하는 힘, 괴력과 신통력의 소유자인 부처님이어야 민중도 뭔가 희망이 있을 것이라고 생각했던 것이다.

우리는 전성기 문화에서만 미적 가치를 찾을 뿐, 변혁기에는 변혁기 나름의 문화가 있고 지방은 또 지방 나름의 문화가 있음을 간과한다. 변혁기와 지방 문화의 가치는 항시 서툴고 모자라는 것으로만 보게 되는데, 그것은 제도권, 아카데미즘, 관학파들이 문화유산과 예술을 보는 편견일 따름이다.

이런 시각에서 보면 관촉사 석조관음보살상은 돌미륵치고는 너무도 격식을 갖춘 돌미륵이고, 장승치고는 너무도 잘생긴 장승인 셈이다. 손가락 놀림은 얼마나 정교하고 발가락은 얼마나 재미있게 표현했는가. 한마디로 관촉사 석조관음보살상은 은진미륵이라 불릴 정도로 수많은 불상 중에서 민중적 소망을 남김없이 받아줄 만반의 태세를 갖춘 보살상인 것이다.

내가 논산시민 강연에서 이런 논리로 은진미륵이 보여주는 파격미에 대해 적극적으로 옹호하자 박수에 인색한 충청도 사람들도 관촉사가 떠나가라 박수를 보내주었다. 강연장을 나와 이 고장 인사들과 인사를 나누고 또 답사기 책을 들고 온 사람들에게 서명을 해주는데 한쪽에서 어르신 두 분이 하는 얘기가 들렸다.

"진즉 그러케 말할 거시지, 안 그려?"
"아믄, 이제 맘놓고 자랑해도 되겠구먼."
"그러다 뭐가 잘났냐고 되물으면 뭐라고 답한댜?"
"냅둬유. 우린 잘 몰러두 유명한 사람이 그러드라면 될 꺼 아녀."

관촉사 여록

흔히 고려시대 불상을 말할 때면 개성적이고, 파격적이고, 못생긴 불상이 많다는 얘기를 한다. 그것이 틀린 말은 아니지만 이 경우에도 우리는 반드시 전제해야 할 사항이 하나 있다. 그것은 불교신앙의 연속성이라는 점이다.

즉 우리가 고려불상이라고 할 때는 고려시대에 제작된 불상만 말하게 된다. 그러나 고려시대 사람들의 입장에서 본다면 당시에는 백제의 익산 미륵사, 통일신라의 경주 석굴암 등 삼국시대부터 내려온 사찰과 불상 모두를 신앙의 대상으로 간직하고 있었다. 그래서 고려시대에는 고전적이고 아카데믹한 형식의 불상은 삼국과 통일신라 때 제작된 것에 의존하고 그런 불교의 혜택이 없던 곳에 불상과 탑을 만들면서 불교문화의 폭을 넓혀갔던 것이다. 이 점을 고려하지 않으면 고려시대 불교미술은 마치 도전적이고 지방적인 것만 있었던 것으로 오해하게 된다.

또 관촉사 석조관음보살상이 괴이하게 보이는 큰 요인은 머리 위의 보관(寶冠)이 허옇게 드러나 마치 얼굴이 거기까지 연장됐다는 착각을 일으키는 데서 기인하는 점도 있다. 그러나 그 하얗고 거친 부분은 이마가 아니라 보관의 일부분으로 원래는 아름다운 청동 꽃장식이 있던 곳이니 두 손으로 아래위를 가리고 보면 그 얼굴이 새롭게 다가온다. 정확히 말해서 석조관음보살상 앞에 있는 관음전 안에 들어가 예불을 올리는 자세로 앉아 있으면 낮게 뚫린 창틀로 보살상의 얼굴이 많은 복을 줄 것 같은 모습으로 다가온다.

세상에 전하기를 대학입시 합격률은 팔공산 갓바위 관봉 석조여래상이 가장 높고, 회사 공직자 승진율은 관촉사 석조보살상이 가장 효험이 있다고 한다. 그래서인지 관음전 안에는 지금도 많은 발원문이 주렁주렁 걸려 있다.

2011. 3.

바람도 돌도 나무도 산수문전 같단다

무량사 / 오층석탑 / 청한당 / 율곡의 김시습전 / 동봉의 여섯 노래 /
성주사터 / 낭혜화상비 / 최치원의 화려체 / 강승의 편지

무량사의 자리앉음새

무량사는 부여가 내세우는 가장 아름다운 명찰이며, 대한의 고찰이다. 보물이 무려 여섯개나 된다. 무량사는 초입부터 답사객에게 고즈넉한 산사에 이르는 기분을 연출해준다. 외산면 소재지에서 무량사로 접어들면 이내 은행나무 가로수가 오릿길로 뻗어 있다. 사하촌 입구에 다다르면 길 가운데 느티나무가 가로막고 그 옆으로는 나무장승이 한쪽으로 도열하듯 늘어서 있다. 백년은 족히 된 해묵은 것부터 요즘 것까지 대여섯 분이 함께 있는데 그 형태의 요약은 브랑쿠씨(C. Brancusi)의 인체조각도 못 따라올 정도로 단순미가 넘쳐흐른다. 거기다 세월의 풍우 속에서 그 표정은 더욱 깊고 그윽하다.

무량사는 무엇보다 자리앉음새가 그렇게 넉넉할 수 없다. 무량사 입구

| 무량사 입구 목장승 | 무량사 목장승은 왼쪽에서 오른쪽으로 시선을 돌릴 때 형체가 더욱 선명한데, 해마다 새로 깎은 분을 맨 오른쪽에 모시기 때문이다.

에 당도해 차에서 내리는 답사객은 이렇게 넓은 산중 분지가 있나 싶어 너나없이 앞산, 뒷산, 먼산을 바라보면서 가벼운 탄성을 던진다. 문경 봉암사, 청도 운문사처럼 사방이 산등성이로 둘러싸인 산중 분지에 자리한 열두판 연꽃 같은 편안한 절이다. 그런데 그 분지가 사뭇 넓어 시원한 맛이 있다.

산사의 '인프라'는 산일 수밖에 없는데 만수산은 일년 열두달이 무량사보다 더 아름답다. 꽃 피는 봄철, 단풍이 불타는 가을, 눈 덮인 겨울날의 무량사야 말 안해도 알겠지만 아직 잎도 꽃도 없고 눈마저 없어 을씨년스러운 2월에도 만수산은 수묵화 같은 깊은 맛이 있다. 나무에 봄물이 오르기 시작하면서 마른 가지 끝마다 가벼운 윤기가 돌 때면 산자락이 그렇게 부드러울 수 없다. 마치 보드라운 천으로 뒤덮인 듯한 착각조차 일어난다.

| **무량사 일주문** | 원목을 그대로 세워 듬직한 모습을 보이는 무량사 일주문.

    무량사는 일주문부터 색다르다. 원목을 생긴 그대로 세운 두 기둥이 아주 듬직해 보이면서 지금 우리가 검박한 절집으로 들어가고 있음을 묵언으로 말해준다. 여기에서 천왕문까지의 진입로는 기껏해야 다리 건너 저쪽 편으로 돌아가는 짧은 길이지만 그 운치와 정겨움은 어떤 정원설계사도 해내지 못할 조선 산사의 매력적인 동선을 연출한다.

    천왕문 돌계단에 다다르면 열린 공간으로 위풍도 당당하게 잘생긴 극락전 이층집이 한눈에 들어온다. 천왕문은 마치 극락전을 한 폭의 그림으로 만드는 액틀 같다. 적당한 거리에서 우리를 맞이하는 극락전의 넉넉한 자태에는 장중한 아름다움이 넘쳐흐르지만 조금도 부담스럽지 않고 오히려 미더움이 있다.

    극락전은 무량사 건축의 핵심이며 이를 기준으로 해서 앞뒤 좌우로 부속건물과 축조물 그리고 나무가 포치(布置)해 있는데 그것들이 아주 조화롭다. 법당 앞엔 오층석탑, 석탑 앞에는 석등이 천왕문까지 일직선으로 반듯하게 금을 긋는데 오른쪽으로는 해묵은 느티나무 두 그루가 한쪽으로 비켜 있어 인공의 건조물들이 빚어낸 차가운 기하학적인 선을 편하게 풀어준다.

극락전 왼쪽으로는 요사채와 작은 법당이 낮게 쌓아올린 축대에 올라앉아 있고, 그 앞으로는 향나무 배롱나무 다복솔 같은 정원수가 건물이 통째로 드러나는 것을 막아준다. 그래서 극락전 앞마당은 넓고 편안하고 아늑한 공간이 된다. 무량사는 공간배치가 탁월해 아름다운 절집이 되었지만 사실 그 아름다움의 반 이상은 낱낱의 유물 자체가 명품이고 역사의 연륜이 있기 때문이다.

무량사의 역사와 유물

무량사는 '신라 문무왕 때 범일(梵日)국사가 창건한 절'이라고 하지만 문무왕은 7세기 분이고 범일국사는 9세기 스님이니 이는 말도 안된다. 낭혜화상 무염(無染)이 창건했을 개연성이 더 큰데, 무염은 가까이 있는 성주사를 창건한 스님이다. 태조암 쪽으로 가다보면 통일신라시대 절터가 있다. 여기가 원래 무량사 자리로 거기에 서면 만수산 산자락 품이 더 넓고 편안하다.

그런 무량사가 불에 타 고려 고종(재위 1213~59) 때 중창됐다고 한다. 아마도 원나라 침공 때 불에 탄 것인지도 모른다. 그때 불탄 자리를 버리고 지금의 위치로 옮긴 듯하다. 그것은 오층석탑(보물 제185호)과 석등(보물 제233호)이 말해준다.

오층석탑은 한눈에 정림사터 탑을 빼닮았다는 인상을 주는 동시에 늘씬한 것이 아니라 매우 장중하다는 느낌을 더한다. 적당한 체감률로 불

| **무량사 전경** | 석등, 석탑, 극락전이 일직선으로 배치된 무량사의 가람배치는 정연하면서도 아늑한 분위기를 동시에 보여준다. 석등 앞 느티나무 아래에서 볼 때가 가장 아름답다.

안하지 않은 상승감을 갖추고 있고 완만한 기울기의 지붕돌은 처마 끝을 살짝 반전시켜 경박하지 않은 경쾌함이 있다. 지붕돌 아랫면에는 빗물이 탑 속으로 들어가지 않도록 홈을 파놓은 절수구(切水溝)가 있다. 옛사람들은 멋뿐 아니라 기능에도 그렇게 충실했다는 징표다.

석등은 얼핏 보면 탑에 비해 작다는 인상을 주지만 그게 작아서 오히려 공간배치에 걸맞은 면도 있다. 무량사에 오면 나는 항시 느티나무 아래 큰 돌 위에 걸터앉아 거기에서 석등과 석탑 너머 있는 극락전과 나무 사이로 고개를 내민 작은 당우들, 산신각으로 빠지는 오솔길을 바라보곤 한다. 그런 시각에서 보면 작은 석등이 더욱 알맞은 크기라는 생각을 갖게 된다.

극락전(보물 제356호)으로 말할 것 같으면 그렇게 너그럽고 준수하게 잘생길 수가 없다. 사실 절집에서 목조건물 자체가 잘생겼다는 감동을 주

| 우화궁 현판 | 부처님이 설법할 때 꽃비가 내렸다는 데서 따온 이름이다. 글씨도 참하고 액틀도 예쁘다.

는 곳은 그리 많지 않은데 이 극락전만은 따질 것도 살필 것도 없이 예스러운 기품에 그저 바라보기만 해도 눈과 마음이 기쁘게 열린다. 특히 느티나무 그늘 아래서 바라보면 그윽한 맛이 가득 다가오는데 바로 그 자리에는 군에서 세운 '사진 잘 나오는 곳'이라는 포토포인트가 있다. 그리고 친절하게도 '배경: 탑을 감싸안은 만수산+극락전(일부), 인물: 탑 주변 또는 탑과 극락전 사이'라며 구도까지 잡아주고 있어 사람마다 웃으면서 그대로 따라해본다.

진묵대사의 시

임진왜란 때 무량사는 병화를 입었다. 이것을 인조 때 진묵대사(震默大師, 1563~1633)가 중창했다고 한다. 무량사 극락전은 그때 중창된 것으로 보인다. 극락전 안에 있는 소조아미타삼존불(보물 제1565호)의 복장에서 나온 발원문에 1633년에 만들었다고 분명히 적혀 있고, 따로 보관된 괘불(掛佛, 보물 제1265호)에는 1627년에 그렸다는 기년과 함께 혜윤, 인학, 희상이라는 화승들의 이름도 적혀 있으니 무량사는 이때 대대적으로 불사를 일으켜 오늘의 모습을 갖춘 것이다.

진묵대사가 이 모든 불사를 다 감당했는지는 확실치 않지만 무량사 선방인 우화궁(雨花宮) 건물 주련에는 진묵대사의 시 한 수가 걸려 있다. 우화궁은 집보다 현판 글씨와 액틀이 정말로 예쁘고 사랑스러워, 보는 이마다 감탄하며 사진에 담아간다. 우화(雨花)는 꽃비라고 풀이한다. 불교에서 전하기를 석가모니가 영산회(靈山會)에서 설법할 때 하늘에서 천년에 한번 핀다는 만다라꽃이 비오듯 내리고 천녀가 주악을 연주하며 공양했다고 한다. 그러니까 우화궁은 설법을 하는 곳이다. 완주 화암사와 장성 백양사에는 우화루라는 건물이 있어 법회가 열린다. 이 우화궁의 기둥마다 달려 있는 주련 중에 진묵대사의 시는 그 시적 이미지가 모르긴 몰라도 세상에서 가장 스케일이 클 것이다.

하늘은 이불, 땅은 요, 산은 베개	天衾地褥山爲枕
달은 촛불, 구름은 병풍, 바다는 술독	月燭雲屛海作樽
크게 취해 거연히 춤을 추고 싶어지는데	大醉遽然仍起舞
장삼자락이 곤륜산(히말라야)에 걸릴까 걱정이 되네	却嫌長袖掛崑崙

답사객들에게 이 시를 번역해주면 꼭 한번 더 풀이해달라고 한다. 유영구 KBO 총재팀과 무량사에 왔을 때도 나는 앙코르를 받아 "하늘은 이불, 땅은 요, 산은 베개……" 하고 첫번째 구를 낭송하는데, 유영구 총재가 여지없이 유머넘치는 코멘트 한마디를 던졌다. "꼭 노숙자의 노래 같다."

김시습 영정과 청한당

우화궁을 지나 절 안쪽으로 들어가면 노목 사이로 저 멀리 작은 당우 두 채가 보인다. 개울 건너 양지바른 쪽에 조촐히 앉아 있는 두 건물이 너

| **무량사 청한당** | 극락전 뒤편 개울가에 위치한 청한당은 선방으로도 쓰고 손님방으로도 사용하고 있다. 세 칸짜리 작은 집으로 아주 아담하다.

무도 사랑스러워 답사객들은 마치 예쁜 여인 뒤를 쫓아가듯 발길을 그쪽으로 옮긴다.

하나는 산신각이고 또 하나는 청한당(淸閒堂)이라는 선방 겸 손님방이다. 청한당은 몇해 전에 지은 새 집이지만 아주 예쁜 세 칸짜리 집으로 제법 고풍이 있고 돌축대 위에 산뜻이 올라앉은 자태가 정겨워 툇마루에 한번 앉아보고 싶게 한다.

청한당 툇마루에 앉아 고개를 들어 현판을 보면 한(閒)자를 뒤집어 써놓아 좀처럼 읽기 힘들다. 김시습의 호가 본래 청한자(淸寒子)인 것을 슬쩍 바꾸어놓고 또 글자를 뒤집어 써서 한가한 경지를 넘어 드러누운 형상으로 쓴 것이니 서예가의 유머가 넘쳐난다. 이 현판의 내력을 얘기해달라고 하면 자연히 나는 답사객들을 툇마루와 돌축대에 편안히 앉게 하고 내가 알고 있는 김시습 얘기로 들어가게 된다.

| **청한당 현판** | 새로 지은 선방 겸 손님방인 청한당은 현판 글씨에서 한가할 한(閑)자를 뒤집어 쓰는 유머를 보여준다.

"일천년의 연륜을 갖고 있는 고찰에는 반드시 그 절집의 간판스타가 있게 마련인데 무량사의 주인공은 단연코 매월당(梅月堂) 김시습(金時習, 1435~93)입니다. 저 앞쪽 우화궁 위로 보이는 건물이 김시습의 영정(보물 제1497호)을 모신 영산전입니다. 생육신의 한 분인 김시습은 방랑 끝에 말년을 여기서 보내고 59세의 나이로 세상을 마쳤습니다. 절집 밖으로 나가서 주차장 아래편 비구니 수도처인 무진암(無盡庵)으로 가는 길목에 승탑밭이 있는데, 그곳에 김시습의 사리탑이 있습니다. 이 사리탑에는 '오세(五歲) 김시습'이라는 비석이 있습니다. 왜 오세라고 했는지 아는 분 계세요?"

대개는 모른다. 김시습이 생육신의 한 분이고 최초의 한문소설 『금오신화』의 저자라는 사실은 학생시절에 배우고 시험에도 잘 나오는 것이어서 알고 있지만 그의 일대기나 인간상에 대해서는 거의 들어본 일이 없다. 그것이 우리 교육의 맹점이다. 서양에서는 여행책과 전기(傳記)가 출판의 가장 인기있는 장르인데 우리나라에선 이런 전통이 아주 약하다.

김시습의 일대기는 율곡 이이가 선조대왕의 명을 받아 쓴 『김시습전』이 있고, 이문구의 소설 『매월당 김시습』(문이당 1993)과 심경호 교수의 『김시습 평전』(돌베개 2003)이라는 명저가 있어 찾아 읽으면 알 수 있지만 그런 독서 분위기는 아직 일어나지 않고 있다. 전기문학(biography)의 상실은 우리 인문학이 대중으로부터 멀어지게 된 중요한 원인의 하나이다. 사실 인간의 관심 중 가장 큰 것은 인간일 수밖에 없다. 그 인간을 탐구하는 학문은 삶의 여러 모습에서 구하게 되니 전기문학은 인문학의 유효한 전달방식으로 되는 것이다.

김시습의 일생

김시습의 본관은 강릉이다. 세종 17년(1435)에 태어난 그는 놀라운 천재였다. 세살 때부터 시를 지었다고 한다. 세종대왕이 이 얘기를 듣고 승지에게 과연 신동인지 알아보라고 했다. 승지는 다섯살 김시습을 무릎에 앉히고 "네 이름을 넣어 시구를 지을 수 있겠느냐?"고 물었다. 이에 시습은 이렇게 지었다.

"올 때는 강보에 싸인 김시습이지요(來時襁褓金時習)."

세종대왕은 이 보고를 듣고는 역시 천재라며 직접 보고 싶으나 군주가 어린아이를 직접 시험한 예가 없다며 "재주를 함부로 드러나게 하지 말고 정성껏 키우라. 성장한 뒤 크게 쓰리라"라며 비단도포를 선물했다고 한다. 이때부터 그는 오세(五歲)라는 별호를 얻었다.

21세 때 그는 삼각산 중흥사에서 글을 읽다가 단종이 양위한 사실을 전해듣고는 방성통곡한 다음 몸부림쳤다. 책을 불사르고 급기야는 광기를 일으켜 뒷간에 빠지기도 했다. 22세 때 사육신이 마침내 처형되자 성삼문, 유응부 등의 시신을 수습해 노량진에 묻어주고 작은 돌로 묘표를 삼았다. 그리고 24세에는 중이 되어 방랑을 시작했다. 6,7년간 관서·관

| 매월당 김시습 영정 | 김시습의 자화상으로 전하는데 명확지는 않고 16세기 반신상으로 드물게 문기가 있어 시도유형문화재 제64호로 지정되었다.

동·호서지방을 두루 유람하고 31세엔 경주 남산(금오산) 용장사에 서실(書室)을 짓고 정착했다. 이때『금오신화』를 지었다. 승명은 설잠(雪岑)이었다. 그는 세상을 버렸으나 김시습의 명성은 지식인사회에서 자자했다. 효령대군의 청을 받아 서울 원각사 낙성회에 참석해 찬시를 짓고 돌아간 일도 있다.

세조가 죽자 그는 경주를 떠나 서울 근교로 올라왔다. 성종 3년(1472), 38세의 김시습은 도봉산, 수락산의 절로 와서 40대 전반까지 머물며, 문인들과 교류하고 시를 짓고 유교와 불교의 참뜻을 강구했다. 그러다 47세 때는 아예 환속해서 장가도 들었다. 그러나 세월은 그를 받아주지 않았다. 1년도 못돼 아내와 사별하고, '폐비윤씨사건'이 일어나자 다시 세상을 버리고 스님 모습으로 관동지방에서 방랑생활을 했다. 그리고 58세에 무량사로 들어와 이듬해 59세로 세상을 떠났다.

김시습의 자는 열경(悅卿), 호는 매월당, 청한자, '세상의 쓸모없는 늙은이'라는 뜻의 췌세옹(贅世翁) 등이 있다.

김시습에 대한 후대의 평

율곡은 『김시습전』에서 김시습은 호걸스럽고 재질이 영특하였으며 대범하고 솔직하였다고 평했다. 또한 강직하여 남의 허물을 용납하지 못했고 세태에 분개한 나머지 울분과 불평을 참지 못하여 세상과 어울려 살 수 없음을 스스로 알고 불가에 의탁하고 방랑을 일삼은 것이라고 했다.

그래도 당대의 명신이자 문장가인 서거정(徐居正, 1420~88)은 김시습을 국사(國士)라 칭찬했다고 한다. 하루는 서거정이 막 조정에 들어가는데 김시습이 남루한 옷에 새끼줄로 허리를 두른 초라한 행색으로 길을 막고는 "강중(剛中, 서거정의 자)이 편안한가" 하였다. 서거정이 웃으며 대답하고 수레를 멈추어 이야기하니, 길 가던 사람들이 놀란 눈으로 서로 쳐다보았다. 어떤 이가 그의 죄를 다스리겠다고 하자 서거정은 고개를 저으며, "그만두게. 미친 사람과 무얼 따질 필요가 있겠는가. 지금 이 사람을 벌하면 백대(百代) 후에 반드시 그대의 이름에 누가 될 걸세"라고 만류했다고 한다. 그러나 내심은 김시습의 호방한 기개에 대한 인정이 들어 있었던 것으로 풀이된다.

율곡은 김시습의 이런 일생을 소개하면서 그가 시와 문장과 유·불·선의 사상을 차원높게 피력했지만 세상의 쓰임을 받지 못했고, 세상을 이롭게 하기 위해 노력한 모습도 보이지 않았다고 평했다. 세상의 일에 마

| **매월당 김시습 사리탑** | 김시습 사리탑은 무진암으로 가는 길목의 승탑밭에 조용히 서 있다.

음 상한 울분과 불평을 참지 못해 방외로 방랑하게 되었으니 결국 옳은 가르침을 저버리고 호탕하게 제멋대로 놀아난 셈이며, 재주가 그릇 밖으로 흘러넘쳐 스스로 수습할 수 없었던 것 아니면 그의 기상이 맑기는 해도 무게가 모자랐던 것이 아닌가 생각된다고 했다. 그래서 그의 영특한 자질로써 학문과 실천을 갈고 쌓았더라면 그가 이룬 것은 헤아릴 수 없었을 것이라는 점이 애석하다고 했다. 그러나 율곡은 김시습의 인간적 가치와 위대함 자체만은 높이 평가하지 않을 수 없다고 했다.

그러나 김시습은 절의를 세우고 윤기(倫紀)를 붙들어서 그의 뜻은 일월(日月)과 그 빛을 다투게 되고, 그의 풍성(風聲)을 듣는 이는 나약한 사람도 움직이게 되니 백세의 스승이 되고도 남음이 있다.

결국 김시습이 귀하고 위대한 것은 그의 삶 자체에 있는 것이며 바로 이 점 때문에 세월이 지나면 지날수록 더욱 존숭받는 '백세의 스승'으로 되고 있는 것이다.

김시습의 「동봉의 여섯 노래」

김시습은 보기 드문 제도권 밖의 지사였다. 후대 사람들은 그가 제멋대로였으니 옳았느니 하고 아주 쉽게 말하지만, 김시습 자신은 방외인의 절개와 지조를 지키기 위해 거의 자학적으로 몸부림쳤다. 좌절과 변절로 얼룩진 세상에서 자기를 지킨다는 것은 정말로 고독한 자신과의 투쟁일 수밖에 없었다. 1485년, 그의 나이 51세 때 김시습은 동해안 어딘가에 머물고 있었다. 그때 자신의 비정상적인 삶을 여섯 곡의 노래로 회고한 「동봉의 여섯 노래(東峯六歌)」를 지었다. 동봉은 김시습의 별호다.

이 노래를 들으면 그 외로움이 실로 눈물겹게 다가온다. 두번째 노래에서 그는 심지어 "수심 가득한 창자를 어디에 묻으랴"라고 탄식했다. 그의 다섯번째 노래는 더욱 슬프다(번역은 심경호의 『김시습 평전』에서 옮겼다).

> 푸른 하늘에는 씻은 듯 구름 한점 없고
> 거센 바람은 마른풀을 할퀴누나
> 우두커니 수심에 잠겨 창공을 바라보매
> 장구한 하늘 아래 싸라기 같은 내 존재
> 고독을 못내 괴로워하면서
> 남들과 기호를 같이하지 못하다니
> 아아, 다섯번째 노래! 애간장 끊는 이 노래
> 영혼이여! 사방 어디로 돌아갈거나

보령석탄박물관

무량사에서 성주사터로 가는 길은 외산면 소재지에서 웅천천을 따라 보령·무창포 쪽으로 가는 길이다. 아미산과 만수산 사이를 헤집고 가는 길인지라 강원도 산골에서나 만나는 아주 깊은 골짜기다. 독수리날개처럼 생긴 수리바위를 지날 때면 계곡의 냉기가 엄습해온다. 수리바위골을 지나면 언제 그랬냐는 듯이 도화담이라는 아주 예쁜 이름의 큰 동네가 나온다. 여기는 보령시 미산면의 소재지다. 여기서 남쪽으로 가면 새로 만든 보령댐이 넓은 산상의 호수가 되어 환상의 드라이브를 즐길 수 있고, 서쪽으로 곧장 난 40번 국도를 따라가면 성주사터가 있는 화장골(花藏谷)로 이어진다.

길은 귀여운 시내를 곁에 끼고 성글게 이어진 산봉우리들을 헤집고 구불구불 돌아간다. 촌색시 어깨선처럼 부드러운 듯 힘지게 흘러내리는 산자락은 충청도 산골에서나 볼 수 있는 정겨운 풍광이다. 그러다 갑자기 산마다 시커먼 돌무지가 흘러내려 누가 이 천연의 고운 자태에 돌이킬 수 없는 생채기를 냈는가 안쓰러워진다. "왜 저렇게 됐냐"고 누구에게 따지듯 묻고 싶어진다. 그럴 때쯤이면 길 한쪽으로 '보령석탄박물관'이 나온다. 여기가 그 옛날 보령탄광이 있던 곳이다. 보령탄광은 태백·황지·사북탄광 다음으로 큰 석탄 산지였다.

성주면 소재지에서 성주사터를 향해 오른쪽으로 난 길로 들어서면 어울리지 않는 아파트가 산골의 기분을 망가뜨리지만 이내 천변에 해묵은 갯버들이 장관으로 늘어서 있어 역시 연륜있는 고을은 다르다는 생각이 들면서 정서적 안정을 가져다준다. 그리고 우리는 곧바로 성주사터 넓은 주차장에 다다르게 된다.

| **성주사터 전경** | 네개의 석탑과 비각이 늘어선 성주사터는 화려한 폐사지라는 놀라운 아름다움이 있다.

화려한 폐사지 성주사터

성주사터는 폐사지지만 조금도 쓸쓸하거나 스산한 기분이 들지 않는다. 족히 수천평은 됨 직한 대지가 반듯하니 자리잡고 있어 산중의 절터답지 않게 하늘로 열린 시계(視界)가 넓다. 절터 앞뒤로는 낮은 산자락이 성주천과 평행선을 그으면서 길게 뻗어내려 그것이 또 아늑하게 감싸주는 맛이 있고, 빈터엔 석탑이 넷, 석등이 하나, 비각이 하나, 자그마한 석불이 하나 곳곳에 버티듯 서 있어 쓸쓸하기는커녕 대지의 설치미술을 보는 듯한 감동이 있다.

폐사지를 보는 스님의 마음은 우리네와 달라 항시 안타까운 감정을 앞세우는데 한번은 답사를 같이했던 한 스님이 "세상에 이렇게 화려한 폐사지가 다 있단 말인가"라며 탄식과 감탄을 동시에 말했다.

성주사터는 축대를 높이 쌓아 반듯하게 고른 산속의 평지사찰이다. 위치는 깊은 산골이지만 절집의 평면 입면 계획은 도심 속 평지사찰과 같은 개념으로 되어 있다. 그래서 평지사찰의 인공미와 산사의 자연미를 동시에 느낄 수 있다. 법당은 사라진 지 오래지만 회랑 자리가 정연히 남아 있고, 늘씬한 오층석탑, 금당의 불상좌대, 산을 등지고 줄지어 선 세쌍둥이 석탑과 비각이 이 절의 만만치 않은 연륜과 내력을 전해준다.

『숭암산 성주사 사적(嵩巖山聖住寺事蹟)』에 따르면 성주사는 본래 백제 법왕이 왕자 시절인 599년에 전쟁에서 죽은 병사들의 원혼을 달래기 위해 지은 절로 그때 이름은 오합사(烏合寺)라고 했다. 오합사를 둘러싼 얘기는 『삼국사기』『삼국유사』에도 한 차례 언급되고, 발굴조사 때 이곳에서 출토된 기와에 오합사라는 글자가 새겨진 것이 있어 의심의 여지가 없다.

그런 오합사가 백제 멸망 후 어떻게 되었는지는 알 수 없다. 아마도 변방의 작은 절로 근근이 명맥을 유지하다가 대부분의 하대신라 절이 그렇듯 9세기 들어서면서 세력을 확장한 지방호족이 이름높은 선승을 모셔 지방의 대찰로 크게 중창하면서 면모를 일신하게 된 것 같다.

그렇게 해서 나타난 것이 9산선문(九山禪門)이고, 그중 하나인 성주사는 김양(金陽)이라는 보령지역의 호족과 낭혜화상(朗慧和尙) 무염(無染, 801~88)국사에 의해 중창된 것이다. 전성기 때 성주사는 불전이 50칸, 행랑이 800칸, 고사(庫舍)가 50칸이었다고 한다.

낭혜화상 무염국사

무염은 9세기 하대신라의 최고 지성 중 한 분이었다. 무염의 일생은 무엇보다 최치원(崔致遠)이 지은 그의 비문 '대낭혜화상백월보광탑비(大朗慧和尙白月葆光塔碑)'에 자세하게 설명되어 있다. 무염은 태종무열왕의 8

대손으로 어려서 신동 소리를 들었고, 13세에 설악산 오색석사(五色石寺)에 출가하여 법성(法性)스님에게 한문과 중국어를 배웠으며, 부석사 석징(釋澄)스님에게 화엄학을 배웠다. 21세엔 당나라에 유학하여 처음에는 화엄학을 더 공부했으나 이미 선종이 크게 일어났음을 보고 여기에 열중해 마곡산(麻谷山) 보철(寶徹)에게 인가(印可)를 받고 법맥을 이었다. 그뒤 20여년간 중국에서 보살행을 실천해 동방의 대보살이라는 명성까지 얻게 되었다.

845년 유학한 지 25년 만에 귀국한 무염은 이곳 성주사에 주석(駐錫)하면서 40여년을 오로지 가르치고 설법하는 데만 힘썼다. 그는 현실과 유리된 채 교리에만 얽매이는 교종을 비판하며, 말에 의존하지 않고 곧바로 이심전심하는 것이 다름아닌 조도(祖道)라고 했다. 이것이 그가 주장한 '무설토론(無舌吐論)'이다. 마침내 그의 선법(禪法)을 따른 제자가 무려 2천명에 이르렀다고 한다. 문성왕부터 헌안왕, 경문왕, 헌강왕, 정강왕 그리고 진성여왕에 이르기까지 여섯 임금이 그의 법문을 들었다. 경문왕은 그를 아예 궁으로 모시고자 했다. 그때 무염이 사양한 말이 참으로 여유롭다.

"산승의 발이 대궐에 닿은 것이 한번도 지나치다 할 것인데, (만약에 그렇게 되면) 나를 아는 자는 성주(聖住)가 무주(無住)로 바뀌었다고 할 것이고 나를 모르는 자는 무염(無染)이 아니라 유염(有染)이라고 하지 않겠는가."

그런 무염화상이었기에 상주 심묘사(深妙寺)로 피해 숨어살며 출세를 거부하고 다른 스님들과 똑같이 항시 땔나무를 하고 물을 긷고 보리밥을 먹었다고 한다. 88세에 세상을 떠나자 진성여왕은 시호를 대낭혜, 사리탑

| 강당 계단의 소맷돌 | 강당으로 오르는 네단의 계단 양옆은 가벼운 곡선을 유지하는 멋스러움이 있다.

을 백월보광이라 내리며, 최치원에게 "그대를 국사(國士)로 예우했으니 그대는 마땅히 국사(國師)의 비문을 지으라"고 했다. 이리하여 최치원이 쓴 낭혜화상비가 지금도 그 자리에 남아 있어 국보 제8호로 성주사터를 빛내고 있다.

성주사터 가람배치

성주사터는 몇차례의 발굴로 많은 불상 파편과 기왓장이 수습되었고 가람배치의 기본골격도 파악하게 되었다. 현재까지의 발굴 결과로 보면 축대 위로 올라 중문(中門)터에 서면 석등, 오층석탑, 금당의 불상좌대가 일직선을 그리고 있으며 그 뒤로 강당이 넓게 자리잡고 있다. 1탑 1금당의 가람배치에 오른쪽으로는 삼천불전(三千佛殿), 왼쪽으로는 또다른 불

| 성주사터 3기의 삼층석탑 | 성주사터의 금당과 강당 사이에 서 있는 3기의 삼층석탑은 자태도 매력적이지만 각 탑마다 문짝이 새겨져 있는 섬세한 디테일을 갖고 있다.

전이 양날개를 펴고 있는 평면구성을 보여준다.

　석축 위에 올라앉은 금당과 강당 사방에는 돌계단이 놓였던 자취가 있다. 금당 앞 돌계단에는 돌사자가 쌍으로 놓여 있었는데 1986년에 도난당한 후 아직껏 찾지 못하고 있다. 그중 온전히 남아 있는 것은 강당 가운데 계단뿐인데 그 소맷돌이 아주 앙증맞을 정도로 아름답다. 3단을 놓으면서 아래위는 좁고 가운뎃단은 넓게 하여 측면 소맷돌이 예쁜 곡선을 그리고 있다. 이는 불국사 대웅전 소맷돌과 함께 우리나라 사찰건축의 섬세한 디테일을 대표할 만한 것이다.

　오층석탑(보물 제19호)은 나무랄 데 없는 날렵한 9세기 석탑으로 3층이 아닌 5층이라는 희소성까지 지녀 일찍이 보물로 지정됐다. 석탑 앞의 석등 또한 늘씬한 모습으로 탑과 잘 어울린다. 그런데 금당과 강당 사이에 거의 똑같이 생긴 9세기의 삼층석탑 3기가 나란히 서 있다. 이것은 미술사의 풀리지 않는 수수께끼다. 이런 예는 어디에도 없거니와 그럴 수 있는 교리적 근거도 없다. 그래서 별의별 추론만 무성하다.

성주사터의 세쌍둥이 석탑

『숭암산 성주사 사적』에서 정광(定光)·약사(藥師)·가섭(迦葉) 세 여래의 사리탑이라고 한 것이 바로 이것을 지칭한 것일 텐데, 왜 하필 금당과 강당 사이에 있는 것일까? 충남대 박물관의 발굴 결과에 의하면 이 탑들은 애초부터 이 자리에 있었던 것이 아니라 어디에선가 옮겨온 것이 분명하다고 했다. 왜냐하면 이 탑들은 누구나 인정하듯 9세기 탑이 분명한데 탑 아래 기초석에서는 고려청자편을 비롯해 후대의 사금파리와 기와들이 나오고 있기 때문이다. 그래서 지금은 어디서 왜 언제 옮겨온 것이냐는 문제가 남았다.

그런데 이에 못지않은 20세기의 우스꽝스러운 수수께끼는 이 똑같이 생긴 세개의 석탑이 문화재로 지정된 번호도 지정된 날짜도 달라 문화재 안내판을 세개 따로 세운 것이다. 가운데 탑은 보물 제20호(1963), 서쪽 탑은 보물 제47호(1963), 동쪽 탑은 충청남도 유형문화재 제26호(1973)다. 참으로 알 수 없는 일이다. 내가 알 수 있는 것은 이 세 탑이 모두 똑같은 시대에 똑같이 만든 명작이라는 사실뿐이다.

3기의 삼층석탑은 나란히 서 있는 자태도 매력적이지만 하나하나가 아주 아담하고 상큼한 멋을 풍긴다. 특히 각 탑마다 1층 몸돌에는 강한 돋을새김으로 굳게 닫힌 대문을 장식해놓았다. 대문, 손잡이, 자물쇠, 대문무쇠장식 등이 이 단순하고 무표정한 석탑에 생동하는 이미지를 부여하고 있는 것이다. 즉 석탑의 몸돌은 곧 하나의 집이며, 이 공간에는 사리를 장치하고 굳게 문을 닫아걸었다는 의미를 그렇게 새겨놓은 것이다. 이처럼 탑의 몸돌에 문짝을 표현한 것은 이미 경주 고선사 탑에서부터 보아온 것이지만 이 성주사터 삼층석탑들처럼 그 장식적·상징적 의미가 잘 살아난 예는 드물다.

또 이 탑이 여느 탑보다 상큼하다고 느끼게 되는 이유는 기단부와 몸체 사이에 만들어넣은 받침대 때문이다. 이 받침돌에는 상층부의 몸체는 기단부에 들러붙은 것이 아니라 고이 받들어 모셔져 있다는 갸륵하고 공손한 뜻과 느낌이 서려 있다. 그리고 이 받침돌은 고려시대 이후에도 백제지역 석탑에만 나타나는 지역적 특징으로 서산 보원사터 오층석탑에서도 볼 수 있다.

당당하고 늠름한 낭혜화상비

성주사터가 높은 인문적 가치를 갖게 되는 것은 최치원이 지은 낭혜화상비가 그때 그 모습 그대로 남아 있기 때문이다. 이 비는 최치원의 사촌동생 최인연(崔仁渷)이 글씨를 쓴 것으로 통일신라시대 탑비 중에서 가장 크고, 최치원의 이른바 사산비문(四山碑文) 중에서도 가장 당당한 것으로 평가된다. 반듯한 해서체로 곱게 쓴 최인연의 글씨를 우리 같은 보통내기들이 그 서예적 가치까지 온전히 알아챌 수 있을까마는 이 지방의 특산물인 남포(藍浦) 오석(烏石)에 새긴 그 글씨가 천년이 지난 오늘에도 어제 새긴 것처럼 선명함에 놀라지 않을 수 없다. 마치 '가리방'이라고 불리던 철필 글씨처럼 생생하다.

남포 오석은 겉은 까만 대리석이지만 속은 흰빛을 띠어 그 선명도가 높다. 그러나 그보다 우리를 놀라게 하는 것은 가는 정(釘)을 대고 손으로 쫀 것이 분명한데 그것이 기계로 새긴 것보다 더 기계로 깎은 듯

획의 마무리가 깔끔하다는 것이다. 뿐만 아니라 붓글씨의 리듬과 멋을 살려낸 신묘한 기술엔 경탄을 금할 수 없다. 이쯤 되면 각수(刻手) 또한 대장인(大匠人), 대예술가일 텐데 우리는 애석하게도 그 이름을 알지 못한다.

비석을 이고 있는 돌거북을 볼 것 같으면 비록 머리가 깨져 아쉽기 그지없지만 등판에 새겨진 2중 6각무늬의 구갑문(龜甲文)이 그렇게 생생하고 당당하고 탄력 있을 수가 없다. 그 한복판에 비석을 받치는 앉음돌(碑坐)에는 안상(眼象)과 구름무늬·꽃무늬를 돋을새김으로 새겨넣은 것이 여간 화려하지 않다.

| 대낭혜화상백월보광탑비 | 최치원이 짓고 최인연이 쓴 낭혜화상비는 통일신라 금석문 중 가장 크고 아름다운 비로 손꼽힌다.(비각이 세워지기 전인 일제강점기 『조선고적도보』에 실린 사진)

비석머리의 새김돌엔 구름과 용이 연꽃받침 위에 뒤엉켜 있으면서도 용머리만큼은 이름표(題額) 위로 또렷이 내밀고 있는 능숙함이 있고 돌거북의 꼬리가 뒤로 치켜올라 마치 꿈틀거리는 듯 생동감을 보여주는 유머감각이 있으니 그 여유로움은 말하지 않고도 알 만하다.

그러나 여기에서도 아쉬움이 남는 점은 이 비석이 증언하는 낭혜화상의 승탑은 사라져버린 것이다. 비각 주위에는 승탑에서 부서져나간 연꽃받침돌과 지붕돌 등이 널려 있다. 이는 성주사터 여기저기 흩어져 있던 것들을 모아둔 것이다. 성주산 서쪽 부도골에서도 주워왔고, 동네사람들이 연자방아로 쓰고 있던 것도 찾아서 가져다놓았다. 이게 온전한 승탑이었다면 아마도 문경 봉암사 지증대사탑, 곡성 태안사 적인국사탑, 남원 실상사 증각국사탑 못지않은 거작이고 명작이었을 것이다.

최치원의 화려체

최치원의 낭혜화상 비문은 천하의 명문이다. 무염스님은 지증대사(智證大師) 같은 드라마틱한 삶이 없었으므로 담담한 내용이 될 수밖에 없었지만 문장 자체로 말하자면 오히려 최치원의 화려체가 극에 달한다는 생각이 들 정도다. 특히 진성여왕이 낭혜화상 비문을 쓰라고 명했을 때 처음에는 사양했다가 결국 받아들이는 대목이 압권이다.

(최치원이) 사양하여 "황공하옵니다만 전하께서 보잘것없는 사람을 보살펴주셔서 저로 하여금 중국에서 배운 문장의 남은 향기로 글로써 임금의 덕을 깊게 하시니 진실로 매우 천행이옵니다. 그러나 대사는 유위(有爲)의 말세(末世)에 무위(無爲)의 신비한 종지(宗旨)를 가르치셨으니 소신의 유한한 잔재주로 무한한 스님의 큰 덕행을 기록하는 것은 약한 수레에 무거운 짐을 싣고 짧은 줄의 두레박으로 깊은 우물물을 퍼내는 것과 같습니다. 만일 돌(비석)이 이상한 말을 한다거나 거북이 돌아다보는 상서로운 징후가 없게 된다면 결코 산이 빛나고 냇물이 아름답게 할 수 없으니 도리어 숲과 시내에 부끄러움만 당하게 될 것입니다. 청컨대 비문 짓는 것을 사양합니다"라고 말하였다.

그러자 진성여왕은 사양하기를 좋아하는 것은 우리나라의 아름다운 풍습이기는 하지만 진실로 이 일을 하지 않는다면 과거에 급제한 것을 어디에 쓰겠다는 것이냐며 스님의 제자들이 써올린 비문 자료를 둘둘 말아 내려주는데 그 굵기가 '큰 나무토막'만 하더라는 것이다. 그래서 최치원은 할 수 없이 비문을 짓게 되었다. 그러나 그냥 짓는 것이 아니라 또 한말씀을 얹었다.

다시 생각해보건대, 중국에 들어가 배운 것은 대사나 나나 다같이 하였는데 스승이 되어 찬양을 받는 이는 누구며 부림을 받는 사람은 누구인가. 어찌 심학자(心學者, 즉 선종)는 높고 구학자(口學者, 즉 유학)는 수고로움을 당해야 하는 것인가. 그러므로 옛날의 군자는 배우는 바를 삼갔다. 그러나 심학자는 덕을 세우고 구학자는 말을 세운 것인즉, 저 도덕도 말에 의지하고서야 일컬어질 수 있으며, 이 말은 또한 덕에 의지하여야 없어지지 않는다. 일컬어질 수 있어야 마음을 멀리 후세 사람들에게 보여줄 수 있고 없어지지 않아야 옛사람에게 부끄러움이 없을 것이다. 할 만한 일은 할 수 있을 때 하는 것이다. 어찌 다시 비문 짓기를 굳이 사양하기만 하겠는가.

최치원의 문장은 화려하다 못해 황홀하기까지 하다. 어찌 보면 프랑스 사람들 글쓰기처럼 비유가 많아 현란한 이미지가 수없이 교차한다. 그러나 최치원의 글은 단순히 글재주와 어휘력으로 쓴 화려체 문장이 아니다. 그 바탕에는 사상과 학식이 짙게 깔려 있다. 가령 '약한 수레에 무거운 짐' '짧은 두레박으로 물 긷기' '숲과 시내에 부끄러울 뿐' 같은 말은 『장자(莊子)』『회남자(淮南子)』『춘추좌전(春秋左傳)』『세설신어(世說新語)』등 고전에 나오는 명구(名句)들을 이끌어 쓴 것이다. 그러니까 근거있는 화려함이라고나 할까.

최치원의 글이 천하의 명문이면서도 현대인들에게 널리 읽히지 못한 이유는 그가 이끌어 쓴 고전의 내용을 모르면 그 묘미를 알 수 없기 때문

| **성주사터 민불** | 아마도 조선시대에 조성되었을 이 민불은 얼굴에 많은 상처를 입어 제 모습을 잃었지만 조순한 백제 멋의 여운이 느껴진다.

이다. 사실 나도 그 점을 잘 모른다. 그러나 2009년 한국고전번역원에서 펴낸 이상현 선생의 새 번역 『고운집(孤雲集)』에는 이 모든 전거를 다 밝혀놓아 그 의미를 뜯어볼 수 있게 되었다. 나는 이 번역본이야말로 우리 고전번역을 한차원 올려놓은 높은 성과였다고 생각한다.

성주사터의 테라코타 불두

성주사터 금당 오른쪽에서는 사적기에서 말하고 있는 삼천불전이 발굴되었다. 이 자리에서는 얼굴 높이가 12센티미터쯤 되는 테라코타 불두(佛頭)가 여러 점 발견되어 국립부여박물관·동국대 박물관에 전시되고 있다. 그런데 이 불두들은 거의 비슷하지만 서로가 조금씩 다르게 표현되어 있어 지금 국립부여박물관에서 이 불두를 보는 것은 여간 마음 기쁜 일이 아니다.

몇해 전 일본 쿄오또의 고려미술관에서 바로 이 성주사터 삼천불전의 원만하고 복스러우면서 듬직한 인상을 주는 테라코타 불두 하나를 만나게 되었을 때, 그것은 분명 진흙에 지나지 않음에도 불구하고 이산가족의 행방을 알아낸 것 같은 반가움이 일어났다. 이런 분이 3천 분 있었던 것이다. 지금 이 불상이 온전히 남은 것은 없지만 좌상의 몸체와 손이 파편으로 수습되어 얼마든지 추정 가능하니 이 아홉 칸짜리 삼천불전에 3

천 분의 테라코타 좌불이 늘어서 있었을 때의 그 장엄함을 상상하면 잃어버린 삼천불전과 3천 테라코타 좌불이 더욱 그리워진다.

그런데 성주사 금당 자리 한가운데 몇조각으로 깨어진 석조연꽃좌대에 있던 불상은 어디로 갔을까? 동네 어른들 얘기로는 일제강점기까지만 해도 엄청스레 큰 쇠부처님이 있었는데 강점기 말에 일본인들이 가져갔다는 것이다. 듣자하니 9세기의 전형적인 철불이 모셔져 있다가 그렇게 유실된 것이 분명하다. 이렇게 된

| **성주사터 테라코타 불두** | 성주사터에서는 많은 소조불두가 출토되어 삼천불전이 허사가 아니었음을 알게 한다.

이상 어디 계시든 잘 계시기만 하다면 언젠간 만날 수 있으리라 기대해보고 싶으나 쇠붙이란 쇠붙이는 모조리 공출해간 다음 녹여서 전쟁물자로 재생하던 강점기 말에 없어졌다니 혹여 이 세상에서 사라졌을 가능성도 없지 않다.

이렇게 장하던 소조불상, 철불상은 사라지고 지금은 석탑 뒤로 조선시대 민불(民佛) 하나가 쓸쓸히 서 있다. 정지된 자세로 정면정관을 하고 있는 조순한 불상인데 파불(破佛)의 상처를 받아 코가 잘려나가고 눈이 뭉개지는 상처를 입었다. 그것이 보기 흉했던지 언젠가 시멘트로 대충 보수하면서 이목구비를 애들 눈사람 만들듯 해놓았다. 그래서 볼 때마다 미안한 마음이 일어나 그쪽으론 발길도 잘 가지 않는데 언제나 성형수술을 할 수 있을지 기약할 수 없어 그것이 더욱 미안하기만 하다.

이강승의 편지

 성주사터가 폐사지의 쓸쓸함보다 과거가 숨쉬는 그윽한 옛 정취가 살아있는 곳이라고 말할 수 있는 것은 저 부드러운 능선과 산언덕의 소나무들 덕분이다. 앞산에 복스럽게 자란 소나무들이 그렇게 포근하고 온화하게 다가올 수 없다.

 우리 산천엔 멋진 솔밭이 하나 둘이 아니다. 광릉 수목원, 안면도 송림, 경주 남산 삼릉계 솔밭, 울진 소광리의 금강송보호림, 영월 법흥사 진입로의 소나무, 청도 운문사 앞 송림, 불영사로 가는 길 등 저마다 본 대로 꼽을 것이다. 그런 중 크게 장하다고 할 수는 없지만 멀리서 바라보는 것만으로도 청신한 느낌이 일어나는 곳으로는 단종의 능인 영월 장릉과 이곳 성주사터 뒷산이 있다. 성글게 자란 솔밭이지만 그것이 오히려 사람의 눈과 마음을 기쁘고 편하게 해주어 성주사터에 오면 국보·보물보다 저 소나무 우거진 산자락에 눈길을 먼저 주게 된다.

 10여년 전 성주사터가 한창 발굴되고 있을 때 이야기다. 발굴 책임을 맡고 있던 충남대 박물관장 이강승은 대학 때부터 나의 친구다. 그는 대전에 살면서 평일에는 이곳에서 발굴작업을 하다가 주말이면 집으로 가곤 했는데, 나는 항시 주말에 답사를 했으니 그렇게 많이 성주사터에 가고도 발굴현장에서는 한번도 그를 만나지 못했다. 내가 간다고 연락해놓으면 주말에 그가 집에 못 가고 머물러 있을까봐 미안해서 그냥 다녀만 갔던 것이다. 그리고 그때마다 발굴단 주말당번에게 다녀간 흔적만 남겨놓곤 했다.

 1994년 여름, 마침 나의 두번째 답사기와 『답사여행의 길잡이』 경주편을 출간하게 되었을 때 일부러 연락하지 않고 다녀간 뜻을 적은 편지와 함께 새로 나온 책을 보냈더니 일주일도 안되어 답장이 날아왔다. 그의

| **성주사터 솔밭** | 성주사터 앞산과 뒷산의 소나무는 아주 소담하게 자라 마치 백제 산수문전을 보는 듯한 보드라움이 있다.

답장은 내가 이제까지 받은 편지 중에서 가장 아름다운 글이었고, 독자들은 내가 왜 나의 부여 이야기, 백제 이야기를 꼭 성주사터에서 마무리했는가를 알 수 있을 것이다.

보내준 책 두 권 모두 잘 받았다. 『나의 문화유산답사기』 두번째 책 역시 거침없이 써내려가 (…) 단숨에 읽었다. 그러나 이번에도 너는 백제를 말하지 않았다. 너의 주장대로 통일신라의 고전미와 남도사람들의 순박성에서 우리가 배울 바가 적지 않음을 내 모르는 바 아니나 우리 가슴속 어딘가에 남아 있고, 또 우리가 만들어가는 문화창조에서 백제의 미학이 지니는 의미도 결코 가벼운 것이 아닐 것이다. 기왕에 많은 사람이 너의 목소리에 귀기울이고 있을 적에 백제의 아름다움까지 말해주기 바란다.

지난번 성주사지에 왔을 때도 못 만나서 서운했다. 다음엔 꼭 연락하고 와라. 성주사지 발굴이 새달 말로 끝나게 된다. 와서 발굴 유물도 보고 가렴.

바람도 돌도 나무도 산수문전 같단다.

'바람도 돌도 나무도……' 그래, 맞다. 저 백제 산수문전(山水紋塼) 돌에 그려져 있는 구름은 구름이 아니라 바람을 그린 것이다. 그런데 강승이는 그것을 어떻게 이렇게 정확히 알아낼 수 있었을까? 그는 어떻게 최치원도 구사하지 못한 "바람도 돌도 나무도 산수문전 같단다"라는 표현을 할 수 있었을까?

아마도 그는 고고학자로서 백제 고토에 살면서 백제의 눈으로 보고, 백제의 마음으로 살았기 때문일 것이다.

2011. 3.

부록

답사 일정표와 안내지도

이 책에 실린 글을 길잡이로 직접 답사하실 독자분을 위하여 실제 현장답사를 토대로 작성한 일정표와 안내도를 실었습니다. 시간표는 휴일·평일에 따라 차이가 있을 수 있습니다.

일러두기
1. 서울을 비롯한 다른 지역에서 출발해도 오후 1시경에 1차 목적지나 주요 접근지(고속도로 나들목 등)에 도착하는 것으로 일정을 설계했다.
2. 답사일정은 1박2일을 원칙으로 하며 늦어도 3시경에는 출발지로 떠나는 것으로 했다.
3. 숙소나 식당은 따로 소개하지 않았다. 다만 그곳에서만 맛볼 수 있거나 특별한 체험(전통가옥이나 삼림욕장)이 있으면 코스 말미에 부기했다.
4. 계절에 따른 특별한 풍광이나 체험이 있는 경우는 코스 말미에 부기했다.
5. 답사지간 구간거리의 소요시간은 시속 60킬로미터를 기준으로 삼았다.
6. 이 책에 소개된 유적지를 답사하는 것을 기본으로 하되 상황에 따라 코스를 추가하거나 삭제했으며 일부 코스는 나누기도 했다.

경복궁

매주 화요일 휴궁.
입장은 관람 마감 1시간 전까지 가능.

관람시간 9시~18시 (11월~2월은 9시~17시)

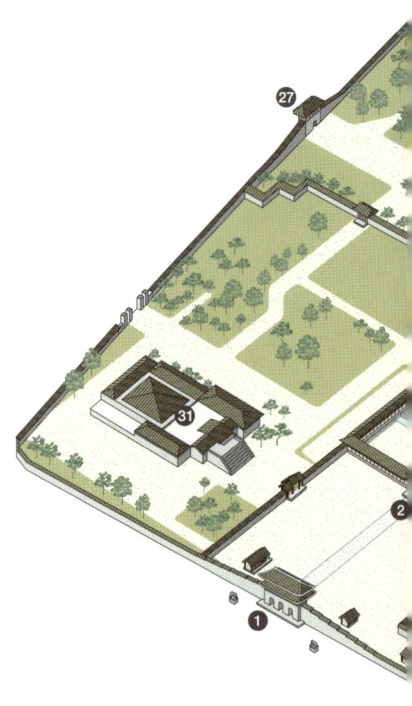

* 주요 누리집
  경복궁 www.royalpalace.go.kr
  조선고궁포털 http://royalpalaces.cha.go.kr
  국립고궁박물관 www.gogung.go.kr

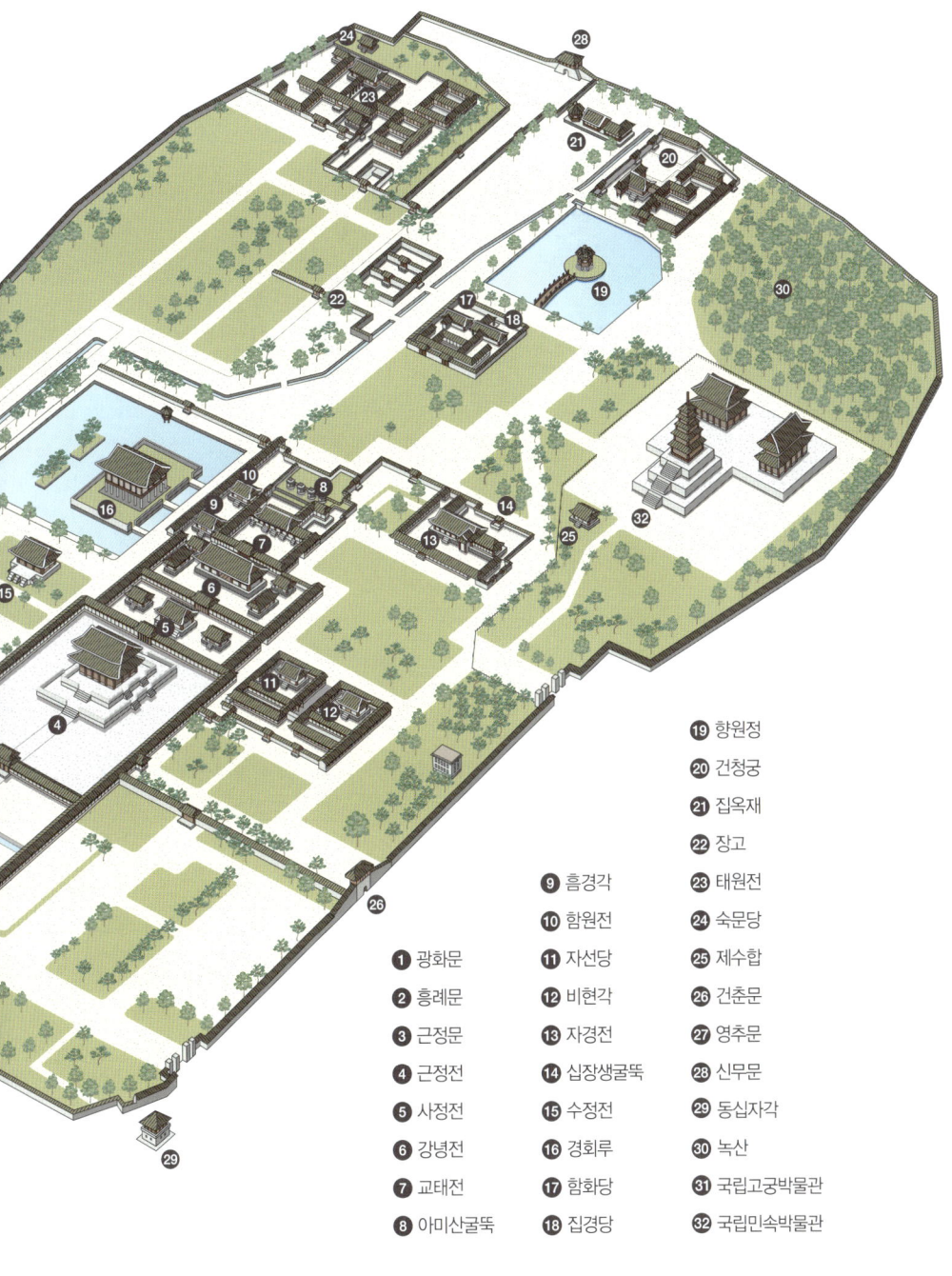

❶ 광화문	ⓐ 흠경각
❷ 흥례문	❿ 함원전
❸ 근정문	⓫ 자선당
❹ 근정전	⓬ 비현각
❺ 사정전	⓭ 자경전
❻ 강녕전	⓮ 십장생굴뚝
❼ 교태전	⓯ 수정전
❽ 아미산굴뚝	⓰ 경회루
	⓱ 함화당
	⓲ 집경당
⓳ 향원정	
⓴ 건청궁	
㉑ 집옥재	
㉒ 장고	
㉓ 태원전	
㉔ 숙문당	
㉕ 제수합	
㉖ 건춘문	
㉗ 영추문	
㉘ 신무문	
㉙ 동십자각	
㉚ 녹산	
㉛ 국립고궁박물관	
㉜ 국립민속박물관	

산사의 미학 — 곡성 순천

첫째날

13:00　호남고속도로 석곡IC
　　　　보성강변에서 휴식 및 강변풍경 조망
13:50　태안사
15:00　출발
15:40　선암사(대각암까지)
18:00　선암사 입구 숙소

둘째날

09:00　출발
09:30　낙안읍성
10:30　출발
10:40　벌교 홍교와 보성여관
　　　　(소설『태백산맥』의 무대)
11:35　출발
12:10　송광사 입구 점심식사
13:10　송광사(불일암까지)
14:40　귀가

* 선암사는 사철 뛰어난 사찰경관을 자랑하지만 특히 3월 중순경 선암사 일대에서 피어나는 매화꽃이 장관을 이룬다. 선암사에는 무우전 백매와 무우전 홍매가 천연기념물로 지정되었으며 인근 낙양읍성과 송광사에도 오래된 고매가 많아 봄철 선암사 일대를 답사하려면 이 시기를 택해 탐매여행과 함께할 것을 권한다.

* 한편 4월 중순경에는 태안사에서 선암사로 가다보면 나오는 순천 월등면 소재지 송산마을과 두지마을은 두 메산골의 환상적인 복사꽃으로 유명하다. 이때 답사를 한다면 일정을 조절해서라도 꼭 꽃놀이를 즐기기 권한다.

* 주요 누리집
　선암사　www.seonamsa.net　　송광사　www.songgwangsa.org

영남의 거유와 서원을 찾아 — 달성 고령과 합천 성주

첫째날

13:00 　중부내륙고속도로 현풍IC
　　　 다람재에서 낙동강과 도동서원 조망
13:30 　도동서원
14:30 　출발
14:50 　이로정(김굉필과 정여창의 교우 공간)
15:10 　출발
15:40 　고령 양전동 암각화
16:00 　출발
16:10 　고령 지산동 고분군과 대가야박물관
17:40 　출발
18:10 　합천 해인사 숙소 도착

둘째날

09:00 　출발
09:20 　해인사
10:30 　출발
10:45 　청량사
11:30 　출발
11:45 　성주사터
12:30 　점심식사
13:20 　출발
13:35 　회연서원
14:00 　출발
14:20 　성주 성밖숲
　　　 (천연기념물 제403호)
15:00 　중부내륙고속도로
　　　 성주IC를 통해 귀가

---

* 고령 지산동 고분군을 오르는 코스는 여럿 있으나 대가야박물관을 통해 오르는 것이 대표적이다. 대가야박물관에서 지산동 고분군 정상까지는 30분 정도 산행을 겸하는데 한여름에는 음료수 준비가 필수적이다.
* 청량사 가는 길은 길이 좁아 버스는 다니기 힘들고 승용차로는 가능하다. 큰길에서 청량사까지는 걸어서 20분 정도 걸린다.
* 해인사는 굴지의 관광지답게 다양한 숙박시설이 있으나 호젓한 숙식을 하기에는 조금 번잡스럽기도 하다. 조용한 숙식을 하려면 성주사터(성주군 수륜면 백운리)로 가는 것이 좋다. 숙박할 수 있는 곳은 많지 않으나 호텔에서 민박까지 있다. 또 이곳에서는 가야산의 장대한 풍광이 한눈에 들어오며 일출도 볼 수 있다.
* 주요 누리집
　대가야박물관　www.daegaya.net　　　합천 해인사　www.haeinsa.or.kr
　청량사　www.chungryangsa.or.kr

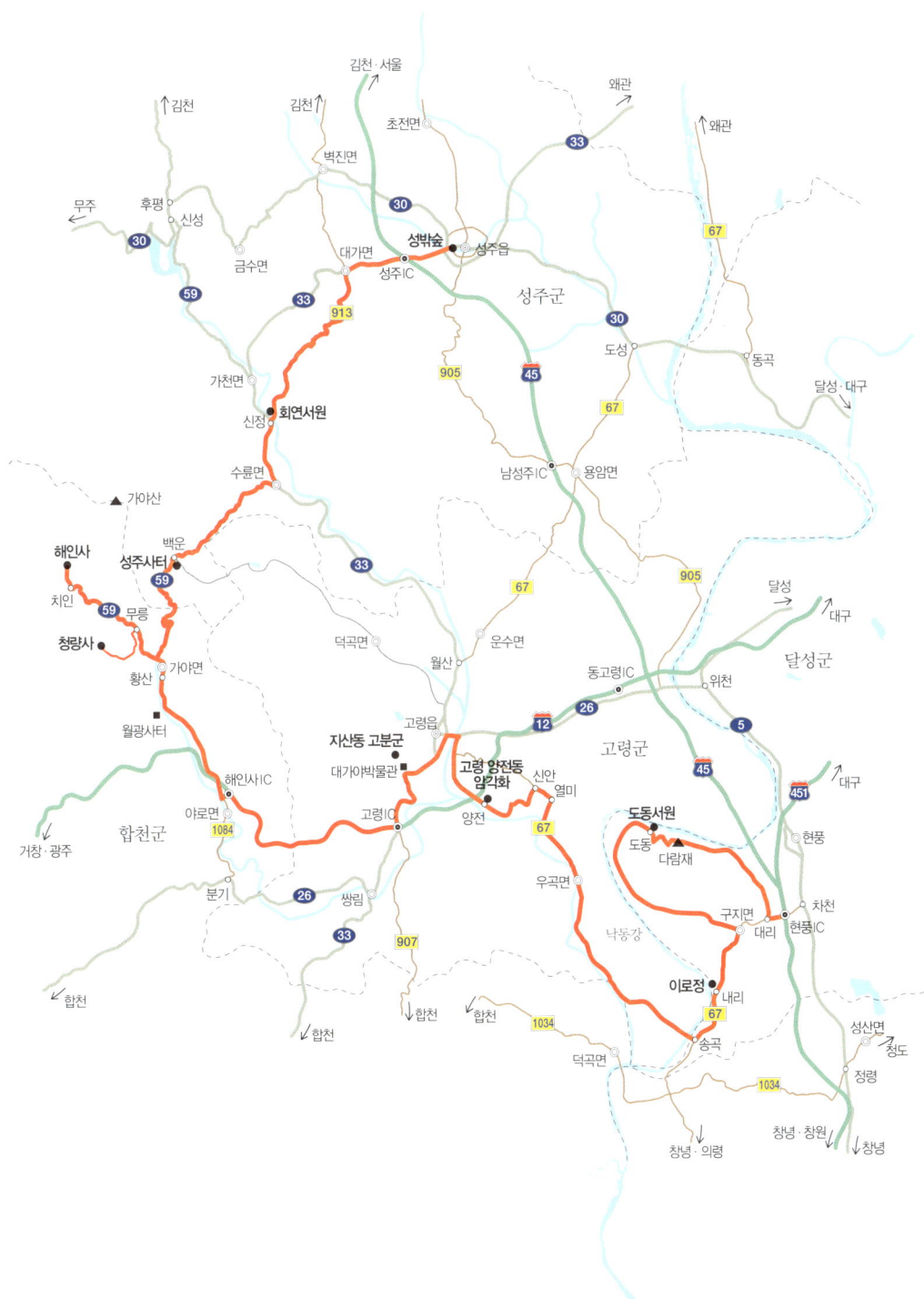

영남의 산골마을 — 거창과 합천

첫째날

- 13:00 통영대전고속도로 서상IC
- 13:30 거창 북상면 농산리
  강선교 입구 하차 →도보로 산행
- 14:10 모리재
- 14:40 도보로 농산리
  강선교 입구까지 하산
- 15:10 출발
- 15:20 수승대
- 16:10 출발
- 16:15 황산마을
- 16:55 출발
- 17:00 동계고택
- 17:30 출발
- 17:45 건계정
- 18:00 출발
- 18:10 거창 숙소 도착

둘째날

- 09:00 출발
- 09:10 침류정과 파리장서비
- 09:30 출발
- 10:00 신원면 괴정리 신원초등학교
- 10:15 출발
- 10:20 박산합동묘역 및 추모공원
- 11:20 출발
- 12:00 영암사터 입구 점심
- 13:00 영암사터
- 14:00 출발
- 14:20 단계마을과 단계초등학교
- 15:00 통영대전고속도로
  단성IC를 통해 귀가

* 거창 북상면 농산리 산중턱에 있는 모리재는 승용차로 갈 수는 있으나, 좁은 길이라 SUV 자동차가 아니면 좀처럼 권하지 않는다. 모리재에 다녀올 때는 수승대 답사 전 가까이 있는 농산리 석불입상을 함께 보면 좋다.
* 영암사터 입구에는 식사할 곳이 몇군데 있으나 단체로 식사하려면 미리 예약하는 것이 좋다.
* 주요 누리집
  거창군 수승대관리사무소 ssd.geochang.go.kr
  산청 단계초등학교 www.dangye.es.kr

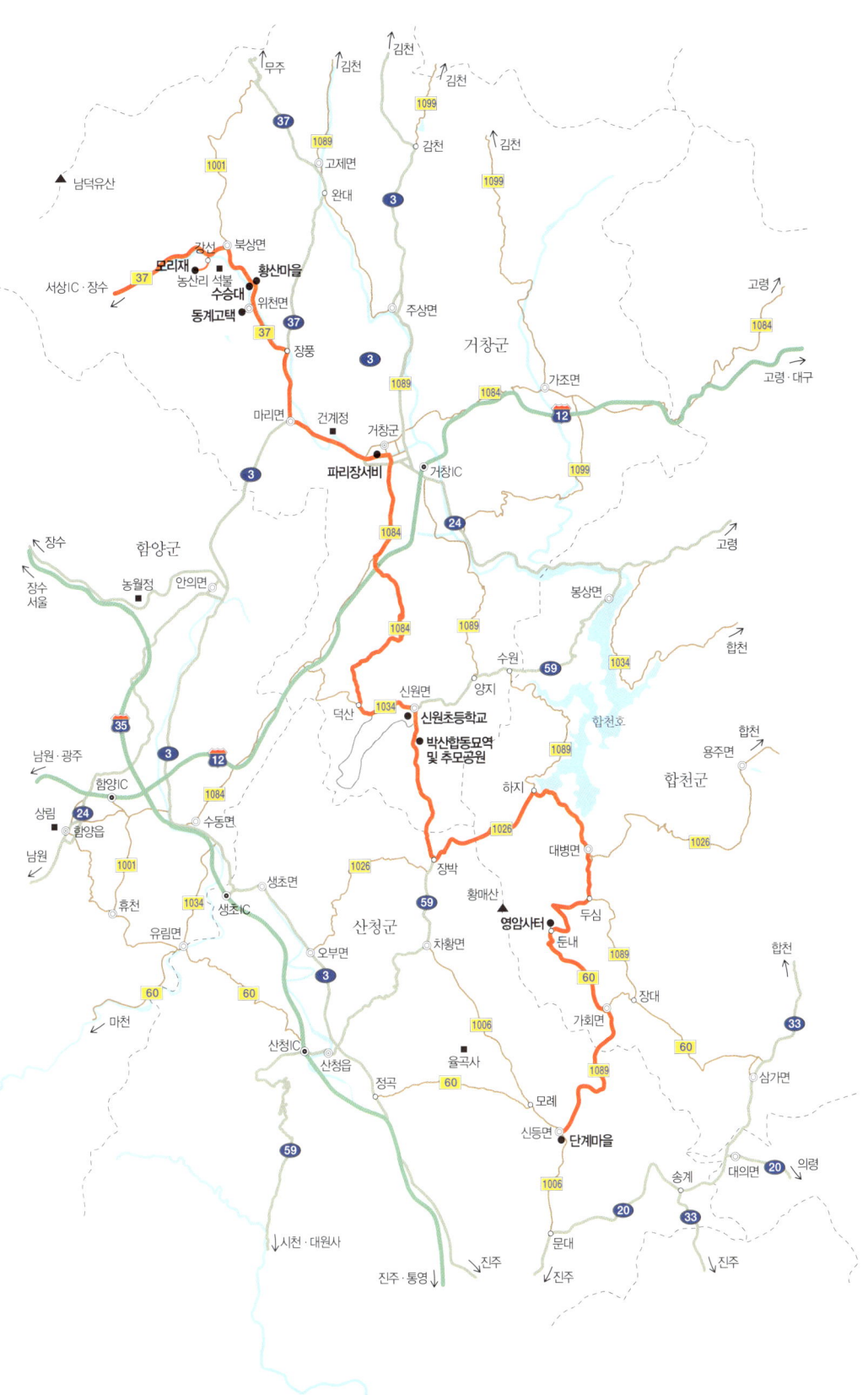

내 고향 부여 이야기 — 보령·부여·논산

첫째날

13 : 00   서해안고속도로 대천IC
13 : 15   성주사터
14 : 00   출발
14 : 25   무량사(무진암 김시습 승탑)
15 : 20   출발
15 : 30   반교리 돌담마을(등록문화재 제280호)
16 : 30   출발
16 : 50   홍산관아와 홍산마을
17 : 40   출발
18 : 00   부여 읍내 숙소 도착

둘째날

09 : 00   출발
09 : 15   왕흥사터
09 : 50   출발
10 : 20   장하리 삼층석탑
10 : 40   출발
11 : 00   성흥산성과 대조사
12 : 30   점심식사(임천면 주변)
13 : 30   출발
14 : 10   관촉사
15 : 00   출발
15 : 25   송국리 선사유적지
16 : 00   천안논산고속도로 서논산IC를 통해 귀가

* **주요 누리집**
  부여군청 부여문화관광 www.buyeotour.net
  관촉사 blog.daum.net/gwanchoksa
  무량사 www.muryangsa.or.kr

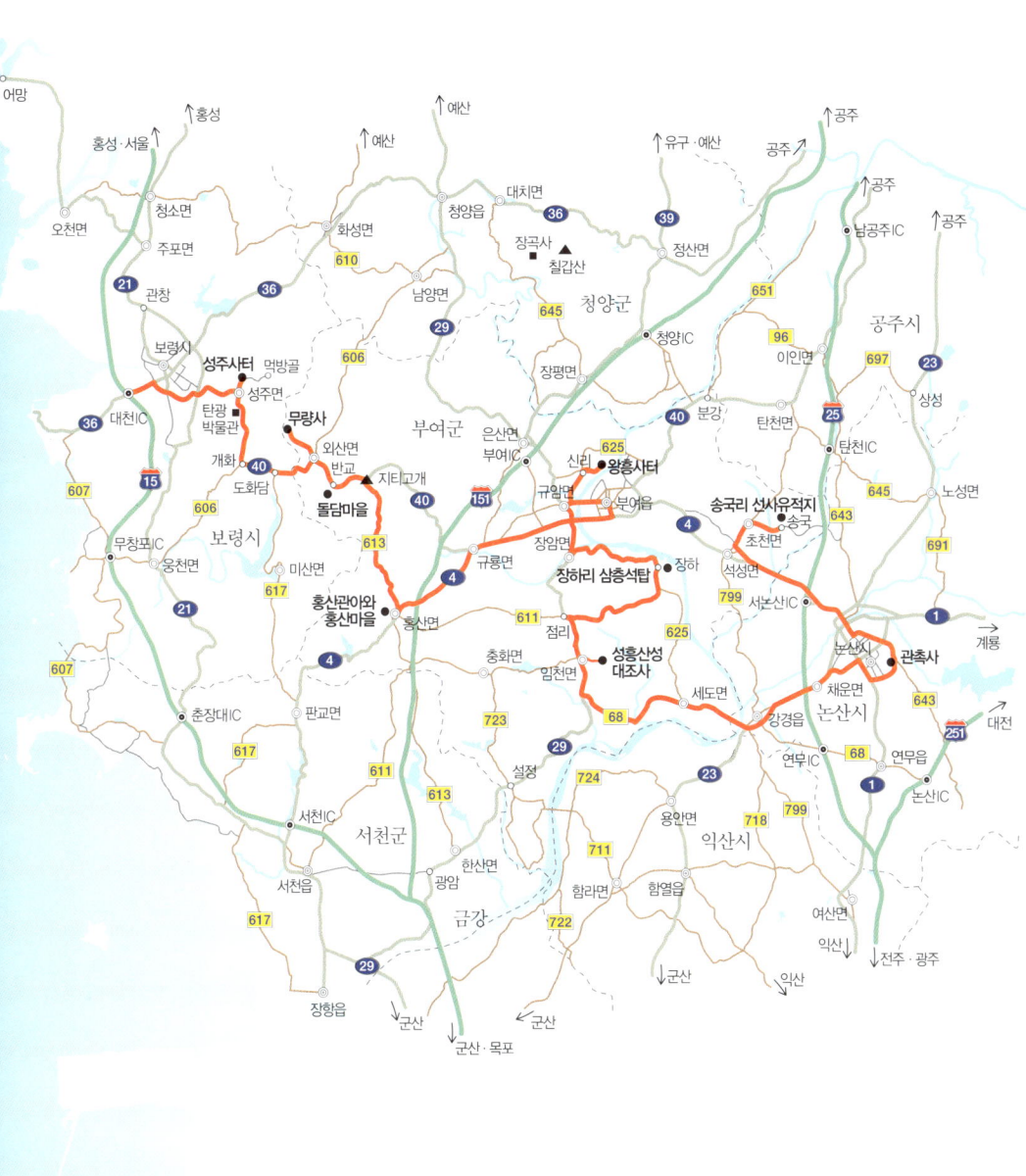

본문 사진

강임산 97면

김성철 15면, 27면, 35면, 57면, 61면, 67면, 69면, 82면, 83면, 85면, 118면, 135면, 141면, 162면, 193면, 197면, 201면, 219면, 236면, 239면, 248면, 253면, 254면, 255면, 256면, 260면, 277면, 293면, 296면, 329면, 344면, 354면, 369면, 372면, 375면, 393면, 399면, 403면, 405면, 415면, 420면, 425면, 438면, 441면

김종오 99면, 101면

김필규 336면(우측 상단)

김효형 19면, 269면, 389면

김훈래 190면, 196면

대원사 59면

문화재청 71면, 144면, 336~37면(김필규 사진 제외)

박상문 225면

서헌강 50면, 52면, 56면, 64면, 70면, 80면, 105면, 106~7면

안장헌 217면, 218면

영남대학교 박물관 321면

이로재 124면

장진혁 163면

조연환 112면

한국관광공사 168면(우측 하단), 179면

유물 소장처

개인 소장 51면 / 고려대학교 박물관 92면 / 국립부여문화재연구소 360면 / 국립부여박물관 357면, 390면, 439면 / 국립중앙박물관 21면(좌측), 363면(좌측) / 규장각한국학연구원 371면 / 무량사 423면 / 삼성출판박물관 47면

나의 문화유산답사기 6
인생도처유상수

초판 1쇄 발행 2011년 5월 11일
초판 35쇄 발행 2025년 6월 30일

지은이/유홍준
펴낸이/염종선
책임편집/박영신
디자인/디자인 비따 김지선 고광표
펴낸곳/(주)창비
등록/1986년 8월 5일 제85호
주소/10881 경기도 파주시 회동길 184
전화/031-955-3333
팩시밀리/영업 031-955-3399 편집 031-955-3400
홈페이지/www.changbi.com
전자우편/human@changbi.com

ⓒ 유홍준 2011
ISBN 978-89-364-7206-1 03810
       978-89-364-7973-2(세트)

* 이 책 내용의 전부 또는 일부를 재사용하려면
  반드시 지은이와 창비 양측의 동의를 받아야 합니다.
* 이 책에 수록된 사진은 대부분 저작권자의 사용 허가를 받았으나,
  일부 저작권자를 찾지 못한 경우는 확인되는 대로 허가 절차를 밟겠습니다.
* 책값은 뒤표지에 표시되어 있습니다.